Basiswissen Softwaretest

Über die Autoren

Andreas Spillner war bis 2017 Professor für Informatik an der Hochschule Bremen. Ab 1991 war er für über 10 Jahre Sprecher der Fachgruppe TAV »Test, Analyse und Verifikation von Software« der Gesellschaft für Informatik e.V. (GI), die er mit gegründet hat. Im »German Testing Board« e.V. war er von Beginn an bis zum Jahr 2009 engagiert und wurde danach zum Ehrenmitglied berufen. 2007 ist er zum Fellow der GI ernannt worden. Seine Arbeitsschwerpunkte liegen im Bereich Softwaretechnik, Qualitätssicherung und Testen. Andreas Spillner ist neben Ulrich Breymann Autor des Buches »Lean Testing für C++-Programmierer – Angemessen statt aufwendig testen« (dpunkt.verlag), das die Testverfahren der ISO-Norm 29119 und deren konkrete Umsetzung in die Programmiersprache C++ erörtert.

Tilo Linz ist Vorstand und Mitgründer der imbus AG, eines führenden Lösungsanbieters für Softwaretest, und seit mehr als 25 Jahren im Themengebiet Softwarequalitätssicherung und Softwaretest tätig. Als Gründungsmitglied und Vorsitzender des »German Testing Board« e.V. und Gründungsmitglied im »International Software Testing Qualifications Board« hat er die Aus- und Weiterbildung in diesem Fachbereich auf nationaler und internationaler Ebene maßgeblich mitgestaltet und vorangebracht. Tilo Linz ist auch Autor des Buches »Testen in Scrum-Projekten« (dpunkt.verlag), das aufbauend auf dem vorliegenden »Basiswissen Softwaretest« das Testen in agilen Projekten behandelt.

Andreas Spillner · Tilo Linz

Basiswissen Softwaretest

Aus- und Weiterbildung zum Certified Tester

Foundation Level nach ISTQB®-Standard

6., überarbeitete und aktualisierte Auflage

dpunkt.verlag

Andreas Spillner
andreas.spillner@hs-bremen.de

Tilo Linz
tilo.linz@imbus.de

Lektorat: Christa Preisendanz
Copy-Editing: Ursula Zimpfer, Herrenberg
Satz: Birgit Bäuerlein
Herstellung: Stefanie Weidner
Umschlaggestaltung: Helmut Kraus, *www.exclam.de*
Druck und Bindung: mediaprint solutions GmbH, 33100 Paderborn

Bibliografische Information der Deutschen Nationalbibliothek
Die Deutsche Nationalbibliothek verzeichnet diese Publikation in der Deutschen Nationalbibliografie; detaillierte bibliografische Daten sind im Internet über *http://dnb.d-nb.de* abrufbar.

ISBN:
Print 978-3-86490-583-4
PDF 978-3-96088-501-6
ePub 978-3-96088-502-3
mobi 978-3-96088-503-0

6., überarbeitete und aktualisierte Auflage 2019

Wieblinger Weg 17
69123 Heidelberg

Hinweis:
Dieses Buch wurde auf PEFC-zertifiziertem Papier aus nachhaltiger Waldwirtschaft gedruckt. Der Umwelt zuliebe verzichten wir zusätzlich auf die Einschweißfolie.

PEFC zertifiziert
Das Papier für dieses Buch stammt aus nachhaltig bewirtschafteten Wäldern und kontrollierten Quellen.
PEFC
PEFC/04-31-0810 www.pefc.de

Schreiben Sie uns:
Falls Sie Anregungen, Wünsche und Kommentare haben, lassen Sie es uns wissen: *hallo@dpunkt.de*.

5 4 3 2

Vorwort zur 6. Auflage

Bestseller

Bereits Ende 2002 erschien die erste Auflage dieses Buches. Seither entwickelte sich »Basiswissen Softwaretest« zum meistverkauften Buch zum Thema Softwaretest in deutscher Sprache. In der vorliegenden 6. Auflage haben wir den Inhalt weitreichend überarbeitet, aktualisiert und der aktuellen Version 2018 des Lehrplans zum »ISTQB® Certified Tester – Foundation Level« angepasst.

»Certified Tester«-Ausbildungsschema

Das anerkannte und sehr erfolgreiche »Certified Tester«-Ausbildungsschema gliedert sich in Säulen mit jeweils drei Ausbildungsstufen. Details dazu finden sich auf der Webseite des »International Software Testing Qualifications Board« [URL: ISTQB] und des »German Testing Board e.V.« [URL: GTB].

Der »Certified Tester« ist zu einer festen Marke in der IT-Industrie geworden und ist heute der De-facto-Standard für die Ausbildung im Bereich Softwarequalitätssicherung und Softwaretest sowohl in Deutschland als auch weltweit. Ende 2018 hat die Zahl der insgesamt ausgestellten Softwaretest-Zertifikate die 600.000 überschritten, davon in Deutschland knappe 67.000.

Wissen in der IT-Welt gefragt

In vielen Stellenanzeigen spiegelt sich dieser Umstand wider. Nicht nur bei Berufseinsteigern erwarten die Firmen Grundkenntnisse im Testbereich – am besten durch das Zertifikat nachgewiesen.

Certified Tester an Hochschulen

Der »Certified Tester« ist auch Teil der Informatikausbildung an vielen Hochschulen: Von A wie Aachen bis Z wie Zweibrücken wird der Lehrstoff im deutschsprachigen Bereich vermittelt. Welche Hochschulen aktuell entsprechende Lehrveranstaltungen anbieten bzw. planen, diese anzubieten, ist auf den Seiten des »German Testing Board« nachzulesen [URL: GTB Hochschulen]. 5 %–7 % aller Prüfungen zum »ISTQB® Certified Tester – Foundation Level« sind studentische Prüfungen.

Basiswissen

Trotz der stürmischen Entwicklung – auch in der Informatik gibt es Grundlagenwissen, das kaum Änderungen unterliegt. Von Anfang an haben wir den ersten Teil unseres Buchtitels »Basiswissen« ernst genommen und ganz bewusst keine Themen behandelt, die sich erst noch in der Praxis »beweisen müssen«. Auch »Spezialdisziplinen« im Testen, wie beispielsweise der Test von Webapplikationen oder der Test von eingebetteten Systemen, gehören für uns nicht zu den Grundlagen. Hier verweisen wir auf entsprechende aktuelle Literatur zu diesen Themen.

Ergänzende Literatur

Tilo und Andreas haben seit der letzten Ausgabe des vorliegenden Buches aktuelle Bücher veröffentlicht, auf die hier hingewiesen werden soll, da sie eine gute Ergänzung bzw. Vertiefung darstellen.

Buch: Testen in Scrum-Projekten – Leitfaden für Softwarequalität in der agilen Welt

Tilo hat mit seinem Buch »Testen in Scrum-Projekten – Leitfaden für Softwarequalität in der agilen Welt« (Erstauflage 2013) aufgezeigt, wie das Testen in agilen Projekten zu integrieren ist. Inzwischen gibt es einen Lehrplan (»ISTQB® Certified Agile Tester – Foundation Extension«) zu diesem Themenbereich und das Buch wurde entsprechend aktualisiert und liegt seit 2016 in der 2. Auflage vor.

Buch: Lean Testing für C++-Programmierer – Angemessen statt aufwendig testen

Andreas hat zusammen mit Ulrich Breymann[1] das Buch »Lean Testing für C++-Programmierer – Angemessen statt aufwendig testen« geschrieben. Im Buch sind alle Testverfahren des aktuellen ISO-Standards 29119 ausführlich beschrieben, die für den Komponententest relevant sind. Die Vorgehensweisen zum Testfallentwurf werden konkret mit den entsprechenden C++-Programmtexten und den jeweiligen Testfällen dargelegt. Dabei sind die Programmbeispiele so einfach gehalten, dass sie auch ohne C++-Kenntnisse verständlich sind.

Auf beide Bücher wird in diesem Buch des Öfteren verwiesen ([Linz 16], [Spillner 16]), um dem Leser weiterführende Informationen anzubieten. Vielleicht sind wir mit den vielen Hinweisen etwas über das Ziel hinausgeschossen, dafür bitten wir um Nachsicht – aber etwas Werbung für die eigene Arbeit wird hoffentlich noch erlaubt sein, oder?

Was hat sich geändert?

In der vorliegenden 6. Auflage von »Basiswissen Softwaretest« wurde eine umfassende Überarbeitung, Ergänzung und Aktualisierung des Inhalts vorgenommen.

Exkurs-Teile sind nicht Teil des Lehrplans.

Bei der Überarbeitung des ISTQB®-Lehrplans wurden einige Testverfahren auf höhere Ausbildungsstufen verschoben und sind somit nicht mehr Teil des »Foundation Level«-Lehrplans. Wir haben diesen Schritt nicht rigoros umgesetzt, sondern diese Verfahren weiterhin im Buch belassen, aber als *Exkurs* hervorgehoben. Wer das Buch nur zur Prüfungsvorbereitung nutzt, der überschlägt einfach die Exkurs-Teile.

Weitere Testverfahren aufgenommen

Aus vielen Gesprächen mit Lesern wissen wir, dass unser Buch als Nachschlagewerk bei der täglichen (Test-)Arbeit genutzt wird. Deshalb haben wir versucht, neben den Inhalten des Lehrplans weitere grundlegende Testverfahren aufzunehmen. Im Vergleich zu den vorherigen Ausgaben sind neue Verfahren hinzugekommen (z.B. Kombinatorisches Testen, »Pairwise Testing«).

1. Ulrich Breymann ist ehemaliger Professor an der Hochschule Bremen und Autor des C++-Standardwerks »Der C++-Programmierer«.

Das durchgehende Fallbeispiel und das Literaturverzeichnis wurden aktualisiert. Das Verzeichnis der Normen und Standards wurde ebenfalls überarbeitet und die Standards gestrichen, die durch den aktuellen Standard ISO 29119 abgelöst wurden. Die Angaben zu den Internetseiten (URLs) wurden kontrolliert und ggf. geändert bzw. ergänzt.

Webseite

Um die Leser über zukünftige Aktualisierungen am Lehrplan und am Glossar zu informieren, betreiben wir die Internetseite [URL: Softwaretest Knowledge]. Auf der Seite werden ggf. auch notwendige Korrekturen zum Buchtext aufgeführt. Dort finden sich ebenfalls Übungsaufgaben zu den einzelnen Buchkapiteln.

Danksagung

Erfolg hat meist viele Väter und Mütter – so auch hier. Wir möchten uns recht herzlich bei allen Kolleginnen und Kollegen des »German Testing Board« und des »International Software Testing Qualifications Board« bedanken. Ohne deren Engagement hätte das »Certified Tester«-Ausbildungsschema nicht den geschilderten Erfolg und weltweite Akzeptanz erhalten. Ebenso möchten wir uns für die vielen Anmerkungen und Rezensionen unserer Leser bedanken, die uns für unsere Arbeit am Buch sehr motiviert haben und zur Qualitätssteigerung beigetragen haben. Unserer Lektorin Frau Christa Preisendanz und dem gesamten dpunkt-Team möchten wir recht herzlich für die sehr gute langjährige Zusammenarbeit danken.

Wir wünschen allen Lesern gutes Gelingen bei der Umsetzung der im Buch beschriebenen Testansätze in der Praxis und – wenn das Buch die Grundlage für die Vorbereitung zur Prüfung zum »Certified Tester – Foundation Level« ist – viel Erfolg bei der Beantwortung der Prüfungsfragen.

Andreas Spillner und *Tilo Linz*
Bremen, Möhrendorf
Mai 2019

Inhaltsübersicht

Inhaltsverzeichnis

Vorwort zur 1. Auflage

Motivation für ein weiteres Testbuch

Warum haben wir ein Buch zum Thema Softwaretest geschrieben, wo es doch eine ganze Reihe von Büchern in diesem Bereich bereits gibt?

Wir beide beschäftigen uns seit vielen Jahren mit Themen und Fragestellungen im Bereich Softwaretest. Der eine mit einer eher wissenschaftlichen Ausrichtung, der andere mit der täglichen Anwendung der Prüfverfahren in der Praxis. Beide sind wir der Auffassung, dass der systematische Einsatz von Prüfverfahren in der Praxis in vielen Firmen verbesserungsfähig ist und es einen großen Mangel an qualifiziertem Personal gibt.

Die Initiative des ISEB (Information Systems Examination Board), ein dreistufiges Qualifizierungsprogramm im Bereich Softwaretest zu definieren, Kursanbieter in diesem Bereich zu akkreditieren und den Teilnehmern die Möglichkeit zu bieten, sich einer unabhängigen Prüfinstanz zu stellen und ein Zertifikat zu erhalten, ist von uns von Beginn an mit starkem Interesse verfolgt worden. Die Initiative ist vom ASQF (Arbeitskreis Software-Qualität in Franken e. V.) und der Fachgruppe TAV (Test, Analyse und Verifikation von Software) der Gesellschaft für Informatik aufgegriffen worden. Eine ausführliche Beschreibung der Zusammenhänge findet sich in der Einleitung des Buches.

Die Lehrpläne für das Qualifizierungsprogramm sind in Gremien von mehreren europäischen Fachexperten erarbeitet worden und bündeln das derzeitige Wissen im Bereich Softwaretest. Die Inhalte sind in vielen Büchern zu finden, aber eben nicht in einem einzigen Buch. Die Lehrpläne listen die einzelnen Punkte auf, die zu behandeln sind, enthalten aber weder detaillierte Beschreibungen der einzelnen Verfahren und Vorgehensweisen beim Testen von Software noch erläuternde Beispiele. Die Idee, ein »passendes« Buch zu schreiben, fanden wir sehr nahe liegend.

Grundlage für unser Buch ist der Lehrplan »Grundlagen des Softwaretestens« ASQF Certified Tester, Foundation Level [URL: GTB Lehrpläne]. Die ersten Erfahrungen mit dem Lehrplan zum Foundation Level führten zu dem Wunsch einer leichten Überarbeitung, die derzeit von einem Gremium des ISTQB (International Software Testing Qualifications Board) in Angriff genommen wird. Wir beide haben durch die Arbeit am Buch kleinere Schwachstellen im Lehrplan erkannt und beteiligen uns aktiv an dessen Überarbeitung. Die nach Beendigung der Arbeit beschlossenen Änderungen, die sich auf den Inhalt des Buches auswirken, werden wir auf der WWW-Seite zum Buch [URL: dpunkt] aktuell dokumentieren.

Der Titel unseres Buches »Basiswissen Softwaretest« sagt eigentlich schon alles. Wir sind davon überzeugt, dass jeder im Bereich der Softwareentwicklung Tätige – sei es beispielsweise in der Programmierung, in der Qualitätssicherung, in der Projektleitung oder im Management – ein Grundwissen im Softwaretest besitzen sollte, um seine tägliche Arbeit besser verrichten und den oft vernachlässigten Bereich Testen besser einschätzen oder überhaupt verstehen zu können. Die Aussage trifft selbstverständlich auch für die zukünftig Tätigen, die Studierenden und Auszubildenden im IT-Bereich, zu. Auch so mancher Lehrende wird sein Wissen mithilfe des Buches vervollständigen können.

Wir haben uns bemüht, ein leicht verständliches und kompaktes Buch zu schreiben, um dem großen Kreis an möglichen Lesern gerecht zu werden. Vorwissen im Bereich Testen oder Qualitätssicherung ist nicht erforderlich, Grundkenntnisse der Softwareentwicklung sind sicherlich hilfreich. Unser Buch hat zwar den Lehrplan zum »Certified Tester, Foundation Level« als Grundlage, es besteht aber keine zwanghafte Kopplung, auch das entsprechende Zertifikat zu erwerben.

Drei Geleitworte

Warum gibt es drei Geleitworte in Englisch und Deutsch in unserem Buch?

Durch unsere langjährigen Aktivitäten im Bereich Softwaretest haben wir zahlreiche internationale Kontakte aufbauen können. Als unser Buchprojekt konkrete Formen annahm, haben wir drei Personen um Geleitworte gebeten. Da alle drei viel gefragte und beschäftigte Persönlichkeiten sind, haben wir eher mit zurückhaltenden Reaktionen gerechnet. Um so erfreuter waren wir, dass wir tatsächlich drei Geleitworte innerhalb der Termine erhalten haben. Unsere »Risiko«-Planung war somit völlig unnötig. Da jedes Geleitwort einen anderen Aspekt vertieft, haben wir uns entschlossen, alle drei aufzunehmen.

Prof. David Parnas Ph.d, Dr. h.c., Dr. h.c., FRSC, P.Eng.

David Parnas, der Begründer der Modularisierung und des Geheimnisprinzips (*information hiding*), engagiert sich seit langem in Fragen der Ausbildung im Bereich Informatik. Für ihn muss die Informatik-Ausbildung eine Professionalität erreichen wie bei den Medizinern oder in den Rechts- und Ingenieurwissenschaften. Die allgemein anerkannte Festlegung von Lehrinhalten und der Nachweis des erworbenen Fachwissens, beispielsweise im Bereich Softwaretest, sieht er als einen Schritt in die richtige Richtung an. Teile des Buches sind während des Forschungsaufenthalts von Andreas Spillner auf Einladung von David Parnas an der McMaster University in Hamilton, Ontario in Kanada entstanden. Ausführliche Informationen zu David Parnas sind zu finden unter [URL: Parnas].

Martin Pol

Martin Pol gehört wohl zu den bekanntesten Persönlichkeiten im Testbereich in Europa, wenn nicht gar weltweit. Er ist Mitautor von T-Map (Test Management Approach) und TPI (Test Process Improvement). 1998 erhielt er den »European Testing Excellence Award«. In seinem Geleitwort hebt er die Bedeutung des Testens im Softwareentwicklungsprozess hervor und wie wichtig Basiswissen im Softwaretest für alle im IT-Bereich arbeitenden Personen ist. Ausführliche Informationen zu Martin Pol sind abrufbar unter [URL: Pol].

Dorothy Graham A.B., M.Sc.

Dorothy Graham, seit vielen Jahren Beraterin und Trainerin im Softwarequalitäts- und Testbereich, hat das ISEB Software Testing Board mitgegründet und gehört ihm seitdem an. Ohne das große Engagement von Dorothy Graham wäre die ISEB-Initiative wohl nicht so weit vorangeschritten und die erfolgte Internationalisierung noch in weiter Ferne. Sie ist Mitautorin von Büchern zu den Themen »Software-Inspektionen« und »Softwaretest-Automatisierung«. Der »European Testing Excellence Award« wurde ihr 1999 zuerkannt. In ihrem Geleitwort macht Dorothy Graham die Vorteile einer Akkreditierung und Zertifizierung durch eine unabhängige Instanz deutlich. Ausführliche Informationen zu ihrer Person sind unter [URL: Graham] zu finden.

Wir möchten Dorothy Graham, Martin Pol und David Parnas für ihre Unterstützung und die aufgewendete Zeit recht herzlich danken.

Danksagung

Wie es sich für ein Projekt mit einem Qualitätsanspruch gehört, haben wir unsere Arbeit externen Reviewern vorgelegt. Wir haben viele Anregungen und Hinweise zur Verbesserung des Textes und der Beispiele erhalten. Wir möchten uns für die vielen geopferten Stunden Freizeit ganz herzlich bedanken bei Uwe Hehn, Ruth Keys, Karin Vosseberg und Mario Winter. Darüber hinaus gilt unser Dank den Kolleginnen und Kollegen der imbus AG, die ebenfalls durch zahlreiche Anmerkungen und konstruktive Diskussionen zum Gelingen des Buches beigetragen haben. Besonders erwähnen möchten wir Matthias Daigl und Thomas Roßner.

Bedanken möchten wir uns auch bei den Mitarbeiterinnen und Mitarbeitern des dpunkt.verlags. Zu Beginn unseres Projekts hatten wir uns eine Deadline gesetzt, was bei jedem Projekt erfolgen sollte. Auch Dank der großen Unterstützung des Verlags ist es gelungen, den von uns geplanten Fertigstellungstermin zu halten.

Wir wünschen allen Lesern des Buches erfolgreiche Stunden in dem Sinne, dass Testen nicht mehr als notwendiges Übel der Softwareentwicklung am Projektende betrachtet wird, sondern als herausfordernde, kreative Tätigkeit, die projektbegleitend erfolgt und neben der Aufdeckung von Fehlern auch zum Nachweis der Qualität der erstellten oder geänderten Software dient. Testen kann und soll auch Spaß machen.

Andreas Spillner und Tilo Linz
Bremen, Möhrendorf
September 2002

Geleitwort von David Parnas[1]

One of the biggest problems in the computer software field is the ability of inadequately qualified people to enter the profession and practice software development without limits. Software has become critical to our society; it is embedded in many devices that we count on, devices such as telephones and banking machines. Nonetheless, many of the people who write that software have not been educated for the job and have never demonstrated their qualifications to any objective professional body. There is no other field in the world where people without approved education can decide to identify themselves as »Engineers« and produce products that are essential to the safety and well-being of the public.

Software is well known for low reliability and lack of trustworthiness. In part this is attributable to the difficulty of dealing with the complexity of today's software systems, but the inadequate knowledge, skills, and professionalism of many of the practitioners also contributes to this problem. Moreover, we can thank the inadequately qualified people who produced today's software for the unreliability and complexity of the products that serve as support software for new products.

Our educational institutions have failed the public in this field. They have not recognized that those who study Computer Science require a professional education, one similar in style to the education provided to those who study medicine, law, or engineering. In those fields, the curriculum is designed around a set of professional requirements. Students are told what they must learn, rather than allowed to learn what they feel like learning. In the software field, universities have allowed the contents of courses to depend on the whim of the instructor, and the choice of courses to be largely up to the student. As a result, when an employer or client meets a graduate of a Computer Science programme, only experienced software developers are able to judge whether or not a graduate has the knowledge and skills needed for the job. Often, we cannot even find a graduate who has the appropriate body of knowledge and experience.

This problem is quite clear in the area of software testing. Many new employees are assigned testing duties without any knowledge how to design tests, how to evaluate test results, and how to draw valid conclusions can be drawn from the test results. Fortunately, there is now a useful international initiative to establish national Testing Boards,

1. Eine deutschsprachige Übersetzung bzw. die engl. Originale sind auf der Webseite des Buches [URL: dpunkt] zu finden.

which will approve courses of instruction and issue certificates to those who are able to demonstrate their understanding of basic terms and procedures in testing.

Unfortunately, this is still a shortage of appropriate study material for people who would like to become better software testers and pass the national tests. This book, »Basiswissen Softwaretest« by Spillner and Linz, fills this gap by providing a well organized and complete view of what is known about how to test software. It provides an essential component of the international effort to establish standards for software professionals and then help people to become fully qualified software developers.

David Lorge Parnas,
Ph.d, Dr.h.c., Dr.h.c., FRSC, P.Eng.
McMaster University, Hamilton,
Ontario, Canada
June 2002

Geleitwort von Martin Pol

Für viele Organisationen spielt die Qualität von Softwaresystemen eine immer größere Rolle. Es werden zunehmend Maßnahmen ergriffen, um eine höhere Qualität zu erreichen. Trotz ermutigender Resultate mit verschiedenen Ansätzen zur Qualitätssicherung ist die IT-Branche weit davon entfernt, fehlerfreie Software entwickeln zu können. Ein solches Ziel wird leider noch für geraume Zeit eine Utopie bleiben. Die Entwicklung von Softwaresystemen ist nach wie vor ein schwieriges »Handwerk« und auf absehbare Zeit kaum ohne Fehler zu meistern. Die Ursachen für Fehler sind vielfältig und schwer vorhersehbar. Man wird weiterhin nicht umhin kommen, viel Energie darauf zu verwenden, die Fehler ausfindig zu machen. Das Testen wird ein wichtiger Bestandteil der Entwicklung und Wartung bleiben und oft mehr als 30 – 40 % des Gesamtbudgets aufzehren.

Das Testen ist nicht mehr nur eine Phase, die nach der Implementierung kommt, sondern ist ebenso ernst zu nehmen wie andere Aktivitäten der Entwicklung von Systemen. Testen ist zu einer eigenständigen Aufgabe und Tätigkeit geworden. Die Informatik hat sukzessive die Grundideen des Testens akzeptiert: Testen von Software ist ein Prozess, bestehend aus Planung und Vorbereitung einerseits und Messen und Prüfen andererseits. Testen dient dazu, die Charakteristika eines Systems festzustellen und die Unterschiede zwischen dem Ist- und dem Sollverhalten aufzuzeigen. Gute Qualität kann als Erfüllung der Anforderungen gesehen werden. Somit ist das Ergebnis des Testens, die vorhandene Qualität aufzuzeigen und Verbesserungen zu ermöglichen. Es gibt einen Einblick darin, welche Risiken bestehen, wenn eine geringere Qualität akzeptiert wird. Dies ist ebenfalls ein wesentliches Ziel des Testens.

Da Time-to-Market, Wettbewerb, Globalisierung und Quality of Service, einschließlich der Qualität von Softwaresystemen, für viele Firmen zu einem wichtigen Überlebensfaktor geworden sind, steigt der Bedarf für einen angemessenen Testprozess immer weiter an. Sowohl die immer größer werdende Bedeutung von Software in unserer Gesellschaft als auch das Budget, das für das Testen ausgegeben wird, bestätigen den Bedarf an einem gut strukturierten und verlässlichen Testprozess innerhalb der Softwareentwicklung. Hierbei sind ein strukturiertes Vorgehen, eine angemessene Organisationsstruktur und die entsprechende Infrastruktur notwendig.

Dieses Buch schafft die Grundlage für einen gut strukturierten Testprozess. Es beschreibt die Grundsätze des Testens, alle Aktivitäten zum Testen innerhalb des Entwicklungsprozesses, Techniken des Testens, Testmanagement und Testwerkzeuge. Daher ist das Buch für jeden von

Interesse, der im IT-Bereich arbeitet: Entwickler, Tester, Anwender, Projekt- und Abteilungsleiter etc. Darüber hinaus ist es ein idealer Begleiter, um sich auf das ISEB-Zertifizierungsprogramm vorzubereiten. Egal für welchen Einsatz – ich bin mir sicher, dass dieses umfassende Buch von sehr großem Nutzen sein wird.

Martin Pol
Polteq IT Services B.V.
Amersfoort, The Netherlands
June 2002

Geleitwort von Dorothy Graham

Was macht ein gutes Zertifizierungsprogramm für Fachleute aus? Ein erfolgreiches Programm muss vor allem drei Hauptkriterien erfüllen:

- Es muss ein Grundkonsens über das Thema vorhanden sein
- Es muss denen, die das Zertifikat erhalten (und ihren Arbeitgebern), einen Mehrwert bieten
- Es muss allen Beteiligten gegenüber fair sein und darf niemanden bevorzugen

Im vorliegenden Buch geht es um ein Programm, das diese Kriterien erfüllt. Beim Thema Softwaretesten ist ein ausreichender Konsens vorhanden, der als Basis für ein Zertifikat dienen kann. Das neue deutsche ASQF-Programm und das erfolgreiche ISEB-Programm aus Großbritannien werden sich bald international durchsetzen. Der Hauptgrund für den Erfolg des britischen Programms ist meiner Meinung nach die Unabhängigkeit des akkreditierenden und prüfenden Gremiums. Ich glaube auch, dass diese Philosophie den Erfolg des internationalen Programms für zertifizierte Tester sicherstellen wird, bei dem Deutschland momentan eine Vorreiterrolle spielt.

Bei dieser Unabhängigkeit spielen zwei Aspekte eine Rolle: zum einen die Akkreditierung von Ausbildungseinrichtungen und zum anderen die Prüfung der einzelnen Kandidaten.

Worin liegt der Unterschied zwischen Zertifizierung und Akkreditierung? Bei der Zertifizierung geht es um den einzelnen Teilnehmer, während die Akkreditierung Ausbildungseinrichtungen betrifft. Der Teilnehmer erhält ein Zertifikat, wenn er sein Wissen unter Beweis stellt. Das Wissen wird durch gewonnene Arbeitserfahrung und durch Fortbildungsveranstaltungen erworben. Wenn ein Grundkonsens über das Thema vorhanden ist (und damit eine Art »Lehrplan«) kann ein unabhängiges Gremium Kurse von Ausbildungseinrichtungen prüfen – dabei handelt es sich um die Akkreditierung. Die Akkreditierung bescheinigt, dass die Ausbildung einen bestimmten Standard im Hinblick auf Inhalt und Organisation erfüllt. Wenn sich Ausbildungseinrichtungen selbst akkreditieren, ist dies nur wenig aussagekräftig; die Akkreditierung durch ein unabhängiges Gremium ist sehr viel glaubwürdiger.

Um ein Zertifikat zu erhalten, muss der Kandidat eine Prüfung bestehen, die auf einem anerkannten Lehrplan beruht. Wenn die Prüfung durch ein unabhängiges Gremium gestellt, überwacht und benotet wird, bestehen gleiche Chancen für alle Kandidaten (und Ausbildungseinrichtungen). Durch die Unabhängigkeit des überwachenden Gremiums steigt der Wert des vergebenen Zertifikats.

Es gibt Programme, bei denen sich die Ausbildungseinrichtungen selbst akkreditieren und ihre eigenen Prüfungen stellen. Obwohl diese Programme durchaus einen gewissen Wert haben, bieten unabhängige Programme mehr. Diejenigen, die Zertifizierungsprogramme generell ablehnen, betonen, dass es bei allen Programmen Probleme geben kann. Dies ist durchaus richtig – das perfekte Programm gibt es nicht. Dennoch bin ich der Überzeugung, dass unabhängige Programme wie ISEB, ASQF oder der geplante internationale Standard für die Teilnehmer und ihre Arbeitgeber von erheblichem Wert sein werden.

Woher wissen wir, dass ein unabhängiges Programm funktionieren wird? Weil ISEB bereits in vielen Ländern funktioniert. ISEB steht für Information Systems Examination Board. Das ISEB wurde ursprünglich als unabhängiges Gremium für Qualifizierungen im Bereich Systemanalyse und -design gegründet. Es gehört nun zu der British Computer Society und bietet Qualifikationen in zehn Fachgebieten an, darunter Projektmanagement, IT-Service-Management, Geschäftssystementwicklung, Datenschutz und -sicherheit – und seit 1998 auch Softwaretesten. An der Spitze jedes Fachgebiets bilden Vertreter aus Industrie und Hochschule einen Ausschuss. Arbeitsgruppen kümmern sich um Einzelfragen. So gibt es im Bereich Softwaretesten eine Arbeitsgruppe für die Akkreditierung und eine für die Prüfung. ISEB-Mitarbeiter sorgen für die Verwaltung der Ausschüsse und der Arbeitsgruppen, bei den Prüfungen stellen sie das Aufsichtspersonal, verteilen die von der Prüfungs-AG erarbeiteten Prüfungsfragen und werten die Antworten der Kandidaten aus.

Der Ausschuss Softwaretesten des ISEB wurde 1997 gegründet. Der Lehrplan für den Foundation Level wurde von Ausschussmitgliedern aufgestellt und der erste Kurs im Oktober 1998 abgehalten. Seither läuft das Programm mit großem Erfolg und übertrifft alle Erwartungen. Es ist inzwischen – nach IT-Service-Management – das erfolgreichste Programm des ISEB. Bis Mitte 2002 waren bereits 23 Ausbildungseinrichtungen für den Kurs Softwaretesten (Foundation Level) akkreditiert, darunter Organisationen aus Deutschland, den Niederlanden, Schweden, Irland und Australien sowie Großbritannien. Über 8000 Kandidaten haben in weniger als vier Jahren an der Prüfung zum Softwaretester teilgenommen. Das Programm hat den Status des Softwaretestens und die Anerkennung, die man Softwaretestern entgegenbringt, deutlich gehoben. Auf dem britischen Arbeitsmarkt wird man inzwischen ohne das Zertifikat in der Regel gar nicht erst zu einem Vorstellungsgespräch als Softwaretester eingeladen.

Wie sieht die zukünftige Entwicklung aus? Das International Software Testing Qualification Board (ISTQB) wurde 2002 gegründet, so dass Akkreditierung und Prüfung auf Foundation Level bald in allen angeschlossenen Ländern durchweg von unabhängigen Gremien vorgenommen werden. Softwaretester auf der ganzen Welt werden sich besser verständigen können und anerkannter sein. Dieses Buch wird für deutschsprachige Länder einen wichtigen Beitrag dazu leisten. Das internationale Zertifikat wird weltweit Grundkenntnisse im Bereich Softwaretesten sichern. Dies ist eine spannende Zeit für das Softwaretesten!

Dorothy Graham
Macclesfield, UK
June 2002

1 Einleitung

Software ist allgegenwärtig! Es gibt kaum noch Geräte, Maschinen oder Anlagen, in denen die Steuerung nicht über Software bzw. Softwareanteile realisiert wird. So sind im Automobil wesentliche Funktionen wie die Motor- oder Getriebesteuerung seit Langem durch Software realisiert. Hinzu kommen immer intelligentere softwarebasierte Fahrerassistenzsysteme, vom Bremsassistenten über die automatische Einparkhilfe oder Spurassistenten bis zum vollständig autonom fahrenden Fahrzeug. Die Software – und besonders deren Qualität – trägt somit ganz entscheidend nicht nur zum Funktionieren unserer Welt bei, sondern definiert zunehmend auch unsere Sicherheit.

Ebenso ist der reibungslose Geschäftsablauf in Firmen und Organisationen heute weitgehend von der Zuverlässigkeit der Softwaresysteme abhängig, die zur Abwicklung der Geschäftsprozesse oder einzelner Aufgaben eingesetzt werden. Software entscheidet damit auch über die künftige Wettbewerbsfähigkeit der Unternehmen. Wie schnell beispielsweise ein Versicherungskonzern ein neues Produkt oder auch nur einen neuen Tarif am Markt einführen kann, ist heutzutage davon abhängig, wie schnell die konzerneigenen IT-Systeme entsprechend angepasst oder ausgebaut werden können.

Hohe Abhängigkeit vom reibungslosen Funktionieren der Software

In beiden Bereichen (technische und kommerzielle Softwaresysteme) ist die Qualität der Software damit zum entscheidenden Faktor für den Erfolg von Produkten und Unternehmen geworden.

Die meisten Unternehmen haben diese hohe Abhängigkeit von Software – sowohl vom Funktionieren der vorhandenen als auch von der schnellen Verfügbarkeit neuer oder besserer Software – erkannt. Sie investieren daher in ihre Softwareentwicklungskompetenz und in eine verbesserte Qualität ihrer Softwaresysteme. Ein wichtiges Mittel, dies zu erreichen, ist das systematische Prüfen und Testen der entwickelten Software. Teilweise haben sehr umfassende und rigide Verfahren Einzug in die Praxis der Softwareentwicklung gefunden. In vielen Projekten ist aber weiterhin ein erheblicher Bedarf an Wissensvermittlung zu Prüf- und Testverfahren und deren Leistungsfähigkeit und Nutzen erforderlich.

Grundlagenwissen zum strukturierten Prüfen und Testen

Mit diesem Buch stellen wir Grundlagenwissen bereit, das bei entsprechender Umsetzung zu einem strukturierten, systematischen Vorgehen beim Prüfen und Testen führt und somit zur Qualitätsverbesserung der Software beiträgt. Der Inhalt des Buches ist so abgefasst, dass kein Vorwissen im Bereich der Softwarequalitätssicherung vorausgesetzt wird. Das Buch ist als Lehrbuch konzipiert und auch zum Selbststudium geeignet. Ein durchgängiges Fallbeispiel hilft, jedes dargestellte Thema und seine praktische Umsetzung schnell zu verstehen.

Ansprechen möchten wir Softwaretester[1] in allen Unternehmen und Organisationen, die ihre Softwaretestkenntnisse auf eine fundierte Grundlage stellen wollen, Programmierer und Entwickler, die Testaufgaben übernommen haben bzw. übernehmen werden, aber auch Softwaremanager, die in den Projekten über Verbesserungsmaßnahmen und Budgets entscheiden. Auch Quereinsteiger in entwicklungsnahen IT-Berufen und Mitarbeiter in Fachabteilungen, die an der Abnahme, Einführung oder Weiterentwicklung von IT-Anwendungen beteiligt sind, werden Hilfestellung für ihre tägliche Arbeit finden.

Das lebenslange Lernen ist besonders im IT-Bereich unverzichtbar. Auch zum Thema Softwaretest werden Weiterbildungsmaßnahmen von vielen Firmen und Trainern angeboten. Ebenso werden an immer mehr Hochschulen Lehrveranstaltungen zu diesem Thema durchgeführt. Das Buch soll Lernende und Lehrende im gleichen Maße ansprechen.

Zertifizierungsprogramm für Softwaretester

Der weltweite Standard für die Aus- und Weiterbildung im Bereich Software-Qualitätssicherung und Softwaretest ist heute das »ISTQB® Certified Tester«-Schema des International Software Testing Qualifications Board (ISTQB®). Das ISTQB® [URL: ISTQB] koordiniert die nationalen Initiativen und sorgt für die Einheitlichkeit und Vergleichbarkeit der Lehr- und Prüfungsinhalte unter den beteiligten Ländern. Die nationalen Testing Boards sind zuständig für die Herausgabe und Pflege landessprachlicher Lehrpläne und für die Definition und Durchführung von Prüfungen in ihren jeweiligen Ländern. Sie überprüfen die im jeweiligen Land angebotenen Kurse nach definierten Qualitätskriterien und sprechen Akkreditierungen der Trainingsanbieter aus. Die Testing Boards gewährleisten damit einen hohen Qualitätsstandard der Kurse, und die Kursteilnehmer erhalten mit bestandener Prüfung einen international anerkannten Qualifikationsnachweis. Die entsprechenden Gremien im deutschsprachigen Raum sind das Austrian Testing Board [URL: ATB], das German Testing Board [URL: GTB] und das Swiss Testing Board [URL: CHTB]. In diesen Gremien sind Trainingsanbieter, Testexperten aus Industrie- und Beratungsunternehmen sowie Hochschullehrende organisiert. Wichtige Kompetenz brin-

1. Wir verwenden im Buch überwiegend die männliche Form und wollen damit Frauen sowie alle anderen Geschlechter selbstverständlich nicht ausschließen bzw. ausgrenzen.

gen weiterhin Vertreter verschiedener Fachverbände ein. So arbeiten im GTB u.a. Mitglieder der Fachgruppe TAV (Test, Analyse und Verifikation von Software) [URL: GI TAV] der Gesellschaft für Informatik e.V. (GI e.V.) mit.

Dreistufiges Qualifizierungsschema

Das »Certified Tester«-Ausbildungsschema gliedert sich in Säulen mit jeweils drei Ausbildungsstufen. Details dazu finden sich auf der Webseite des ISTQB® [URL: ISTQB] und des GTB [URL: GTB]. Die Grundlagen zum Softwaretest sind im Lehrplan zum »Foundation Level« beschrieben. Darauf aufbauend kann das Zertifikat zum »Advanced Level« [URL: GTB Lehrpläne] erworben werden, um vertiefte Kenntnisse im Prüfen und Testen nachzuweisen. Die dritte Stufe, das »Expert Level«-Zertifikat, richtet sich an erfahrene, professionelle Softwaretester und besteht aus einer Reihe von Modulen zu unterschiedlichen Spezialthemen (s.a. Abschnitt 6.1.2).

Der Inhalt des Buches deckt den Stoff des Zertifikats »Foundation Level« ab. Das prüfungsrelevante Fachwissen kann im Selbststudium erworben oder nach bzw. parallel zu einer Teilnahme an einem Kurs vertieft werden.

Kapitelübersicht

Die Themen des Buches und somit auch die grobe Struktur der Inhalte der Kurse zum Erwerb des »Foundation Certificate« sind im Folgenden beschrieben.

Grundlagen des Softwaretestens

In Kapitel 2 werden die Grundlagen des Softwaretestens erörtert. Neben der Motivation, wann, mit welchen Zielen und wie intensiv getestet werden soll, wird das Konzept eines grundlegenden Testprozesses beschrieben. Es wird auf die psychologischen Schwierigkeiten eingegangen, die entstehen, wenn beim Test der eigenen Software die selbst verursachten Fehler nachgewiesen werden sollen.

Testen im Softwarelebenszyklus

Kapitel 3 stellt in der Softwareentwicklung gebräuchliche Lebenszyklusmodelle (sequenziell, iterativ, inkrementell, agil) knapp vor und erläutert, welche Rolle das Testen im jeweiligen Modell spielt. Die verschiedenen Teststufen und Testarten werden erklärt und auf die Unterschiede beim funktionalen und nicht funktionalen Test eingegangen. Das Thema Regressionstest wird ebenfalls angesprochen.

Statischer Test

Statische Verfahren, d.h. Verfahren, bei denen das Testobjekt nicht zur Ausführung kommt, werden in Kapitel 4 vorgestellt. Reviews und statische Tests werden bereits in vielen Unternehmen mit gutem Erfolg angewendet. Die unterschiedlichen Vorgehensweisen werden ausführlich beschrieben.

Dynamischer Test

Das Kapitel 5 behandelt den Test im engeren Sinne. Die Klassifizierung der dynamischen Testverfahren in »Blackbox«- und »Whitebox«-Verfahren wird erörtert. Zu jeder Klasse werden unterschiedliche Testverfahren bzw. -methoden an Beispielen ausführlich erklärt.

Auf die sinnvolle Verwendung des erfahrungsbasierten bzw. intuitiven Tests, nämlich in Ergänzung zu den anderen Verfahren, wird am Ende des Kapitels eingegangen.

Testmanagement

Welche Organisationsformen und Aufgaben beim Testmanagement zu berücksichtigen sind, wird in Kapitel 6 diskutiert. Behandelt werden auch Anforderungen an Fehlerverfolgung und Konfigurationsmanagement sowie das Thema Wirtschaftlichkeit des Testens.

Testwerkzeuge

Testen von Software ist ohne Werkzeugunterstützung sehr arbeits- und zeitintensiv. Im letzten Kapitel des Buches (Kap. 7) werden unterschiedliche Klassen von Werkzeugen zur Testunterstützung vorgestellt und Hinweise zur Werkzeugauswahl und Werkzeugeinführung gegeben.

Fallbeispiel »VirtualShowRoom – VSR-II«

Die in diesem Buch vorgestellten Vorgehensweisen beim Testen von Software werden größtenteils anhand eines durchgängigen Fallbeispiels veranschaulicht. Das folgende Szenario liegt diesem Beispiel zugrunde:

Ein Automobilkonzern betreibt seit mehr als zehn Jahren ein elektronisches Verkaufssystem, genannt VirtualShowRoom (VSR). Dieses Softwaresystem ist weltweit bei allen Autohändlern der Marke installiert und in Betrieb:

- Ein Kunde, der ein Fahrzeug erwerben möchte, kann unterstützt durch einen Verkäufer oder selbstständig sein Wunschfahrzeug am Bildschirm konfigurieren (Modellauswahl, Farbe, Ausstattung usw.). Das System zeigt mögliche Modelle und Ausstattungsvarianten an und ermittelt zu jeder Auswahl sofort den jeweiligen Listenpreis. Diese Funktionalität wird vom Teilsystem *DreamCar* realisiert.
- Hat sich der Kunde für ein Fahrzeug entschieden, kann er am Bildschirm mit *EasyFinance* die für ihn optimale Finanzierung kalkulieren, mit *JustInTime* das Fahrzeug online bestellen und mittels *NoRisk* auch die passende Versicherung abschließen. Das Teilsystem *FactBook* schließlich verwaltet sämtliche Kundeninformationen und Vertragsdaten.

Der Konzernbereich Marketing und Vertrieb hat entschieden, dass das System modernisiert werden soll und die folgenden Projektziele definiert:

- VSR ist ein klassisches Client-Server-System. Das neue System VSR-II soll ein webbasiertes System sein, das auf beliebigen Geräten (Desktop, Tablet, Smartphone) über Browser genutzt werden kann.
- Jedes der bisherigen Teilsysteme *DreamCar*, *EasyFinance*, *FactBook*, *JustInTime*, *NoRisk* wird auf die neue Technologie portiert und in diesem Zuge auch (in unterschiedlichem Umfang) funktional erweitert.
- Als neues System ist das Teilsystem *ConnectedCar* anzubinden. Dieses System ermittelt und verwaltet Statusinformationen aller verkauften Fahrzeuge und gibt dem Fahrer aber auch dem Händler oder Servicepartner Informationen über anstehende Wartungs- und Reparaturarbeiten. Außerdem bietet es dem Fahrer verschiedene buchbare Services (wie Helpdesk, Notruf etc.). Auch Softwareupdates für das Fahrzeug können »Over the air« eingespielt und freigeschaltet werden.
- Jedes der fünf alten Teilsysteme wird von einem eigenen Entwicklungsteam separat portiert und weiterentwickelt. Ein weiteres Team kümmert sich um die Neuentwicklung von *ConnectedCar*. Insgesamt sind rund 60 Entwickler und weitere Mitarbeiter aus den jeweils betroffenen konzerninternen Fachabteilungen an dem Projekt beteiligt sowie externe Softwarefirmen.
- Die Teams arbeiten agil nach Scrum. Im Rahmen der agilen Entwicklung soll jedes Teilsystem während der Iterationen getestet werden. Die Auslieferung des Systems erfolgt in Inkrementen.
- Um einen komplizierten mehrfachen Abgleich von Daten zwischen Altsystem und Neusystem zu vermeiden, ist vorgesehen, dass VSR-II erst dann erstmalig produktiv in Betrieb geht, wenn die Funktionalität des alten VSR erreicht ist.

Im Rahmen des Projekts und des agilen Vorgehens werden die meisten Projektmitarbeiter in unterschiedlichem Umfang mit Testarbeiten konfrontiert oder betraut werden. Das Grundlagenwissen über Testtechniken und Vorgehensweisen, das sie dazu benötigen, wird in diesem Buch vermittelt. Abbildung 1–1 zeigt das neue System VSR-II in der Übersicht.

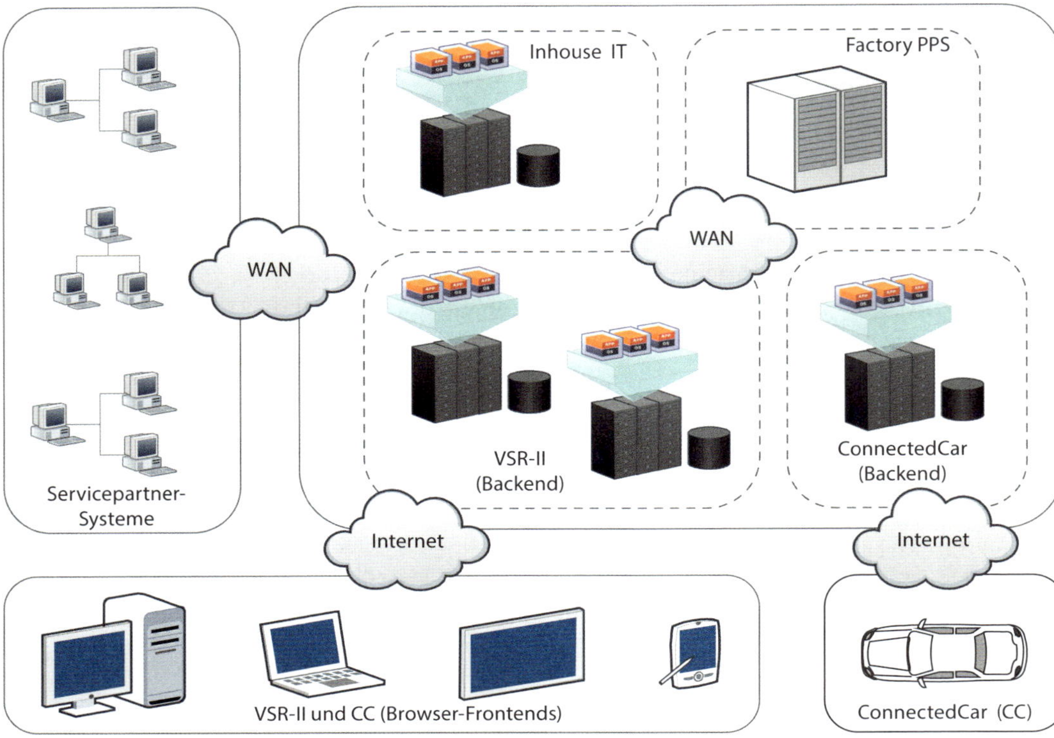

Abb. 1–1 *VSR-II in der Übersicht*

Hinweise zu Lehrstoff und Prüfung

Im Anhang werden wichtige Hinweise zum Lehrstoff und zur Prüfung zum Certified Tester gegeben. Weitere Anhänge des Buches beinhalten ein Glossar und das Quellenverzeichnis. Textpassagen, die über den Stoff des Lehrplans hinausgehen, sind als »**Exkurs**« gekennzeichnet.

WWW-Seite zum Buch

Unter [URL: Softwaretest Knowledge] finden sich neben Übungsaufgaben zu den einzelnen Buchkapiteln weitere und aktuelle Informationen zum Buch wie auch zu anderen Büchern der Autoren, die das Certified-Tester-Ausbildungsschema ergänzen.

2 Grundlagen des Softwaretestens

Dieses einleitende Kapitel erklärt die Grundbegriffe des Softwaretestens, die in den weiteren Kapiteln vorausgesetzt werden. Wichtige Begriffe werden zusätzlich an dem praxisnahen Fallbeispiel VSR-II-System veranschaulicht, das im gesamten Buch immer wieder zur Illustration und Motivation des Lehrstoffs verwendet wird. Die sieben Grundsätze des Testens werden vorgestellt. Hauptteil des Kapitels ist der Testprozess, der mit seinen einzelnen Aktivitäten detailliert erläutert wird. Am Ende des Kapitels wird auf psychologische Probleme beim Testen eingegangen und wie diese umgangen bzw. verringert werden können.

2.1 Begriffe und Motivation

Anforderungen an die Qualität

Bei der Herstellung eines Industrieprodukts werden die entstehenden Produkte üblicherweise daraufhin kontrolliert, ob sie den gestellten Anforderungen entsprechen. Es wird meist durch Stichproben geprüft, ob das Produkt die geforderte Aufgabe löst. Je nach Produkt gibt es auch unterschiedliche Anforderungen an die Qualität der Lösung. Erweist sich ein Produkt als fehlerhaft, so müssen ggf. Korrekturen im Produktionsprozess oder in der Konstruktion erfolgen.

Software ist immateriell.

Was allgemein für die Herstellung eines Industrieprodukts gilt, trifft entsprechend für die Produktion bzw. Entwicklung von Software zu. Die Prüfung der Teilprodukte bzw. des Endprodukts gestaltet sich allerdings schwieriger, da die erstellte Software immateriell ist und daher nicht »greifbar« und eine Prüfung deshalb nicht »handfest« durchgeführt werden kann. Eine optische Prüfung ist nur sehr eingeschränkt durch intensives Lesen der Entwicklungsdokumente möglich.

Fehlerhafte Software führt zu Problemen.

Software, die unzuverlässig oder inkorrekt arbeitet, kann zu erheblichen Problemen führen. Hierzu gehören der Verlust von Geld und Zeit, die Schädigung des Geschäftsrufs bis hin zu Verletzungen von Personen oder sogar deren Tod. Beispiele für gravierende Softwarefehler finden sich oft in der aktuellen Tagespresse, wenn etwa die »Autopilot«-Software eines teilautonom fahrenden Autos fehlerhaft ist und zu spät oder falsch reagiert.

Testen liefert eine Einschätzung der Qualität.

Es ist daher wichtig, die Qualität der Software zu prüfen, um das Risiko eines Softwareausfalls oder eines Softwarefehlers zu minimieren. Das Testen von Software liefert eine Einschätzung der Qualität und verringert die Risiken beim Einsatz der Software, da mögliche Fehler während des Testens aufgedeckt werden können. Dem Testen von Software kommt somit eine sehr wichtige, aber auch sehr schwierige Aufgabe zu.

Beispiel: Risiko durch Softwarefehler

Jedes Release des VSR-II-Systems unseres Fallbeispiels muss vor Auslieferung und Einsatz angemessen geprüft werden, um mögliche Fehler vorab zu erkennen und beheben zu können. Führt das System beispielsweise Bestellvorgänge falsch aus, könnte dies für Kunden und Händler, aber auch für den Autokonzern unter Umständen einen großen finanziellen Schaden und/oder Imageverlust zur Folge haben. Jedenfalls birgt die Nichterkennung eines solchen Fehlers ein hohes Risiko beim Einsatz der Software.

Testen ist eine stichprobenhafte Prüfung.

Oft wird unter Testen die (im Allgemeinen stichprobenartige) Ausführung[1] der zu prüfenden Software (Testobjekt) auf einem Rechner verstanden. Dazu werden einzelne Testfälle ausgeführt, d.h., das Testobjekt wird mit Testdaten versehen und ausgeführt. Die anschließende Bewertung prüft, ob das Testobjekt die geforderten Eigenschaften erfüllt und sich konform zu den Anforderungen verhält.[2]

Testen ist mehr als die Ausführung von Testfällen auf dem Rechner.

Zum Testen gehört aber weit mehr als die Ausführung von Testfällen. Software zu testen ist ein Prozess – der Testprozess, der unterschiedliche Aktivitäten umfasst. Die Testdurchführung, inklusive der Prüfung der Ergebnisse, ist nur eine der Aktivitäten. Weitere Aktivitäten im Testprozess sind die Testplanung, die Analyse, das Design und die Realisierung von Tests. Die Anfertigung von Berichten über den Testfortschritt und über die Testergebnisse sowie die Beurteilung der Qualität eines Testobjekts und die Risikobewertung sind zusätzliche Aufgaben. Die Testaktivitäten werden je nach Lebenszyklus der Software unterschiedlich organisiert und durchgeführt. Testaktivitäten und Testdokumentation werden häufig vertraglich zwischen Auftraggeber und Auftragnehmer oder durch gesetzliche oder Firmenstandards festgelegt. Eine detaillierte Beschreibung der einzelnen Aktivitäten im Testprozess folgt in Abschnitt 2.3 und in Abschnitt 6.3.

---

1. Hier ist das dynamische Testen (s. Kap. 5) gemeint. Beim statischen Test (s. Kap. 4) wird das Testobjekt nicht ausgeführt.
2. Es ist nicht möglich, die korrekte Umsetzung aller Anforderungen durch Testen nachzuweisen (s.u.).

Statisches und dynamisches Testen

Neben den Tests, die auf dem Rechner ausgeführt werden (dynamische Test, s. Kap. 5), können und sollen auch Dokumente wie Anforderungsspezifikation, User Stories und Quellcode so früh wie möglich einer Prüfung unterzogen werden. Derartige Tests werden statische Tests (s. Kap. 4) genannt. Je früher Fehler in den Dokumenten gefunden und behoben werden, je besser ist es für die weitere Entwicklung der Software, da nicht mit fehlerbehafteten Dokumenten weitergearbeitet wird.

Verifizierung und Validierung

Testen umfasst aber nicht nur die Prüfung, ob sich das System entsprechend den Anforderungen, User Stories oder anderen Spezifikationen verhält, sondern auch die Prüfung, ob sich das System entsprechend den Vorstellungen und Wünschen der Nutzer bzw. Anwender in der Betriebsumgebung verhält, ob die beabsichtigte Nutzung möglich ist bzw. das System seinen Zweck erfüllt. Testen beinhaltet somit auch die Validierung (s.a. 7. Grundsatz: Trugschluss: Keine Fehler bedeutet ein brauchbares System in Abschnitt 2.1.6).

Kein umfangreiches System ist fehlerfrei.

Ein fehlerfreies Softwaresystem gibt es derzeit nicht und wird es in naher Zukunft wahrscheinlich auch nicht geben, sobald das System einen gewissen Grad an Komplexität und Umfang an Programmzeilen umfasst. Häufig liegt ein Fehler darin begründet, dass sowohl während der Entwicklung als auch beim Testen der Software gewisse Ausnahmesituationen nicht bedacht bzw. nicht überprüft wurden. Sei es das Schaltjahr, das nicht richtig berechnet wird, oder die nicht berücksichtigten Randbedingungen, wenn es um Zeitverhalten oder Ressourcenbedarf geht. Es ist daher durchaus üblich – oder oft auch unumgänglich – dass Software und Systeme in Betrieb genommen werden, obwohl Fehler bei bestimmten Eingabekonstellationen auftreten. Auf der anderen Seite arbeiten aber sehr viele Softwaresysteme in ganz unterschiedlichen Bereichen zuverlässig tagein, tagaus.

Fehlerfreiheit nicht durch Testen erreichbar

Selbst wenn alle ausgeführten Tests keinen einzigen Fehler mehr aufdecken, kann (außer bei sehr sehr kleinen Programmen) nicht ausgeschlossen werden, dass es zusätzliche Tests gibt, die weitere Fehler aufzeigen würden. Fehlerfreiheit kann mit Testen nicht nachgewiesen werden.

2.1.1 Fehlerbegriff

Testbasis als Grundlage

Eine Situation kann nur dann als fehlerhaft eingestuft werden, wenn vorab festgelegt wurde, wie die erwartete bzw. als korrekt spezifizierte Situation aussehen soll. Zur Bestimmung der korrekten Situation werden die Anforderungen an das zu testende System(teil), aber auch weitere Informationen herangezogen. In diesem Zusammenhang wird von der Testbasis gesprochen, gegen die getestet wird und die als Grundlage der Entscheidung dient, ob ein korrektes oder fehlerhaftes Verhalten vorliegt.

Was gilt als Fehler?

Ein Fehler ist somit die Nichterfüllung einer festgelegten Anforderung, eine Abweichung zwischen dem Istverhalten (während der Ausführung der Tests oder des Betriebs festgestellt) und dem Sollverhalten (in der Spezifikation, den Anforderungen oder den User Stories festgelegt). Wann liegt aber ein nicht anforderungskonformes Verhalten des Systems vor?

Im Gegensatz zu physischen Systemen entstehen Fehler in einem Softwaresystem nicht durch Alterung oder Verschleiß. Jeder Fehler ist seit dem Zeitpunkt der Entwicklung in der Software vorhanden. Er kommt jedoch erst bei der Ausführung der Software zum Tragen.

Fehlerwirkung

Für diesen Sachverhalt wird der Begriff Fehlerwirkung verwendet. Der englische Fachbegriff hierfür lautet »Failure«. Weitere Bezeichnungen sind Fehlfunktion, äußerer Fehler oder Ausfall. Beim Test der Software oder auch erst bei deren Betrieb wird eine Fehlerwirkung für den Tester oder Anwender nach außen sichtbar. Zum Beispiel ist ein Ausgabewert falsch oder das Programm stürzt ab.

Fehlerzustand

Zwischen dem Auftreten einer Fehlerwirkung und deren Ursache muss unterschieden werden. Eine Fehlerwirkung hat ihren Ursprung in einem Fehlerzustand (»Fault«) der Software. Dieser Fehlerzustand wird auch als Defekt oder innerer Fehler bezeichnet. Auch das englische Wort »Bug« ist gebräuchlich. Dies ist beispielsweise eine falsch programmierte oder vergessene Anweisung im Programm.

Fehlermaskierung

Es ist durchaus möglich, dass ein Fehlerzustand durch einen oder mehrere andere Fehlerzustände in anderen Teilen des Programms kompensiert wird (Fehlermaskierung). Eine Fehlerwirkung tritt in diesem Fall erst dann zutage, nachdem der oder die maskierenden Fehlerzustände korrigiert worden sind. Korrekturen können somit zu Seiteneffekten führen.

Ein Problem ist, dass ein Fehlerzustand nicht zu einer Fehlerwirkung führen muss. Eine Fehlerwirkung kann gar nicht, einmal oder immer und somit für alle Benutzer des Systems auftreten. Eine Fehlerwirkung kann weit entfernt vom Fehlerzustand zum Tragen kommen. Ein Beispiel ist eine kleine Verfälschung von gespeicherten Daten, die bei der Programmausführung erst zu einem späteren Zeitpunkt aufgedeckt wird.

Fehlhandlung

Ursache für das Vorliegen eines Fehlerzustands ist wiederum die vorausgegangene Fehlhandlung einer Person, wie z.B. eine fehlerhafte Programmierung durch den Entwickler. Der englische Begriff hierfür ist »Error«.

Fehlhandlungen können aus vielfältigen Gründen entstehen. Einige typische Fehlhandlungen bzw. Gründe (bzw. Grundursache) für Fehlhandlungen sind:

- Menschen machen Fehler – wir alle!
- Ein hoher Zeitdruck ist vorhanden – was in Softwareprojekten sehr häufig vorkommt.
- Die Komplexität der umzusetzenden Aufgabe, der Architektur, des Designs sowie des Programmtextes ist sehr hoch.
- Es gibt Missverständnisse zwischen den Projektbeteiligten – oft ein unterschiedliches Verständnis bzw. eine Auslegung der Anforderungen und weiterer Dokumente.
- Es gibt Missverständnisse über die Systeminteraktionen (systeminterne und systemübergreifende Schnittstellen), da deren Anzahl bei größeren Systemen oft sehr hoch ist.
- Die Komplexität der genutzten Technologien ist hoch oder es werden neue, bei den Projektbeteiligten (noch) unbekannte Technologien verwendet, die noch nicht richtig verstanden und daher falsch angewendet werden.
- Es liegt Unerfahrenheit oder unzureichende Ausbildung bei den Projektbeteiligten vor.

Eine Fehlhandlung einer Person führt zu einem Fehlerzustand in einem Programmstück, was zu einer Fehlerwirkung führt, die außen sichtbar ist und durch Testen aufgezeigt werden soll (s. Abb. 2–1, Debugging s.u.). Statische Tests (s. Kap. 4) können im Programmtext direkt Fehlerzustände aufdecken.

Fehlerwirkungen können aber auch durch Umweltbedingungen ausgelöst werden, wie Strahlung, Magnetismus etc., oder auch durch Umweltverschmutzung mit den entsprechenden Auswirkungen auf die Firmware und Hardware. Diese Art Fehler wird hier nicht behandelt.

Abb. 2–1
Zusammenhang zwischen Fehlhandlung, Fehlerzustand und Fehlerwirkung

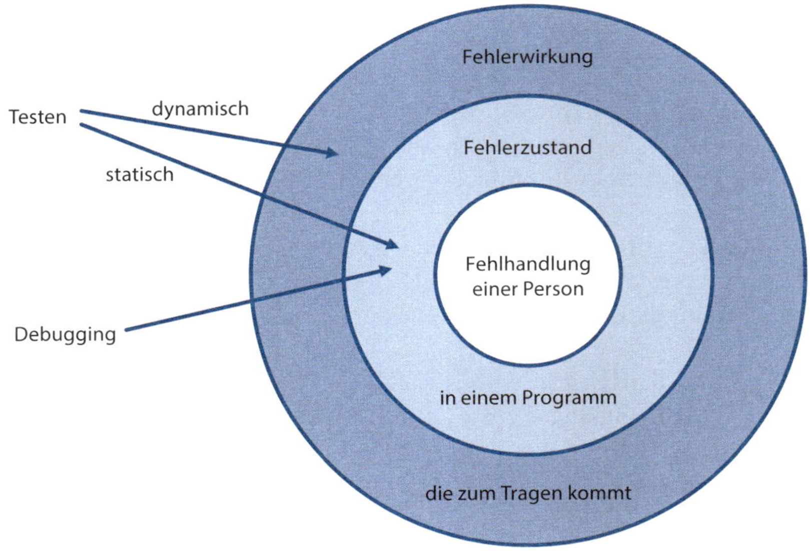

Falsch positives Ergebnis und falsch negatives Ergebnis

Nicht jedes unerwartete Ergebnis der Tests ist auch immer eine Fehlerwirkung. Es kann vorkommen, dass ein Testergebnis eine Fehlerwirkung anzeigt, obwohl der Fehlerzustand bzw. die Ursache für die Fehlerwirkung nicht im Testobjekt liegt. Dies wird als »falsch positives Ergebnis« (»false-positive Result«) bezeichnet. Die umgekehrte Situation kann ebenfalls vorkommen, dass Fehlerwirkungen nicht auftreten, obwohl die Tests diese hätten aufdecken sollen. Dies wird als »falsch negatives Ergebnis« (»false-negative Result«) bezeichnet. Bei jeder Auswertung von Testergebnissen ist somit zu beachten, ob eine der beiden Möglichkeiten vorliegt. Es gibt noch zwei weitere Ergebnisse: »richtig positiv« (Fehlerwirkung durch den Testfall aufgedeckt) und »richtig negativ« (erwartetes Verhalten bzw. Ergebnis des Testobjekts mit dem Testfall nachgewiesen). Nähere Ausführungen hierzu finden sich in Abschnitt 6.4.1.

Aus Fehlern lernen

Konnten Fehlerzustände aufgedeckt und die Fehlhandlungen ermittelt werden, die zu den Fehlerzuständen führten, dann lohnt es sich, mögliche Ursachen zu analysieren, um daraus zu lernen und in Zukunft gleiche oder ähnliche Fehlhandlungen zu vermeiden. Die so gewonnenen Erkenntnisse können zur Prozessverbesserung genutzt werden, um das Auftreten von zukünftigen Fehlhandlungen und damit Fehlerzuständen zu verringern oder zu verhindern.

Beispiel: Unklare Anforderung als Ursache von Softwarefehlern

Über das Teilsystem VSR-II-*EasyFinance* kann sich der Kunde verschiedene Optionen zur Finanzierung seines neuen Fahrzeugs berechnen und vorschlagen lassen. Der bei einer Kreditfinanzierung vom System verwendete Zinssatz wird aus einer im System hinterlegten Zinssatztabelle entnommen. Für Fahrzeuge, die im Rahmen von werblichen Sonderaktionen angeboten und verkauft werden, können davon abweichend andere Zinssätze gelten.

Im neuen VSR-II soll zusätzlich folgende Anforderung realisiert werden:

REQ: Wenn der Kunde der »Online-Bonitätsprüfung« zugestimmt und diese absolviert hat, dann reduziert VSR-II-*EasyFinance* den Kreditzinssatz gemäß der im System hinterlegten Zinssatz-Bonus-Tabelle.

Der Autor der Anforderung hat allerdings vergessen klarzustellen, dass diese Reduktion nicht erlaubt ist, wenn es um ein Fahrzeug geht, das in einer Sonderaktion verkauft wird. Entsprechend wurde dieser Fall in den Tests des ersten Release nicht überprüft. Kunden aus Sonderaktionen erhielten daher online Kreditangebote mit zu niedrigem Zinssatz angeboten und beschwerten sich, als die erste Kreditabrechnung einen höheren Zinssatz auswies.

2.1.2 Testbegriff

Testen ist nicht Debugging.

Um einen Fehlerzustand korrigieren zu können, muss der Fehlerzustand im Softwareprodukt lokalisiert werden. Bekannt ist zunächst nur seine Wirkung, aber nicht die genaue Stelle in der Software, die den Fehlerzustand beinhaltet. Das Lokalisieren und Beheben des Fehlerzustands ist Aufgabe des Softwareentwicklers und wird auch als »Debugging« (Fehlerbereinigung, Fehlerkorrektur) bezeichnet. Debugging und Testen werden oft gleichgesetzt, sind aber zwei völlig unterschiedliche und getrennte Aufgaben. Während Debugging das Ziel hat, Defekte bzw. Fehlerzustände zu lokalisieren, ist es Aufgabe des Tests, Fehlerwirkungen-gezielt aufzudecken (s.a. Abb. 2–1).

Fehlernachtest

Die Behebung des Fehlerzustands führt zur Qualitätsverbesserung des Produkts, da in den meisten Fällen keine neuen Fehlerzustände durch die Änderung hinzugefügt werden. Tests, die prüfen, ob die Korrekturmaßnahmen erfolgreich waren, werden als Fehlernachtests bezeichnet. Oft sind Tester für diese Fehlernachtests verantwortlich, während Softwareentwickler neben dem Debugging auch die zugehörigen Komponententests durchführen. In der agilen Entwicklung und in einigen anderen Lebenszyklen kann diese Aufgabentrennung aufgehoben sein.

In der Praxis kommt es aber leider vor, dass durch die Korrektur eines Fehlerzustands ein oder sogar mehrere neue Fehlerzustände »hineinprogrammiert« werden. Der neue Fehlerzustand kann dann bei einer ganz anderen Eingabekonstellation zur Wirkung kommen. Solche unbeabsichtigten Seiteneffekte erschweren den Test und bedingen, dass nach Änderungen nicht nur die Tests zu wiederholen sind, die den Fehlerzustand zur Wirkung gebracht haben, sondern auch weitere Tests, die mögliche Seiteneffekte aufdecken könnten.

Testziele

Testen – und hier sind sowohl statisches als auch dynamisches Testen gemeint – verfolgt mehrere Ziele:

- Die qualitative Bewertung von Arbeitsergebnissen wie Anforderungsspezifikation, User Stories, Design und Programmtext
- Der Nachweis, dass alle spezifischen Anforderungen vollständig umgesetzt sind und dass das Testobjekt so funktioniert, wie es die Nutzer und andere Interessenvertreter (Stakeholder) erwarten
- Informationen zur Verfügung stellen, damit die Stakeholder die Qualität des Testobjekts fundiert einschätzen können und somit Vertrauen in die Qualität des Testobjekts schaffen[3]
- Die Höhe des Risikos bei mangelnder Qualität der Software kann durch Aufdeckung (und Behebung) von Fehlerwirkungen verringert werden. Die eingesetzte Software enthält dann weniger unentdeckte Fehlerzustände.
- Analysieren des Programms und der Dokumente, um Fehlerzustände zu vermeiden und vorhandene zu erkennen (und dann zu beheben)
- Analysieren und Ausführen des Programms mit dem Ziel, Fehlerwirkungen nachzuweisen
- Informationen über das Testobjekt zu erhalten, um zu entscheiden, ob das Systemteil für die Integration mit weiteren Systemteilen freigegeben (einchecken, »commit«) werden kann
- Aufzeigen, dass das Testobjekt konform zu vertraglichen, rechtlichen oder regulatorischen Anforderungen oder Standards ist und/oder Überprüfung der Einhaltung der Anforderungen oder Standards durch das Testobjekt

Ziele abhängig vom Kontext

Abhängig vom Kontext können die Ziele des Testens variieren. Je nach Softwareentwicklungsmodell (z.B. agil oder konventionell) und Teststufe (Komponententest, Integrationstest, Systemtest, Abnahmetest, s. Abschnitt 3.4) können unterschiedliche Ziele verfolgt werden.

3. Werden bei einem gründlichen Test wenige oder keine Fehlerwirkungen nachgewiesen, dann führt das zu einer Erhöhung des Vertrauens in die getestete Software.

So steht beim Test einer Komponente im Vordergrund, möglichst viele Fehlerwirkungen aufzudecken, um die zugrunde liegenden Fehlerzustände frühzeitig zu identifizieren (»Debugging«) und zu beheben. Ein weiteres Ziel kann es sein, die Tests so zu wählen, dass die erreichte Überdeckung des Programmtexts (s. Abschnitt 2.3.1) möglichst hoch ist.

Ein Ziel des Abnahmetests ist der Nachweis, dass das System sowohl wie erwartet benutzt werden kann als auch wie erwartet arbeitet und somit die nicht funktionalen und funktionalen Anforderungen erfüllt. Ein weiteres Ziel ist die Bereitstellung von Informationen über das Risiko einer Systemfreigabe für die Stakeholder, damit sie eine fundierte Entscheidung über die Freigabe (ja oder nein) treffen können.

Exkurs: Benennung von Tests

Es gibt verwirrend viele Bezeichnungen für verschiedene Arten von Softwaretests. Einige werden im Rahmen der Darstellung der verschiedenen Teststufen (s. Abschnitt 3.4) genauer erklärt. Dieser Exkurs soll etwas Systematik in die Begriffsvielfalt bringen. Dazu ist es hilfreich, folgende Kategorien, nach denen Tests bezeichnet werden können, zu unterscheiden:

1. **Testziel**
   Die Benennung einer Testart erfolgt aufgrund des Testzwecks (z.B. Lasttest).
2. **Testmethode/Testverfahren**
   Der Test wird nach der Methode/dem Verfahren benannt, die zur Spezifikation oder Durchführung der Tests eingesetzt wird (z.B. zustandsbasierter Test, s. Abschnitt 5.1.3).
3. **Testobjekt**
   Der Test wird nach der Art des Testobjekts, das getestet wird, benannt (z.B. GUI-Test – Test der grafischen Bedienoberfläche oder DB-Test – Test der Datenbank).
4. **Teststufe**
   Der Test wird nach der Stufe des zugrunde liegenden Softwareentwicklungsmodells benannt (z.B. Systemtest).
5. **Testperson**
   Der Test wird nach dem Personenkreis bezeichnet, der die Tests durchführt (z.B. Entwicklertest, Anwendertest).
6. **Testumfang**
   Tests werden nach dem Umfang unterschieden (z.B. partieller Regressionstest).

Nicht hinter jedem Begriff verbirgt sich also eine neue oder andere Art von Test. Vielmehr wird, je nachdem unter welchem Blickwinkel die Testarbeiten betrachtet werden, einer der aufgeführten Aspekte in den Vordergrund gerückt.

2.1.3 Testartefakte und ihre Beziehungen

In den vorherigen Abschnitten wurden bereits einzelne Artefakte beim Testen genannt und kurz erklärt. Im Folgenden wird ein Überblick über die beim dynamischen Testen erforderlichen bzw. zu erstellenden Artefakte gegeben.

Testbasis

Grundlage für alle Überlegungen zum Testen ist die Testbasis. Wie oben bereits erwähnt, werden alle Dokumente als Testbasis bezeichnet, die herangezogen werden können, um eine Entscheidung treffen zu können, ob beim Testen eine Fehlerwirkung aufgetreten ist oder nicht. Die Testbasis legt somit das Sollverhalten des Testobjekts fest. Aber auch der gesunde Menschenverstand oder Fachwissen können als »Teile« der Testbasis angesehen und für die Entscheidung herangezogen werden. In den meisten Fällen liegt ein Anforderungsdokument, eine Spezifikation oder eine User Story vor, die als Testbasis dient.

Testfall und Testlauf

Auf Grundlage der Testbasis werden die Testfälle erstellt. Ein Testfall wird auf dem Rechner ausgeführt, d.h., das Testobjekt wird mit entsprechenden Testdaten versehen und zur Ausführung gebracht – ein Testlauf wird durchgeführt. Die Ergebnisse des Testlaufs werden geprüft und es wird entschieden, ob eine Fehlerwirkung vorliegt, also eine Abweichung zwischen erwartetem Sollergebnis bzw. Sollverhalten und dem sich nach dem Testlauf ergebenen Istergebnis bzw. Istverhalten. Um Testfälle ausführen zu können, sind meist Vorbedingungen einzuhalten, z.B. muss die zu verwendende Datenbank nutzbar und mit entsprechenden Daten gefüllt sein.

Testbedingung

Da jeder Testfall die Testbasis nicht als Ganzes prüfen kann, muss eine Fokussierung auf bestimmte Aspekte erfolgen. Aus der Testbasis sind sogenannte Testbedingungen[4] abzuleiten, die für das Erreichen bestimmter Testziele (s.o.) relevant sind. Eine Testbedingung (»Test Condition«) ist durch ein oder mehrere Testfälle zu prüfen. Eine Testbedingung kann eine Funktion, eine Transaktion, ein Qualitätsmerkmal oder ein strukturelles Element einer Komponente oder eines Systems sein. Konkrete Beispiele für eine Testbedingung sind die Preisberechnung beim VSR-II-System, die Kombination der Fahrzeugmodelle (s. Abschnitt 5.1.5), das »Look and feel« der Benutzungsoberfläche oder das Antwortzeitverhalten des zu testenden Systems.

4. Auch als einzelne Testanforderung oder Testsituation bezeichnet.

Ebenso kann »auf der anderen Seite« ein Testobjekt in der Regel nicht als Ganzes getestet werden. Es werden sogenannte Testelemente ermittelt, die durch die einzelnen Testfälle getestet werden. Zur Testbedingung Preisberechnung beim VSR-II-System ist das entsprechende Testelement die Methode `calculate_price()` (s. Abschnitt 5.1.1), die mit den entsprechenden Testfällen getestet wird. Die Testfälle werden unter der Verwendung von Testverfahren (s. Kap. 5) spezifiziert.

Testelement

Testfälle einzeln auszuführen ist wenig sinnvoll. Testfälle werden in Testsuiten zusammengefasst, die in einem Testzyklus ausgeführt werden. Im Testausführungsplan ist der zeitliche Ablauf der Ausführung der Testsuiten festgelegt.

Testsuite und Testausführungsplan

Ein Testskript wird implementiert, das die Testsuite automatisiert ausführt. In den Testskripten ist die Reihenfolge der Testfälle mit allen erforderlichen Aktionen zur Herstellung der Vorbedingungen und zum Aufräumen nach der Durchführung realisiert. Werden Testsuiten nicht automatisiert durchgeführt, sind diese Informationen für den manuellen Test ebenfalls bereitzustellen (Testablauf, »Test Procedure«).

Testskript

Die Ergebnisse der Testläufe sind zu protokollieren und zusammenfassend in einem Testbericht zu dokumentieren.

Protokoll

Zu Beginn aller Überlegungen zum Testen eines Testobjekts ist ein Testkonzept zu erstellen, in dem alles festlegt wird, was für die Testdurchführung erforderlich ist (s. Abschnitt 6.2.1). Hierzu gehören u.a. die Auswahl der Testobjekte und Testverfahren, die Festlegung der Testziele und der Testberichterstattung ebenso wie die Koordination der einzelnen Testaktivitäten untereinander.

Testkonzept

In der Abbildung 2–2 sind die Zusammenhänge zwischen den Artefakten dargestellt. Durch die Angabe der Aktivitäten des Testprozesses (s. Abschnitt 2.3) wird verdeutlicht, wann die Artefakte erstellt werden.

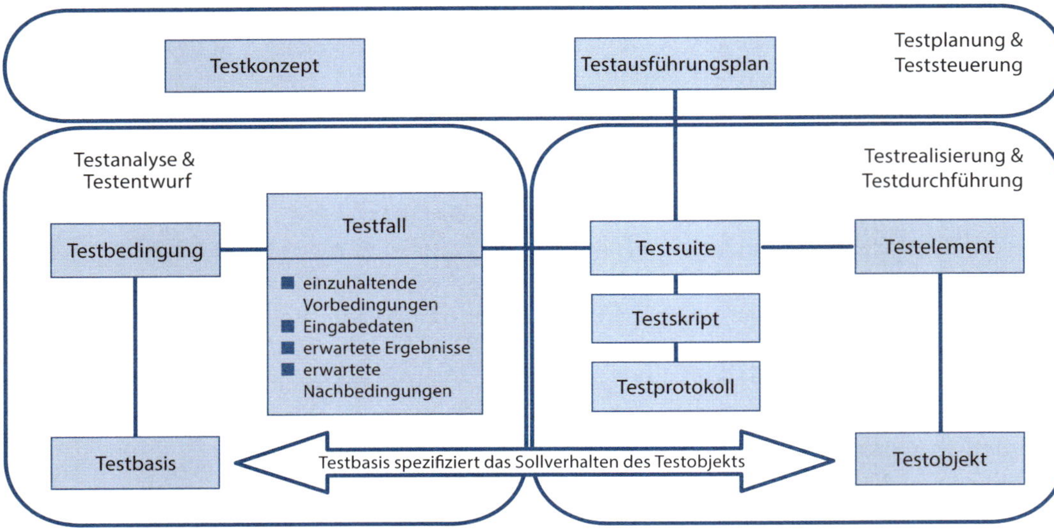

Abb. 2–2 *Testartefakte und ihre Beziehungen*

2.1.4 Aufwand für das Testen

Testaufwand abhängig vom Projekt(umfeld)

Das Testen nimmt einen großen Teil des Entwicklungsaufwands in Anspruch, auch wenn immer nur ein Teil aller denkbaren Tests – genauer aller denkbaren Testfälle – berücksichtigt werden kann. Eine allgemein gültige Aussage oder Empfehlung über die Höhe des zu investierenden Testaufwands ist jedoch schwierig, da dies stark vom Charakter des Projekts abhängt.[5]

Der Stellenwert des Testens – und damit der mögliche Aufwand für das Testen – wird oft auch durch das Zahlenverhältnis von Testern zu Entwicklern deutlich. In der Praxis sind folgende Verhältnisse anzutreffen: von einem Tester, der auf zehn Entwickler kommt, bis hin zu drei Testern pro Entwickler. Der Testaufwand bzw. das für das Testen investierte Budget divergiert in der Praxis sehr stark.

Beispiel: Testaufwand und Fahrzeugvarianten

Mit VSR-II kann ein Kaufinteressent sein Wunschfahrzeug am Bildschirm selbstständig konfigurieren. Welches Zubehör für welches Modell lieferbar ist und welche Optionen untereinander oder mit vorkonfektionierten Ausstattungspaketen kombiniert werden können, unterliegt vielfältigen Regeln.

Bei VSR konnte der Kaufinteressent Kombinationen auswählen, obwohl diese nicht lieferbar waren. Für VSR-II soll (u.a. als Konsequenz aus der

5. Abschnitt 6.2.5 behandelt das Thema detaillierter. Hier wird ein erster Einstieg in die Thematik gegeben.

QS/Test-Plan-Vorgabe »Funktionelle Eignung/DreamCar = high«, s. u.) sichergestellt werden, dass nicht erlaubte Kombinationen keinesfalls ausgewählt werden können.

Der für die Komponente »DreamCar« verantwortliche Product Owner möchte herausfinden, wie viel Testaufwand es erfordert, diesen Aspekt der *DreamCar*-Funktionalität möglichst vollständig zu testen. Dazu überschlägt er, wie viele Ausstattungskombinationen es maximal geben kann und identifiziert folgende Möglichkeiten:

10 Fahrzeugmodelle mit je 5 Motorvarianten, 10 Felgentypen mit Sommer- oder Winterbereifung, 10 Lackfarben mit Matt-, Glanz- oder Perleffekt-Beschichtung und 5 verschiedene Entertainment-Systeme. Alleine hieraus resultieren $10 \times 5 \times 10 \times 2 \times 10 \times 3 \times 5 = 150.000$ verschiedene Kombinationen. Wenn das Testen jeder Kombination nur 1 Sekunde dauert, wären schon 1,7 Tage dazu erforderlich.

Weitere 50 optionale Zubehörteile multiplizieren die Kombinationsanzahl nochmals mit 50 Fakultät und führen zu theoretisch möglichen rund $4{,}6 \times 10^{69}$ Kombinationen. Für jede dieser Kombinationen muss *DreamCar* entscheiden können, ob diese lieferbar und somit »anklickbar« ist.

Dem Product Owner ist intuitiv klar, dass sein Team nicht gegen jede Kombination testen muss, sondern stattdessen »nur« die Funktion sämtlicher Regeln, die definieren, was »nicht lieferbar« ist. Andererseits besteht aber das Risiko, dass *DreamCar* manche Kombination aufgrund irgendwelcher denkbarer Fehlerzustände fälschlicherweise doch als »lieferbar« klassifiziert (oder andersrum).

Welcher Testaufwand ist hier nun mindestens erforderlich oder wirtschaftlich maximal gerechtfertigt? Der Product Owner beschließt, bei Gelegenheit die Test/QS-Leiterin hierzu um Rat zu fragen. Ein Ausweg aus dem Dilemma bietet möglicherweise das kombinatorische Testen (s. Exkurs, Abschnitt 5.1.5).

Exkurs: Wann ist ein hoher Testaufwand vertretbar?

Ist ein hoher Testaufwand bezahlbar und gerechtfertigt? Die Gegenfrage von Jerry Weinberg lautet: »Im Vergleich zu was?« [DeMarco 93]. Er weist damit auf die zu bedenkenden Risiken bei fehlerhaften Softwaresystemen hin. Das Risiko wird aus der Eintrittswahrscheinlichkeit und der zu erwartenden Höhe des Schadens ermittelt. Im Test nicht gefundene Fehlerzustände können beim Einsatz der Software hohe Kosten verursachen.

Beispiel: Fehlerkosten

»Das mehrere hundert Millionen Euro teure Weltraumteleskop Hitomi geriet Ende März 2016 nach einer Verkettung von Softwarefehlern in zu schnelle Rotation und ging verloren. Die Software war fälschlicherweise von einer unerwünschten langsamen Rotation des Satelliten ausgegangen und versuchte, die scheinbare Drehung durch Gegenmaßnahmen zu kompensieren. Die Signale der redundanten Kontrollsysteme wurden falsch gedeutet, und schließlich wurde der Satellit immer stärker in Rotation versetzt, bis er wegen der zu groß werdenden Fliehkräfte schließlich zerbrach« (aus [URL: Fehlerkosten]).

Der Testaufwand muss in einem vernünftigen Verhältnis zum erzielbaren Ergebnis stehen. »Testen ist ökonomisch sinnvoll, solange die Kosten für das Finden und Beseitigen eines Fehlers[6] im Test niedriger sind als die Kosten, die mit dem Auftreten eines Fehlers bei der Nutzung verbunden sind« [Pol 00]. Der Testaufwand muss daher immer in Abhängigkeit mit dem im Fehlerfall verbundenen Risiko und der Gefährdungsbewertung stehen. Für den entstandenen Schaden (Totalverlust) des Weltraumteleskops Hitomi hätten sehr viele Tests durchgeführt werden können.

Beispiel: Risiko und Schaden im Fehlerfall

Während der Kaufinteressent sein Wunschfahrzeug konfiguriert, zeigt *DreamCar* laufend den Kaufpreis der aktuellen Konfiguration an. Bestandskunden des Herstellers oder Interessenten, die sich vorher bei einem Händler ausgewiesen und autorisiert haben, können ihr Wunschfahrzeug online bestellen! Sobald sie »verbindlich bestellen« anklicken und ihre »PIN« eintippen, ist das Fahrzeug gekauft und bestellt. Nach der gesetzlichen Widerrufsfrist für Online-Käufe wird die gewählte Konfiguration dann automatisch an den Produktionsplanungsrechner übermittelt, der die Produktion einplant und initiiert.

Wird dabei vom System eine fehlerhafte Preisberechnung durchgeführt, kann der Kunde auf dem angezeigten Preis bestehen. Denn es ist ein verbindlicher Kaufvertrag zustande gekommen! Somit kann eine fehlerhafte Preisberechnung dazu führen, dass Tausende von Fahrzeugen zu einem zu geringen Preis verkauft werden. Der Gesamtschaden kann, je nachdem wie stark sich das VSR-II-System je Fahrzeug »verrechnet«, in die Millionen gehen. Dass jeder Vertrag manuell überprüft wird, ist keine Option. Denn der Sinn der Funktion ist ja gerade, dass der Hersteller mit VSR-II einen solchen 100 % automatisierten Online-Verkaufsprozess realisieren kann.

Testintensität und Testumfang in Abhängigkeit vom Risiko festlegen

Systeme oder Systemteile mit einem hohen Risiko müssen ausgiebiger getestet werden als solche, die im Fehlerfall keine großen Schäden verursachen.[7] Wobei die Risikoeinschätzung für die einzelnen Systemteile oder sogar für einzelne Fehlermöglichkeiten durchzuführen ist. Bei einem hohen Risiko im Fehlverhalten eines Systems oder Teilsystems ist für den Test ein höherer Aufwand zu veranschlagen als bei weniger kritischen System(teil)en. Die Intensität des Tests muss entsprechend hoch sein. Internationale Standards für die Produktion von sicherheitskritischen Systemen geben ein solches Vorgehen vor, indem sie die Verwendung von verschiedenen aufwendigen Verfahren zum Testen vorschreiben (z.B. [RTC-DO 178B] für den Luftfahrtbereich).

---

6. Bei den Kosten sind alle Aspekte zu berücksichtigen, wie die Auswirkungen von schlechter Publicity, gerichtliche Auseinandersetzungen usw., nicht nur die Kosten für Korrektur, erneuten Test, Verteilung und Austausch der korrigierten Software.
7. In Abschnitt 6.2.4 wird das Thema ausführlich behandelt.

Für die Herstellerfirma eines Computerspiels kann ein fehlerhaftes Speichern eines Spielstandes ein sehr hohes Risiko bedeuten (obwohl es keine direkten Schäden verursacht), da das fehlerhafte Spiel bei der Kundschaft nicht akzeptiert wird und zu hohen Absatzverlusten, möglicherweise bei allen Spielen der Firma, führen kann.

2.1.5 Testwissen frühzeitig und damit erfolgreich nutzen

Erfolgsfaktor Testen

Mit dem Testen – genauer mit den Überlegungen und vorbereitenden Arbeiten zum Testen – soll so früh wie möglich begonnen werden. Im Folgenden werden Beispiele aufgeführt, die die Vorteile verdeutlichen, wenn Tester mit entsprechendem Testwissen bei einzelnen Aktivitäten im Softwareentwicklungslebenszyklus involviert sind:

Enge Zusammenarbeit zwischen Entwicklern und Testern während der gesamten Softwareentwicklung

- Beteiligen sich Tester an der Prüfung der Anforderungen (z.B. durch Reviews, s. Abschnitt 4.2) oder an der Verfeinerung (»Refinements«) von User Stories und bringen ihr Testfachwissen ein, können Unklarheiten und Fehler in den Arbeitsprodukten aufgedeckt und behoben werden. Die Identifizierung und Behebung der fehlerhaften Anforderungen reduzieren das Risiko der Entwicklung falscher oder nicht testbarer Funktionen.
- Die enge Zusammenarbeit von Testern mit Systemdesignern während des Entwurfs des Systems kann das Verständnis jeder Partei für das Design und dessen Test erheblich verbessern. Dieses erhöhte Verständnis kann das Risiko grundlegender Konstruktionsfehler reduzieren und ermöglicht die frühzeitige Identifikation potenzieller Tests, z.B. zur Prüfung der Schnittstellen beim Integrationstest (s. Abschnitt 3.4.2).
- Arbeiten Entwickler und Tester während der Codeerstellung zusammen, kann das Verständnis auf beiden Seiten für den Code und dessen Test verbessert werden. Dieses reduziert das Risiko von Fehlerzuständen im Programmtext und auch von fehlerhaften Tests zur Prüfung des Programmtextes (falsch negatives Ergebnis, s. Abschnitt 6.4.1).
- Wenn Tester die Software vor deren Freigabe verifizieren und validieren, können weitere Fehlerzustände erkannt und behoben werden, die ansonsten unentdeckt geblieben wären. Dies erhöht die Wahrscheinlichkeit, dass die Software den Bedürfnissen der Interessenvertreter gerecht wird und die Anforderungen erfüllt.

Zusätzlich zu diesen Beispielen trägt das Erreichen der oben definierten Testziele zum allgemeinen Erfolg der Softwareentwicklung bzw. der Wartung bei.

2.1.6 Grundsätze des Testens

In den vorherigen Abschnitten wurde das Testen von Software behandelt. In diesem Abschnitt werden die wesentlichen Grundsätze des Testens zusammenfassend dargestellt, die sich aus den zurückliegenden Jahrzehnten herauskristallisiert haben und als generelle Leitlinien beim Testen angesehen werden.

1. **Grundsatz:**
   Testen zeigt die Anwesenheit von Fehlerzuständen
   Mit Testen wird das Vorhandensein von Fehlerwirkungen und damit von Fehlerzuständen nachgewiesen. Testen verringert – je nach Testaufwand und Intensität – die Wahrscheinlichkeit, dass noch unentdeckte Fehlerzustände im Testobjekt vorhanden sind. Mit Testen lässt sich jedoch nicht beweisen, dass keine Fehlerzustände im Testobjekt vorhanden sind. Selbst wenn keine Fehlerwirkungen im Test aufgezeigt wurden, ist dies kein Nachweis für Fehlerfreiheit oder Korrektheit.
2. **Grundsatz:**
   Vollständiges Testen ist nicht möglich
   Ein vollständiger Test, bei dem alle möglichen Eingabewerte und deren Kombinationen unter Berücksichtigung aller unterschiedlichen Vor- und Randbedingungen ausgeführt werden, ist nicht durchführbar, mit Ausnahme bei sehr trivialen Testobjekten. Tests sind immer nur Stichproben, und der Testaufwand ist deshalb nach Risiko und Prioritäten zu steuern.
3. **Grundsatz:**
   Frühes Testen spart Zeit und Geld
   Testaktivitäten – sowohl statische als auch dynamische – sollen im System- oder Softwarelebenszyklus so früh wie möglich beginnen und definierte Ziele verfolgen. Frühes Testen wird auch mit »shift left« bezeichnet. Durch frühzeitiges Prüfen werden Fehlerzustände frühzeitig erkannt. Es hilft dabei, im Softwareentwicklungslebenszyklus späte und damit kostenintensive Änderungen zu reduzieren oder zu vermeiden.
4. **Grundsatz:**
   Häufung von Fehlerzuständen
   In der Regel ist keine Gleichverteilung der Fehlerzustände über das gesamte System gegeben. Vielmehr finden sich die meisten Fehlerzustände in nur wenigen Teilen (Modulen) eines Systems. Die geschätzte oder auch tatsächlich beobachtete Anhäufung von Fehler-

zuständen in einzelnen Systemteilen kann zur Risikoanalyse genutzt werden. Der Testaufwand kann dann auf die fehlerträchtigen Teile konzentriert werden (s. auch Grundsatz 2).

5. **Grundsatz:**
   Vorsicht vor dem Pestizid-Paradoxon
   So wie Schädlinge gegen Pflanzenschutzmittel resistent werden, lassen Tests in ihrer »Wirksamkeit« nach. Werden Tests an unveränderten Systemversionen nur wiederholt, decken sie keine neuen Fehlerwirkungen mehr auf. Damit die Effektivität der Tests nicht absinkt, sind die vorhandenen Testfälle regelmäßig zu prüfen und durch neue oder modifizierte Testfälle zu ergänzen. Bisher nicht geprüfte Teile der Software oder unberücksichtigte Konstellationen bei der Eingabe werden dann ausgeführt und somit mögliche weitere Fehlerwirkungen nachgewiesen. Das Pestizid-Paradoxon kann auch einen vermeintlich positiven Effekt hervorrufen. Wenn zum Beispiel der automatisierte Regressionstest eine geringe Anzahl von Fehlerwirkungen aufdeckt, kann dies nicht an der guten Qualität der Software, sondern an der »Unwirksamkeit« der (veralteten) Testfälle liegen.
6. **Grundsatz:**
   Testen ist kontextabhängig
   Je nach Einsatzgebiet und Umfeld des zu prüfenden Systems ist das Testen anzupassen. Keine zwei Systeme sind auf die exakt gleiche Art und Weise zu testen. Intensität des Testens, Definition der Endekriterien usw. sind bei jedem System entsprechend seines Einsatzumfelds festzulegen. Eingebettete Systeme (»Embedded Systems«) verlangen andere Prüfungen als etwa ein E-Commerce-System. Testen in agilen Projekten ist anders durchzuführen als das Testen in einem Projekt mit sequenziellem Lebenszyklus.
7. **Grundsatz:**
   Trugschluss: Keine Fehler bedeutet ein brauchbares System
   Trotz gründlicher Tests aller spezifizierten Anforderungen und Beheben aller gefundenen Fehlerzustände kann ein System entwickelt worden sein, das schwer zu nutzen ist, das die Bedürfnisse und Erwartungen der Nutzer nicht erfüllt oder das geringe Qualität aufweist im Vergleich zu ähnlichen anderen Systemen (oder dem Vorgängersystem). Frühzeitige Einbeziehung der späteren Nutzer in den Entwicklungsprozess und die Nutzung von Prototyping sind vorbeugende Maßnahmen zur Vermeidung des Problems.

Exkurs

2.2 Softwarequalität[8]

Das Testen von Software dient durch die Identifizierung von Fehlerwirkungen und deren anschließender Beseitigung zur Steigerung der Softwarequalität. Die Testfälle sollten so gewählt werden, dass sie weitgehend der späteren Benutzung der Software entsprechen. Die nachgewiesene Qualität des Programms während der Tests entspricht dann der zu erwartenden Qualität während der späteren Nutzung.

Softwarequalität umfasst aber mehr als nur die Beseitigung der beim Test aufgedeckten Fehlerwirkungen. Nach ISO 25010 [ISO 25010] wird Softwarequalität in zwei Modelle unterteilt:

ISO 25010: quality in use model & product quality model

- das Nutzungsqualitätsmodell (*quality in use model)* und
- das Produktqualitätsmodell (*product quality model).*

Im Nutzungsqualitätsmodell werden folgende fünf Eigenschaften (*characteristics*) zusammengefasst:

- Effektivität *(effectiveness)*
- Effizienz *(efficiency)*
- Nutzungszufriedenheit *(satisfaction)*
- Risikofreiheit *(freedom from risk)*
- Kontextabdeckung *(context coverage)*

Das Produktqualitätsmodell umfasst acht Eigenschaften:

- Funktionelle Eignung *(functional sustainability)*
- Leistungseffizienz *(performance efficiency)*
- Kompatibilität *(compatibility)*
- Benutzungsfreundlichkeit *(usability)*
- Zuverlässigkeit *(reliability)*
- Sicherheit *(security)*
- Wartbarkeit *(maintainability)*
- Portabilität *(portability)*

Im Produktqualitätsmodell finden sich die meisten Überschneidungen zur Vorgängerversion, der ISO-Norm 9126. Detaillierte Informationen zum Datenqualitätsmodell *(data quality model)* sind der ISO-Norm 25012 [ISO 25012] zu entnehmen.

Alle diese Eigenschaften bzw. Qualitätsmerkmale sind beim Testen zu bedenken, um die Gesamtqualität eines Softwareprodukts umfassend beurteilen zu können. Welches Qualitätsniveau das Testobjekt dabei in jeder einzelnen Eigenschaftsdimension aufweisen soll, muss vorab als Qualitätsanforderung festgelegt werden. Die Erfüllung dieser Anforderungen ist dann je Kriterium durch geeignete Tests zu überprüfen.

---

8. Um den Begriff Softwarequalität für den Leser »greifbarer« zu machen, ist dieser Abschnitt als Exkurs aufgenommen worden.

Beispiel: Anwendung der ISO 25010 für VSR-II

Die verantwortliche Leiterin für Test/QS des VSR-II-Gesamtsystems schlägt dem Projektlenkungsausschuss vor, als Grundlage für die Bewertung und Verfolgung der Produktqualität von VSR-II das Produktqualitätsmodell aus der ISO 25010 zu verwenden. Dies findet breite Zustimmung und die Leiterin Test/QS wird beauftragt, bis zur nächsten Sitzung einen Vorschlag zu erarbeiten, wie ISO 25010 im VSR-II-Projekt angewendet wird. Als Kern ihres Vorschlags erarbeitet sie eine Matrix, die darstellt, welche Qualitätseigenschaft für welche Produktkomponente welche Relevanz hat und welche Interpretation gelten soll. Die erste Fassung dieser Matrix sieht folgendermaßen aus:

Tab. 2–1 Festlegung der Qualitätseigenschaften

Qualitätseigenschaften	*DreamCar*	*EasyFinance*	*FactBook*	*JustInTime*	*NoRisk*	*ConnectedCar*
Funktionelle Eignung	high	high	high	high	high	high
Leistungseffizienz	high	mid	high	mid	mid	high
Kompatibilität	VSR	VSR	VSR	VSR	VSR	–
Benutzungsfreundlichkeit	high	mid	–	mid	mid	high
Zuverlässigkeit	mid	mid	high	high	mid	high
Sicherheit	mid	mid	high	high	mid	high
Wartbarkeit	high	mid	mid	mid	mid	high
Portabilität	low	low	–	low	low	mid

Die Einstufungen sind relativ zueinander zu verstehen. Für jede Matrix-Zelle begründet sie, warum die jeweilige Einstufung erfolgt, z.B.:

- **Funktionelle Eignung/alle**
  Jedes der Systeme bedient sehr hohe Anwenderzahlen bzw. verarbeitet deren Daten, funktionelle Fehler haben daher hohes wirtschaftliches Schadenspotenzial. Die Anforderungen an die Funktionelle Eignung sind daher durchgehend mit »high« bewertet.
- **Kompatibilität/*ConnectedCar***
  Keine Anforderung, da das System komplett neu entsteht.
- **Benutzungsfreundlichkeit/*FactBook***
  Keine Anforderung, da das System ein Backend-System ist und die API bereits feststeht.
- **Portabilität/*DreamCar***
  Einstufung »low«, da das Framework, das verwendet wird, dies ohne besondere Maßnahmen weitgehend abdeckt.

Welche Prüfungen und Tests jeweils vorzusehen sind, muss im Zuge der QS/Test-Planung je Teilsystem festgelegt werden. Auf dieser obersten Ebene können jedoch Rahmenbedingungen vorgegeben werden, wie beispielsweise: Zu einem »high«-Kriterium müssen automatisierte Tests für »Continuous Integration« (s. Abschnitt 3.2) vorliegen; bei »mid« reichen Abnahmetests einmalig pro Iteration aus; bei »low« genügt eine schriftliche Designvorgabe, wie das Thema durch das Entwicklungsteam »adressiert« wird. Hier wird die Leiterin Test/QS sicher noch einige Abstimmungsrunden mit den Teams drehen müssen.

Insgesamt 40 Teilmerkmale

Die oben aufgeführten 13 Qualitätsmerkmale für Softwarequalität werden in der ISO-Norm 25010 in weitere Teilmerkmale verfeinert. Bei den beiden Modellen (*quality in use model* und *product quality model*) sind es insgesamt 40 unterschiedliche Teilmerkmale bzw. Eigenschaften. Es ist nicht möglich, alle 40 hier detailliert zu beschreiben. Der interessierte Leser sei auf die ISO-Norm 25010 [ISO 25010] verwiesen. Einige der Qualitätsmerkmale werden im Folgenden jedoch beispielhaft beschrieben:

Funktionelle Eignung – Funktionalität

Die Funktionelle Eignung (*functional sustainability*) oder Funktionalität des Produktqualitätsmodells umfasst alle Charakteristiken, die die geforderten Fähigkeiten des Produkts oder Systems beschreiben.

Das Qualitätsmerkmal untergliedert sich in drei Teilmerkmale:

- **Funktionale Vollständigkeit** (*functional completeness*)
  Deckt der Satz von Funktionen alle spezifizierten Aufgaben und Benutzerziele ab?
- **Funktionale Korrektheit** (*functional correctness*)
  Werden in dem Produkt oder System die richtigen Ergebnisse mit der erforderlichen Genauigkeit geliefert?
- **Funktionale Angemessenheit** (*functional appropriateness*)
  Inwieweit werden durch die Funktionen bestimmte Aufgaben und Ziele erreicht?

Ob unter bestimmten Bedingungen die angegebenen und implizierten Anforderungen in Bezug auf die Funktionalität vom System eingehalten werden, kann durch entsprechende Tests nachgewiesen und die gestellten Fragen somit beantwortet werden.

Die Funktionalität wird meist durch ein spezifiziertes Ein-/Ausgabeverhalten und/oder eine entsprechende Reaktion oder Wirkung des Systems auf entsprechende Eingaben beschrieben. Aufgabe des Tests ist es, nachzuweisen, dass jede einzelne geforderte Fähigkeit im System so realisiert wurde, dass das spezifizierte Ein-/Ausgabeverhalten oder die spezifizierte Reaktion erfüllt wird.

Zuverlässigkeit

Die Zuverlässigkeit (*reliability*) des Produktqualitätsmodells beschreibt die Fähigkeit eines Systems, ein Leistungsniveau unter festgelegten Bedingungen über einen definierten Zeitraum zu bewahren.

Das Qualitätsmerkmal untergliedert sich in vier Teilmerkmale:

- **Reife** (*maturity*)
  Wie gut erfüllt ein System, ein Produkt oder eine Komponente die Anforderungen an die Zuverlässigkeit im Normalbetrieb?
- **Verfügbarkeit** (*availability*)
  Wie hoch ist die Betriebsbereitschaft des Systems, des Produkts oder einer Komponente und wie leicht zugänglich ist deren Verwendung bei entsprechendem Bedarf?

- **Fehlertoleranz** (*fault tolerance*)
  Wie gut funktioniert ein System, ein Produkt oder eine Komponente trotz Vorhandensein von Hard- oder Softwarefehlern?
- **Wiederherstellbarkeit** (*recoverability*)
  Wie lange dauert bei dem Produkt oder dem System nach einer Unterbrechung oder einem Ausfall die Wiederherstellung von direkt betroffenen Daten und die Wiederherstellung des gewünschten Zustands des Systems?

Zufriedenheit

Die Nutzungszufriedenheit (*satisfaction*) des Nutzungsqualitätsmodells (*quality in use model*) umfasst alle Charakteristiken, inwieweit die Bedürfnisse der Benutzer erfüllt werden, wenn ein Produkt oder System in einem bestimmten Anwendungskontext verwendet wird.

Das Qualitätsmerkmal untergliedert sich in vier Teilmerkmale:

- **Nützlichkeit** (*usefulness*)
  Wie zufrieden ist ein Nutzer mit der von ihm wahrgenommenen Erreichung pragmatischer Ziele, einschließlich der Ergebnisse der Nutzung und der Folgen der Nutzung?
- **Vertrauen** (*trust*)
  Wie hoch ist das Vertrauen, das ein Nutzer oder ein anderer Interessenvertreter hat, dass sich ein Produkt oder System wie beabsichtigt verhält?
- **Vergnügen** (*pleasure*)
  Wie viel »Freude« hat ein Nutzer an der Erfüllung seiner persönlichen Anforderungen durch das verwendete System?
- **Komfort** (*comfort*)
  Wie angenehm empfindet der Nutzer das System – auch im Hinblick auf körperliches Wohlbefinden?

Die meisten der Merkmale des Nutzungsqualitätsmodells unterliegen sehr stark einer persönlichen Einschätzung und lassen sich nur in Ausnahmen objektiv bzw. exakt messbar bewerten. Für den Nachweis dieser Qualitätsmerkmale empfiehlt es sich, auf mehrere Nutzer(gruppen) zurückzugreifen, um aussagekräftige (Test-)Ergebnisse zu erhalten.

Ein Softwaresystem kann nicht alle Qualitätsmerkmale gleich gut erfüllen. Teilweise kann die Erfüllung eines Merkmals auch die Nichterfüllung eines anderen bewirken. So wird ein hocheffizientes Softwaresystem nur sehr eingeschränkt übertragbar sein, weil die Entwickler zur Effizienzsteigerung meistens spezielle Eigenschaften der verwendeten Plattform ausnutzen, die wiederum die Portabilität negativ beeinflussen.

Qualitätsmerkmale priorisieren

Es muss deshalb festgelegt werden, welche Qualitätseigenschaften mit welcher Priorität umgesetzt werden sollen. Diese Festlegung dient dann auch für den Test als Richtschnur zur Bestimmung der Intensität der Überprüfung der einzelnen Qualitätsmerkmale.

2.2.1 Qualitätsmanagement und Qualitätssicherung

QM

Zum Qualitätsmanagement (QM) gehören alle organisatorischen Tätigkeiten und Maßnahmen zum Leiten und Lenken einer Organisation bezüglich Qualität. Üblicherweise gehören das Festlegen der Qualitätspolitik und der Qualitätsziele, die Qualitätsplanung, die Qualitätssicherung und die Qualitätsverbesserung zu den Aufgaben des Qualitätsmanagements. Das Qualitätsmanagement ist somit eine Kernaufgabe des Managements. In Branchen wie der Luft- und Raumfahrt, der Automobilindustrie und der Medizintechnik ist ein Qualitätsmanagementsystem vorgeschrieben.

ISO 9000

Sehr verbreitet ist die Normenreihe ISO 9000 *Quality Management Standards* [ISO 9000] mit dem Standard ISO/IEC 90003 *Software Engineering* [ISO 90003], der die Anwendung der allgemeinen Richtlinien der ISO 9001 [ISO 9001] auf Computersoftware festlegt.

QS

Die Qualitätssicherung (QS) konzentriert sich in aller Regel auf die Einhaltung der vereinbarten (Arbeits-)Prozesse. Bei ordnungsgemäßer Befolgung der vorgegebenen Prozesse wird davon ausgegangen, dass die geforderten Qualitätsmerkmale – und somit das Qualitätsniveau – angemessenen umgesetzt und dadurch erreicht werden. Die erstellten Arbeitsergebnisse werden meist eine bessere Qualität aufweisen, was wiederum zur Vermeidung von Fehlerzuständen in den Arbeitsergebnissen und Dokumenten führt.

QS und Testen

Der Begriff Qualitätssicherung wird oft in Bezug auf das Testen genutzt oder auch mit dem Testen gleichgesetzt. Qualitätssicherung und Testen sind eng verbunden, aber nicht das Gleiche. Die Qualitätssicherung ist darauf ausgerichtet, Vertrauen in die Erfüllung der Qualitätsanforderungen zu erzeugen – dies kann auch mit Testen erfolgen.

Zu einer effektiven Qualitätssicherung gehört darüber hinaus die Analyse der Ursachen für Fehler. Sie dient zur Erkennung (Testen) und Behebung (Debugging) von Fehlerzuständen. Die Befunde können in Retrospektiven (Bewertungssitzungen) diskutiert und zur Verbesserung der Prozesse herangezogen werden. Das Testen dient somit dazu, das Erreichen des angemessenen Qualitätsniveaus nachzuweisen.

Testaktivitäten sind Teil des gesamten Softwareentwicklungs- und Wartungsprozesses. Da die Qualitätssicherung sich mit der korrekten Umsetzung und Ausführung der einzelnen Aktivitäten in den gesamten Prozessen beschäftigt, unterstützt die Qualitätssicherung auch korrektes und ordnungsgemäßes Testen.

Wie ein Prozess zum Testen konkret aussehen kann, wird im nächsten Abschnitt beschrieben.

2.3 Der Testprozess

Entwicklungsmodelle

In Kapitel 3 werden Softwareentwicklungslebenszyklus-Modelle – kurz Entwicklungsmodelle – vorgestellt. Sie dienen dazu, die anfallenden Arbeiten bei der Neu- oder Weiterentwicklung von Softwaresystemen zu strukturieren, zu planen und zu steuern. Als Anleitung, um in einem Softwareprojekt Tests strukturiert durchzuführen, reicht eine Darstellung der Aufgaben, wie sie in den Entwicklungsmodellen zu finden ist, meist nicht aus. Zusätzlich zur Einordnung des Testens in die gesamte Entwicklung wird ein verfeinerter Ablaufplan für die Testarbeiten selbst benötigt. Das heißt, der »Inhalt« der Entwicklungsaufgabe »Testen« muss in kleinere Arbeitsabschnitte gegliedert werden.

Testen besteht aus einzelnen Aktivitäten.

Es gibt eine Reihe von gebräuchlichen und in der Praxis bewährten Testaktivitäten. Ein geeigneter Testprozess besteht aus solchen Testaktivitäten. Je nach vorgegebener oder vorgefundener Projektsituation ist ein geeigneter, spezifischer Prozess für das Testen der Software daraus zusammenzustellen. Welche Testaktivitäten in diesem Testprozess enthalten sind, wie sie umgesetzt und wann sie durchgeführt werden, hängt von vielen Faktoren ab und soll individuell in der Teststrategie (s. Abschnitt 6.2) eines Unternehmens oder eines Projekts festgelegt werden. Werden einzelne Testaktivitäten weggelassen, ist die Wahrscheinlichkeit höher, dass das Testen die zu erreichenden Ziele verfehlt.

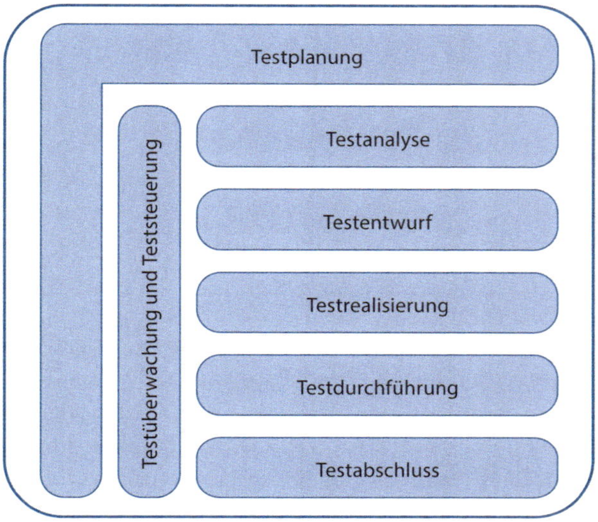

Abb. 2–3
Testprozess

Hauptaktivitäten im Testprozess

Ein Testprozess[9] wird in der Regel folgende Aktivitäten umfassen (s. Abb. 2–3):

- Testplanung
- Testüberwachung und -steuerung
- Testanalyse
- Testentwurf
- Testrealisierung
- Testdurchführung
- Testabschluss

Jede dieser Aktivitäten besteht ihrerseits wieder aus mehreren Einzelaufgaben, die entsprechende Arbeitsergebnisse liefern und je nach Projekt variieren können.

Abb. 2–4
Testprozess – Darstellung mit zeitlicher Überlappung der Aktivitäten

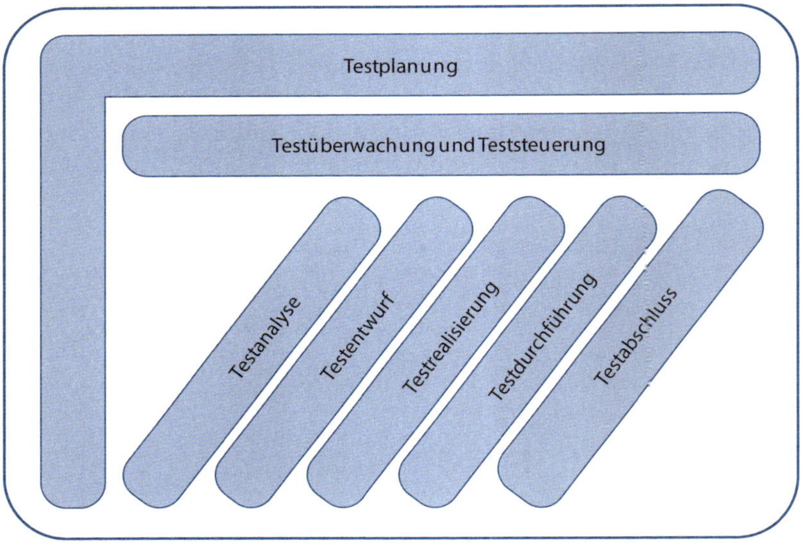

Iterativer Testprozess

Obgleich die Aufgaben des Testprozesses in sequenzieller Reihenfolge angegeben sind und die einzelnen Aufgaben teilweise logisch aufeinander aufbauen, können und dürfen sie sich in der praktischen Anwendung überschneiden und teilweise auch gleichzeitig durchgeführt werden (s. Abb. 2–4). Selbst bei einer angestrebten schrittweisen logischen Abfolge der Testaktivitäten wird es bei einer vorgegebenen sequenziellen Entwicklung (z.B. nach dem Wasserfallmodell) sowohl Überlap-

9. Die ISO-Norm 29119-2 (s. [ISO 29119]) bietet weitere Informationen zu Testprozessen.

pung, Kombination, Parallelität oder Fortfall von einzelnen Teilen der Aktivitäten geben. Eine Anpassung der Aktivitäten ist in Abhängigkeit des System- und Projektkontexts (s. u.) somit unabhängig vom eingesetzten Entwicklungsmodell meist erforderlich.

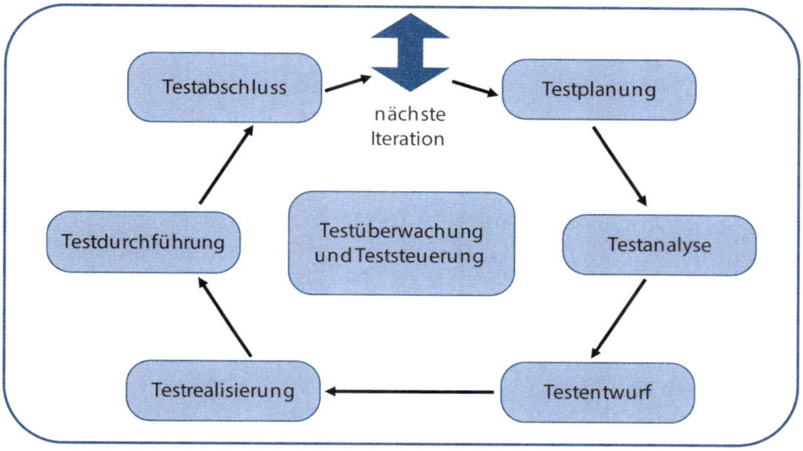

Abb. 2–5
Testprozess – iterative Darstellung

Oft wird Software in kleinen Iterationen erstellt, so gibt es beim agilen Vorgehen »Build & Test«-Iterationen, die kontinuierlich durchgeführt werden. Testaktivitäten finden innerhalb dieses Entwicklungsansatzes somit ebenfalls iterativ und kontinuierlich statt (s. Abb. 2–5).

Im Folgenden werden die einzelnen Aktivitäten zusammen mit den jeweiligen Arbeitsergebnissen übersichtsartig beschrieben. Ein Großteil der Aktivitäten ist vom Testmanagement durchzuführen oder zu verantworten. In Kapitel 6 (insbesondere Abschnitt 6.2 und 6.3) werden diese ausführlich beschrieben.

2.3.1 Testplanung

Eine strukturierte Abwicklung einer so umfangreichen Aufgabe wie des Testens kann nicht planlos erfolgen. Mit der Planung der Testarbeiten wird am Anfang des Softwareentwicklungsprojekts begonnen. Wie bei jeder Planung sind während des Projektverlaufs regelmäßig Überprüfungen der bisherigen Planung und eventuelle Aktualisierungen und Anpassungen an neue Situationen und Rahmenbedingungen vorzunehmen. Die Testplanung ist somit eine wiederkehrende Aktivität und wird über den gesamten Produktlebenszyklus hinweg durchgeführt und ggf. angepasst.

Testkonzept – inhaltliche Planung

Zentrale Aufgabe der Testplanung ist die Anfertigung eines Testkonzepts auf Grundlage der verfolgten Teststrategie. Das Testkonzept ist die detaillierte Beschreibung des angepassten und durchzuführenden Testprozesses. Hier ist festzulegen, welche Testobjekte und welche Qualitätsmerkmale bzw. welche Testziele mit welchen Testaktivitäten nachzuweisen sind. Das Testkonzept beschreibt die Vorgehensweise, die benötigten Ressourcen und die Zeitplanung (s. Testplan) der beabsichtigten Tests mit allen dazugehörenden Aktivitäten.

Überdeckungskriterien

Wann ausreichend genug getestet wurde, was in der Regel durch den Grad der zu erreichenden Überdeckung festgelegt wird, ist ebenfalls hier zu planen. Übliche Bezeichnungen hierfür sind Endekriterien, Austrittskriterien oder Definition of Done in agilen Projekten. Wenn für jede in Betracht gezogene Teststufe oder Testart messbare und definierte Überdeckungskriterien vereinbart sind, kann objektiv bewertet werden, ob die durchgeführten Tests als ausreichend angesehen werden können. Diese Überdeckungskriterien können auch herangezogen werden, um die Aktivitäten entsprechend zu lenken und zu steuern, und sie belegen das Erreichen der Ziele des Softwaretests.

Das Testkonzept beinhaltet auch Informationen über die Testbasis, die Grundlage für die Testüberlegungen ist. Zwischen Testbasis und den anderen Arbeitsergebnissen der Testaktivitäten sind im Testkonzept Informationen zur Rückverfolgbarkeit zu erstellen. Damit soll beispielsweise sichergestellt werden, dass leicht zu ermitteln ist, welche Änderungen an der Testbasis sich auf welche Testaktivität auswirken, damit diese dann angepasst oder ergänzt werden kann.

Im Testkonzept ist ebenfalls festzulegen, auf welcher Teststufe (s. Abschnitt 3.4) welche Tests auszuführen sind. Für jede Teststufe kann ein eigenes Testkonzept verfasst werden. Ein sogenanntes Mastertestkonzept umfasst dann mehrere Teststufen.

Testplan – zeitliche Planung

Der Testplan beinhaltet eine Aufzählung von Aktivitäten, Aufgaben und/oder Ereignissen des Testprozesses. Er dient der zeitlichen Festlegung und enthält für jede geplante Aktivität den geplanten Anfangs- und Endtermin. Gegenseitige Abhängigkeiten zwischen den Aktivitäten sind im Testplan zu vermerken. Ziel der Planung ist das Ermitteln und im Projektverlauf die Einhaltung der vereinbarten Termine. Der Testplan kann Teil eines Testkonzepts sein.

2.3.2 Testüberwachung und Teststeuerung

Rückverfolgbarkeit zur Testbasis sicherstellen

Die Überwachung und Steuerung umfasst die fortwährende Beobachtung der aktuell durchgeführten Testaktivitäten im Vergleich zur Planung, die Berichterstattung der ermittelten Abweichungen und die Durchführung der notwendigen Aktivitäten, um die geplanten Ziele auch unter den veränderten Situationen erreichen zu können. Die Aktualisierung der Planung muss auch auf Grundlage der veränderten Situation erfolgen.

Endekriterien erfüllt?

Basis für Testüberwachung und -steuerung sind Endekriterien für die jeweilige Testaktivität bzw. Testaufgabe. Die Bewertung, ob ein Endekriterium für die Testdurchführung innerhalb einer bestimmten Teststufe erreicht ist, kann zum Beispiel Folgendes umfassen:

- Das Erreichen der im Testkonzept definierten Grade der Überdeckung wird anhand der Testergebnisse und -protokolle geprüft. Sind die Kriterien erfüllt, kann die Testaktivität beendet werden.
- Der Nachweis der geforderten Komponenten- oder Systemqualität wird auf Grundlage der Testergebnisse und -protokolle bewertet. Ist die geforderte Qualität erreicht, ist keine Fortsetzung der Testaktivität erforderlich.
- Ist im Testkonzept vorgesehen, dass Produktrisiken geprüft und eine festgelegte Überdeckung der Risiken nachgewiesen werden soll, ist auch dieses anhand der Testergebnisse und Testprotokolle nachzuweisen.

Zusätzliche Testfälle oder Risiko eingehen?

Wenn die geforderten Endekriterien mit den durchgeführten Tests nicht erreicht wurden, sind zusätzliche Tests zu entwerfen und durchzuführen. Ist dies nicht möglich – aus welchen Gründen auch immer –, ist der Sachverhalt darzulegen und das damit verbundene Risiko zu bewerten.

Testfortschritts- und Testabschlussbericht

Der Testfortschritt im Vergleich zur Planung ist den Stakeholdern in Testfortschrittsberichten zur Kenntnis zu geben. Diese Berichte enthalten neben den Unterschieden zur ursprünglichen Planung auch die oben beschriebenen Informationen bei vorzeitiger Beendigung des Tests bzw. bei Nichterreichung der vorgesehenen Endekriterien. Beim Erreichen von Meilensteinen sind zusammenfassende Testabschlussberichte anzufertigen.

Alle Testberichte sollen relevante Details für die jeweilige Zielgruppe der Berichte enthalten und aktuell über den Testfortschritt informieren sowie die Ergebnisse der Testdurchführung zusammenfassen. Die Berichte sollen auch Fragen ansprechen bzw. Informationen liefern für das Projektmanagement. Hierzu gehören der (voraussichtliche) zeitliche Abschluss der Testaufgaben, die Gegenüberstellung der geplanten und tatsächlichen Ressourcennutzung und der verwendete Aufwand.

Die Überwachung des Fortschritts im Testprozess kann auf Grundlage der entsprechenden Berichterstattung der Mitarbeiter oder auch durch das Heranziehen von Zahlenmaterial und Auswertungen durch Werkzeuge erfolgen.

2.3.3 Testanalyse

»Was« ist zu testen?

Bei der Testanalyse geht es darum, zu ermitteln, was genau zu testen ist. Dazu wird die Testbasis dahingehend untersucht, ob die zu verwendenden Dokumente ausreichend detailliert sind und testbare Merkmale bzw. Eigenschaften (Features) enthalten, um daraus Testbedingungen abzuleiten. Wie umfangreich die Testbedingung geprüft werden soll, wird durch messbare festzulegende Überdeckungskriterien bestimmt.

Zur detaillierten Untersuchung der Testbasis und für die in Betracht gezogene Teststufe können folgende Dokumente bzw. Informationen herangezogen werden:

Testbasis prüfen

- Anforderungsspezifikationen, aus denen das gewünschte funktionale und nicht funktionale Komponenten- oder Systemverhalten hervorgeht. Zu den Anforderungsspezifikationen gehören Fachanforderungen, funktionale Anforderungen, Systemanforderungen, User Stories[10], Epics[11], Anwendungsfälle oder ähnliche Arbeitsergebnisse bzw. Dokumente. Zum Beispiel kann die Spezifikation einer Anforderung zu ungenau in der Festlegung des vorausgesagten Ergebnisses bzw. Systemverhaltens sein, sodass sich Testfälle nicht so ohne Weiteres ableiten lassen. Eine Nachbesserung ist erforderlich.

Dokumente analysieren

- Entwurfs- und Realisierungsinformationen, aus denen die Komponenten- oder Systemstruktur hervorgeht. System- oder Softwarearchitekturdokumente, Entwurfsspezifikationen, Aufrufdiagramme, Modelldiagramme (z.B. UML-[12] oder Entity-Relationship-Diagramme[13]), Schnittstellenspezifikationen oder ähnliche Arbeitsergebnisse können hier als Testbasis herangezogen werden. Zu analysieren ist beispielsweise, wie leicht Schnittstellen anzusprechen sind (Offenheit der Schnittstellen) und wie gut das Testobjekt in kleinere Einheiten zerlegbar ist, um diese Teile separat testen zu können. Diese Aspekte sind bereits bei der Entwicklung zu berücksichtigen, und das Testobjekt ist entsprechend zu entwerfen und zu programmieren.

---

10. User Stories beschreiben die Anforderungen aus Sicht der Fachbereichsvertreter, aber auch der Entwickler und Tester und werden von diesen gemeinsam verfasst.
11. Größere Ansammlungen von untereinander verbundenen Features oder eine Sammlung von Unter-Features, die zu einem einzigen komplexen Feature zusammengeführt werden (s.a. [URL: Epic]).
12. [URL: UML]
13. [URL: ERD]

- Die Komponente oder das System selbst sind zu untersuchen – darunter Programmtext, Datenbank-Metadaten und -abfragen sowie weitere Schnittstellen. Beispielsweise ist der Programmtext zu untersuchen, ob dieser gut strukturiert und damit sowohl leicht verstehbar ist als auch eine geforderte Codeüberdeckung (s. Abschnitt 5.1) einfach erreicht und nachgewiesen werden kann.

Testobjekt selbst prüfen

- Berichte zur Risikoanalyse, die funktionale, nicht funktionale und strukturelle Aspekte der Komponente oder des Systems beinhalten, sollen ebenfalls untersucht werden. Besteht ein hohes Risiko bei Versagen der Software, ist das Testen sehr gründlich und entsprechend umfangreich durchzuführen. Bei unkritischer Software kann das Testen weniger formal durchgeführt werden.

Berichte heranziehen

Mögliche Fehler in den Dokumenten

»Grundlage« für den gesamten Testprozess ist die Testbasis. Ist die Testbasis fehlerhaft, können keine »korrekten« Testbedingungen und damit keine »korrekten« Testfälle abgeleitet werden. Die Testbasis sollte daher zusätzlich im Hinblick auf mögliche Arten von Fehlern analysiert werden. Es kann geprüft werden, ob Formulierungen Mehrdeutigkeiten zulassen, die dann unterschiedlich interpretiert werden können, ob Lücken oder Auslassungen vorhanden sind, wodurch Funktionen nicht vollständig beschrieben sind. Auf Inkonsistenzen in den Dokumenten ist ebenso zu achten wie auf Ungenauigkeiten, Widersprüche oder auch Textpassagen, die keine neuen Informationen enthalten und damit überflüssig sind. Entdeckte Fehler und Unstimmigkeiten in den Dokumenten sind zu beheben.

Die Identifizierung und Behebung von Fehlern in der Testbasis ist sehr wichtig, besonders wenn die Dokumente vorher keinem Reviewprozess (s. Abschnitt 4.3) unterzogen wurden. Bei Vorgehensweisen wie Behavior Driven Development (BDD, [URL: BDD]) und Acceptance Test Driven Development (ATDD, [URL: ATDD]) werden vor der Codierung Testbedingungen und Testfälle aus User Stories und Akzeptanzkriterien erstellt. Vorteilhaft ist, dass auf diese Weise Fehler frühzeitig erkannt werden können.

Was ist zu testen und mit welcher Priorität?

Nachdem die Testbedingungen identifiziert und definiert sind, ist eine Priorisierung der Testbedingungen vorzunehmen. Damit soll sichergestellt werden, dass die wichtigen und risikoreichen Testbedingungen zuerst und ausreichend getestet werden. Es kommt ja leider in Projekten vor, dass aus zeitlichen Restriktionen nicht alle geplanten Tests auch durchgeführt werden.

Wichtig: Rückverfolgbarkeit (»Traceability«)

Bei der Testplanung soll sichergestellt werden, dass eine eindeutige bidirektionale Rückverfolgbarkeit zwischen der Testbasis und den anderen Arbeitsergebnissen der Testaktivitäten vorhanden ist (s.o.). Die Rückverfolgbarkeit ist hier zu detaillieren, d.h., es muss klar sein, welche Testbedingung welche Anforderungen prüft und umgekehrt. Nur so ist später eine Aussage fundiert zu treffen, welche Anforderungen wie intensiv – mit welchen Testfällen, abgeleitet aus den Testbedingungen – geprüft werden sollen bzw. getestet wurden.

Testverfahren beachten

Bereits während der Testanalyse kann die Beachtung von Testverfahren (Blackbox-, Whitebox-Verfahren und erfahrungsbasiert, s. Kap. 5) sehr hilfreich sein. Die Verfahren stellen eine gewisse Systematik bereit, die die Wahrscheinlichkeit verringert, Testbedingungen zu übersehen, und hilft, präzisere Testbedingungen zu definieren. So wird beispielsweise beim Äquivalenzklassentest (s. Abschnitt 5.1.1) sichergestellt, dass der gesamte Eingabebereich für die Erstellung von Testfällen herangezogen wird. Ein mögliches Übersehen oder Vergessen von negativen Eingaben in der Anforderungsdefinition wird somit verhindert. In der entsprechenden Testbedingung wird dann festgelegt, dass und wie negative Werte zu berücksichtigen sind.

Werden bei der Durchführung der Tests erfahrungsbasierte Verfahren (s. Abschnitt 5.3) genutzt, können die Testbedingungen aus der Testanalyse als Testziele in Test-Chartas einfließen. Test-Chartas können als »Test-Aufträge« verstanden werden, die neben den Testzielen auch mögliche Ideen für weitere Tests enthalten. Wenn die Testziele auf die Testbasis rückführbar sind, kann auch bei den erfahrungsbasierten Tests die erreichte Überdeckung, z.B. der Anforderungen, gemessen werden.

2.3.4 Testentwurf

Wie wird mit welchen Testfällen getestet?

Beim Testentwurf geht es darum, festzulegen, wie getestet wird. Im Rahmen des Testentwurfs werden aus den Testbedingungen Testfälle bzw. Zusammenstellungen von Testfällen abgeleitet. Hierzu werden in aller Regel Testverfahren genutzt, die in Kapitel 5 ausführlich behandelt werden.

Die Spezifikation der Testfälle kann dabei auf zwei »Ebenen« erfolgen: abstrakte und konkrete Testfälle (s.u. Beispiel: Abstrakte und konkrete Testfälle).

Abstrakte und konkrete Testfälle

Ein abstrakter Testfall enthält keine konkreten Ein- oder Ausgabewerte für die Eingaben und erwarteten Ergebnisse, es werden logische Operatoren zur Beschreibung verwendet. Solche abstrakten Testfälle haben den Vorteil, dass sie über mehrere Testzyklen mit unterschiedlichen konkreten Daten verwendbar sind und dennoch in adäquater Weise den Umfang des jeweiligen Testfalls dokumentieren. Ein konkreter Testfall beinhaltet konkrete Werte für die Eingaben und die vorausgesagten Ergebnisse.

Überlegungen zum Testentwurf können sowohl mit abstrakten als auch mit konkreten Testfällen beginnen. Da nur konkrete Testfälle auf dem Rechner zur Ausführung gebracht werden können, sind die abstrakten Testfälle zu konkretisieren, d.h., die tatsächlichen Werte für Ein- und Ausgaben müssen festgelegt werden. Aus konkreten Testfällen können auch abstrakte abgeleitet werden, um deren Vorteile (s.o.) entsprechend nutzen zu können.

Testfälle umfassen mehr als nur die Testdaten.

Für jeden Testfall muss die Ausgangssituation (Vorbedingung) beschrieben werden. Es muss klar sein, welche Randbedingungen für den Test gelten und einzuhalten sind. Ferner ist vor der Testdurchführung festzulegen, welche Ergebnisse bzw. welches Verhalten erwartet wird. Zu den Ergebnissen gehören neben den Ausgaben auch Änderungen an globalen (persistenten) Daten und Zuständen sowie alle weiteren Veränderungen als Reaktion auf die Durchführung des Testfalls.

Testorakel

Um die vorauszusagenden und erwarteten Ergebnisse zu bestimmen, sind adäquate Quellen zu verwenden. In diesem Zusammenhang wird auch von einem Testorakel gesprochen, das »befragt« werden muss und die jeweiligen Sollergebnisse vorhersagt. Als ein solches Testorakel kann beispielsweise die Spezifikation dienen. Dabei gibt es zwei grundlegende Möglichkeiten:

- Der Tester leitet den Sollwert aus dem Eingabewert auf Grundlage der Testbasis (Anforderungsdefinition, Spezifikation usw.) des Testobjekts ab.
- Gibt es für eine Funktion die entsprechende »Umkehr-« oder inverse Funktion, so kann diese nach dem Test ausgeführt und die Ausgabe mit der ursprünglichen Eingabe des Testfalls verglichen werden. Ein Beispiel sind die Verschlüsselung und Entschlüsselung von Daten.

Das folgende Beispiel soll die Unterschiede zwischen abstrakten und konkreten Testfällen verdeutlichen.

Beispiel: Abstrakte und konkrete Testfälle

Über die Verkaufssoftware kann das Autohaus seinen Verkäufern Rabattregeln vorgeben: Bei einem Kaufpreis von weniger als 15.000 € soll kein Rabatt gewährt werden. Bei einem Preis bis zu 20.000 € sind 5 % Rabatt angemessen. Liegt der Kaufpreis unter 25.000 €, sind 7 % Rabatt möglich, darüber sind 8,5 % Rabatt einzuräumen.

Aus dem Text lassen sich folgende Zusammenhänge für die Gewährung eines Rabatts in Abhängigkeit der Verkaufssumme aufstellen:

Kaufpreis < 15.000	Rabatt = 0 %
15.000 ≤ Kaufpreis ≤ 20.000	Rabatt = 5 %
20.000 < Kaufpreis < 25.000	Rabatt = 7 %
Kaufpreis ≥ 25.000	Rabatt = 8,5 %

Es wird deutlich, dass die textuelle Beschreibung einen gewissen Interpretationsspielraum[14] besitzt, also missverstanden werden kann. Dies ist bei der formaleren mathematischen Beschreibung nicht der Fall. Hier ist klar, welcher Rabatt bei welchem Preis gewährt wird.

Aus der formaleren Angabe lassen sich folgende Testfälle erstellen (s. Tab. 2–2):

Tab. 2–2
Tabelle mit abstrakten Testfällen

Abstrakter Testfall	1	2	3	4
Eingabewert x (Kaufpreis in €)	$x < 15000$	$15000 \leq x \leq 20000$	$20000 < x < 25000$	$x \geq 25000$
Vorausgesagtes Ergebnis (Rabatt in %)	0	5	7	8,5

Zum Ausführen der Testfälle müssen die abstrakten Testfälle in konkrete Testfälle umgewandelt werden, d.h., es müssen ganz konkrete Eingabewerte festgelegt werden (s. Tab. 2–3). Besondere Ausgangssituationen oder Randbedingungen sind für diese Testfälle nicht gegeben.

Tab. 2–3
Tabelle mit konkreten Testfällen

Konkreter Testfall	1	2	3	4
Eingabewert x (Kaufpreis in €)	14500	16500	24750	31800
Vorausgesagtes Ergebnis (Rabatt in €)	0	825	1732,50	2703

Die hier gewählten Werte sollen lediglich als Beispiel für die Unterschiede zwischen abstrakten und konkreten Testfällen dienen. Es ist kein explizites Testverfahren zur Erstellung der Testfälle verwendet worden, und es wird auch nicht der Anspruch erhoben, dass die vier Testfälle das Programmstück, das die Berechnung des Rabatts vornimmt, ausreichend genug prüfen. So sind beispielsweise keine Testfälle für die Behandlung von falschen Eingaben (z.B. ein negativer Kaufpreis) berücksichtigt worden. Genauere Angaben zur systematischen Erstellung der Testfälle mit den entsprechenden Testverfahren sind in Kapitel 5 zu finden.

14. Der Satz »Liegt der Kaufpreis unter 25.000 €, sind 7% Rabatt möglich, darüber sind 8,5% Rabatt einzuräumen« kann wie folgt interpretiert werden: »Liegt der Kaufpreis unter 25.000 €, sind 7% Rabatt zu gewähren, liegt der Kaufpreis über 25.000 €, sind 8,5% Rabatt zu gewähren.« Bei dieser Interpretation ist nicht klar, welcher Rabatt bei genau 25.000 € zu gewähren ist.

Neben der Spezifikation von abstrakten und konkreten Testfällen gehören die Priorisierung der Testfälle und die Bereitstellung der Testinfrastruktur zu den Aufgaben beim Testentwurf:

- Bei der Testanalyse wurden bereits die Testbedingungen priorisiert. Diese Priorisierung wird für die entworfenen Testfälle und Sätze von Testfällen übernommen und kann weiter verfeinert werden. So können bei einem Satz von Testfällen, der eine Testbedingung prüft, für einzelne Testfälle unterschiedliche Prioritäten vergeben werden, um so die Testdurchführung der Testfälle zu steuern (Testfälle mit hoher Priorität werden zuerst ausgeführt).

  Gleiches gilt für die Rückverfolgbarkeit der Testbedingungen, diese kann nun auf die Testfälle bzw. Sätze von Testfällen heruntergebrochen werden.

Priorität und Rückverfolgbarkeit

- Die Testinfrastruktur ist zu ermitteln und bereitzustellen. Zur Testinfrastruktur gehören alle organisatorischen Elemente, die für die Testdurchführung notwendig sind. Hierzu zählen die Testumgebung und erforderliche Testwerkzeuge, aber auch entsprechend ausgestattete Arbeitsplätze. Eine Testumgebung wird benötigt, um das Testobjekt unter Benutzung der spezifizierten konkreten Testfälle auf dem Rechner ausführen zu können (s.u.). Sie umfasst die erforderliche Hardware, ggf. benötigte Simulatoren und Softwarewerkzeuge sowie weitere unterstützende Hilfsmittel. Damit es bei der Durchführung der Tests nicht zu zeitlichen Verzögerungen kommt, soll die Testinfrastruktur bereits zu diesem Zeitpunkt so weit wie möglich aufgebaut, integriert und geprüft sein.

Testinfrastruktur und Testumgebung

Wie bei der Testanalyse kann auch beim Testentwurf der nützliche Seiteneffekt – die Identifizierung von Fehlern in der Testbasis – eintreten. Ebenso können Testbedingungen, die in der Testanalyse definiert wurden, im Testentwurf detaillierter spezifiziert werden.

2.3.5 Testrealisierung

Ist alles für die Durchführung der Tests bereit?

Aufgabe der Testrealisierung ist die abschließende Vorbereitung aller notwendigen Aktivitäten, damit im nächsten Schritt die Testfälle zur Ausführung gebracht werden können. Die Aktivitäten von Testentwurf und Testrealisierung werden häufig miteinander kombiniert.

Testinfrastruktur konkretisieren

Eine Aufgabe der Testrealisierung ist die Vervollständigung (bzw. Erstellung) aller Testmittel, insbesondere ist die Testinfrastruktur im Detail zu realisieren. Die Testrahmen[15] müssen programmiert sein und

15. Aufgaben und Aufbau des Testrahmens werden in der Einleitung zu Kapitel 5 ausführlich beschrieben.

in der Testumgebung installiert werden. Da Fehlerwirkungen auch durch Fehlerzustände in der Testumgebung verursacht werden können, sollte der korrekte Aufbau geprüft werden. Damit es zu keiner Behinderung oder Verzögerung bei der Testdurchführung kommt, ist zu überprüfen, ob alles zusätzlich Notwendige (z.B. Service-Virtualisierung, Simulatoren und andere Infrastrukturelemente) korrekt aufgesetzt ist.

Testfälle konkretisieren

Die ordnungsgemäße Übernahme aller Testdaten in die Testumgebung ist sicherzustellen, damit die konkreten Testfälle dann ohne weitere Änderungen oder Ergänzungen während der Testdurchführung verwendet werden können. Abstrakte Testfälle sind zu konkretisieren, d.h. mit den entsprechenden Testdaten zu versehen.

Neben der Konkretisierung der Testfälle ist es erforderlich, auch den Ablauf der Tests (Testablauf) festzulegen, d.h., die Testfälle sind in eine sinnvolle Reihenfolge zu bringen. Hierbei ist die Priorität der Testfälle (s. Abschnitt 6.2) zu berücksichtigen.

Testsuite, Testablauf, Testskript

Testfälle werden zweckmäßigerweise zu Testsuiten gruppiert, um die Testfälle während eines Testzyklus effektiv durchführen zu können und eine übersichtlich Struktur der Testfälle zu erhalten. Eine Testsuite besteht aus mehreren Testfällen in der Reihenfolge ihrer Durchführung. Dabei ist die Reihenfolge so zu wählen, dass die Nachbedingungen eines Testfalls als Vorbedingungen des folgenden Testfalls genutzt werden können. Der Testablauf wird somit vereinfacht, da nicht für jeden Testfall einzeln Vor- bzw. Nachbedingungen explizit gesetzt werden müssen. Eine Testsuite sollte auch alle Aktionen zum Aufräumen nach der Durchführung enthalten.

Testabläufe können oft direkt in automatisierte Testskripts überführt werden und verringern erheblich den zeitlichen Aufwand bei der Testdurchführung im Vergleich zu einer manuellen Durchführung.

Die Art und Weise, wie eine effiziente Ausführung der Testfälle, Testsuiten und Testabläufe bei der Testdurchführung aussieht, wird im Testausführungsplan festgelegt (s. Abschnitt 6.3.1).

Die Rückverfolgbarkeit der Testfälle zu den Anforderungen bzw. Testbedingungen ist ggf. zu überprüfen und zu aktualisieren, ebenso sind die Testabläufe und Testsuiten bei der Rückverfolgbarkeit zu berücksichtigen.

2.3.6 Testdurchführung

Prüfung auf Vollständigkeit

Zunächst empfiehlt es sich, eine Prüfung auf Vollständigkeit der zu testenden Teile und der eingesetzten Testmittel durchzuführen. Hierzu wird das Testobjekt in der bereitstehenden Testumgebung installiert und auf prinzipielle Start- und Ablauffähigkeit überprüft. Treten keine Probleme auf, können die Tests durchgeführt werden.

Tipp: Prüfung der Hauptfunktionen

- Die Testdurchführung soll mit der Überprüfung der Hauptfunktionen des Testobjekts (Smoke-Test, s. Abschnitt 5.1.6, Exkurs: Weitere Verfahren) beginnen. Sollten sich hier bereits Fehlerwirkungen oder Abweichungen von den Sollergebnissen zeigen, ist ein tiefes Einsteigen in den Test wenig sinnvoll, da vorab die fehlerhaften Hauptfunktionen zu korrigieren sind.

Tests ohne Protokollierung sind wertlos.

Die Durchführung der Testfälle bzw. Testsuiten – entweder manuell oder durch Nutzung von Werkzeugen in Übereinstimmung mit dem Testausführungsplan – ist exakt und vollständig zu protokollieren. Es ist zu vermerken, welche Testläufe mit welchem Ergebnis (z.B. bestanden, fehlgeschlagen, blockiert[16]) durchgeführt wurden. Zum einen soll anhand der Testprotokolle die Testdurchführung auch für nicht direkt beteiligte Personen – zum Beispiel für den Kunden – nachvollziehbar sein. Zum anderen soll der Nachweis erbracht werden, dass die geplante Teststrategie (s. Abschnitt 6.2) tatsächlich umgesetzt wurde. Aus dem Testprotokoll soll ferner hervorgehen, welche Teile wann, von wem, wie intensiv und mit welchem Ergebnis getestet wurden. Wird ein geplanter Testfall oder Testablauf ausgelassen, so ist auch dies entsprechend zu vermerken.

Nachvollziehbarkeit und Reproduzierbarkeit sind wichtig.

Bei jeder Testdurchführung ist neben dem Testobjekt (oder auch einzelnen Testelementen) eine ganze Reihe von Informationen und Dokumenten »beteiligt«: Testrahmen, Eingabedateien, Testprotokoll usw. Die zu einem Testfall bzw. Testlauf gehörenden Informationen und Daten sind so zu verwalten, dass zu einem späteren Zeitpunkt eine Wiederholung der Tests mit den gleichen Daten und Randbedingungen problemlos möglich ist. Die jeweiligen IDs und/oder Version der verwendeten Testmittel sind zu vermerken und dem Konfigurationsmanagement zuzuführen (s.a. Abschnitt 6.5).

Fehlerwirkung gefunden?

Tritt bei der Testausführung ein Unterschied zwischen dem tatsächlichen und dem vorausgesagten Ergebnis auf, ist bei der Auswertung der Testprotokolle zu entscheiden, ob tatsächlich eine Fehlerwir-

16. Ein geplanter Testfall wird als »blockiert« bezeichnet, wenn er nicht ausgeführt werden kann, weil die Voraussetzungen für seine Ausführung nicht erfüllt sind.

kung vorliegt. Ist eine Fehlerwirkung erkannt, ist dieses entsprechend zu dokumentieren und eine erste grobe Prüfung der möglichen Ursachen kann vorgenommen werden. Dabei kann es erforderlich werden, ergänzende Testfälle zu spezifizieren und auszuführen. Über die aufgedeckten Fehlerwirkungen ist ein Fehlerbericht anzufertigen. Ausführliche Beschreibungen zum Testprotokoll (Abschnitt 6.4.1), zu Testberichten (Abschnitt 6.3.4) und zum Fehlermanagement (Abschnitt 6.4) finden sich alle im Kapitel 6.

Fehlernachtest

Nach der Korrektur des Fehlerzustands ist zu prüfen, ob die Fehlerwirkung beseitigt ist und bei der Beseitigung keine weiteren Fehlerzustände hinzugekommen sind. Gegebenenfalls sind neue Testfälle zu spezifizieren, die den geänderten bzw. neuen Programmtext überprüfen.

Tipp: Prüfung, ob Fehlerzustand im Testobjekt ist und separate Fehlerkorrektur meist nicht praktikabel

- Es ist sorgsam zu prüfen, ob der Fehlerzustand auch tatsächlich im Testobjekt liegt. Nichts ist für die Glaubwürdigkeit eines Testers schädlicher als eine gemeldete vermeintliche Fehlerwirkung, deren Ursache aber in einem fehlerhaften Testfall liegt. Befürchtungen in dieser Richtung oder eine Selbstzensur des Testers sollen aber nicht dazu führen, dass vorsichtshalber potenzielle Fehlerwirkungen nicht gemeldet werden. Das könnte genauso fatal sein.
- Es wäre günstig, Fehlerzustände einzeln zu korrigieren und erneut zu testen, um unbeabsichtigte gegenseitige Beeinflussungen der Änderungen zu vermeiden. In der Praxis wird sich dies allerdings nicht durchführen lassen. Wird der Test nicht vom Entwickler selbst ausgeführt, sondern von unabhängigen Testern, ist eine separate Korrektur der Fehlerzustände nicht praktikabel. Der Aufwand, jede Fehlerwirkung einzeln dem Entwickler zu melden und erst dann weiter zu testen, nachdem der gemeldete Fehler korrigiert wurde, ist nicht gerechtfertigt. Deshalb werden mehrere Fehlerzustände korrigiert und dann mit einem neuen Softwareversionsstand zum erneuten Test wieder vorgelegt.

Neben der reinen Protokollierung der Differenzen zwischen erwartetem und tatsächlichem Ergebnis sind Messungen für die Ermittlungen der Überdeckungen vorzunehmen und bei Bedarf auch eine Protokollierung des Zeitverbrauchs. Hierzu sind die entsprechenden Werkzeuge (s. Kap. 7) einzusetzen.

Rückverfolgbarkeit auch hier wichtig

Bei allen bisherigen Aktivitäten des Testprozesses spielte die bidirektionale Rückverfolgbarkeit eine wichtige Rolle, so auch hier. Die Rückverfolgbarkeit ist zu prüfen und zu aktualisieren, damit zwischen der Testbasis, den Testbedingungen, den Testfällen, den Testabläufen und den Testergebnissen die jeweiligen Beziehungen auf einem aktuellen Stand sind. Sobald die Testdurchführung abgeschlossen ist, kann mithilfe der Rückverfolgbarkeit ermittelt werden, ob zu jedem Element der entsprechenden Testbasis ein zugehöriger Testablauf oder Testabläufe ausgeführt wurden.

Testziele erreicht?

So kann beispielsweise festgestellt werden, welche Anforderungen alle geplanten und durchgeführten Tests bestanden haben und welche Anforderungen aufgrund fehlgeschlagener Tests nicht erfolgreich verifiziert werden konnten und/oder ob Fehlerwirkungen bei der Testausführung aufgetreten sind. Ebenso können Anforderungen noch nicht geprüft worden sein, da die Durchführung geplanter Tests noch aussteht. Eine solche Information ermöglicht eine definitive Aussage, ob die vereinbarten Überdeckungskriterien erreicht wurden und damit der Test als erfolgreich beendet angesehen werden kann.

Durch die Überdeckungskriterien und die Rückverfolgbarkeit können die Ergebnisse der Tests in einer Art und Weise dokumentiert werden, die für die Stakeholder verständlich und direkt nachvollziehbar ist.

Weitere übliche Endekriterien werden in Abschnitt 6.3.1 behandelt.

2.3.7 Testabschluss

Zeitpunkt für den Testabschluss

Beim Testabschluss – der letzten Aktivität im Testprozess – werden Daten aus den beendeten Testaktivitäten zusammengetragen, um Erfahrungen auszuwerten sowie Testmittel und weitere relevante Informationen zu konsolidieren. Je nach Entwicklungsmodell gibt es unterschiedliche Zeitpunkte für den Testabschluss:

- Freigabe eines Softwaresystems
- Beendigung eines Testprojekts (oder auch dessen Abbruch)
- Fertigstellung einer agilen Projektiteration (z.B. als Teil einer Retrospektive/Bewertungssitzung)
- Abschluss der Testaktivitäten auf einer Teststufe
- Abschluss der Testaktivitäten zu einem Wartungsrelease

Beim Testabschluss ist sicherzustellen, dass alle Testaktivitäten beendet und die Fehlerberichte vollständig und abgeschlossen sind. Offene bzw. ungelöste Fehlerwirkungen (nicht beseitigte Abweichung zu einer existierenden Anforderung) bleiben offen bzw. ungelöst und werden damit in die nächste Iteration oder ins nächste Release verschoben bzw. »mitgenommen«. Beim agilen Vorgehen werden sie als neues Product-Backlog-Element für eine der nächsten Iterationen aufgenommen.

Mit Änderungswünschen (Change Request, neue bzw. geänderte Anforderung), die sich bei der Auswertung der Tests auch ergeben können, ist ähnlich zu verfahren.

Abschlussbericht

Ein Testabschlussbericht ist zu erstellen (s. Abschnitt 6.3.4). Er fasst alle Testaktivitäten und -ergebnisse zusammen und enthält eine abschließende Bewertung der durchgeführten Tests gegen die festgelegten Endekriterien. Der Testabschlussbericht wird den Stakeholdern zur Verfügung gestellt.

Archivierung der Testmittel

Softwaresysteme werden zum Großteil über einen längeren Zeitraum eingesetzt. In dieser Zeit werden Fehlerwirkungen auftreten, die im Test nicht gefunden wurden, oder es gibt weitere Änderungswünsche des Kunden. Beides führt zu einer Überarbeitung des Programms, und der geänderte Programmtext muss erneut getestet werden. Ein erheblicher Teil dieses Testaufwands in der Wartung kann vermieden werden, wenn die Testmittel (Testfälle, Testprotokolle, Testinfrastruktur, eingesetzte Werkzeuge usw.) weiterhin zur Verfügung stehen. Die Testmittel sind an die Wartungsabteilung zu übergeben. In der Wartung muss dann eine Anpassung und keine neue Erstellung der Testmittel vorgenommen werden. Die Testmittel lassen sich auch für Projekte mit ähnlicher Aufgabenstellung nach einer entsprechenden Anpassung gewinnbringend verwenden. Darüber hinaus muss in vielen Branchen ein Nachweis über die durchgeführten Tests erbracht werden, da gesetzliche Bestimmungen dies erfordern. Ohne eine Archivierung aller Testmittel kann dieser Nachweis meist nicht geführt werden.

Tipp: Image oder Container

- Da das nachträgliche »Konservieren« der Testmittel sehr aufwendig ist, wird in der Praxis häufig ein »Image«[17] gezogen oder es wurde schon vorher ein Docker Container[18] erzeugt, der als Testumgebung dient und somit von vornherein wiederverwendbar ist.

Aus Erfahrung lernen

Die in den vorherigen Testaktivitäten gemachten Erfahrungen sollen analysiert werden und damit für weitere Projekte zur Verfügung stehen. Abweichungen zwischen Planung und Umsetzung der einzelnen Aktivitäten sind dabei ebenso von Interesse wie die Ermittlung der (vermuteten) Gründe. Die gewonnenen Erkenntnisse sollen genutzt werden, um Verbesserungspotenzial zu erkennen und erforderliche Änderungen von einzelnen Aktivitäten für zukünftige Iterationen, Pro-

17. Speicherabbild oder Datenträgerabbild (kurz Abbild, engl. »Image«).
18. Mit Docker (freie Software) lassen sich Container erstellen, die alle (zur Testausführung) benötigten Testmittel (Pakete) enthalten. Die Dateien lassen sich dann einfach transportieren und installieren.

duktreleases und Projekte zu veranlassen. Durch die Umsetzung der Verbesserungen wird der durchgeführte Testprozess weiter an Reife gewinnen.

2.3.8 Rückverfolgbarkeit

Rückverfolgbarkeit zwischen Testbasis und Testarbeitsergebnissen

In den Erörterungen zu den Aktivitäten im Testprozess wurde an vielen Stellen bereits auf die Bedeutung der Rückverfolgbarkeit hingewiesen. Hier wird die Rückverfolgbarkeit (»Traceability«) zwischen der Testbasis und Testarbeitsergebnissen zusammenfassend dargestellt und es werden weitere Vorteile aufgezeigt.

Die Rückverfolgbarkeit ist wichtig für die Umsetzung einer effektiven Testüberwachung und Teststeuerung, die sich über den gesamten Testprozess erstrecken. Beziehungen zwischen jedem Element der Testbasis und den verschiedenen Ergebnissen der Testaktivitäten sind herzustellen. Der Grad der erreichten Überdeckung – z. B. sind alle Anforderungen mit mindestens einem Testfall geprüft worden – lässt sich mithilfe der Rückverfolgbarkeit bestimmen und das Ergebnis dient der weiteren Teststeuerung.

Über die Bewertung der Testüberdeckung hinaus unterstützt gute Rückverfolgbarkeit folgende Punkte:

- Die Auswirkungen von Änderungen können mithilfe der Rückverfolgbarkeit – wie oben bereits beschrieben – ermittelt werden. Analysiert wird, welche Änderungen der Anforderungen sich auf welche Testbedingungen, Testabläufe, Testfälle und Testelemente auswirken.

Abstraktere, höhere Ebene

- Durch die Rückverfolgbarkeit können die Testergebnisse sozusagen auf eine abstraktere Ebene »gehoben« werden, wodurch das Testen auch für Nicht-Tester nachvollziehbarer wird. Nur die durchgeführten Testfälle zu betrachten, gibt keine Auskunft darüber, wie intensiv und wie »breit« getestet wurde. Erst mit den Informationen aus der Rückverfolgbarkeit lassen sich für jede interessierte Personengruppe verständliche Aussagen dazu treffen. Auch kann die Erfüllung von IT-Governance-Kriterien auf einem abstrakten Niveau nachgewiesen werden.
- Das gleiche Argument gilt für Testfortschrittsberichte und Testabschlussberichte, die dadurch verständlicher werden. Der Status der Elemente der Testbasis ist in die Berichte aufzunehmen: Zu jeder einzelnen Anforderung kann eine der folgenden Aussagen getroffen werden:
    - Tests wurden bestanden.
    - Tests sind fehlgeschlagen, Fehlerwirkungen sind aufgetreten.
    - Geplante Tests stehen noch aus.

- Ebenso können technische Aspekte des Testens mithilfe der Rückverfolgbarkeit so aufbereitet werden, dass sie für Stakeholder verständlich sind. Die Beurteilung der Produktqualität, der Prozessfähigkeit und des Projektfortschritts anhand von Unternehmenszielen wird somit möglich.

Werkzeugunterstützung

Um die Vorteile der Rückverfolgbarkeit vollständig zu nutzen, bauen einige Unternehmen ihre eigenen Managementsysteme auf. Mithilfe der Systeme werden die Arbeitsergebnisse so organisiert, dass die benötigte Information zur Rückverfolgbarkeit geliefert wird. Einige am Markt erhältliche Testmanagementwerkzeuge setzen die Rückverfolgbarkeit um.

2.3.9 Einfluss des Kontextes auf den Testprozess

Testprozess im Kontext

Folgende Faktoren beeinflussen unter anderem den Testprozess in einer Organisation (s.a. Abschnitt 6.2.5):

- Die Auswahl und der Einsatz der Testaktivitäten hängt vom verwendeten Softwareentwicklungslebenszyklus-Modell ab. So sind im V-Modell XT [URL: V-Modell XT] die Testaktivitäten (Qualitätssicherung) detailliert beschrieben und deren Zeitpunkte des Einsatzes genau festgelegt. In agilen Modellen gibt es in der Regel keine so detaillierten Vorschriften, die das Testen und die einzelnen Aktivitäten beschreiben.
- Je nach gewählter und umgesetzter Architektur des Systems kann das System in Teilsysteme aufgeteilt werden. Dieses hat direkte Auswirkungen auf mögliche Teststufen (Komponententest, Integrationstest, Systemtest, Abnahmetest, s. Abschnitt 3.4) und die anzuwendenden Vorgehensweisen, nach denen Testfälle abgeleitet oder ausgewählt werden (Testverfahren, s. Kap. 5).
- Einfluss auf den Testprozess haben ebenso die möglicherweise einzusetzenden Testarten. Eine Testart umfasst eine Gruppe von Testaktivitäten, um eine Komponente oder ein System auf zusammenhängende Qualitätsmerkmale zu prüfen. Eine Testart ist oft auf ein bestimmtes Qualitätsmerkmal fokussiert – z.B. der Lasttest, bei dem das Verhalten eines Systems oder einer Komponente unter wechselnder Last geprüft und bewertet wird (s. Abschnitt 3.5).
- Bestehen hohe Produkt- und Projektrisiken, dann ist der Testprozess entsprechend auszulegen, um möglichst viele der Risiken durch Testfälle zu adressieren und damit zu minimieren (s. Abschnitt 6.2.4).

- Der Kontext, in dem die Software eingesetzt wird, wirkt sich ebenfalls auf den Testprozess aus. Eine nur intern genutzte Software zur Urlaubsplanung der Mitarbeiter wird mit einem weniger aufwendigen Testprozess geprüft werden können als etwa ein extern ausgeliefertes System zur Steuerung einer industriellen Anlage.
- Richtlinien und Praktiken des Unternehmens können den Testprozess beeinflussen oder auch in einzelnen Punkten festlegen. Vorteil ist, dass nicht bei jedem Projekt die Einflussfaktoren auf den Prozess erneut diskutiert und festgelegt werden müssen. Geforderte interne und externe Standards haben den gleichen Effekt.

Betriebliche Beschränkungen

Aber auch direkte betriebliche Beschränkungen wirken auf die Ausgestaltung und Umsetzung des Testprozesses ein, u.a.:

- Budget und andere Ressourcen (z.B. geschultes Personal), von denen für den Test und damit für den Testprozess meist zu wenig zur Verfügung gestellt wird.
- Fristen, die sich während der Entwicklung häufig nach hinten verschieben, wodurch für den Testprozess (insbesondere die Testdurchführung) oft weniger Zeit bleibt als ursprünglich geplant.
- Komplexität des zu testenden Systems – komplexe Systeme sind nicht einfach zu testen! Der Testprozess muss entsprechend der Komplexität ausgelegt werden.
- Vertragliche und regulatorische Anforderungen können den Testprozess und damit die einzelnen Testaktivitäten und deren Umfang direkt definieren und damit festlegen.

2.4 Die menschliche Psychologie und das Testen

Errare humanum est

Menschen machen Fehler, aber sie geben es nur sehr ungern zu! Ein Ziel des Testens von Software ist die Aufdeckung von Abweichungen gegenüber der Spezifikation bzw. den Kundenwünschen. Die gefundenen Fehlerwirkungen müssen den Entwicklern mitgeteilt werden. Wie mit den dabei auftretenden psychologischen Problemen umgegangen werden kann, wird in diesem Abschnitt beschrieben.

Die Aufgaben der Entwicklung von Software werden oft als konstruktive und die der Prüfung der Dokumente und der Software als destruktive Tätigkeiten angesehen. Allein schon durch diese Sichtweise ergeben sich bei den beteiligten Personen meist Unterschiede in der Einstellung zu ihrer Tätigkeit. Diese Unterschiede sind allerdings nicht gerechtfertigt, denn: »Testen ist eine extrem kreative und intellektuell herausfordernde Aufgabe« [Myers 82, S. 15]. Darüber hinaus trägt das Testen in hohem Maße zum Projekterfolg und zur Produktqualität bei (s. Abschnitt 2.1).

Mitteilung von Fehlern

Gefundene Fehlerwirkungen sind dem Autor und/oder dem Management mitzuteilen. Die Art und Weise, wie dies erfolgt, kann für die Zusammenarbeit zwischen den beteiligten Personen – Analysten, Product Ownern, Designern, Entwicklern und Testern – förderlich sein oder die wichtige Kommunikation negativ beeinflussen. Anderen Personen Fehlhandlungen mitzuteilen oder sogar nachzuweisen, ist keine leichte Aufgabe und erfordert ein gewisses Fingerspitzengefühl.

Das Erkennen von Fehlerzuständen kann als Kritik am Produkt und seinem Autor aufgefasst werden. Das Aufdecken von Fehlerzuständen kann sowohl bei statischen als auch bei dynamischen Tests erfolgen. Beispiele sind:

- Eine Reviewsitzung, bei der ein Anforderungsdokument besprochen wird
- Ein Meeting, bei dem User Stories weiter detailliert und verfeinert werden
- Während der dynamischen Testausführung

Bestätigungsfehler bedenken und berücksichtigen

In der menschlichen Psychologie gibt es den Begriff »Bestätigungsfehler«[19], der bei der Kommunikation über Fehlerzustände zu berücksichtigen ist. Bestätigungsfehler verhindern, dass Informationen akzeptiert werden, die der eigenen aktuellen Überzeugung widersprechen. So gehen Entwickler davon aus, dass ihr Code korrekt ist. Bestätigungsfehler erschweren die Einsicht, dass der eigene Code doch Fehlerzustände enthält oder enthalten könnte. Weitere kognitive Voreingenommenheiten oder Verzerrungen können es für beteiligte Personen schwierig machen, die durch Tests gewonnenen Informationen zu verstehen oder zu akzeptieren.

Erkannte Fehlerwirkungen sind positiv.

Darüber hinaus ist es eine durchaus menschliche Eigenschaft, den Überbringer schlechter Nachrichten auch für den Inhalt der Nachrichten verantwortlich zu machen. Testergebnisse werden allzu oft als schlechte Nachrichten gesehen, obwohl eher das Gegenteil stimmt: Erkannte Fehlerwirkungen können behoben werden, wodurch die Qualität des Testobjekts verbessert wird. Somit sind Fehlerwirkungen positiv zu bewerten!

---

19. Ein Bestätigungsfehler (engl. »Confirmation Bias«) ist in der Kognitionspsychologie die Neigung, Informationen so auszuwählen, zu ermitteln und zu interpretieren, dass diese die eigenen Erwartungen erfüllen (bestätigen) (*https://de.wikipedia.org/wiki/Bestätigungsfehler*).

Soziale Kompetenz erforderlich

Um den geschilderten möglichen Konflikten vorzubeugen bzw. das Konfliktpotenzial zu verringern, müssen besonders Tester und auch Testmanager gute soziale Kompetenz mitbringen. Dann kann eine effektive Kommunikation mit allen beteiligten Personen über Fehlerzustände, Fehlerwirkungen, Testergebnisse, Testfortschritte und Risiken zustande kommen. Ein gegenseitiger respektvoller Umgang führt zu einem positiven Arbeitsklima im Unternehmen und zu guten Beziehungen zwischen den am Projekt beteiligten Personen.

Positive Kommunikation kann beispielhaft wie folgt aussehen:

Beispiele positiver Kommunikation

- »Laute Töne« – oder sogar Streit – sind nie förderlich für eine gute Zusammenarbeit. Oft hilft es, das gemeinsame Ziel, die angestrebte hohe Qualität des zu entwickelnden Systems, in Erinnerung zu rufen, um eine einvernehmliche Zusammenarbeit erneut aufzunehmen.
- Wie oben bereits erwähnt, ist der positive Effekt, dass ein Fehlerzustand erkannt wurde und jetzt korrigiert werden kann, immer wieder zu betonen. Das ist aber nicht der einzige Nutzen:
  - Informationen über Fehlerzustände können dem Autor dabei helfen, seine Arbeitsergebnisse und seine Fähigkeiten zu verbessern. Dieser »Seiteneffekt«, dass die Testergebnisse auch zur Qualitätssteigerung der eigenen Fähigkeiten beitragen, ist vielen gar nicht so klar.
  - Auf Managementebene sind die positiven Effekte der gefundenen und behobenen Fehlerzustände eher mit der Einsparung von Zeit und Geld für das Unternehmen und der Reduzierung des allgemeinen Risikos bei schlechter Produktqualität zu kommunizieren.

Dokumente neutral und faktenorientiert verfassen

- Ebenso spielt die Art und Weise der Dokumentation eine Rolle bei der Kommunikation. Testergebnisse und andere Erkenntnisse sind neutral und faktenorientiert aufzuschreiben. Kritik an der Person, die das fehlerhafte Dokument erstellt hat, ist zu unterlassen. Objektive und tatsachenbasierte Fehlerberichte und Reviewbefunde sind anzufertigen.
- Ein »Rollentausch« hilft dabei, zu verstehen, wie die Person gegenüber sich fühlt. Gründe für ein negatives Reagieren können so eher nachvollzogen und verstanden werden.
- Ganz allgemein führen Missverständnisse oder auch ein »Aneinander-vorbei-Reden« zu keiner guten oder zielführenden Kommunikation. Ist eine solche Situation gegeben oder wahrscheinlich, ist es sinnvoll, beim Kommunikationspartner nachzufragen, was er oder sie wie verstanden hat und was genau gesagt wurde. Die umgekehrte Bestätigung ist ebenso hilfreich.

In Abschnitt 2.1.2 sind typische Ziele des Testens aufgelistet. Die klare Definition der Testziele hat auch psychologische Auswirkungen. Personen richten ihre Pläne und ihr Verhalten gern an definierten Zielen aus. Neben den Testzielen können weitere Ziele vom eigenen Team, vom Management und von anderen Stakeholdern vorgegeben werden. Wichtig ist, dass Tester mit minimaler persönlicher Voreingenommenheit diese Ziele verfolgen und an ihnen festhalten.

2.4.1 Denkweisen von Testern und Entwicklern

Unterschiedliche Denkweisen

Entwickler und Tester haben meist unterschiedliche Denkansätze, weil sie unterschiedliche Ziele verfolgen. Die Entwickler entwerfen und erstellen ein Produkt, die Tester verifizieren und validieren das Produkt und finden dabei Fehlerwirkungen oder auch Fehlerzustände. Diese verschiedenen Zielvorgaben erfordern unterschiedliche Denkweisen. Eine höhere Produktqualität kann dadurch erreicht werden, dass diese Denkweisen miteinander kombiniert werden.

Annahmen und bevorzugte Methoden für die Entscheidungsfindung und Problemlösung einer Person spiegeln sich in ihrer Denkweise wider. So umfasst die Denkweise eines Testers in aller Regel neben einer großen Neugier auch ein gewisses Maß an professionellem Pessimismus verbunden mit einem kritischen Blick auf das zu testende Objekt. Detailgenauigkeit und die Bereitschaft zu einer positiven Kommunikation und zu kollegialen Beziehungen zu allen Projektbeteiligten sind weitere nützliche Denkweisen bzw. Verhaltensformen des Testers. Die Denkweisen erfahrener Tester sind über die Jahre gewachsen und gereift.

Entwickler sind daran interessiert, Lösungen zu entwerfen und zu realisieren, und wollen nicht darüber nachdenken, was an ihren Lösungen falsch sein könnte. Denkweisen von Entwicklern können aber auch einige Elemente der Denkweisen eines Testers enthalten. Zusätzlich erschwert der oben beschriebene Bestätigungsfehler, Fehlerzustände in ihren eigenen Arbeitsergebnissen zu finden (s.a. Abschnitt 6.1.1).

Exkurs

Es stellt sich die Frage: »Kann der Entwickler seine Denkweise ändern und sein eigenes Programm testen?« Eine allgemein gültige Antwort gibt es nicht. Ist der »Tester« auch der »Entwickler« des Programms, muss er seine eigene Arbeit kritisch prüfen. Nur wenige Menschen sind in der Lage, den dafür notwendigen Abstand zum selbst erschaffenen Produkt herzustellen. Wer weist schon gerne sich selbst seine eigenen Fehler nach? Es besteht doch eher ein Interesse daran, möglichst keine Fehlerzustände im eigenen Programmtext zu finden.

Entwicklertest

Die große Schwäche der sogenannten Entwicklertests (s.a. Abschnitt 3.4.1) ist die, dass jeder Entwickler, der das von ihm selbst programmierte Programmstück testen muss, seinem eigenen »Werk« immer zu optimistisch begegnet. Die Gefahr ist sehr groß, dass er sinnvolle Testfälle vergisst oder – weil er sich mehr für das Programmieren als für das Testen interessiert – nur oberflächlich testet.

Blindheit gegenüber eigenen Fehlern

Falls er einen grundsätzlichen Designfehler eingebaut hat, z.B. weil er die Aufgabenstellung falsch verstanden hat, kann er das auch durch seine Tests nicht herausfinden. Der passende Testfall wird ihm überhaupt nicht in den Sinn kommen. Eine Möglichkeit, dieses Problem der »Blindheit gegenüber eigenen Fehlhandlungen« zu verringern, ist, paarweise zusammenzuarbeiten und die eigenen Programme jeweils vom Entwicklerkollegen testen zu lassen (s. Abschnitt 6.1.1, Modell 1).

Andererseits ist die gute Kenntnis des eigenen Testobjekts auch vorteilhaft. Eine Einarbeitung ist nicht notwendig und spart somit Zeit. Es ist vom Management abzuwägen, wann der Vorteil der Zeitersparnis verbunden mit dem Nachteil der Blindheit den eigenen Fehlhandlungen gegenüber zum Tragen kommen kann. Die Entscheidung muss in Abhängigkeit der Kritikalität des Testobjekts und des damit verbundenen Risikos im Fehlerfall getroffen werden.

Um Testfälle zu erstellen, muss der Tester sich aber das benötigte Wissen über das Testobjekt aneignen, was Zeit kostet. Allerdings bringt er vertieftes Test-Know-how mit, das ein Entwickler nicht hat bzw. sich erst aneignen muss (oder besser müsste, da dazu die notwendige Zeit oft nicht vorhanden ist).

Entwickler benötigen Testwissen und Tester benötigen Entwicklungswissen.

Förderlich für die Zusammenarbeit zwischen Tester und Entwickler ist die gegenseitige Kenntnis der Aufgaben. Entwickler sollen die Grundlagen des Testens kennen, und Tester sollen Grundkenntnisse der Softwareentwicklung vorweisen können. Ein Nachvollziehen der gegenseitigen Aufgaben und Probleme wird dadurch erleichtert.

2.5 Zusammenfassung

- Fachbegriffe im Gebiet des Softwaretests werden häufig sehr unterschiedlich definiert und verwendet, was zu Missverständnissen führen kann. Einheitliche Begriffsdefinitionen sind deshalb wichtiger Bestandteil der Ausbildung zum »Certified Tester«. Das Glossar im Anhang dieses Buches stellt die relevanten Begriffe zusammen.
- Das Testen nimmt einen hohen Anteil am Entwicklungsaufwand in Anspruch. Welcher Aufwand gerechtfertigt und zu investieren ist, hängt stark vom Charakter des Projekts ab.
- Mit dem Testen – genauer mit den Überlegungen und vorbereitenden Arbeiten zum Testen – soll so früh wie möglich begonnen werden. Nur dann ergeben sich viele Vorteile für die Umsetzung des Projekts.
- Die sieben Grundsätze des Testens sind zu beachten.

Exkurs

- Tests sind wichtige Maßnahmen innerhalb der Qualitätssicherung in der Softwareentwicklung. Die internationale Norm ISO 25010 [ISO 25010] definiert entsprechende Qualitätsmodelle und Qualitätsmerkmale.
- Die Zusammenhänge und Abgrenzungen zwischen Testen, Qualitätssicherung und Qualitätsmanagement sind wichtig und zu berücksichtigen.
- Der Testprozess besteht aus den Aktivitäten Testplanung, Testüberwachung und Teststeuerung, Testanalyse, Testentwurf, Testrealisierung, Testdurchführung und Testabschluss. Die Aktivitäten können sich zeitlich überlappen und parallel oder sequenziell ausgeführt werden. Der Testprozess ist in Abhängigkeit vom Projekt anzupassen.
- Erst durch die bidirektionale Rückverfolgbarkeit zwischen den Ergebnissen der einzelnen Testprozessaktivitäten ist gewährleistet, dass auf der einen Seite aussagekräftige Aussagen über (Testprozess-)Ergebnisse getroffen werden können und auf der anderen Seite eine Abschätzung für den Aufwand bei Änderungen ermöglicht wird. Die Rückverfolgbarkeit ist ebenfalls wichtig für die Umsetzung einer effektiven Testüberwachung und Teststeuerung.
- Viele Faktoren beeinflussen den Testprozess in einer Organisation und müssen berücksichtigt werden.
- Menschen machen Fehler, aber sie geben es nur ungern zu! Aus diesem Grund spielen beim Testen auch psychologische Aspekte eine nicht zu vernachlässigende Rolle.
- Die Denkweisen von Testern und Entwicklern unterscheiden sich. Beide können und sollen aber voneinander lernen.

3 Testen im Softwareentwicklungslebenszyklus

Dieses Kapitel stellt in der Softwareentwicklung gebräuchliche Lebenszyklusmodelle knapp vor und erläutert, welche Rolle das Testen im jeweiligen Modell spielt. Anschließend wird erklärt, welche Teststufen und Testarten unterschieden werden können und wann im Entwicklungsverlauf diese zum Einsatz kommen.

Jedes Softwareentwicklungsvorhaben wird in aller Regel orientiert an einem im Voraus ausgewählten Vorgehensmodell (auch Entwicklungsmodell, Softwareentwicklungs- oder Softwareentwicklungslebenszyklus-Modell genannt) geplant und durchgeführt.

Ein solches Vorgehensmodell strukturiert den Prozess der Softwareentwicklung in verschiedene Abschnitte, Phasen oder Iterationen und bringt die jeweils auftretenden Aufgaben und Aktivitäten in eine logische Ordnung (nach [URL: Vorgehensmodell]). Meist werden auch Rollen beschrieben, denen die anfallenden Aufgaben zugeordnet sind und die von den am Softwareentwicklungsvorhaben beteiligten Personen auszufüllen sind. Teilweise werden auch die in den jeweiligen Phasen einzusetzenden Entwicklungsmethoden dargestellt.

Jedes Vorgehensmodell enthält auch gewisse Modellvorstellungen über das Testen von Software – allerdings mit sehr unterschiedlicher Bedeutung und mit unterschiedlichem Umfang. In den folgenden Abschnitten werden wichtige Vertreter solcher Modelle daher aus Sicht des Testens erläutert.

Modelltypen

Grundsätzlich lassen sich zwei Modelltypen unterscheiden: sogenannte »Sequenzielle Entwicklungsmodelle« und »Iterativ-inkrementelle Entwicklungsmodelle«. Beide Typen werden im Folgenden kurz skizziert.

3.1 Sequenzielle Entwicklungsmodelle

Sequenzielle Entwicklungsmodelle sind dadurch gekennzeichnet, dass sie den Softwareentwicklungsprozess als linearen, sequenziellen Ablauf von Aktivitäten modellieren. Die dahinter stehende Annahme ist, dass das Softwareprodukt mit allen gewünschten Funktionen und Eigenschaften (Feature-Set) fertig entwickelt ist, wenn das gesamte Modell inklusive aller seiner Abschnitte bzw. Phasen einmal komplett durchlaufen wurde. Eine Überlappung oder Iteration von Abschnitten bzw.

Entwicklungsphasen ist modellseitig nicht vorgesehen. In Projekten, die so vorgehen, kann der Auslieferungstermin der entwickelten Software mehrere Monate oder auch Jahre nach dem Projektstart liegen.

3.1.1 Das Wasserfallmodell

Ein frühes, sehr verbreitetes Vorgehensmodell war das sogenannte »Wasserfallmodell« [Royce 70]. Es ist bestechend einfach und hat einen hohen Bekanntheitsgrad erreicht. Erst wenn eine Entwicklungsphase abgeschlossen ist, wird mit der nächstfolgenden begonnen, woraus sich der Name »Wasserfallmodell« ableitet[1]. Zwischen angrenzenden Phasen gibt es allerdings Rückkopplungsschleifen, die eine ggf. notwendige Überarbeitung in der vorherigen Phase ermöglichen. Die folgende Abbildung zeigt das Modell mit den in [Royce 70] ursprünglich vorgesehenen Phasen:

Abb. 3–1
Wasserfallmodell nach Royce

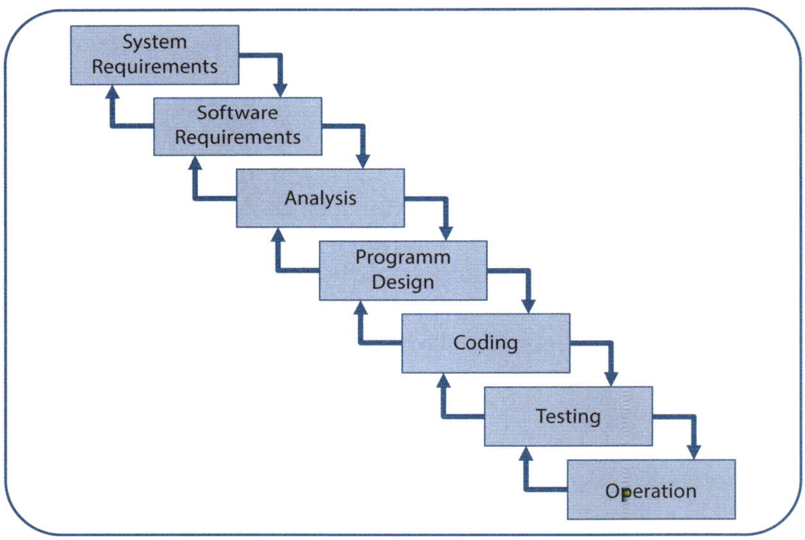

Der gravierende Nachteil des Wasserfallmodells ist, dass Testen als Aktion am Projektende aufgefasst wird, die einmalig stattfindet, nachdem alle anderen Entwicklungsaktivitäten abgeschlossen sind. Testen wird hier als »Endprüfung« gesehen, analog zu einer Warenausgangsprüfung vor Übergabe des Produkts an den Kunden aber nicht als projektbegleitende Aufgabe verstanden.

1. Royce selbst hat sein Modell nicht als Wasserfallmodell bezeichnet. Er schreibt sogar in seinem Papier: »Unfortunately, for the process illustrated, the design iterations are never confined to the successive steps.«

3.1.2 Das allgemeine V-Modell

Eine Erweiterung des Wasserfallmodells ist das »allgemeine V-Modell«[2] ([Boehm 79], [ISO/IEC 12207]). Das Verständnis vom Softwaretest wurde damit nachhaltig beeinflusst. Aus Sicht des Testens spielt es deshalb eine besondere Rolle. Auch heute noch sollte jeder Tester, aber auch jeder Entwickler das allgemeine V-Modell und die dort enthaltenen Vorstellungen über das Testen kennen. Auch wenn im Projekt nach einem anderen Vorgehensmodell gearbeitet wird, lassen sich die im Folgenden dargestellten V-Modell-Prinzipien übertragen.

Die Grundidee des allgemeinen V-Modells ist, dass Entwicklungsarbeiten und Testarbeiten zueinander korrespondierende, gleichberechtigte Tätigkeiten sind. Bildlich dargestellt wird dies durch die zwei Äste eines »V«[3]:

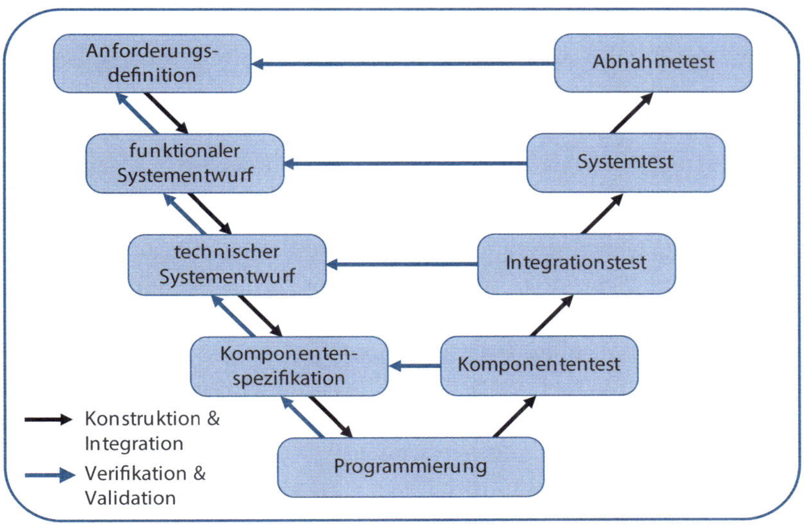

Abb. 3–2
Allgemeines V-Modell

Der linke Ast steht für die Entwicklungsschritte, in deren Verlauf das gewünschte System schrittweise und zunehmend detaillierter entworfen und schließlich programmiert wird. Die konstruktiven Aktivitäten im linken Ast sind aus dem Wasserfallmodell bekannt:

2. Das »V-Modell« wird mit dem Zusatz »allgemeines« versehen, um es nicht mit dem »Vorgehensmodell des Bundes und der Länder« zu verwechseln, da dieses Vorgehensmodell in der Literatur auch oft kurz als »V-Modell« bezeichnet wird.
3. Das V-Modell wird in zahlreichen unterschiedlichen Versionen dargestellt. Benennung und Anzahl der Phasen variieren je nach Literaturquelle oder Interpretation der anwendenden Firma.

- **Anforderungsdefinition**
  Die Wünsche und Anforderungen des Auftraggebers oder späteren Systemanwenders werden gesammelt, spezifiziert und verabschiedet. Zweck und gewünschte Leistungsmerkmale des zu erstellenden Softwaresystems liegen damit fest.
- **Funktionaler Systementwurf**
  Die Anforderungen werden auf Funktionen und Dialogabläufe des neuen Systems abgebildet.
- **Technischer Systementwurf**
  Die technische Realisierung des Systems wird entworfen. Hierzu gehören u.a.: Definition der Schnittstellen zur Systemumwelt und die Zerlegung des Systems in überschaubarere Teilsysteme (Systemarchitektur) bzw. Komponenten, die möglichst unabhängig voneinander entwickelt werden können.
- **Komponentenspezifikation**
  Für jedes Teilsystem werden Aufgabe, Verhalten, innerer Aufbau und Schnittstelle zu anderen Teilsystemen definiert.
- **Programmierung**
  Jeder spezifizierte Baustein (Modul, Unit, Klasse o.Ä.) wird in einer Programmiersprache programmiert (implementiert).

Da Fehler am einfachsten auf derselben Abstraktionsstufe gefunden werden, auf der sie entstanden sind, ordnet der rechte Ast nun jedem dieser Spezifikations- bzw. Konstruktionsschritte eine korrespondierende Teststufe zu. Der rechte Ast steht somit für Integrations- und Testarbeiten, in deren Verlauf elementare Programmbausteine sukzessive zu größeren Teilsystemen zusammengesetzt (integriert) und jeweils auf richtige Funktion geprüft werden. Integration und Test enden mit der Abnahmeprüfung des auf diesem Weg entstandenen Gesamtsystems.

- Der **Komponententest** prüft, ob jeder elementare Softwarebaustein (Komponente) für sich die Vorgaben seiner Spezifikation erfüllt.
- Der **Integrationstest** prüft, ob Gruppen von Komponenten wie im technischen Systementwurf vorgesehen zusammenspielen.
- Der **Systemtest** prüft, ob das System als Ganzes die spezifizierten Anforderungen erfüllt.
- Der **Abnahmetest** prüft, ob das System aus der Kunden- und späteren Nutzersicht die vertraglich vereinbarten Leistungsmerkmale aufweist.

Die Unterscheidung dieser verschiedenen Teststufen im V-Modell ist mehr als eine zeitliche Unterteilung von Testaktivitäten. Jede Teststufe betrachtet und prüft das Produkt bzw. die jeweils vorliegenden Entwicklungsergebnisse auf einer anderen Abstraktionsebene und verfolgt unterschiedliche Testziele. Deshalb kommen unterschiedliche Testmethoden, unterschiedliche Testwerkzeuge und spezialisiertes Testpersonal zum Einsatz. Die genauen Inhalte und Vorgehensweisen werden in Abschnitt 3.4 ausführlich erklärt.

Die Tests bzw. Prüfungen können in jeder Teststufe sowohl verifizierenden Charakter (Verifikation, Verifizierung) als auch validierenden Charakter (Validation, Validierung) haben.

Ist das System richtig?

Beim Verifizieren[4] wird untersucht, ob das Testobjekt seine Spezifikationen korrekt und vollständig erfüllt. Das heißt, es wird geprüft, ob das Testobjekt (bzw. Phasenergebnis) gemäß seiner Spezifikation (bzw. Phaseneingangsdokument) »richtig« entwickelt wurde.

Ist es das richtige System?

Beim Validieren[5] wird untersucht, ob das Testobjekt im Kontext seiner beabsichtigten Nutzung sinnvoll ist. Der Tester prüft also, ob das Testobjekt seine beabsichtigte Aufgabe tatsächlich löst und deshalb für seinen Einsatzzweck geeignet ist.

In der Praxis beinhaltet jeder Test beide Aspekte, wobei der Validierungsanteil mit steigender Teststufe zunimmt. So haben Komponententests einen vorwiegend verifizierenden Charakter und der Abnahmetest einen überwiegend validierenden Charakter.

Kennzeichen des allgemeinen V-Modells

Zusammenfassend sind hier noch einmal die wichtigsten Kennzeichen und Modellvorstellungen des V-Modells aufgeführt:

- Konstruktions- und Testaktivitäten sind getrennt, aber gleichwertig (linke Seite/rechte Seite).
- Das »V« veranschaulicht die Prüfaspekte Verifizierung und Validierung.
- Es werden arbeitsteilige Teststufen unterschieden, wobei jede Stufe »gegen« ihre korrespondierende Entwicklungsstufe testet.

Grundsatz des frühen Testens

Das V-Modell erweckt den Eindruck, dass Testen erst relativ spät, nämlich nach der Implementierung, beginnen würde. Dies ist falsch! Die Teststufen im rechten Ast des Modells sind als Phasen der Testdurchführung zu verstehen. Die zugehörige Testvorbereitung (Testplanung, Testanalyse, Testentwurf) startet früher und wird parallel mit den Entwicklungsschritten im linken Ast durchgeführt. Das sogenannte W-Modell (s. [Spillner 14, Abschnitt 3.3.2]) veranschaulicht die Aufteilung der Testaktivitäten auf die beiden Äste des V-Modells.

4. Verifizieren: beweisen, nachprüfen.
5. Validieren: bekräftigen, für gültig erklären.

3.2 Iterative und inkrementelle Entwicklungsmodelle

Iterative Entwicklung

Die Grundidee iterativer Entwicklung ist, dass das Entwicklungsteam Erfahrung aus vorangegangenen Entwicklungsschritten sowie Erkenntnisse und Kundenfeedback aus dem Einsatz der aktuellen Produktversion nutzt, um in einer folgenden Iteration eine verbesserte Version des Produkts zu erstellen. Die Verbesserung kann dabei durch Fehlerbehebungen erreicht werden oder durch Änderung oder Ergänzung von Leistungsmerkmalen bzw. durch Änderung oder Erweiterung des Produktumfangs. Das primäre Ziel ist in allen diesen Fällen, das Produkt schrittweise zu verbessern und die Kundenerwartungen immer genauer oder besser zu erfüllen.

Inkrementelle Entwicklung

Die Grundidee inkrementeller Entwicklung ist, dass das Produkt nicht an »einem Stück« erstellt wird, sondern in einer von vornherein geplanten Abfolge von Versionsständen mit jeweils anwachsender Funktionalität (Inkrement). Die Größe der Inkremente kann variieren und beispielsweise lediglich aus einer Veränderung in einer Eingabemaske bestehen oder auch neue, zusätzlich eingebaute Module – und damit zusätzliche Funktionalität – umfassen. Das primäre Ziel ist eine möglichst kurze »Time to Market«, d.h. mit einem »kleinen« Produkt oder einem »zunächst einfach realisierten Feature« möglichst schnell auf den Markt zu gehen bzw. bei Individualsoftware dem Kunden zur Verfügung zu stellen und Produkt oder Feature dann (in der von den Kunden gewünschten Richtung) schrittweise auszubauen.

Iterativ-inkrementelle Entwicklung

In der Praxis lassen sich beide Varianten nicht scharf abgrenzen und daher spricht man auch von »iterativ-inkrementeller Entwicklung«. Gemeinsames Kennzeichen ist, dass die Zwischenlieferungen (Releases) es ermöglichen, frühzeitig und regelmäßig Feedback der Kunden und Anwender einzuholen. Dies verringert das Risiko, dass das System an den Kundenerwartungen vorbei entwickelt wird.

Beispiele für iterative-inkrementelle Modelle sind: Spiralmodell [Boehm 86], Rapid Application Development (RAD) [Martin 91], Rational Unified Process (RUP) [Kruchten 99] und Evolutionary Development [Gilb 05].

Agile Softwareentwicklung

Der Klasse der iterativ-inkrementellen Entwicklungsmodelle sind auch alle Formen agiler Softwareentwicklung zuzurechnen. Die bekanntesten agilen Modelle sind: Extreme Programming (XP) [Beck 04], Kanban [URL: Kanban] und Scrum [Beedle 02], [URL: Scrum Guide]. Scrum ist in den letzten Jahren zum populärsten dieser Modelle geworden und hat einen sehr hohen Verbreitungsgrad erreicht. [Koschek 14] bietet eine originelle und sehr lesenswerte Einführung in die Vorgehensweise.

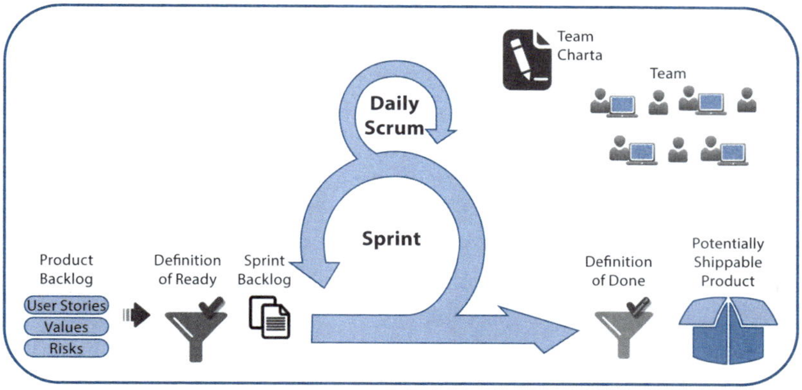

Abb. 3–3
Agile Entwicklung nach Scrum

Testen im Takt der Iterationen

Das Testen muss sich einem solchen iterativ-inkrementellen Ablauf anpassen. Dazu müssen für jede Komponente wiederverwendbare Tests vorhanden sein, die an jedem Inkrement wiederholt werden können. Ist dies nicht ausreichend gegeben, besteht die Gefahr, dass die Systemzuverlässigkeit von Inkrement zu Inkrement verringert anstatt kontinuierlich verbessert wird. Natürlich müssen für jedes Inkrement auch Testfälle ergänzt werden, die die neu hinzugekommenen Funktionen abdecken. Die Anzahl der zu pflegenden und durchzuführenden Tests wächst demnach von Iteration zu Iteration an.

Die zeitliche Taktung, in der die Inkremente bzw. Releases entstehen, ist je nach Vorgehensmodell unterschiedlich. Mit nicht agilem, iterativ-inkrementellem Vorgehen (s.o.) sind Releases im Bereich halbjährlich, jährlich oder länger üblich bzw. erreichbar. Agile Vorgehensweisen hingegen versuchen die Releasezykluszeit auf vierteljährlich, monatlich oder wöchentlich zu verkürzen. Je kürzer die Iterationszyklen gewählt werden, umso wichtiger wird die Automatisierung der Tests: Denn mit anwachsender Produktfunktionalität müssen immer mehr Testfälle abgearbeitet werden, ohne das kurze Iterationsintervall »zu sprengen«. Testautomatisierung ist ein entscheidendes Mittel, um diesem Konflikt zu begegnen.

Continuous Integration und Continuous Deployment

Wenn eine zuverlässig und ausreichend schnell ablaufende Testautomatisierung vorhanden ist, kann diese auf jeden Integrationslauf der Software (Build) angewendet werden. Wenn eine Codekomponente verändert wurde, wird sie anschließend in das aktuell vorhandene Gesamtsystem (der zuletzt integrierte Code aller Entwickler) »integriert«. Anschließend werden alle Tests[6] automatisiert ausgeführt. Aufgedeckte Fehlerwirkungen werden kurzfristig korrigiert. Das Projekt besitzt so-

6. Oder mindestens diejenigen, die die geänderte Komponente und deren Schnittstellen betreffen.

mit in seiner Testumgebung zu jedem Zeitpunkt ein integriertes, getestetes System. Man spricht dann von »Continuous Integration« (CI).

Dieser Ansatz kann um den Schritt »Continuous Deployment« (CD) erweitert werden: Wenn die Tests fehlerfrei ablaufen, wird das getestete System automatisiert in die Produktionsumgebung kopiert und dort installiert (Deployment) und einsatzbereit bereitgestellt[7].

Continuous Delivery = Continuous Testing

Den Gesamtprozess CI und CD bezeichnet man auch als »Continuous Delivery«. Voraussetzung für die Umsetzbarkeit dieser Techniken ist ein weitgehend automatisiertes kontinuierlich stattfindendes Testen, also »Continuous Testing«.

Continuous Testing und andere notwendige Methoden und Techniken für das Testen in agilen Projekten werden ausführlich in [Linz 16] erklärt.

3.3 Softwareentwicklung im Projekt- und Produktkontext

Die Anforderungen an Planung und Nachvollziehbarkeit von Entwicklung und Test sind in unterschiedlichen Kontexten verschieden. Ob ein bestimmtes Lebenszyklusmodell für die Entwicklung eines bestimmten Produkts gut oder weniger gut geeignet ist, hängt daher vom jeweiligen Kontext ab, in dem die Entwicklung stattfindet und in dem das Produkt zu sehen ist. Folgende Projekt- und Produktmerkmale können eine Rolle spielen:

- Die Geschäftsprioritäten, Projektziele und Projektrisiken des Unternehmens, z.B. Time to Market als primäre Anforderung.
- Die Art des zu entwickelnden Produkts: Ein kleines (vielleicht nur abteilungsintern genutztes) System stellt geringere Anforderungen an den Entwicklungsprozess als eine über viele Jahre zu betreibende Produktentwicklung für eine Unternehmenssoftware-Suite wie beispielsweise VSR-II.
- Das Marktumfeld und technische Umfeld, in dem das Produkt eingesetzt wird: Eine Produktfamilie für das »Internet der Dinge« (Internet of Things, IoT) kann aus vielen verschiedenen Objekten (Geräte, Dienste, Plattformen etc.) bestehen. Jedes dieser Objekte wird unter Umständen sinnvollerweise nach einem spezifisch passenden Lebenszyklusmodell entwickelt. Da IoT-Objekte lange und in sehr großer Stückzahl im Einsatz sein können, ist es sinnvoll, wenn die betriebliche Nutzung der Produkte (z.B. Verteilung und Aktualisie-

---

7. Insbesondere bei der Entwicklung und Pflege webbasierter E-Commerce-Anwendungen wird dies zunehmend praktiziert.

rung, aber auch Außerbetriebnahme der Software) im Lebenszyklusmodell durch spezielle Phasen oder Aufgabenkataloge explizit berücksichtigt wird. Das stellt eine besondere Herausforderung für die Entwicklung von Versionen eines solchen Systems dar.

- Identifizierte Produktrisiken, z.B. Risiken eines sicherheitskritischen Systems (z.B. bei einem Fahrzeug-Bremssteuerungssystem).
- Organisatorische und kulturelle Aspekte: Zum Beispiel kann bei international verteilten Teams die Kommunikation zwischen Teams oder Teammitgliedern erschwert sein, was eine iterative oder agile Entwicklung behindert.

Soll für ein Projekt ein Lebenszyklusmodell ausgewählt werden, sollten diese Aspekte berücksichtigt werden. Dabei können durchaus auch verschiedene Modelle miteinander kombiniert werden.

Beispiel: Mix der Entwicklungsmodelle im Projekt VSR-II

Ziel ist, im Projekt VSR-II »so agil wie möglich« vorzugehen. Das Teilsystem *DreamCar* und alle browserbasierten Frontend-Komponenten der Teilsysteme werden daher agil nach Scrum entwickelt. Für die sicherheitskritischen ConnectedCar-Komponenten wurde jedoch entschieden, klassisch nach allgemeinem V-Modell vorzugehen.

Ebenso kann Prototyping [URL: Prototyping] in einer frühen Projektphase verwendet werden und dann, sobald die experimentelle Phase abgeschlossen ist, zu einem iterativ-inkrementellen Vorgehen gewechselt werden.

Tailoring

Für den Einsatz in einem konkreten Projekt kann und soll ein Vorgehensmodell auf die projektspezifischen Gegebenheiten angepasst und zugeschnitten werden. Dies wird als »Tailoring« bezeichnet.

Das Tailoring kann beispielsweise darin bestehen, Teststufen und/oder Testaktivitäten miteinander zu kombinieren oder in spezieller Weise zu organisieren. Für die Integration einer kommerziellen Standardsoftware (»Commercial Off-The-Shelf«, COTS) in ein größeres System kann der Käufer der Software zum Beispiel Interoperabilitätstests in der Systemintegrationsteststufe (z.B. Integration in die Infrastruktur und mit anderen Systemen) und auch in der Abnahmeteststufe (funktionale und nicht funktionale Tests im Rahmen der Benutzer- und der betrieblichen Abnahmetests) durchführen (vgl. Abschnitte 3.4 und 3.5).

Das auf die Projektbedürfnisse zugeschnittene Modell ist dann für alle Beteiligten die gemeinsame und verbindliche Sicht der auszuführenden Tätigkeiten, deren zeitlicher Abfolge und der jeweils zu erzielenden Ergebnisse. Die weitere, detaillierte Projektplanung der Ressourcen (Zeit, Personal, Infrastruktur usw.) kann darauf dann aufbauen.

Merkmale für gutes Testen

Unabhängig davon, welches Lebenszyklusmodell zugrunde gelegt wird, soll das Tailoring sicherstellen, dass das Projektvorgehen gutes und wirksames Testen unterstützt. Folgende Merkmale sollten erfüllt werden:

- Schon in frühen Phasen des Lebenszyklus wird das Testen berücksichtigt und die zugehörigen Arbeiten beginnen, z.B. Testfälle spezifizieren und die Testumgebung aufbauen (Grundsatz des frühen Testens).
- Für jede Entwicklungsaktivität wird eine zugehörige Testaktivität vorgesehen und durchgeführt.
- In jeder Teststufe werden die Testaktivitäten auf ihre stufenspezifischen Testziele hin ausgerichtet.
- Für eine vorgegebene Teststufe beginnen Testanalyse und Testentwurf bereits während der zugehörigen Entwicklungsaktivität.
- Tester nehmen an Diskussionen zur Definition und Verfeinerung der Anforderungen und des Entwurfs teil und sind am Review von Arbeitsergebnissen (z.B. Anforderungen, Architekturdesign, User Stories usw.) beteiligt, sobald erste Entwürfe dafür vorliegen.

3.4 Teststufen

Ein Softwaresystem gliedert sich in der Regel in eine Reihe von Teilsystemen, die wiederum aus einer Vielzahl elementarer Komponenten (auch Module oder Units genannt) zusammengesetzt sind. Die Struktur, die sich daraus ergibt, wird auch als Architektur des Softwareprodukts oder kurz »Softwarearchitektur« bezeichnet. Diese Architektur zweckmäßig und der Aufgabe des Gesamtsystems angemessen festzulegen ist ein wichtiger Teil der Entwicklung des jeweiligen Systems (vgl. Abschnitt 3.4.1).

Beim Testen kann und muss das zu testende System, seine Eigenschaften und sein Verhalten auch auf den verschiedenen Ebenen der Architektur, von den elementaren Einzelkomponenten bis zum Gesamtsystem, betrachtet und geprüft werden. Die Testaktivitäten einer solchen Ebene werden dabei als »Teststufe« bezeichnet. Jede Teststufe ist eine Instanz des Testprozesses. Die folgenden Abschnitte erklären, worin sich das Testen auf den verschiedenen Teststufen hinsichtlich Testobjekt, Testzielen, Testmethoden und Verantwortlichkeiten unterscheidet.

3.4.1 Komponententest

Begriff

Im Komponententest werden die in der Architektur des Systems auf niedrigster Ebene angesiedelten Softwarebausteine betrachtet und einem systematischen Test unterzogen. Abhängig davon, welche Programmiersprache eingesetzt wird, werden diese kleinsten Softwareeinheiten unterschiedlich bezeichnet, zum Beispiel als Module, Units oder (im Fall objektorientierter Programmierung) als Klassen. Die entsprechenden Tests werden daher auch Modultest, Unit Test oder Klassentest genannt.

Komponente und Komponententest

Von der verwendeten Programmiersprache abstrahiert, wird von Komponente oder Softwarebaustein gesprochen. Der Test eines solchen einzelnen Softwarebausteins wird daher allgemeiner als »Komponententest« bezeichnet.

Testbasis

Als Testbasis können die komponentenspezifischen Anforderungen und das Softwaredesign der Komponente (Komponentenspezifikation) herangezogen werden. Um Whitebox-Testfälle zu ermitteln oder Aussagen zur Codeüberdeckung zu erhalten, kann zusätzlich der Sourcecode einer Komponente analysiert und als Testbasis verwendet werden. Ob die Komponente auf einen Testfall richtig reagiert, muss allerdings auch hier anhand der Design- und Anforderungsdokumente beurteilt werden.

Testobjekte

Typische Testobjekte sind wie oben schon erläutert Programmmodule/-Units bzw. Klassen. Aber auch Kommandozeilenskripte des Betriebssystems (Shell-Skripte), Datenbankskripte, Datenkonvertierungs- oder Migrationsprozeduren, Datenbankinhalte oder auch Konfigurationsdaten können Testobjekte sein.

Der Komponententest prüft komponenteninterne Aspekte.

Kennzeichnend für den Komponententest ist, dass jeweils ein einzelner Softwarebaustein überprüft wird, und zwar isoliert von anderen Softwarebausteinen des Systems. Die Isolierung hat dabei vorrangig[8] den Zweck, komponentenexterne Einflüsse beim Test auszuschließen. Deckt der Test eine Fehlerwirkung auf, lässt sich deren Ursache dann klar der getesteten Komponente zuordnen.

Die zu testende Komponente kann auch selbst aus mehreren Bausteinen zusammengesetzt sein. Entscheidend ist, dass komponenteninterne Aspekte geprüft werden, jedoch nicht die Wechselwirkung mit Nachbarkomponenten. Letzteres ist Gegenstand des Integrationstests.

Die Testobjekte, mit denen sich der Komponententest als niedrigste Teststufe befasst, stammen gewissermaßen »frisch« von der Festplatte

8. Des Weiteren vereinfacht die Fokussierung auf die Funktionalität einer einzigen (im Vergleich zum Gesamtsystem kleinen) Komponente die Erstellung und Durchführung der nötigen Testfälle.

der Programmierer. Damit ist klar, dass in dieser Teststufe sehr entwicklungsnah gearbeitet wird und somit Programmierkenntnisse erforderlich sind. Das folgende Beispiel illustriert dies:

Beispiel: Test der Klasse »Preisberechnung«

Bei der Berechnung des Fahrzeugpreises im VSR-II-Teilsystem *DreamCar* ergibt sich der Fahrzeugpreis laut Spezifikation wie folgt:

Ausgegangen wird vom Grundpreis des Fahrzeugs (`baseprice`), abzüglich Händlerrabatt (`discount`). Sondermodellaufschlag (`specialprice`) und Preis der weiteren Zusatzausstattung (`extraprice`) sind zu addieren.

Werden drei oder mehr Zusatzausstattungen (nicht im gewählten Sondermodell enthalten) ausgewählt (`extras`), erfolgt nur auf diese Ausstattungsmerkmale eine Rabattierung von 10 %. Bei fünf oder mehr Zusatzausstattungen erhöht sich diese Rabattierung auf 15 %.

Der Händlerrabatt bezieht sich auf den Grundpreis. Der Zubehörrabatt ist nur auf den Preis der Zubehörteile anzurechnen. Beide Rabatte können nicht zusammen angerechnet werden.

Zur Berechnung des Gesamtpreises wurde folgende C++-Methode[9] programmiert:

```
double calculate_price    (double baseprice, double specialprice,
                           double extraprice, int extras,
                           double discount)
{
double addon_discount; double result;
if (extras ≥ 3)
   addon_discount = 10;
else
   if (extras ≥ 5)
          addon_discount = 15;
   else   addon_discount = 0;

if (discount > addon_discount)
   addon_discount = discount;

result    = baseprice/100.0 * (100-discount) + specialprice
            + extraprice/100.0 *(100-addon_discount);

return result;
}
```

Testumgebung

Um diese Preisberechnung zu testen, benutzt der Tester die entsprechende Klassenschnittstelle, ruft also die Methode `calculate_price()` auf und versorgt sie mit geeigneten Testdaten. Anschließend erfasst er die Reaktion der Komponente auf diesen Aufruf. Das heißt, der Rückgabewert des Methoden-

---

9. Das Programmstück ist fehlerhaft: Der Code zur Rabattberechnung für ≥ 5 ist nie erreichbar. Dieser Programmierfehler dient als Beispiel zur Erklärung der Whitebox-Analyse in Kapitel 5.

aufrufs wird gelesen und protokolliert. Hierzu ist ein sogenannter »Testtreiber« notwendig. Ein Testtreiber ist ein Programm, das die jeweiligen Schnittstellenaufrufe absetzt und anschließend die Reaktion des Testobjekts entgegennimmt (s.a. Kap. 5).

Für das Testobjekt `calculate_price()` kann ein sehr einfacher Testtreiber beispielsweise wie folgt aussehen:

```
bool test_calculate_price() {
double price;
bool  test_ok = TRUE;

// testcase 01[10]
price = calculate_price(10000.00,2000.00,1000.00,3,0);
test_ok = test_ok && (abs (price-12900.00) < 0.01);

// testcase 02
price = calculate_price(25500.00,3450.00,6000.00,6,0);
test_ok = test_ok && (abs (price-34050.00) < 0.01);

// testcase ...

// test result
return test_ok;

}
```

Der Testtreiber im Beispiel ist sehr einfach programmiert. Sinnvolle Erweiterungen wären z.B. die Protokollierung der Testdaten und Resultate mit Datum/Uhrzeit, das Einlesen der Testfälle aus einer Datentabelle usw.

Entwicklertest

Zur Erstellung des Testtreibers ist Programmier-Know-how notwendig. Der Programmcode des Testobjekts (im Beispiel eine Klassenmethode) – zumindest der Code der Schnittstelle – muss verfügbar und verstanden sein, damit im Testtreiber der Aufruf des Testobjekts korrekt programmiert werden kann. Das heißt, die Programmiersprache muss beherrscht werden und entsprechende Programmierwerkzeuge müssen vorhanden sein, um einen passenden Testtreiber zu schreiben. Aus diesen Gründen werden Komponententests sehr oft von den für die Programmierung zuständigen Entwicklern selbst durchgeführt. Es wird dann vom Entwicklertest gesprochen, obwohl ein Komponententest gemeint ist. Die Nachteile, wenn ein Entwickler ein Programm testet, das er selbst programmiert hat, wurden in Abschnitt 2.4 bereits erläutert.

---

10. Bei float-Zahlen ist ein Vergleich auf Gleichheit zu vermeiden, da das Ergebnis durch Rechenungenauigkeiten verfälscht werden kann. Da für `price` auch Werte berechnet werden können, die kleiner als 12900.00 sind, muss im Testfall der Absolutwert (abs) der Differenz von `price` und 12900.00 ausgewertet werden.

Testen vs. Debugging

Oft wird der Komponententest auch mit »Debugging« verwechselt. Aber Debugging ist nicht Testen. Unter Debugging versteht man Fehlerbeseitigung, während Testen der systematische Ansatz ist, Fehlerwirkungen zu finden (s.a. Abschnitt 2.1.2).

Tipp: Komponententest-Frameworks einsetzen

- Der Einsatz von Komponententest-Frameworks (s. [URL: xUnit]) reduziert den Aufwand für die Programmierung der Testtreiber erheblich und führt zu einer Vereinheitlichung der Komponententest-Architektur im Projekt. [Vigenschow 10] zeigt den Einsatz solcher Frameworks anhand von Beispielen mit JUnit für Java sowie NUnit und CppUnit für C++. In [Spillner 16] nutzen die Autoren das Google C++ Testing Framework und beschreiben dessen Installation und Anwendung ausführlich. Werden einheitliche Testtreiber eingesetzt, können die Testarbeiten auch leichter von Teamkollegen[11] erledigt werden, die mit der einzelnen Komponente und der Entwicklungsumgebung nicht im Detail vertraut sind. Solche Testtreiber können z.B. über eine Kommandoschnittstelle bedient werden und bieten komfortable Mechanismen zur Handhabung der Testdaten sowie zur Protokollierung und Auswertung der Tests. Da alle Testdaten und Testprotokolle vollkommen gleichartig strukturiert sind, ist auch eine komponentenübergreifende Testauswertung möglich.

Testziele

Die Teststufe Komponententest wird nicht nur durch die Art der Testobjekte und der Testumgebung charakterisiert, im Komponententest verfolgt der Tester auch für diese Stufe spezifische Testziele.

Test der Funktionalität

Wichtigste Aufgabe des Komponententests ist die Sicherstellung, dass das jeweilige Testobjekt die laut seiner Spezifikation geforderte Funktionalität korrekt und vollständig realisiert (»Funktionstest« bzw. »funktionaler Test«). Funktionalität ist dabei gleichbedeutend mit dem Ein-/Ausgabeverhalten des Testobjekts. Um Korrektheit und Vollständigkeit der Implementierung zu prüfen, wird die Komponente einer Reihe von Testfällen unterzogen, wobei jeder Testfall eine bestimmte Ein-/Ausgabekombination (Teilfunktionalität) abdeckt.

Beispiel: Test der VSR-II-Preisberechnung

Bei den Testfällen zur Preisberechnung des CarConfigurator (Bestandteil des Teilsystems *DreamCar*) im vorangehenden Beispiel ist diese Prüfung der Ein-/Ausgabekombination sehr schön zu sehen. Jeder Testfall versorgt das Testobjekt mit einer bestimmten Preiskombination bei einer bestimmten Zubehöranzahl. Dann wird geprüft, ob das Testobjekt aus diesen Daten den korrekten

11. Manchmal arbeiten zwei Entwickler paarweise zusammen, um gegenseitig die vom Kollegen erstellte(n) Komponente(n) zu testen. – Dies wird auch »Buddy Testing« oder »Code Swaps« genannt.

Gesamtpreis berechnet. Testfall 2 prüft beispielsweise die Teilfunktionalität »Rabattierung bei fünf oder mehr Zusatzausstattungen«. Wird Testfall 2 ausgeführt, ist festzustellen, dass das Testobjekt einen falschen Gesamtpreis liefert. Testfall 2 erzeugt eine Fehlerwirkung. Das Testobjekt realisiert die spezifizierte Funktionalität nicht vollständig.

Typische Softwaredefekte, die beim funktionalen Komponententest aufgedeckt werden, sind Berechnungsfehler oder fehlende und falsch gewählte Programmpfade (z.B. vergessene oder falsch interpretierte Sonderfälle).

Jede Softwarekomponente muss später beim Betrieb des Gesamtsystems mit einer Vielzahl von Nachbarkomponenten zusammenarbeiten und Daten austauschen. Dabei ist nicht auszuschließen, dass die Komponente unter Umständen auch falsch, d.h. entgegen ihrer Spezifikation, angesprochen oder verwendet wird. In solchen Fällen sollte die falsch angesprochene Komponente nicht gleich den Dienst einstellen und das Gesamtsystem zum Absturz bringen. Vielmehr sollte sie die Fehlersituation abfangen und »vernünftig« bzw. robust reagieren.

Test auf Robustheit

Der Test auf »Robustheit« ist deshalb ein weiterer sehr wichtiger Aspekt des Komponententests. Das Vorgehen ist dasselbe wie beim funktionalen Test. Allerdings werden als Testeingaben Methodenaufrufe, Daten und Sonderfälle verwendet, die laut Spezifikation eigentlich unzulässig oder nicht vorgesehen sind. Solche Testfälle werden auch »Negativtest« genannt. Als Reaktion bzw. Ausgabewert der Komponente wird eine angemessene Ausnahmebehandlung (»Exception Handling«) erwartet. Fehlen solche Ausnahmebehandlungen, treten möglicherweise Wertebereichsfehler auf (z.B. Division durch null, Zugriff über Null-Pointer u.Ä.), die unter Umständen zum Programmabsturz führen.

Beispiel: Negativtest

Im Preisberechnungsbeispiel sind solche Negativtests zum Beispiel Aufrufe mit negativen Zahlenwerten oder falschen Datentypen (`char` statt `int` o.Ä.)[12]:

```
// testcase 20
price = calculate_price(-1000.00,0.00,0.00,0,0);
test_ok = test_ok && (ERR_CODE == INVALID_PRICE);
...
// testcase 30
price = calculate_price("abc",0.00,0.00,0,0);
test_ok = test_ok && (ERR_CODE == INVALID_ARGUMENT);
```

---

12. Abhängig vom eingesetzten Compiler können Datentypfehler schon beim Übersetzungslauf aufgedeckt werden.

Einige interessante Aspekte werden hier deutlich:

- Sinnvolle Negativtests finden sich meist viel mehr als »Positivtests«, da die Menge denkbarer »falscher« Eingaben nahezu unbegrenzt ist.
- Der Testtreiber muss erweitert werden, um die vom Testobjekt vorgenommene Ausnahmebehandlung auswerten zu können.
- Die Ausnahmebehandlung im Testobjekt (z.B. Auswertung von ERR_CODE im Beispiel) erfordert dort zusätzliche Funktionalität. In der Praxis dienen nicht selten mehr als 50 % des Programmcodes der Behandlung solcher Ausnahmesituationen. Robustheit hat ihren Preis.

Neben Funktionalität und Robustheit können im Komponententest des Weiteren alle diejenigen Komponenteneigenschaften überprüft werden, die die Qualität der Komponente maßgebend beeinflussen und die in höheren Teststufen nicht mehr oder nur mit wesentlich höherem Aufwand geprüft werden können. Dies gilt beispielsweise für die nicht funktionalen Eigenschaften Effizienz und Wartbarkeit[13].

Test der Effizienz

Die Effizienz gibt an, wie wirtschaftlich die Komponente mit den verfügbaren Rechnerressourcen umgeht. Teilaspekte sind hier Verbrauch von Speicherplatz, benötigte Rechenzeit bzw. Ausführungszeit komponenteninterner Funktionen/Algorithmen usw. Im Unterschied zu den meisten anderen Testzielen kann die Effizienz eines Testobjekts anhand geeigneter Teilkriterien (z.B. Speicherverbrauch in Kilobyte, Antwortzeit in Millisekunden) im Test exakt gemessen werden. Entsprechende Effizienzuntersuchungen werden selten für alle Komponenten eines Systems vorgesehen. Nur dort, wo diesbezüglich Forderungen in den Anforderungskatalogen oder Spezifikationen definiert sind, müssen diese dann im Komponententest auch verifiziert werden. Beispielsweise beim Test eingebetteter Systeme, wenn hardwareseitig nur limitierte Ressourcen zugeteilt werden, oder im Falle von Echtzeitsystemen, wenn vorgegebene Zeitschranken garantiert werden müssen.

Test auf Wartbarkeit

Unter Wartbarkeit werden all diejenigen Eigenschaften eines Programms subsumiert, die Einfluss darauf haben, wie leicht oder schwer es fällt, das Programm zu ändern oder weiterzuentwickeln. Entscheidend dabei ist, wie viel Aufwand es den Entwickler kostet, das vorhandene Programm und dessen Kontext zu verstehen. Das gilt für den Entwickler des ursprünglichen Programms, der nach Monaten oder Jahren

13. Die Möglichkeit, derartige Prüfungen nicht erst im Systemtest, sondern schon auf Komponentenebene vorzunehmen bzw. zu beginnen, wird in der Praxis wenig genutzt. Effizienzprobleme werden daher oft erst kurz vor dem angepeilten Releasetermin sichtbar und können dann nur mit enormem Änderungsaufwand behoben oder nur noch abgemildert werden.

mit einer Weiterentwicklung beauftragt wird, genauso wie für einen Entwickler, der Code eines Kollegen übernimmt. Bei der Prüfung der Wartbarkeit stehen deshalb folgende Prüfaspekte im Vordergrund: Codestruktur, Modularität, Kommentierung des Codes, Verständlichkeit und Aktualität der Dokumentation usw.

Beispiel: Schwer wartbarer Code

Der Code des Beispiels `calculate_price()` weist hier einige Defizite auf. So fehlen beispielsweise Kommentare völlig, und numerische Konstanten sind nicht als solche deklariert, sondern fest in den Code hineincodiert. Muss ein solcher Wert nachträglich geändert werden, ist unklar, ob und an welchen anderen Stellen im Gesamtsystem diese Konstante außerdem vorkommt und ebenfalls zu ändern ist.

Solche Eigenschaften lassen sich natürlich nicht durch »dynamische Tests« (s. Kap. 5) überprüfen. Notwendig sind Analysen der Programmtexte und Spezifikationen. Mittel hierzu ist der »statische Test« und insbesondere das »Review« (s. Abschnitt 4.3). Da Eigenschaften der einzelnen Komponente untersucht werden, sind solche Analysen aber zweckmäßigerweise im Rahmen des Komponententests durchzuführen.

Teststrategie

Wie oben erklärt, wird im Komponententest sehr entwicklungsnah gearbeitet. Der Tester hat in der Regel Zugang zum Sourcecode, was den Komponententest zur Domäne des Whitebox-Tests (s. Abschnitt 5.2) macht.

Whitebox-Test

Der Tester kann Testfälle unter Ausnutzung seines Wissens über komponenteninterne Programmstrukturen, Methoden und Variablen entwerfen. Auch bei der Testdurchführung ist das Vorliegen des Programmcodes nützlich. Mit entsprechenden Werkzeugen (Debugger, s. Abschnitt 7.1.4) können während des Testablaufs Programmvariablen beobachtet werden, um auf ein korrektes oder fehlerhaftes Verhalten der Komponente zu schließen. Der interne Zustand der Komponente kann aber nicht nur beobachtet, sondern per Debugger auch manipuliert werden. Dies ist besonders für »Robustheitstests« hilfreich, da so bestimmte Ausnahmesituationen vom Tester gezielt ausgelöst werden können.

Beispiel: Code als Testgrundlage

Bei der Analyse des Codes von `calculate_price()` kann folgende Anweisung als testrelevante Programmstelle erkannt werden:

```
if (discount > addon_discount)
   addon_discount = discount;
```

Zusätzliche Testfälle, die dazu führen, dass die Bedingung `(discount > addon_discount)` erfüllt wird, können anhand des Codes leicht abgeleitet werden. Die Spezifikation der Preisberechnung enthält hierzu keinerlei Informationen, eine entsprechende Funktionalität ist dort überhaupt nicht vorgesehen.

Ein Codereview kann dies aufdecken, sodass anschließend überprüft und entschieden werden kann, ob der Code korrekt ist und die Spezifikation zu ergänzen ist oder ob der Code an die Spezifikation angepasst werden muss.

In der Praxis wird aber in vielen Fällen auch der Komponententest »nur« als Blackbox-Test durchgeführt, d.h., die innere Struktur wird zur Auswahl der Testfälle nicht herangezogen[14]. Zum einen bestehen reale Softwaresysteme oft aus Hunderten oder Tausenden elementarer Komponenten. Ein Einstieg in den Code ist hier sicher nur bei ausgewählten Komponenten praktikabel. Zum anderen werden im Verlauf der Integration die elementaren Programmbausteine zu größeren Einheiten zusammengesetzt. Oft sind für die Tester auch in der ersten Teststufe nur solche zusammengesetzten Programmbausteine als testbare Einheiten sichtbar. Diese Testobjekte sind dann aber schon zu groß, um mit vertretbarem Aufwand Beobachtungen oder Eingriffe auf Codeebene verstehen und vornehmen zu können. Ob beim Komponententest elementare oder bereits zusammengesetzte Programmbausteine getestet werden, ist Sache der Integrations- und Testplanung und dort festzulegen.

Test-First

Ein Ansatz im Komponententest (und zunehmend auch in den höheren Teststufen) ist der sogenannte »Test-First«-Ansatz. Die Idee dabei ist, zuerst die Tests zu erstellen und zu automatisieren und erst danach zu beginnen, die gewünschte Komponente zu programmieren. Der Ansatz ist stark iterativ: Man testet den Programmcode mit den vorhandenen Testfällen und verbessert den Code in kleinen Schritten so lange, bis die Tests, die nach jeder solchen Änderung wiederholt werden, fehlerfrei absolviert werden. Man spricht deshalb auch von testgetriebener Entwicklung (Test-First Programming, Test-Driven Development (TDD), s.a. [Link 05], [Linz 16]). Werden die Testfälle systematisch hergeleitet unter Nutzung von Testverfahren (s. Kap. 5) bringt der Ansatz noch

14. Das ist ein ernsthaftes Versäumnis, denn dadurch bleiben oft 60 %–80 % des Programmtextes ungetestet. Ein perfektes »Versteck« für Fehlerzustände aller Art!

größere Vorteile, da beispielsweise dann auch Negativtests und deren Behandlung vor der Programmierung Berücksichtigung finden.

3.4.2 Integrationstest

Begriff

Als nächste Teststufe nach dem Komponententest schließt sich der Integrationstest an. Der Integrationstest setzt voraus, dass die ihm übergebenen Testobjekte (d.h. einzelne Komponenten) bereits getestet sind und komponenteninterne Fehlerzustände möglichst bereits korrigiert wurden.

Integration

Gruppen dieser Komponenten werden dann von Entwicklern, Testern oder speziellen Integrationsteams zu größeren Baugruppen bzw. Teilsystemen verbunden. Dies wird als (Software-)Integration bezeichnet.

Integrationstest

Anschließend muss getestet werden, ob das Zusammenspiel aller Einzelteile miteinander richtig funktioniert. Dies wird als Integrationstest bezeichnet und hat das Ziel, Fehlerzustände in Schnittstellen und im Zusammenspiel zwischen integrierten Komponenten zu finden.

Testbasis

Als Testbasis können demnach alle Arbeitsergebnisse herangezogen werden, die die Softwarearchitektur und das Software- und Systemdesign beschreiben, insbesondere: Spezifikationen von Schnittstellen, Workflow- und Sequenzdiagramme sowie Anwendungsfall- bzw. Use-Case-Diagramme.

Warum ist Integrationstesten notwendig, wenn doch jeder Einzelbaustein bereits getestet und dann ggf. korrigiert wurde? Unser Fallbeispiel veranschaulicht die Problematik:

Beispiel: Integrationstest VSR-II-DreamCar

Das VSR-II-Teilsystem *DreamCar* ist ein aus elementaren Softwarebausteinen zusammengesetztes Teilsystem.

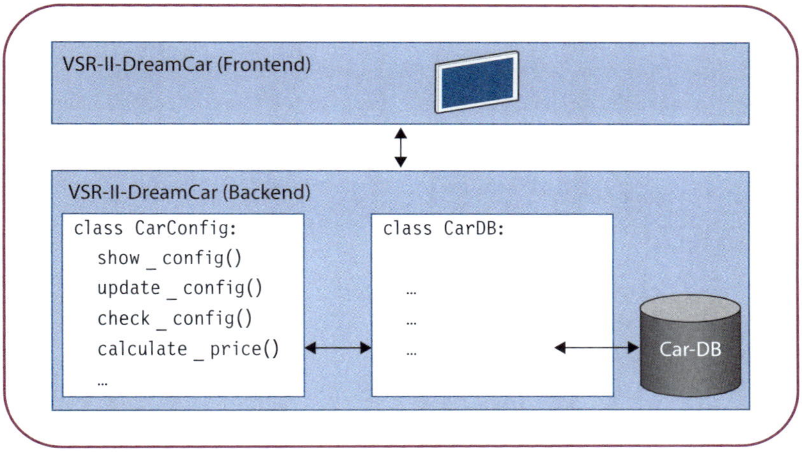

Abb. 3–4
Struktur des Teilsystems VSR-II-DreamCar

Eine Komponente ist die Klasse CarConfig, die dafür zuständig ist, die Zulässigkeit von Fahrzeugkonfigurationen (Fahrzeugbasismodell, Ausstattungspaket, weiteres Zubehör) sicherzustellen und deren Preis zu berechnen. Dazu verfügt sie u.a. über die Methoden calculate_price() und check_config(). Die nötigen Informationen über Fahrzeugmodelle und Zubehöroptionen und deren Einzelpreise liest die Klasse aus einer Datenbank. Der Zugriff auf diese Datenbank ist in der Klasse CarDB gekapselt.

Das Frontend liest die aktuelle Fahrzeugkonfigurationen mittels get_config() und bietet diese dem Endanwender passend visualisiert in der Bedienoberfläche zur Bearbeitung an. Änderungen der Konfiguration werden per update _config() an das Backend zurückgesendet.

Im Backend prüft check_config() jede geänderte Konfiguration auf Zulässigkeit und sorgt parallel für die erneute Berechnung des zugehörigen Preises.

Auch wenn die vorangegangenen Komponententests der Klasse CarConfig und der Klasse CarDB keine Fehler innerhalb dieser Klassen mehr aufdecken, kann das Zusammenspiel beider Klassen dennoch fehlerbehaftet sein. Beispielsweise könnte es sein, dass check_config() bestimmte Zubehörteile, die die Datenbank liefert, nicht verarbeiten kann. Oder check_config() fordert Daten an, die CarDB zwar aus der Datenbank liest, aber in einem unpassenden Format an check_config() zurückgibt.

Auch das Zusammenspiel zwischen Frontend und Backend kann fehlerhaft sein. Beispielsweise weil das Frontend eine an sich korrekte Konfiguration nur unvollständig darstellt, sodass diese aus Sicht des Anwenders fehlerhaft erscheint. Oder weil update _config() ungeeignet verwendet wird: Statt jede Änderung einzeln zu übertragen, überträgt das Frontend stets die resultierende Gesamtkonfiguration als Datensatz. Zwar kann update _config() damit umgehen, aber die Performance ist deutlich langsamer als gefordert und nicht ausreichend.

Mit der Integration der Komponenten des Teilsystems *DreamCar* hat der Integrationstest im Projekt VSR-II allerdings erst begonnen. Die jeweiligen Komponenten der anderen VSR-II-Teilsysteme (s. Kap. 2, Abb. 2–1) müssen ebenfalls integriert werden. Anschließend sind diese dann untereinander zu verbinden. So muss *DreamCar* an das Teilsystem *ContractBase* angeschlossen werden, mit dem wiederum die Teilsysteme *JustInTime* (Bestellwesen), *NoRisk* (Fahrzeugversicherung) und *EasyFinance* (Fahrzeugfinanzierung) verbunden sind. Als einer der letzten Integrationsschritte wird VSR-II mit dem VSR-II-externen Produktionsplanungssystem (Factory PPS, vgl. Kap. 1, Abb. 1–1) verbunden.

Integrationstesten ist notwendig.

Auch ein vorausgehender Komponententest jeder beteiligten Komponente kann Schnittstellenfehler zwischen den Komponenten nicht ausschließen. Obiges Beispiel illustriert dies. Der Integrationstest als weitere Teststufe ist deshalb notwendig. Er muss solche Schnittstellenfehler aufdecken und deren Ursachen eingrenzen.

Systemintegrationstest: »Integrationstest im Großen«

Wie das Beispiel zeigt, sind auch die Schnittstellen zur Systemumgebung Gegenstand von Integration und Integrationstest. Werden Schnittstellen zu externen Softwaresystemen (oder zur Hardware) überprüft, wird manchmal auch von einem »Integrationstest im Großen« oder Systemintegrationstest gesprochen (im Gegensatz zur Integration von Komponenten oder der »Integration im Kleinen«).

Der Systemintegrationstest kann erst nach dem Systemtest durchgeführt werden. Ein spezielles Risiko liegt hier darin, dass das Entwicklungsteam nur »eine Hälfte« einer solchen Schnittstelle nach außen kontrolliert. Die »andere Hälfte« wird vom externen System bestimmt und kann sich unerwartet ändern. Ein so durchgeführter und bestandener Systemintegrationstest ist also keine Garantie für eine jederzeit einwandfreie Funktion an dieser Stelle.

Integrationsstufen

Es kann also mehrere Stufen der Integration geben, die Testobjekte unterschiedlichster Größe betreffen: der »Komponentenintegrationstest« zum Test der Schnittstellen zwischen internen Komponenten oder auch zwischen internen Subsystemen und der Systemintegrationstest zum Test des Zusammenspiels eines Systems mit weiteren externen Systemen (z.B. Webservices) oder zum Test der Schnittstellen zwischen Hardware und Software. Sind beispielsweise zu testende Geschäftsprozesse als Workflow schnittstellenübergreifend über eine Reihe von Systemen realisiert, kann es äußerst aufwendig sein, im Fehlerfall den Fehlerzustand in einer spezifischen Komponente oder einer Schnittstelle zu ermitteln.

Testobjekte: zusammengesetzte Komponenten

Im Zuge der Integration werden die Einzelbausteine schrittweise zu größeren Einheiten zusammengesetzt. An jeden solchen Schritt kann und soll sich im Idealfall ein Integrationstest anschließen. Jedes entstandene Teilsystem kann anschließend Basis für die weitere Integration noch größerer Einheiten sein. Testobjekte des Integrationstests können also auch mehrfach zusammengesetzte Einheiten (Subsysteme) sein.

Fremdsysteme oder zugekaufte Komponenten

In der Praxis wird ein Softwaresystem selten auf der grünen Wiese entwickelt, sondern ein vorhandenes System wird verändert, ausgebaut oder mit anderen Systemen (z.B. Datenbanksystem, Netzwerk, neue Hardware etc.) gekoppelt. Auch sind viele Systemkomponenten Standardprodukte, die am Markt zugekauft werden (beispielsweise die Datenbank in *DreamCar*). Im Komponententest werden solche Alt- und Standardkomponenten vermutlich nicht beachtet. Im Integrationstest müssen diese Systemteile jedoch berücksichtigt und deren Zusammenspiel mit anderen Teilen überprüft werden.

Die wichtigsten Testobjekte des Integrationstests sind die internen Schnittstellen zwischen zwei oder auch mehreren Komponenten. Darüber hinaus können beim Integrationstest auch Konfigurationsprogramme und Konfigurationsdaten getestet werden. Der Zugriff auf Datenbanksubsysteme oder andere Infrastrukturkomponenten ist ebenso Teil des Integrationstests oder des Systemintegrationstests – je nach vorhandener Systemarchitektur.

Testumgebung

Auch im Integrationstest werden Testtreiber benötigt, die die Testobjekte mit Testdaten versorgen und Ergebnisse entgegennehmen sowie protokollieren. Da die Testobjekte zusammengesetzte Komponenten sind, die keine anderen Schnittstellen »nach außen« aufweisen als ihre Einzelkomponenten, ist es nahe liegend und sinnvoll, die vorhandenen Testtreiber des Komponententests wiederzuverwenden.

Wiederverwendung der Testumgebung

War der Komponententest gut organisiert, gibt es entweder einen gemeinsamen, generischen Testtreiber für alle Komponenten oder zumindest Testtreiber, die nach einer einheitlichen Architektur entworfen wurden und zueinander kompatibel sind. In diesem Fall können die Tester diese Treiber mit geringem Aufwand übernehmen und wiederverwenden.

Bei einem schlecht organisierten Komponententest gibt es vielleicht nur für einige wenige Testobjekte brauchbare Treiber, die dann oftmals vollkommen unterschiedlich zu bedienen sind. Der Preis dafür ist, dass die Tester jetzt zu einem sehr späten Projektzeitpunkt viel Aufwand in die Erstellung oder Nachbesserung der Testumgebung investieren müssen und somit wertvolle Zeit für die Testdurchführung verloren geht.

Monitore

Da Schnittstellenaufrufe und der Datenverkehr über die Testtreiberschnittstellen getestet werden müssen, werden im Integrationstest als zusätzliches Diagnoseinstrument oft sogenannte »Monitore« benötigt. Monitore sind Programme, die Datenbewegungen zwischen Komponenten mitlesen und protokollieren. Am Markt erhältlich sind Monitore für Standardprotokolle (z.B. Netzwerkprotokolle). Zur Beobachtung projektspezifischer Komponentenschnittstellen sind individuelle Monitore zu entwickeln.

Testziele

Die Testziele der Teststufe Integrationstest sind klar: Schnittstellenfehler aufdecken. Probleme können schon beim Versuch der Integration zweier Bausteine auftreten, wenn diese sich nicht zusammenbinden lassen, weil ihre Schnittstellenformate nicht passen, weil einige Dateien fehlen oder weil die Entwickler das System in ganz andere Komponenten aufgeteilt haben, als spezifiziert war.

Die schwerer zu findenden Probleme betreffen allerdings die Ausführung der miteinander in Wechselwirkung stehenden Programmteile, die nur durch einen dynamischen Test aufgedeckt werden können. Dies sind Fehlerzustände im Datenaustausch bzw. in der Kommunikation zwischen den Komponenten. Folgende Typen des Fehlerzustands können grob unterschieden werden:

- Eine Komponente übermittelt keine oder syntaktisch falsche oder falsch codierte Daten, sodass die empfangende Komponente nicht arbeiten kann oder abstürzt (funktionaler Fehler einer Komponente, inkompatible Schnittstellenformate, Protokollfehler).
- Die Kommunikation funktioniert, aber die beteiligten Komponenten interpretieren übergebene Daten unterschiedlich (funktionaler Fehler einer Komponente, widersprüchliche oder fehlinterpretierte Spezifikationen).
- Die Daten werden richtig übergeben, aber zum falschen oder verspäteten Zeitpunkt (Timing- bzw. Timeout-Problem) oder in zu kurzen Zeitintervallen (Durchsatz-, Kapazitäts- oder Lastproblem).

Beispiel: Integrationsfehler in VSR-II

Im VSR-II-Integrationstest könnten folgende Fehlerwirkungen auftreten, die den beschriebenen Typen von Fehlerzuständen zugeordnet werden können:

- In der *DreamCar*-GUI selektiertes Zubehör wird nicht an `check_config()` übergeben. Als Folge wären Preis und Bestelldaten fehlerhaft.
- In *DreamCar* wird die Wagenfarbe durch eine bestimmte Codenummer dargestellt (z.B. 442 für blaumetallic). Im Produktionsplanungssystem (Factory PPS, vgl. Kap. 1, Abb. 1–1) werden einige Codenummern aber anders interpretiert (442 steht dort beispielsweise für rot-perleffekt). Eine aus Sicht des VSR-II vollkommen korrekte Bestellung hätte zu einer falschen Lieferung geführt.
- Der Hostrechner bestätigt eine übertragene Bestellung nach Prüfung auf Lieferbarkeit mit einer Bestellbestätigung. In einigen Fällen benötigt diese Prüfung auf Lieferbarkeit so lange, dass VSR-II einen Verbindungsfehler annimmt und den Bestellvorgang abbricht. Ein Kunde hätte seinen sorgfältig zusammengestellten Wunschwagen nicht bestellen können.

Keiner dieser Typen von Fehlerzuständen kann im Komponententest gefunden werden, denn die Fehlerwirkung äußert sich erst in der Wechselwirkung zwischen zwei Softwarebausteinen.

Neben funktionalen Tests können im Integrationstest auch nicht funktionale Tests eine Rolle spielen. Nämlich dann, wenn nicht funktionale Eigenschaften der Komponentenschnittstellen (wie z.B. Last-, Performanz- und volumenabhängiges Verhalten) als relevant oder risikobehaftet eingestuft sind.

Ist der Komponententest verzichtbar?

Kann auf den Komponententest verzichtet werden, sodass alle Testfälle erst nach erfolgter Integration durchgeführt werden? Das ist natürlich möglich und leider auch eine in der Praxis anzutreffende Vorgehensweise. Damit können aber gravierende Nachteile verbunden sein:

- Die meisten Fehlerwirkungen, die in einem derart angelegten Test auftreten werden, sind durch funktionale Fehlerzustände einzelner Komponenten verursacht. Es wird also ein impliziter Komponententest in einer dazu nicht geeigneten Testumgebung durchgeführt, die den Zugang zur Einzelkomponente erschwert.
- Weil kein geeigneter Zugang zur Einzelkomponente möglich ist, können manche Fehlerwirkungen nicht provoziert und viele Fehlerzustände deshalb nicht gefunden werden.
- Wenn eine Fehlerwirkung oder ein Ausfall im Test auftritt, kann es schwierig oder sogar unmöglich sein, seinen Entstehungsort und damit seine Ursache einzugrenzen.

Der Aufwand, der durch Verzicht auf den Komponententest vermeintlich eingespart wird, wird mit einer schlechteren Fehlerfindungsrate und mit einem erhöhten Diagnoseaufwand bezahlt. Eine Kombination von Komponententest mit nachfolgendem Integrationstest ist effizienter.

Integrationsstrategien

In welcher Reihenfolge sollen die einzelnen Komponenten integriert werden, damit die notwendigen Testarbeiten möglichst einfach und schnell, also effizient durchführbar sind? Effizienz wird dabei verstanden als das Verhältnis zwischen Testkosten (Personalaufwand, Werkzeugeinsatz usw.) und Testnutzen (Anzahl und Schwere der aufgedeckten Fehlerwirkungen) in einer bestimmten Teststufe. Es ist Aufgabe des Testmanagers, diese Frage zu beantworten und eine für das jeweilige Projekt optimale Test- und Integrationsstrategie auszuwählen und einzuschlagen.

Komponenten werden zu unterschiedlichen Zeitpunkten fertig.

In der Praxis besteht die Schwierigkeit, dass die verschiedenen im Projekt entstehenden Softwarekomponenten zu unterschiedlichen Zeitpunkten fertiggestellt werden, die eventuell Wochen oder Monate auseinander liegen können. Kein Projektmanager und auch kein Testmanager kann es tolerieren, dass seine Tester so lange untätig warten, bis alle Komponenten fertig sind und gemeinsam integriert werden können.

Eine naheliegende Ad-hoc-Strategie besteht darin, einfach in der (zufälligen) Reihenfolge der Fertigstellung zu integrieren. Das heißt, sobald eine Komponente ihren Komponententest absolviert hat, wird geprüft, ob sie zu einer anderen schon vorhandenen und bereits getesteten Komponente oder zu einem teilintegrierten Subsystem passt. Wenn ja, werden beide Teile integriert und der Integrationstest zwischen beiden wird durchgeführt.

Beispiel: Integrationsstrategie im Projekt VSR-II

Im Projekt VSR-II zeigt sich, dass das zentrale Teilsystem *ContractBase* komplexer ist als vermutet. Seine Fertigstellung verzögert sich um mehrere Wochen, weil die Arbeiten wesentlich aufwendiger sind als ursprünglich geschätzt. Um nicht noch mehr Zeit zu verlieren, entscheidet der Projektmanager, die Tests mit den vorhandenen Bausteinen *DreamCar* und *NoRisk* zu beginnen. Diese besitzen zwar keine direkte gemeinsame Schnittstelle, aber tauschen Daten über *ContractBase* aus. Zur Kalkulation einer Versicherung benötigt *NoRisk* den Wagentyp, denn dieser bestimmt die Kaskoklasse und andere Parameter. Als vorläufiger Ersatz für *ContractBase* wird ein »Platzhalter« (engl. »Stub«) programmiert. Dieser nimmt einfache Fahrzeugkonfigurationen von *DreamCar* entgegen, ermittelt daraus den Code des Wagentyps und reicht ihn an *NoRisk* weiter. Des Weiteren ermöglicht der Platzhalter, verschiedene prämienrelevante Daten des Versicherungsnehmers einzugeben. Die von *NoRisk* daraus berechneten Prämien werden in einem Fenster zur Kontrolle angezeigt und als Testprotokoll gespeichert. Der Platzhalter dient also als provisorischer Ersatz für das nicht fertige Teilsystem *ContractBase*.

Das Beispiel macht deutlich: Je früher, um Zeit zu gewinnen, mit dem Integrationstest begonnen wird, umso mehr Aufwand muss in die Erstellung von Platzhaltern investiert werden. Der Testmanager muss seine Integrationsstrategie so wählen, dass beide Faktoren (Zeitgewinn vs. Aufwand für Testumgebung) optimiert werden.

Randbedingungen für die Integration

Welche Strategie optimal ist (am zeitsparendsten, am kostengünstigsten), hängt von Randbedingungen ab, die in jedem Projekt analysiert werden müssen:

- Die **Systemarchitektur** bestimmt, aus welchen und wie vielen Komponenten das Gesamtsystem besteht und wie diese voneinander abhängen.
- Der **Projektplan** legt fest, zu welchen Zeitpunkten im Projekt einzelne Systemteile entwickelt werden und wann diese integrations- und testbereit sein sollen.
- Das **Testkonzept** legt fest, welche Systemaspekte wie intensiv getestet werden müssen und auf welcher Teststufe das jeweils geschehen soll.

Integrationsstrategie absprechen

Der Testmanager muss aus diesen Randbedingungen die für sein Projekt passende Integrationsstrategie aufstellen. Da der Lieferzeitpunkt der Komponenten mit entscheidend ist, tut er gut daran, den Projektmanager bei der Erstellung des Projektplans zu beraten und darauf hinzuwirken, dass frühzeitig eine aus Testsicht günstige Lieferreihenfolge vorgesehen wird.

Basisstrategien

An folgenden Basisstrategien kann sich der Testmanager bei seiner Planung orientieren:

- **Top-down-Integration**
  Der Test beginnt mit der Komponente des Systems, die weitere Komponenten aufruft, aber selbst (außer vom Betriebssystem) nicht aufgerufen wird. Die untergeordneten Komponenten sind dabei durch Platzhalter ersetzt. Sukzessive werden die Komponenten niedrigerer Systemschichten hinzuintegriert. Die getestete höhere Schicht dient dabei jeweils als Testtreiber.
  - Vorteil: Es werden keine bzw. nur einfache Testtreiber benötigt, da übergeordnete, bereits getestete Komponenten den wesentlichen Teil der Ablaufumgebung bilden.
  - Nachteil: Untergeordnete, noch nicht integrierte Komponenten müssen durch Platzhalter ersetzt werden, was sehr aufwendig sein kann.
- **Bottom-up-Integration**
  Der Test beginnt mit den elementaren Komponenten des Systems, die keine weiteren Komponenten aufrufen (außer Funktionen des Betriebssystems). Größere Teilsysteme werden sukzessive aus getesteten Komponenten zusammengesetzt, mit anschließendem Test dieser Integration.
  - Vorteil: Es werden keine Platzhalter benötigt.
  - Nachteil: Übergeordnete Komponenten müssen durch Testtreiber simuliert werden.
- **Ad-hoc-Integration**
  Die Bausteine werden in der (zufälligen) Reihenfolge ihrer Fertigstellung integriert (s. o.).
  - Vorteil: Zeitgewinn, da jeder Baustein frühestmöglich in seine passende Umgebung integriert wird.
  - Nachteil: Es werden sowohl Platzhalter als auch Testtreiber benötigt.
- **Backbone-Integration**
  Es wird ein Programmskelett oder »Backbone« erstellt, in das schrittweise die zu integrierenden Komponenten eingehängt werden [Beizer 90]. »Continuous Integration« (CI) (s. Abschnitt 3.1) kann als moderne Realisierung dieser Integrationsstrategie gesehen werden, da bei CI ebenfalls ein »Programmskelett« (in Form aller im CI jeweils vorliegenden Systemkomponenten) existiert, das kontinuierlich um die neuen Komponenten erweitert wird.

- Vorteil: Komponenten können in beliebiger Reihenfolge integriert werden.
- Nachteil: Ein unter Umständen aufwendiger Backbone oder eine CI-Umgebung muss erstellt und gewartet werden.

Top-down- und Bottom-up-Integration lassen sich in Reinform nur bei streng hierarchisch gegliederten Programmsystemen einsetzen, was bei in der Praxis anzutreffenden Softwaresystemen selten gegeben ist. Daher wird in der Realität immer eine mehr oder minder individuelle Mischung obiger Integrationsstrategien[15] gewählt.

Big Bang vermeiden!

Eine nicht inkrementelle Integration – auch »Big Bang« genannt – ist zu vermeiden. Eher in Ermangelung einer Strategie als geplant wird hierbei mit der Integration gewartet, bis alle Softwarebauteile entwickelt sind, und dann wird alles auf einmal zusammengeworfen. Im schlimmsten Fall wird auch auf vorgelagerte Komponententests verzichtet. Die Nachteile sind offensichtlich:

- Die Wartezeit bis zum Big Bang ist leichtfertig verlorene Testdurchführungszeit. Da Testen ohnehin immer unter Zeitmangel leidet, sollte kein einziger Testtag verschenkt werden.
- Alle Fehlerwirkungen treten geballt auf; es wird schwierig oder unmöglich sein, das System überhaupt zum Laufen zu bringen. Die Lokalisierung und Behebung von Fehlerzuständen gestaltet sich schwierig und zeitraubend.

3.4.3 Systemtest

Begriffsklärung

Nach abgeschlossenem Integrationstest folgt als dritte Teststufe der Systemtest. Gegenstand ist der Test des integrierten Gesamtsystems, um zu überprüfen, ob die spezifizierten Anforderungen vom Produkt erfüllt werden. Auch hier stellt sich die Frage, warum dies nach vorangegangenem Komponenten- und Integrationstest noch notwendig ist. Gründe dafür sind:

Gründe für den Systemtest

- In den niedrigeren Teststufen wurde gegen technische Spezifikationen geprüft aus der Perspektive des Softwareherstellers. Der Systemtest betrachtet das System hingegen aus der Perspektive des Kunden und des späteren Anwenders[16]. Die Tester validieren, ob die Anforderungen vollständig und angemessen umgesetzt wurden.

---

15. Bei objektorientierten Systemen, verteilten Systemen oder Realzeitsystemen können speziellere Integrationsstrategien angemessen sein, siehe z.B. [Sneed 02].
16. Kunde (hat das System bestellt und bezahlt) und Anwender (nutzt das System) können verschiedene Personengruppen oder Organisationen sein, mit jeweils eigenen Interessen und Systemanforderungen.

- Viele Funktionen und Systemeigenschaften resultieren aus dem Ineinandergreifen aller Systemkomponenten und sind somit erst auf Ebene des Gesamtsystems beobachtbar und testbar.

Beispiel: VSR-II-Systemtest

Für den Stakeholder »Vertrieb« ist der wichtigste Zweck des VSR-II-Systems, die Bestellung eines Fahrzeugs so einfach wie möglich zu machen. Im Zuge einer Bestellung nutzt der Anwender fast alle Komponenten des VSR-II-Systems: Das Fahrzeug wird konfiguriert (*DreamCar*); Finanzierung und Versicherung werden kalkuliert (*EasyFinance, NoRisk*); die Bestellung wird übermittelt (*JustInTime*) und die Verträge werden archiviert (*ContractBase*). Nur wenn all diese Systemfunktionen quer durch alle Komponenten korrekt zusammenspielen, wird das System seinem Einsatzzweck gerecht. Ob dies der Fall ist, zeigt erst der Systemtest.

Testbasis

Als Testbasis können demnach alle Dokumente oder Informationen dienen, die das Testobjekt auf Systemebene beschreiben, wie System- und Softwareanforderungen, Spezifikationen, ggf. vorhandene Risikoanalysen, Benutzungshandbücher usw.

Testobjekt und Testumgebung

Mit abgeschlossenem Integrationstest liegt das komplett zusammengebaute Softwaresystem vor. Im Systemtest wird dieses System als Ganzes betrachtet, und zwar in einer Testumgebung, die der späteren Produktivumgebung möglichst nahe kommt. Statt Testtreibern und Platzhaltern sollen also auf allen Ebenen möglichst die später tatsächlich zum Einsatz kommenden Hard- und Softwareprodukte in der Testumgebung installiert sein (Hardwareausstattung, Systemsoftware, Treibersoftware, Netzwerk, Fremdsysteme usw.). Gegenstand des Systemtests ist u.a. die Prüfung der System- und Anwenderdokumentation (Systemhandbücher, Bedienungsanleitungen, Schulungsunterlagen u.Ä.), aber auch die Prüfung von Konfigurationseinstellungen und speziell im Last- und Performanztest (vgl. Abschnitt 3.5.2) die Optimierung der Systemkonfiguration.

Der Systemtest erfordert eine separate Testumgebung.

Um Kosten und Aufwand zu sparen, wird oft der Fehler begangen, den Systemtest statt in einer separaten Testumgebung in der Produktivumgebung durchzuführen. Dies ist aus folgenden Gründen schädlich:

- Im Systemtest werden Fehlerwirkungen auftreten. Dabei besteht immer die Gefahr, dass die Produktivumgebung des Kunden beeinträchtigt wird. Teure Systemausfälle und Datenverluste im produktiven Kundensystem können die Folge sein.
- Die Tester haben keine oder nur geringe Kontrolle über Parameter und Konfiguration der Produktivumgebung. Durch den gleichzeitig zum Test weiterlaufenden Betrieb der anderen Kundensysteme

werden die Randbedingungen des Tests unter Umständen schleichend verändert. Die durchgeführten Systemtests sind schwer oder nicht mehr reproduzierbar (vgl. Abschnitt 3.6.3).

Der Systemtestaufwand wird oft unterschätzt.

Der Aufwand für einen hinreichenden Systemtest ist u.a. wegen der komplexen Testumgebung nicht zu unterschätzen. [Bourne 97] nennt als Erfahrungswert, dass bei Beginn des Systemtests erst die Hälfte der Test- und Qualitätssicherungsarbeiten absolviert sind.

Testziele

Das Ziel des Systemtests besteht darin, zu validieren, ob und wie gut das fertige System die gestellten Anforderungen (funktionale und nicht funktionale; s. Abschnitte 3.5.1 und 3.5.2) erfüllt. Fehler und Mängel aufgrund falsch, unvollständig oder im System widersprüchlich umgesetzter Anforderungen sollen aufgedeckt und undokumentierte oder vergessene Anforderungen identifiziert werden.

Datenqualität

Bei datenbankgestützten bzw. auf großen Datenbeständen operierenden Systemen ist auch der Aspekt der Qualität der Daten sehr wichtig und muss eventuell im Systemtest adressiert werden. Die Datenbestände, auf denen das System arbeitet, werden hier selbst zum »Testobjekt«, und es gilt in geeigneter Weise sicherzustellen, dass diese konsistent, vollständig und aktuell sind[17].

Exkurs: Probleme in der Systemtestpraxis

In (zu) vielen Projekten erfolgt die Klärung und schriftliche Dokumentation der Anforderungen nicht oder nur sehr lückenhaft. Die Tester haben dann das Problem, dass mehr oder weniger unklar ist, was als korrektes Sollverhalten des Systems anzusehen ist. Demzufolge fällt es schwer, Fehlerzustände »dingfest« zu machen.

Unklare Anforderungen

Wo keine Anforderungen existieren, ist zunächst jedes Systemverhalten zulässig bzw. nicht bewertbar. Natürlich wird der Anwender oder (interne oder externe) Kunde eine gewisse Vorstellung davon haben, was er von »seinem« Softwaresystem erwartet. Es existieren also sehr wohl Anforderungen. Nur sind diese eben nirgends nachlesbar, sondern sie sind nur »in den Köpfen« einiger am Projekt beteiligter Personen vorhanden. Den Testern fällt dann die undankbare Rolle zu, alle diese Informationen über das gewünschte Sollverhalten nachträglich zusammenzutragen. Ein möglicher Ansatz, mit einer solchen Situation klarzukommen, ist das sogenannte explorative Testen (s. Abschnitt 5.3).

Versäumte Entscheidungen

Wenn die Tester die ursprünglichen Anforderungen identifizieren, werden sie feststellen, dass in den Köpfen der verschiedenen Personen zu ein und derselben Sache ganz unterschiedliche Ansichten und Vorstellungen existieren. Da im Projekt versäumt wurde, die Anforderungen schriftlich zu dokumentieren, untereinander abzustimmen und freizugeben, ist dies nicht weiter verwunderlich. Der Systemtest muss also nicht nur Anforderungen zusammensammeln, sondern auch noch Klärungs- und Entscheidungsprozesse, die viele Monate unterblieben sind, zu einem eigentlich viel zu späten Zeitpunkt erzwingen. Dieses Zusammentragen der Informationen ist sehr zeit- und kostenintensiv. Test und Fertigstellung des Systems werden mit Sicherheit verzögert.

---

17. Weiteres Wissen zu dieser Thematik findet sich in [Franz 18].

Projekte scheitern

Wenn Anforderungen nicht dokumentiert sind, fehlen natürlich auch den Entwicklern klare Ziele. Die Wahrscheinlichkeit, dass das konstruierte System die impliziten Kundenanforderungen erfüllt, ist deshalb außerordentlich gering. Niemand kann ernsthaft hoffen, dass unter solchen Projektbedingungen ein auch nur halbwegs brauchbares System entsteht. In derart gelagerten Projekten kann der Systemtest oftmals nur das Scheitern des Projekts »offiziell« attestieren.

Risiko durch frühes Feedback reduzieren

Auch in Projekten, die iterativ oder agil arbeiten, müssen Anforderungen erhoben und dokumentiert werden. Auch hier passiert es, dass Anforderungen unvollständig oder falsch ermittelt oder übersehen werden. Das Risiko, dass deshalb das Projekt insgesamt scheitert, ist aber geringer als bei einem sequenziellen Vorgehen. Denn jede Iteration wird genutzt, um anhand des erreichten Produktzwischenstands zu überprüfen, ob und inwieweit Anforderungen getroffen und umgesetzt sind.

Ist dies nicht ausreichend der Fall, kann schon in der nächsten Iteration nachgebessert oder umgesteuert werden. Natürlich kann dies dazu führen, dass (um einen bestimmten angepeilten Funktionsumfang zu erreichen) mehr Iterationen als ursprünglich erhofft nötig werden. Das Projekt liefert verspätet, aber es scheitert nicht komplett.

3.4.4 Abnahmetest

Bei den bisher beschriebenen Teststufen handelt es sich um Testarbeiten, die in Verantwortung des Herstellers oder der entwickelnden Projektgruppe durchgeführt werden, bevor die Software an den jeweiligen Kunden oder Nutzer übergeben wird.

Vor Inbetriebnahme der Software (insbesondere wenn kundenspezifische Individualsoftware erstellt wurde) erfolgt nun als abschließender Test noch ein sogenannter Abnahmetest. Hierbei stehen die Sicht und das Urteil des Kunden bzw. Anwenders im Vordergrund. Der Abnahmetest ist unter Umständen der einzige Test, den der Kunde nachvollziehen kann, an dem er direkt beteiligt ist oder für den er sogar verantwortlich ist.

Ein Abnahmetest aus Sicht des Kunden oder Benutzers wird auch als Akzeptanztest bezeichnet. Typische Formen sind:

1. Test auf vertragliche Akzeptanz
2. Test der Benutzerakzeptanz (Benutzerabnahmetest)
3. Akzeptanz durch den Systembetreiber
4. Feldtest (Alpha- und Beta-Tests)

Akzeptanztests können auch im Rahmen niedrigerer Teststufen oder über mehrere Teststufen verteilt vorkommen:

- Ein Standardsoftwareprodukt kann im Rahmen seiner Integration oder Installation auf Akzeptanz geprüft werden.
- Die Benutzerfreundlichkeit einer Komponente kann innerhalb des entsprechenden Komponententests auf Akzeptanz geprüft werden.

Die Akzeptanz einer neuen Funktionalität kann (an einem Prototyp) vor dem Systemtest überprüft werden.

Wie umfangreich sollte der Akzeptanztest sein?

Der Umfang eines Akzeptanztests ist risikoabhängig und kann sehr unterschiedlich sein. Wenn es sich um kundenspezifisch entwickelte Individualsoftware handelt, ist das Risiko hoch, und ein umfassender Akzeptanztest wie oben beschrieben ist notwendig. Wird hingegen (als anderes Extrem) ein Standardsoftwarepaket eingeführt, kann es genügen, das Paket zu installieren und einige repräsentative Anwendungsszenarien zu testen. Wenn das Paket Schnittstellen zu anderen Systemen bedient, muss auch die Zusammenarbeit der Systeme über diese Schnittstellen geprüft werden.

Testbasis

Als Testbasis können alle Dokumente oder Informationen dienen, die das Testobjekt aus Anwendersicht beschreiben, z.B. Anwender- und Systemanforderungen, Use Cases, Geschäftsprozesse, Risikoanalysen, aber auch Prozessbeschreibungen der Systemnutzung, Formulare, Berichte sowie Beschreibungen der Wartung und Systemadministration. Sind einzuhaltende Gesetze und Vorschriften Grundlage für den Test, wird dieser als regulatorischer Abnahmetest bezeichnet.

Test auf vertragliche Akzeptanz

Falls Individualsoftware erstellt wurde, wird der Kunde (in Kooperation mit dem Lieferanten) eine vertragliche Abnahme (vertraglicher Abnahmetest) durchführen. Auf Basis der Ergebnisse dieser Abnahmetests entscheidet der Kunde, ob er das bestellte Softwaresystem (im Wesentlichen) als mangelfrei betrachtet und den Entwicklungsvertrag bzw. die vertraglich geschuldete Leistung als erfüllt ansieht und abnimmt. Dies kann auch ein mehr oder weniger formal gestalteter Vertrag oder Projektauftrag sein, der zwischen beauftragender Fachabteilung und realisierender IT-Abteilung einer Firma oder eines Konzerns besteht.

Testkriterien für die Abnahme

Als Testkriterien gelten die im Entwicklungsvertrag festgeschriebenen Abnahmekriterien, die deshalb dort klar und eindeutig formuliert werden müssen. Auch die Erfüllung evtl. relevanter gesetzlicher Vorschriften, Normen oder Sicherheitsrichtlinien gehört hier dazu.

In der Praxis wird natürlich der Softwarehersteller schon in seinem eigenen Systemtest diese Abnahmekriterien auf Erfüllung prüfen und entsprechende Testfälle vorsehen. Für den Abnahmetest reicht es dann aus, die gemäß Vertrag abnahmerelevanten Testfälle zu wiederholen und so dem Kunden zu demonstrieren, dass die Akzeptanzkriterien des Vertrags erfüllt sind.

Tipp

- Es ist außerordentlich wichtig, dass der Kunde die Akzeptanztestfälle selbst entwirft oder einem sorgfältigen Review unterzieht. Denn der Softwarehersteller kann die vertraglich vereinbarten Akzeptanzkriterien missverstanden haben.

Abnahmetest beim Kunden

Im Gegensatz zum Systemtest, der in der Systemtestumgebung des Herstellers stattfindet, werden die Abnahmetests in der Abnahmeumgebung des Kunden durchgeführt[18]. Wegen der unterschiedlichen Testumgebungen kann ein Testfall in der Abnahme durchaus fehlschlagen, der im Systemtest nie Probleme bereitet hat. Auch die Prozeduren zur Installation und Konfiguration des Systems sind als Teil der Abnahme zu überprüfen (betrieblicher Abnahmetest). Die Abnahmeumgebung soll so weit wie möglich der späteren Produktivumgebung entsprechen. Eine Testdurchführung in der Produktivumgebung selbst ist allerdings zu vermeiden, um den produktiven Betrieb laufender Softwaresysteme nicht zu gefährden.

Zur Ermittlung geeigneter Abnahmetests oder Abnahmekriterien können dieselben Methoden herangezogen werden wie für die Testfallermittlung im Systemtest. Nach [Wallmüller 01] sind für administrative IT-Systeme insbesondere auch Geschäftsvorfälle einer typischen Zeit- und Abrechnungsperiode (z.B. Monatsabschluss) zu berücksichtigen.

Test auf Benutzerakzeptanz

Ein weiterer Aspekt im Rahmen der Abnahme – als letzte Stufe der Validierung – ist der Test auf Benutzerakzeptanz (Benutzerabnahmetest). Ein solcher Test ist immer dann zu empfehlen, wenn Kunde und Anwender des Systems verschiedene Personen(gruppen) sind.

Beispiel: Unterschiedliche Benutzergruppen und Benutzungssituationen

Im Beispiel *VSR-II* ist der für die Softwareentwicklung verantwortliche Auftraggeber der Automobilkonzern. Eingesetzt wird das System aber bei den Händlern dieses Konzerns. Als Endanwender benutzen das System dort Mitarbeiter der Händler sowie Endverbraucher, die bei ihrem Händler ein Fahrzeug kaufen möchten. Auch in der Konzernzentrale werden Sachbearbeiter mit dem System arbeiten (z.B. um neue Preislisten in das System einzuspielen). Teile des Systems, insbesondere *DreamCar*, können die Endanwender auch zu Hause auf ihrem PC oder unterwegs via Smartphone oder Tablet nutzen.

Akzeptanz jeder Anwendergruppe sicherstellen

Die unterschiedlichen Anwendergruppen haben in der Regel ganz verschiedene Erwartungen an das neue System. Wenn eine Anwendergruppe das System ablehnt, z.B. weil es als »umständlich« empfunden wird, kann dies das Scheitern der gesamten Systemeinführung zur Folge haben, obwohl das System funktional vollkommen in Ordnung ist. Deshalb ist es wichtig, für jede Anwendergruppe Tests auf Benutzer-

18. Manchmal wird ein erster Abnahmetestlauf in der Systemtestumgebung durchgeführt und dann ein zweiter in der Kundenumgebung.

akzeptanz vorzusehen. Diese Tests werden meist vom Kunden selbst organisiert, der auch die Testfälle auswählt (basierend auf seinen Geschäftsprozessen und typischen Anwendungsszenarien).

Tipp: Prototypen frühzeitig den Anwendern vorstellen

- Wenn im Abnahmetest gravierende Akzeptanzprobleme sichtbar werden, ist es für über Kosmetik hinausgehende Gegenmaßnahmen allerdings oft zu spät. Um solchen Desastern vorzubeugen, ist es vernünftig, schon in frühen Projektphasen Prototypen durch repräsentativ ausgewählte Vertreter der späteren Anwender begutachten zu lassen.

Akzeptanz durch Systembetreiber

Ein Test auf Akzeptanz durch die Systembetreiber soll sicherstellen, dass sich das neue System aus Sicht der Systemadministratoren in die vorhandene IT-Landschaft einfügt. Untersucht werden zum Beispiel die Backup-Routinen (inkl. Wiedereinspielen gesicherter Daten), der Wiederanlauf nach einer Systemabschaltung, die Benutzerverwaltung oder Aspekte der (Daten-)Sicherheit.

Feldtest

Soll die zu liefernde Software in sehr vielen verschiedenen Produktivumgebungen betrieben werden, ist es für den Softwarehersteller sehr kostenintensiv oder gar unmöglich, im Systemtest jede dieser Produktivumgebungen mit einer entsprechenden Testumgebung nachzubilden.

In solchen Fällen wird der Softwarehersteller dem Systemtest einen sogenannten Feldtest nachschalten. Ziel des Feldtests ist es, Einflüsse aus nicht vollständig bekannten oder nicht spezifizierten Produktivumgebungen zu erkennen und ggf. zu beheben. Der Feldtest ist besonders zu empfehlen, wenn für den allgemeinen Markt entwickelt wird (sogenannte Commercial Off-The-Shelf-(COTS-)Systeme).

Test durch repräsentative Kunden

Der Hersteller liefert hierzu stabile Vorabversionen der Software an einen ausgewählten Kundenkreis, der den Markt für die Software gut repräsentiert oder dessen Produktivumgebungen die verschiedenen möglichen Umgebungen gut abdecken.

Diese ausgewählten Kunden führen dann entweder vom Hersteller vorgegebene Testszenarien durch oder sie setzen das vorläufige Produkt probehalber unter realistischen Bedingungen ein. Anschließend geben sie ihre Fehlermeldungen (aber auch allgemeine Kommentare und Eindrücke über das neue Produkt) an den Hersteller zurück. Dieser kann dann entsprechende Anpassungen vornehmen.

Alpha- und Beta-Tests

Derartige Tests von Vorabversionen durch repräsentative Kunden werden oft auch als Alpha-Test oder Beta-Test bezeichnet. Alpha-Tests finden dabei beim Hersteller statt, Beta-Tests beim Kunden.

Ein Feldtest darf einen hausinternen Systemtest des Herstellers natürlich nicht ersetzen (auch wenn einige Hersteller dies vielleicht so sehen). Erst wenn der Systemtest nachgewiesen hat, dass die Software hinreichend stabil ist, kann das Produkt dem Endkunden für einen Feldtest zugemutet werden.

Abnahmetest in agilen Projekten

Alle oben genannten Formen und Varianten von Abnahme- bzw. Akzeptanztests sind grundsätzlich auch bei iterativem oder agilem Vorgehen relevant.

Grundsätzlich ist es hier das Ziel, Feedback, das durch Abnahme- oder Akzeptanztests ermittelt werden soll, so früh wie möglich einzuholen. Das heißt, es sind entsprechende Testfälle oder Anwenderbefragungen vorzusehen und durchzuführen, sobald die entsprechende Funktionalität in einem Release erstmalig zur Verfügung steht und (für den Kunden bzw. Anwender) erfahrbar ist. Der Inhalt und Fokus der Abnahme- bzw. Akzeptanztests ändert sich deshalb von Iteration zu Iteration. Statt um die abschließende Abnahme eines fertigen Produkts geht es hier um Feedback zu Punkten, die im folgenden Release zu verbessern sind.

Auch in welchem Umfang welche Formen und Varianten der genannten Abnahme- bzw. Akzeptanztest je Iteration überhaupt zum Einsatz kommen, soll iterationsabhängig gesteuert werden. Hier kann zwischen Iterationen, die »nur« ein internes Release des Produkts zum Ziel haben, und Iterationen, die eine extern zum Einsatz kommende Produktversion ausliefern, unterschieden werden. Bei den internen Releases könnte das Team beispielsweise auf die Durchführung der Testfälle zum Themenbereich »Test auf vertragliche Akzeptanz« verzichten.

3.5 Testarten

In den vorangegangenen Abschnitten wurden die verschiedenen Teststufen beschrieben, die während des Softwareentwicklungsprozesses durchlaufen werden sollen. Fokus und Ziele des Testens variieren von Stufe zu Stufe. Dementsprechend kommen verschiedene Testarten in unterschiedlicher Intensität zur Anwendung. Die folgenden grundlegenden Testarten lassen sich abgrenzen:

- Funktionale Tests und nicht funktionale Tests
- Anforderungs- und strukturbasierte Tests

3.5.1 Funktionale Tests

Die Testart »funktionale Tests« subsumiert alle Testverfahren bzw. -methoden, mittels derer das von außen sichtbare Ein-/Ausgabeverhalten eines Testobjekts geprüft wird. Zur Erstellung von funktionalen Testfällen werden die in Abschnitt 5.1 beschriebenen Blackbox-Verfahren bzw. -Testmethoden eingesetzt. Als Testbasis bzw. Referenz für das Sollverhalten dienen funktionale Anforderungen.

Funktionale Anforderungen und funktionelle Eignung

Funktionale Anforderungen[19] spezifizieren das Verhalten, das das System oder Systemteile erbringen müssen. Sie beschreiben, »was« das (Teil-)System leisten soll. Ihre Umsetzung ist Voraussetzung dafür, dass das System überhaupt einsetzbar ist. Ob und wie gut ein (Teil-)System seine funktionalen Anforderungen erfüllt, wird auch als dessen »funktionelle Eignung« (»Functional Sustainability«) bezeichnet und ist ein Qualitätskriterium aus dem Produktqualitätsmodell nach ISO 25010 [ISO 25010] (vgl. Abschnitt 2.2).

Das folgende Beispiel zeigt einige funktionale Anforderungen für das System VSR-II zum Thema Preisberechnung (vgl. Abschnitt 3.4.1):

Beispiel: Funktionale Anforderungen an die Komponente DreamCar des VSR-II-Systems

---

A 100: Der Anwender kann ein Fahrzeugmodell aus dem jeweils aktuellen Modellprogramm zur Konfiguration auswählen.

A 101: Für ein ausgewähltes Modell wird die lieferbare Zusatzausstattung angezeigt. Aus dieser Zusatzausstattung kann die individuelle Wunschausstattung zusammengestellt werden.

A 102: Zu der jeweils ausgewählten Ausstattungskonfiguration wird laufend der Gesamtpreis gemäß aktueller Preisliste berechnet und angezeigt.

A 103: Für das aktuell konfigurierte Fahrzeug darf nur solche Zusatzausstattung anwählbar sein, die wiederum eine lieferbare neue Konfiguration ergibt. Für die aktuelle Konfiguration nicht lieferbare Zusatzausstattung wird in den entsprechenden Auswahllisten ausgegraut und ist damit nicht anwählbar.

Funktionale Testfälle

Tests, die funktionale Eigenschaften prüfen, werden ermittelt, indem zu jeder funktionalen Anforderung mindestens ein Testfall abgeleitet wird. Geeignete Tests zur Prüfung der Anforderung 102 »Gesamtpreis berechnen« aus obigem Beispiel könnten folgendermaßen aussehen:

---

19. Anforderungen eines individuellen Auftraggebers oder die vermuteten Anforderungen des Zielmarktes.

Beispiel: Anforderungsbasiert ermittelte, funktionale Testfälle

T 102.1: Ein Modell wird ausgewählt; dessen Grundpreis wird gemäß Verkaufshandbuch angezeigt.

T 102.2: Eine Zusatzausstattung wird ausgewählt, der Fahrzeugpreis erhöht sich um den Preis dieses Zubehörteils.

T 102.3: Eine Zusatzausstattung wird abgewählt, der Fahrzeugpreis sinkt entsprechend.

T 102.4: Es werden drei Zusatzausstattungen ausgewählt; die Rabattierung erfolgt gemäß Spezifikation.

...

In der Regel wird mehr als nur ein Testfall benötigt, um eine funktionale Anforderung zu testen. Im Beispiel ist in Anforderung 102 eine Reihe von Varianten der Preisberechnung enthalten, die durch eine Abfolge von Testfällen (102.1–102.4) überdeckt werden müssen. Durch Einsatz weiterer Blackbox-Testmethoden, wie z. B. Äquivalenzklassenbildung (s. Abschnitt 5.1.1), können diese Beispieltestfälle noch beliebig verfeinert und ergänzt werden.

Entscheidend ist: Sind die einmal definierten Testfälle (bzw. eine in der Testspezifikation definierte Mindestanzahl davon) fehlerfrei gelaufen, wird die entsprechende Funktionalität als korrekt implementiert betrachtet.

Funktionales Testen kommt in jeder Teststufe zum Einsatz. Im Komponenten- und Integrationstest dient die technische Spezifikation der Komponente(n), ihre Schnittstellenspezifikation (API) oder Whitebox-Information (vgl. Abschnitt 3.5.3) als Testbasis. Im System- und Abnahmetest dienen funktionale Systemanforderungen (wie in obigen Beispielen illustriert) als Testbasis.

Anwendungsfallbasiertes oder geschäftsprozessbasiertes Testen

Wenn ein Softwaresystem wie in obigem Beispiel den Zweck hat, einen bestimmten Geschäftsprozess des Kunden zu automatisieren oder zu unterstützen, ist anwendungsfallbasiertes oder geschäftsprozessbasiertes Testen (s. Abschnitt 5.1.6) eine weitere gut geeignete, verwandte Testmethode.

Beispiel: Zu testender Geschäftsprozess

Aus Sicht des Händlers unterstützt *VSR-II* ihn beim Verkaufsprozess. Dieser kann beispielsweise so aussehen:

- Der Kunde wählt aus den verfügbaren Modellen einen Typ aus, für den er sich interessiert.
- Er informiert sich zu diesem Typ über Ausstattungen und Preise und entscheidet sich für seinen »Wunschwagen«.
- Der Verkäufer schlägt Finanzierungsalternativen vor.
- Der Kunde entscheidet sich und schließt den Kaufvertrag ab.

Geschäftsprozessanalyse

Eine Geschäftsprozessanalyse (meist als Teil der Anforderungsanalyse erstellt) zeigt, welche Geschäftsprozesse relevant sind, wie häufig und in welchem Kontext sie auftreten, welche Personen, Firmen, Fremdsysteme daran beteiligt sind usw. Anschließend werden auf Grundlage dieser Analyse als Testbasis Testszenarien aufgestellt, die typische Geschäftsvorfälle nachbilden. Die Priorität der Testszenarien richtet sich nach Häufigkeit und Relevanz sowie nach dem Risiko der entsprechenden Geschäftsprozesse.

Während beim anforderungsbasierten Testen einzelne Systemfunktionen im Fokus stehen (z.B. Bestellung übertragen), sind dies beim geschäftsprozessbasierten Test Abläufe (z.B. Verkaufsgespräch, bestehend aus Konfigurieren, Abschluss des Kaufvertrags und Übertragung der Bestellung), also hintereinandergeschaltete Tests.

Für den Anwender des Beispielsystems *VirtualShowRoom (VSR-II)* ist natürlich nicht nur interessant, ob er Autos auswählen und kaufen kann. Für die Akzeptanz ist oft entscheidender, wie gut er mit dem System zurechtkommt. Dies hängt zum Beispiel davon ab, ob die Software leicht zu bedienen ist, ob sie schnell genug »antwortet« und übersichtliche Ausgaben liefert. Neben funktionalen Kriterien müssen deshalb auch die nicht funktionalen Eigenschaften geprüft und validiert werden.

3.5.2 Nicht funktionale Tests

Nicht funktionale Anforderungen beschreiben Attribute des funktionalen Verhaltens, also »wie gut« bzw. mit welcher Qualität das (Teil-)System seine Funktion erbringen soll. Ihre Umsetzung beeinflusst stark, wie zufrieden der Kunde bzw. Anwender mit dem Produkt ist und wie gerne er es einsetzt. Zugehörige Merkmale nach [ISO 25010] sind u.a. Nutzungszufriedenheit und Effizienz (s. Abschnitt 2.2). Für den Softwarehersteller sind die nicht funktionalen Eigenschaften Änderbarkeit und Übertragbarkeit als Teilaspekte der Wartbarkeit sehr wichtig, da sie helfen, Wartungskosten zu begrenzen.

Folgende nicht funktionale Systemeigenschaften[20] sollten in entsprechenden Tests (in der Regel im Systemtest) berücksichtigt werden:

- **Lasttest**
  Messung des Systemverhaltens in Abhängigkeit steigender Systemlast (z.B. Anzahl parallel arbeitender Anwender, Anzahl Transaktionen)
- **Performanztest**
  Messung der Verarbeitungsgeschwindigkeit bzw. Antwortzeit für bestimmte Anwendungsfälle, in der Regel ebenfalls in Abhängigkeit steigender Last
- **Volumen-/Massentest**
  Beobachtung des Systemverhaltens in Abhängigkeit zur Datenmenge (z.B. Verarbeitung sehr großer Dateien)
- **Stresstest**
  Beobachtung des Systemverhaltens bei Überlastung
- **Test der (Daten-)Sicherheit**
  gegen unberechtigten Systemzugang und/oder Datenzugriff
- **Test der Stabilität/Zuverlässigkeit**
  im Dauerbetrieb (z.B. Ausfälle pro Betriebsstunde bei gegebenem Benutzungsprofil)
- **Test auf Robustheit**
  gegenüber Fehlbedienung, Fehlprogrammierung, Hardwareausfall usw. sowie Prüfung der Fehlerbehandlung und des Wiederanlaufverhaltens (»Recovery«)
- **Test auf Kompatibilität/Datenkonversion**
  Prüfung der Verträglichkeit mit vorhandenen Systemen. Import/Export von Datenbeständen
- **Test unterschiedlicher Konfigurationen des Systems**
  z.B. unterschiedliche Betriebssystemversionen, Landessprache, Hardwareplattform
- **Test auf Benutzungsfreundlichkeit**
  Prüfung von Erlernbarkeit und Angemessenheit der Bedienung; Verständlichkeit der Systemausgaben usw., jeweils bezogen auf die Bedürfnisse einer bestimmten Anwendergruppe (s.a. Akzeptanztest, Abschnitt 3.4.4)

---

20. Nach [Myers 82] und [Wallmüller 01].

- **Prüfung der Dokumentation auf Übereinstimmung mit dem Systemverhalten**
  z.B. Bedienungsanleitung und GUI oder Konfigurationsbeschreibung und Konfigurationsverhalten
- **Prüfung auf Wartbarkeit**
  Verständlichkeit und Aktualität der Entwicklungsdokumente; modulare Systemstruktur usw.

Beim Test nicht funktionaler Anforderungen stellt sich oft das Problem, dass diese lückenhaft und »schwammig« formuliert sind. Formulierungen wie »Das System soll leicht bedienbar sein« oder »schnell reagieren« sind in dieser Form nicht testbar.

Tipp

- Tester sollten am Review von Anforderungsdokumenten teilnehmen und darauf achten, dass dort genannte nicht funktionale Anforderungen (aber selbstverständlich auch jede funktionale) messbar und damit testbar formuliert werden.

Des Weiteren gelten viele nicht funktionale Anforderungen als derart selbstverständlich, dass niemand auf die Idee kommt, sie erwähnen und spezifizieren zu müssen. Solche »vorausgesetzten Anforderungen«[21] sind dennoch relevant und das Softwaresystem muss die zugehörigen impliziten Eigenschaften aufweisen.

Beispiel: Vorausgesetzte vs. spezifizierte Anforderungen

Das *VSR-System* war für den Ablauf unter dem Betriebssystem eines marktführenden Herstellers konzipiert und folgte in Aussehen und Bedienmechanismus (*look & feel*) weitgehend dem Stil und den Konventionen dieses Betriebssystems.

Die moderne, neue Bedienoberfläche von *VSR-II* ist browserbasiert. Die Marketingabteilung hat in Zusammenarbeit mit einer Webdesign-Agentur einen umfangreichen Styleguide erstellt, der festlegt, wie Elemente der VSR-II-Bedienoberfläche über alle Teilsysteme hinweg aussehen müssen.

Im Rahmen der Tests auf Benutzungsfreundlichkeit (Usability Test) wird unter Nutzung von Checklisten auch überprüft, ob die Bedienoberfläche jedes Teilsystems diesen Styleguide erfüllt. Dabei zeigt sich, dass einige der spezifizierten Anzeige- und Bedienelemente auf mobilen Geräten nur schwer lesbar sind.

---

21. Das trifft leider auch für funktionale Anforderungen zu. Unausgesprochene Anforderungen nach dem Motto »Das war doch klar, dass unser System auch das können muss!« sind ein Hauptproblem beim Testen und generell bei der Entwicklung.

Obwohl keine entsprechende Anforderung für »leicht lesbar« explizit formuliert wurde, wird entschieden, den Styleguide an den betreffenden Stellen zu ändern, um auf allen Geräten die »vorausgesetzte« gute Lesbarkeit aller Bedienelemente zu erreichen.

Exkurs: Test nicht funktionaler Eigenschaften unter Nutzung funktionaler Tests

Zum Test nicht funktionaler Eigenschaften wird zweckmäßigerweise auf vorhandene funktionale Tests zurückgegriffen. Die nicht funktionalen Tests können als »Rucksack« zu den funktionalen Tests betrachtet werden und sind meist Blackbox-Tests. Ein eleganter allgemeiner Testansatz ist folgender:

Aus den funktionalen Tests werden solche Szenarien ausgewählt, die einen Querschnitt durch die Funktionalität des Gesamtsystems repräsentieren. Die zu testende nicht funktionale Größe muss im betreffenden Testszenario beobachtbar sein. Beim Ablauf des Testszenarios wird dann die nicht funktionale Größe gemessen. Liegt der gemessene Wert unter einem vorgegebenen Grenzwert, gilt der Test als bestanden. Das funktionale Testszenario dient praktisch als Messvorschrift zur Ermittlung der zu untersuchenden nicht funktionalen Systemeigenschaft.

3.5.3 Anforderungsbezogener und strukturbezogener Test

Anforderungsbezogenes Testen (anforderungsbasiertes Testen, spezifikationsbasiertes Testen, Blackbox-Verfahren) nutzt als Testbasis Spezifikationen des extern beobachtbaren Verhaltens der Software. Diese Spezifikation kann in unterschiedlichen Formen und Notationen vorliegen, beispielsweise als Use Cases oder User Stories. Als Testverfahren kommen die in Abschnitt 5.1 beschriebenen Verfahren zum Einsatz. Die Spezifikationen und somit auch die daraus abgeleiteten Testfälle können sowohl funktionale als auch nicht funktionale Eigenschaften der betreffenden Softwareelemente zum Gegenstand haben.

Anforderungsbezogene Tests werden vorwiegend im System- und Abnahmetest eingesetzt. Werden Komponenten- oder Integrationstests aus technischen Spezifikationen abgeleitet, ist auch dies ein anforderungsbezogenes Testen.

Strukturbezogenes Testen (struktureller Test, strukturbasiertes Testen, Whitebox-Verfahren) nutzt als Testbasis zusätzlich die interne Struktur bzw. Architektur der Software. Analysiert werden z.B. der Kontrollfluss innerhalb von Komponenten, die Aufrufhierarchie von Prozeduren oder Menüstrukturen. Auch die Struktur abstrakter Modelle der Software kann als Ausgangspunkt dienen. Ziel ist es, möglichst alle Elemente der betrachteten Struktur durch Tests zu erreichen bzw. abzudecken. Dazu sind geeignete und hinreichend viele Testfälle zu entwerfen. Auch hier können die Testfälle sowohl funktionale als auch nicht funktionale Eigenschaften der betreffenden Softwareelemente zum Gegenstand haben.

Strukturelle Tests werden vorwiegend im Komponenten- und Integrationstest eingesetzt, in höheren Teststufen manchmal als Ergänzung (z.B. zur Überdeckung von Menüstrukturen). Ausführlich behandelt werden diese Techniken in Abschnitt 5.2.

3.6 Test nach Änderung und Weiterentwicklung

Bisher wurde stillschweigend davon ausgegangen, dass ein Softwareentwicklungsvorhaben mit bestandenem Abnahmetest und der Auslieferung des neuen Produkts beendet ist. Die Realität sieht anders aus. Mit der erstmaligen Auslieferung steht ein Softwareprodukt erst am Anfang seines Lebenszyklus. Einmal installiert, ist es oft Jahre oder Jahrzehnte lang im Einsatz und wird während dieser Zeitspanne vielfach korrigiert, geändert und erweitert. Das folgende Beispiel illustriert dies.

Beispiel: Auswertung der VSR-II-Hotline

Das *VSR*-II-System hat das VSR-System abgelöst und ist seit einiger Zeit im Einsatz. Um herauszufinden, wo das System noch Schwächen hat, erstellt die Hotline eine Auswertung über alle Hotline-Anfragen, die in den ersten Monaten des Betriebs eingegangen sind. Hier einige Beispiele:

1. Einige wenige Händler betreiben das System auf einer nicht freigegebenen Plattform mit veraltetem Betriebssystemstand. Der dort verfügbare Browser kann Teile der Bedienoberfläche nicht anzeigen. Außerdem kommt es zu Systemabstürzen beim Zugriff auf den Hostrechner.
2. Die Auswahl der Zusatzausstattung bei VSR empfanden viele Kunden als umständlich, insbesondere wenn sie Preisvergleiche zwischen verschiedenen Ausstattungspaketen vornehmen wollen. In VSR-II kann man daher Ausstattungskombinationen zwischenspeichern und nach Änderung wieder zurückholen. Viele Kunden wünschen sich aber noch mehr Komfort und wollen z.B. auch Ausstattungspakete zwischen verschiedenen Fahrzeugtypen vergleichen können.
3. Einige seltene Versicherungstarife können nicht gerechnet werden, da vergessen wurde, die entsprechende Kalkulationsvorschrift in die Versicherungskomponente einzubauen. Bei VSR trat Ähnliches auch schon auf.
4. Nach einer Fahrzeugbestellung ist in seltenen Fällen auch nach 15 Minuten noch kein Bestelleingang vom Werkrechner bestätigt. Das VSR-II-System trennt die Verbindung jedoch nach spätestens 15 Minuten, um offene unbenutzte Verbindungen zu vermeiden. Der Händler muss den Bestellvorgang dann nochmals auslösen und dem Kunden die Bestätigung nachsenden. Die Kunden reagieren verärgert, weil sie aus ihrer Sicht unnütz auf die Bestellbestätigung warten mussten.

Problem 1 hat eigentlich der Händler zu vertreten, der das System auf einer nicht vorgesehenen Plattform betreibt. Dennoch wird der Softwarehersteller hier unter Umständen nachbessern, vielleicht um betroffenen Händlern eine teure Hardwareaufrüstung zu ersparen.

Problem 2 wird immer vorkommen, egal wie gut und umfassend die Anforderungen ursprünglich erhoben wurden, weil erst das laufende System viele neue Erfahrungen liefert und damit zwangsläufig neue Wünsche generiert.

Problem 3 hätte im Systemtest gefunden werden können. Aber Testen kann Fehlerfreiheit nicht garantieren, sondern ist immer nur eine Stichprobe, in der Fehlerwirkungen mit einer gewissen Wahrscheinlichkeit aufgedeckt werden. Ein guter Testmanager wird hier prüfen, durch welche Tests diese Fehlerwirkung gefunden worden wäre, und seinen Testplan ergänzen oder anpassen.

Problem 4 wurde erkannt und durch einen Patch technisch behoben. Das *VSR-II*-System verliert die Bestelldaten nicht mehr, sondern wiederholt den Sendevorgang automatisch und mehrfach. Das Problem, dass eine lange Wartezeit entstehen kann, bis die Bestellung bestätigt wird, aber der Kunde nicht so lange im Geschäft warten will, ist damit aber nicht wirklich gelöst. Eine wirksame Lösung würde eine grundlegende Änderung der Batchverarbeitung im Hostrechner des Konzerns erfordern, was außerhalb des Auftrags des VSR-II-Projekts liegt und kurzfristig nicht möglich ist.

Die vier Beispiele oben stehen stellvertretend für typische Probleme, die auch beim ausgereiftesten Softwaresystem nach einer gewissen Einsatzzeit auftreten:

- Das System wird unter neuen, unvorhergesehenen, nicht geplanten Einsatzbedingungen betrieben.
- Neue Kundenwünsche werden geäußert.
- Funktionen für seltene und deshalb vergessene Sonderfälle werden benötigt.
- Es werden Probleme oder Ausfälle beobachtet, die sporadisch oder erst nach längerer Betriebszeit auftreten. Diese sind oft durch externe Einflüsse verursacht.

3.6.1 Testen nach Softwarewartung und -pflege

Jedes Softwaresystem bedarf also über die Dauer seiner Nutzung gewisser Korrekturen und Ergänzungen. In diesem Zusammenhang wird von Softwarewartung und Softwarepflege gesprochen. Die dabei erforderlichen Tests werden auch als Wartungstest bezeichnet.

Im Gegensatz zu Hardwareprodukten geht es hier jedoch nicht darum, durch regelmäßige Pflege die Einsatzfähigkeit zu erhalten oder Schäden, die z.B. durch Abnutzung entstehen, zu reparieren. Denn Software altert und verschleißt nicht.

- Von **Softwarewartung** wird gesprochen, wenn Fehlerzustände beseitigt werden, die (schon immer) im Produkt enthalten waren (Softwarewartung im engeren Sinne).
- Von **Softwarepflege** wird gesprochen, wenn ein Produkt an geänderte Einsatzbedingungen angepasst wird (z.B. zur Anpassung an eine neue Version des Betriebssystems, des Datenbanksystems oder neuer Versionen von Kommunikationsprotokollen).

Auslöser für die Änderungen eines Softwareprodukts können also die Korrektur von Fehlerzuständen (Bugfixes) sein oder die geplante Änderung oder Ergänzung von Funktionen im Zuge der »normalen« Pflege oder Weiterentwicklung des Produkts.

Test neuer Releases

In jedem dieser Fälle entsteht eine neue Version bzw. ein neues Release des Produkts. Große Teile der neuen Version werden gegenüber der Vorversion unverändert sein, manche Teile oder Features werden verändert sein und einige Teile oder Features werden neu hinzugekommen sein.

Wie muss das Testen darauf reagieren? Müssen alle Teststufen in vollem Umfang alle »ihre« Tests bei jedem Release des Produkts komplett wiederholen? Oder genügt es, nur die von den gemachten Änderungen »betroffenen« Softwareelemente erneut zu testen? Die folgenden Abschnitte diskutieren diese Fragen.

Test nach Softwarewartung (Wartungstest)

Von Softwarewartung wird gesprochen, wenn Fehlerzustände beseitigt werden. Die grundlegende Teststrategie ist hier der Fehlernachtest: An der korrigierten Version müssen alle Testfälle ausgeführt werden, die in der Vorversion »failed« geliefert und die betreffenden Fehlerwirkungen aufgedeckt hatten. Diese Testfälle müssen an der neuen Version das Testergebnis »passed« liefern. Dann gelten die betreffenden Fehlerzustände als korrigiert. Sind Fehlerzustände behoben worden, die bisher nicht durch Testfälle aufgedeckt wurden (z.B. weil Probleme von Anwendern an die Hotline gemeldet wurden), dann sind entsprechende Testfälle zu ergänzen und zum Test der erfolgten Korrekturen auszuführen.

Oft wird durch eine solche Fehlerkorrektur aber auch das (nicht fehlerhafte) Verhalten eines Softwareelements »in der Umgebung« der Modifikation verändert. Dies kann beabsichtigt oder unbeabsichtigt geschehen. Deshalb sind zusätzlich zu den Fehlernachtests weitere Testfälle notwendig. Für alle beabsichtigten Änderungen sind dies angepasste oder neue, zusätzliche Testfälle, die prüfen, dass die Änderungen die beabsichtigte Wirkung haben. Zusätzlich sollen aus den vorhandenen Testfällen diejenigen wiederholt werden, die geeignet sind zu zeigen, dass »der Rest« des betroffenen Softwareelements unverändert geblieben ist und weiterhin funktioniert.

Hotfix

Nicht selten treten im Einsatz des Produkts Fehlerwirkungen auf, die eine sofortige Beseitigung erforderlich machen, weil der beim Anwender drohende oder resultierende Schaden entsprechend groß ist. Hier ist es wichtiger, eine schnelle Notlösung (»Hotfix«) zu liefern als eine dauerhafte und ausgereifte Lösung. Eine Konzentration auf die wichtigsten Fehlernachtests hilft Zeit zu sparen, um eine schnellstmögliche Bereitstellung des Hotfix beim Kunden zu erreichen. Der gründlichere Test der Änderung (wie im Absatz vorher beschrieben) ist so bald wie möglich nachzuholen.

Der Test nach Softwarewartung wird auf jeden Fall erleichtert und erfolgreicher, wenn auch Wartungsreleases vom Projektmanagement im Voraus geplant und vom Testmanager in den Testplänen berücksichtigt werden. Hat man es mit sehr alten Systemen zu tun, liegen oft keine oder sehr veraltete Spezifikationen vor. Die Wartungsarbeiten und auch deren Test gestalten sich dann entsprechend schwierig. Das muss in der Planung berücksichtigt werden.

Die Tatsache, dass Wartung notwendig ist, sollte nicht als Argument missbraucht werden, um bei den Testarbeiten grundsätzlich zu sparen. Nach dem Motto: »Wir müssen ja sowieso immer wieder neue Versionen rausbringen; also ist es nicht so schlimm, wenn in diesem Release übersehene Fehler sind.« Wer so handelt, ist sich der Kosten und Risiken von Softwarefehlern nicht bewusst.

Auswirkungsanalyse

Sowohl der Fehlernachtest als auch Tests nur am »Ort« oder »in der Umgebung« der Modifikation sind aber eigentlich nicht wirklich ausreichend. Denn in Softwaresystemen können auch scheinbar simple lokale Änderungen unerwartete und fatale Auswirkungen und Seiteneffekte auf beliebige andere (auch weit entfernte) Systemteile haben. Welche und wie viele Testfälle nötig sind, um dieses Risiko zu minimieren, muss durch eine spezifische Analyse möglicher Auswirkungen der vorgenommenen Änderungen (Auswirkungsanalyse) ermittelt werden.

Test nach Softwarepflege

Von Softwarepflege wird gesprochen, wenn das Produkt an geänderte Einsatzbedingungen angepasst wird. Nach der Anpassung sollte erneut ein Test auf Akzeptanz durch die Systembetreiber durchgeführt werden. Denn die nicht funktionalen Eigenschaften[22] des Systems (z.B. Performanz, Ressourcenbedarf bzw. Installationsvoraussetzungen) können sich in der neuen Umgebung in vielen Aspekten vom bisher gewohnten Verhalten deutlich unterscheiden.

Müssen dabei Datenbestände konvertiert oder migriert werden, dann ist auch dieser Aspekt auf Korrektheit und Vollständigkeit durch geeignete Tests zu prüfen. Ansonsten ist die Strategie für den Test des geänderten Systems die gleiche wie beim Test nach Softwarewartung (s.o.).

3.6.2 Testen nach Weiterentwicklung

Außer den durch Mängel und Fehler ausgelösten Wartungsarbeiten gibt es natürlich Änderungs- und Erweiterungsarbeiten, die das Projektmanagement plant und veranlasst, um das Produkt wettbewerbsfähig zu halten, oder um neue Kundenkreise zu erschließen. Es findet eine kontinuierliche Weiterentwicklung statt, die z.B. jährlich verbesserte Produktversionen auf den Markt bringt. Zweckmäßigerweise werden diese mit den Wartungsarbeiten synchronisiert, sodass z.B. vierteljährlich ein Wartungsupdates erscheint und einmal jährlich ein »echtes« funktionales Update.

Beispiel: VSR-II-Entwicklungsplanung

Im *VSR*-II-Entwicklungsplan für Release II-2 sind u.a. folgende Arbeiten vorgesehen:

1. Die Kommunikationssoftware für *ConnectedCar* muss erweitert werden, damit die Fahrzeuge der kommenden Baureihe und die dort verbaute neue Generation von IoT-Sensoren angesprochen werden kann.
2. Verschiedene Systemerweiterungen, die für Release 1 nicht fertiggestellt werden konnten, werden nun in Release 2 geliefert.
3. Die Installationsbasis soll auf das europäische Händlernetz ausgedehnt werden. Dazu müssen Land für Land landesspezifische Anpassungen eingebaut und sämtliche Bedientexte und Handbücher übersetzt werden.

Punkt 1 resultiert aus einer geplanten Änderung bzw. Neuerung in angeschlossenen externen Systemen. Punkt 2 ist eine von Anfang an vorgesehene Funktionalität, die aus Zeitgründen zunächst nicht geliefert werden konnte.

---

22. Die funktionalen Eigenschaften sollen erhalten bleiben. Sonst wäre es keine »Anpassung« des Systems an eine neue Umgebung. Dies gelingt naturgemäß nicht immer vollständig.

Punkt 3 steht für Erweiterungen, die im Zuge einer geplanten Marktausdehnung notwendig werden.

Diese drei Arbeitspunkte sind weder durch Fehlerkorrekturen noch durch unvorhergesehene Anwenderwünsche verursacht. Sie sind Teil der normalen iterativ-inkrementellen Produktentwicklung, wie sie bei VSR-II praktiziert wird.

Das Testen nach Weiterentwicklung verfolgt zwei Hauptziele:

1. Prüfen, dass jede neu ergänzte Funktionalität wie beabsichtigt funktioniert.
2. Prüfen, dass vorhandene alte Funktionalität nicht (versehentlich) beeinträchtigt wurde.

Um Ziel 1 gerecht zu werden, sind geeignete neue Testfälle zu entwickeln und durchzuführen. Ziel 2 erfordert geeignete Regressionstests, die im nachfolgenden Abschnitt eingehender behandelt werden.

Test vor Stilllegung

Ein interessanter Fall ist auch gegeben, wenn ein System endgültig stillgelegt wird. Dann muss rechtzeitig geprüft werden, ob Datenbestände archiviert oder ins Nachfolgesystem übernommen werden können oder müssen.

3.6.3 Regressionstest

Die Wiederholung von Tests nach Änderungen wird auch als »Regressionstest« bezeichnet. Der Regressionstest ist der erneute Test eines Programms nach dessen Modifikation, unter Nutzung bereits vorhandener Testfälle.

Er prüft, dass die vorgenommenen Änderungen keine unbeabsichtigten Seiteneffekte oder neue Fehlerzustände erzeugt haben (Regression). Das Ziel ist also, abzusichern, dass die Teile oder Features einer neuen Version, die gegenüber der Vorversion unverändert bleiben sollten, tatsächlich weiter unverändert funktionieren.

Die einfachste Art, das zu prüfen, besteht darin, vorhandene Tests an der neuen Produktversion zu wiederholen.

Regressionstest und Testautomatisierung

Damit Testfälle für einen Regressionstest verwendet werden können, müssen sie jedoch wiederholbar sein. Für manuelle Testfälle bedeutet dies, dass diese ausreichend dokumentiert sein müssen. Testfälle, die in Regressionstests (und damit oft und regelmäßig) benötigt werden, sind bevorzugte Kandidaten für die Testautomatisierung. Der Nutzen von Testautomatisierung ist hier sehr hoch (s. Abschnitt 7.2): Die Automatisierung stellt eine exakte Wiederholbarkeit sicher und die Kosten pro Wiederholung können gesenkt werden.

Umfang des Regressionstests

Wie umfangreich soll der Regressionstest sein bzw. welche Testfälle aus den vorhandenen sollen ausgewählt werden?

Da zu prüfen ist, dass vorhandene alte Funktionalität nicht (versehentlich) beeinträchtigt wurde, müssen aus den existierenden Testfällen alle herangezogen werden, die diese alte Funktionalität zum Gegenstand[23] haben.

Wenn keine oder nur wenige Tests automatisiert sind, ist eine Analyse der Testspezifikationen notwendig, um herauszufinden, welche Testfälle alte Funktionalität und welche Testfälle veränderte Funktionalität betreffen.

Testfälle, die automatisiert sind, können einfach an der neuen Produktversion durchgeführt werden:

- Diejenigen Testfälle, die weiterhin »passed« liefern, zeigen diese Teile/Features als unverändert an. Dies kann daran liegen, dass die geplante bzw. erforderliche Änderung nicht gemacht wurde. Oder es kann daran liegen, dass die »alten« Testfälle an diesen Stellen nicht »ausreichend genau« formuliert sind, um die geänderte Funktionalität zu testen. In beiden Fällen müssen die betreffenden Testfälle so modifiziert werden, dass sie »gegen« die neue Sollfunktionalität testen.
- Diejenigen, die »failed« liefern, zeigen veränderte Funktionalität an.
  - Sind hier Features darunter, die nicht geändert werden sollten, ist das »failed« berechtigt, denn offenbar wurde das betreffende Feature (entgegen der Planung) doch verändert. Es ist (aus Testsicht) nichts weiter zu tun, denn diese unbeabsichtigten Modifikationen werden durch die »alten« Testfälle ja wie gewünscht aufgedeckt.
  - Für Features, die geändert werden sollten, muss der jeweilige Testfall angepasst werden, sodass er die gewünschte neue Funktionalität widerspiegelt.

Resultat ist eine Regressionstest-Suite, die den geplanten neuen Funktionsstand prüft. Testfälle für gänzlich neue Funktionalität sind natürlich noch nicht enthalten. Hierzu sind zusätzliche, neue Testfälle zu erstellen.

Vollständiger vs. teilweiser Regressionstest

In der Praxis ist ein vollständiger Regressionstest, also die Nutzung aller vorhandenen Tests, fast immer zu zeit- und kostenintensiv. Insbesondere wenn große Anteile aus manuellen Tests bestehen. Gesucht

23. Sind diese existierenden Testfälle lückenhaft, wird der Regressionstest ebenfalls lückenhaft bleiben. Code-Coverage-Werkzeuge, die (in einzelnen Testläufen) die erzielte Codeüberdeckung messen, können helfen, dies einzuschätzen.

sind demnach Kriterien, anhand derer entschieden werden kann, welche alten Testfälle ohne zu großen Informationsverlust weggelassen werden können. Wie immer beim Testen ist dies eine Abwägung zwischen niedrigeren Kosten und höherem Risiko. Folgende Auswahlstrategien werden häufig angewendet:

- Wiederholung nur von denjenigen Tests aus dem Testplan, denen hohe Priorität zugeordnet ist.
- Bei funktionalen Tests Verzicht auf gewisse Varianten (Sonderfälle).
- Einschränkung der Tests auf bestimmte Konfigurationen (z.B. nur Test der englischsprachigen Produktversion, nur Test auf einer bestimmten Betriebssystemversion u.Ä.).
- Einschränkung der Tests auf bestimmte Teilsysteme oder Teststufen.

Die aufgelisteten Regeln beziehen sich im Wesentlichen auf den Systemtest. Auf niedrigeren Teststufen können Regressionstestkriterien auch auf Designunterlagen (z.B. Klassenhierarchie) oder Whitebox-Informationen basieren. Eine weiter gehende Darstellung findet sich in [Sneed 02]. Dort behandeln die Autoren nicht nur spezielle Probleme beim Regressionstest von objektorientierten Programmen, sondern beschreiben auch die allgemeinen Grundsätze des Regressionstests sehr ausführlich.

3.7 Zusammenfassung

- Vorgehensmodelle strukturieren den Prozess der Softwareentwicklung in Abschnitte, Phasen oder Iterationen. Zwei Modelltypen lassen sich grundsätzlich unterscheiden: »Sequenzielle Entwicklungsmodelle« und »Iterativ-inkrementelle Entwicklungsmodelle«.
- Sequenzielle Entwicklungsmodelle sind dadurch gekennzeichnet, dass sie den Softwareentwicklungsprozess als linearen, sequenziellen Ablauf von Aktivitäten modellieren.
- Kennzeichen iterativ-inkrementeller Modelle ist, dass regelmäßig erweiterte und/oder verbesserte Releases ausgeliefert werden, die es ermöglichen, frühzeitig und regelmäßig Feedback der Kunden und Anwender einzuholen. Dies verringert für den Hersteller die Time-to-Market und das Risiko, dass das System an den Kundenerwartungen vorbei entwickelt wird. Der Klasse der iterativ-inkrementellen Entwicklungsmodelle sind auch alle Formen agiler Softwareentwicklung zuzurechnen.
- Ein wichtiges sequenzielles Entwicklungsmodell ist das »allgemeine V-Modell«. Dieses definiert grundlegende Teststufen: Komponententest, Integrationstest, Systemtest und Abnahmetest. Es unterscheidet zwischen verifizierender und validierender Prüfung und vermittelt Grundsätze für gutes Testen, die in jedem Entwicklungsmodell umgesetzt werden können:
  - Zu jeder Entwicklungsphase gibt es eine korrespondierende Teststufe.
  - Tests können nach Testzielen unterschieden werden:
    - funktionaler Test
    - nicht funktionaler Test
    - strukturbezogener Test
    - änderungsbezogener Test.

    In den verschiedenen Teststufen werden diese Testziele mit unterschiedlicher Gewichtung verfolgt.
  - Planung und Entwurf der Tests sollen möglichst früh erfolgen, schon in der korrespondierenden Entwicklungsphase.
  - Tester sollen von Beginn an beim Review von Entwicklungsdokumenten beteiligt sein.
  - Umfang und Anzahl der Teststufen müssen an die spezifischen Randbedingungen eines Projekts sinnvoll angepasst werden.

- Je früher ein Fehler nach seiner Entstehung gefunden wird, desto kostengünstiger ist seine Behebung. Das V-Modell fordert deshalb auch Verifizierungsmaßnahmen (wie z.B. Reviews) nach Abschluss jeder Entwicklungsphase. Die Ausbreitung von Fehlern (Folgefehlern) wird so vermindert.
- Der Komponententest testet einzelne Softwarebausteine. Der Integrationstest prüft das Zusammenwirken solcher Bausteine. Funktionaler und nicht funktionaler Systemtest betrachten das Gesamtsystem aus Sicht des späteren Anwenders. Im Abnahmetest prüft der Auftraggeber das erstellte Produkt auf vertragliche Akzeptanz und auf Akzeptanz der Benutzer und Systembetreiber. Wenn das System in sehr vielen Produktivumgebungen betrieben werden soll, bieten Feldtests eine zusätzliche Möglichkeit, Einsatzerfahrungen mit Vorabversionen des Produktes zu sammeln.
- Durch Fehlerkorrekturen (Wartung), Weiterentwicklung (Pflege) oder bei inkrementeller Entwicklung wird ein Softwareprodukt im Laufe seines Lebenszyklus immer wieder geändert oder erweitert. Jede dieser geänderten Versionen muss erneut getestet werden. Welchen Umfang solche Regressionstests haben, muss eine Risikoabschätzung festlegen.

4 Statischer Test

Statische Prüfungen und Analysen von Arbeitsergebnissen (Dokumente und Programmtext) tragen sehr wirksam zur Qualitätssteigerung bei. Das allgemeine Vorgehen wird ebenso beschrieben wie der Prozess, der einzuhalten ist, mit seinen Aktivitäten und zu besetzenden Rollen. Vier in der Praxis verbreitete Vorgehensweisen werden erörtert. Erfolgsfaktoren und Vorteile werden in diesem Kapitel vorgestellt. Am Ende werden die Unterschiede zwischen statischen und dynamische Tests dargelegt.

Häufig unterschätzte Prüfmethode

Eine oft unterschätzte Prüfmethode ist der sogenannte statische Test, der häufig auch als statische Analyse oder statische Prüfung bezeichnet wird und sowohl werkzeuggestützt als auch manuell durchgeführt werden kann. Während beim dynamischen Test (s. Kap. 5) das Testobjekt ein ausführbares Programm ist, das mit Testdaten versehen und auf einem Rechner ausgeführt wird, kann der statische Test auf jede Art von Arbeitsergebnis bzw. Dokument, das relevant für die Erstellung der Software ist, angewendet werden. Dies kann in Form einer intensiven Betrachtung durch eine oder mehrere Personen erfolgen (s. Abschnitt 4.3) oder durch entsprechende Analysewerkzeuge, diese werden nicht in diesem Kapitel beschrieben, sondern in Abschnitt 7.1.3 kurz vorgestellt.

Grundidee Prävention

Grundidee der statischen Prüfung ist die Prävention: Fehler(zustände)[1] und Abweichungen sollen erkannt werden, noch bevor sie im weiteren Verlauf der Softwareentwicklung negativ zum Tragen kommen. Alle wichtigen Arbeitsergebnisse sollen qualitätsgesichert werden, bevor mit ihnen weitergearbeitet wird. Damit soll verhindert werden, dass fehlerhafte Zwischenergebnisse, Festlegungen oder Aussagen Eingang in die weiteren Entwicklungsschritte finden und dann dort aufwendige Nachbesserungen erforderlich machen.

Der statische Test kann in vielen unterschiedlichen Projektsituationen eingesetzt werden (s.u.). In vielen Projekten sind statische Tests integrierter Bestandteil der Entwicklungsprozesse, d.h., für die Analysen werden bei der Planung die entsprechenden Ressourcen zur Verfügung gestellt. Bei sicherheitskritischen Projekten wie beispielsweise in

1. Die Schreibweise soll sowohl Fehlerzustände im Programmtext als auch Fehler in anderen Arbeitsergebnissen umfassen.

der Luft- und Raumfahrt oder im medizinischen Bereich sind statische Analysen besonders wichtig, um die angestrebte hohe Qualität zu gewährleisten.

4.1 Was kann analysiert und geprüft werden?

Vielfältige Einsatzmöglichkeiten

Während der Entwicklung von Software entsteht neben dem Programmcode eine ganze Reihe von Arbeitsergebnissen. Meist dient jedes Dokument als Grundlage für die weiteren Aktivitäten der Softwareentwicklung und somit ist die Qualität jedes einzelnen Dokuments wichtig für die Gesamtqualität der erstellten Software.

Arbeitsergebnisse, die durch statische Analysen – insbesondere Reviews (s.u.) – geprüft werden können, sind jede Art von Spezifikation, einschließlich Geschäftsanforderungen, funktionale und nicht funktionale Anforderungen und Sicherheitsanforderungen. Fehler in Spezifikationen sollen gefunden und behoben werden, bevor diese in Programmtext umgesetzt werden. Bei agiler Entwicklung sind beispielsweise Epics [URL: Epic] und User Stories Gegenstand der statischen Prüfung. Fehler(zustände) und Unstimmigkeiten in den Anforderungen, die aufgedeckt werden können, sind unter anderem Inkonsistenzen, Mehrdeutigkeiten, Widersprüche, Lücken, Ungenauigkeiten und Redundanzen.

Während des Entwurfs von Softwaresystemen entstehen Architektur- und Entwurfsspezifikationen (z.B. Klassendiagramme), die ebenso statisch geprüft werden können wie der Programmcode. Auch der Code von Webseiten kann Gegenstand der Untersuchungen sein. Bekanntestes Beispiel ist hier die automatisierte Überprüfung von Links auf Existenz der jeweiligen Zielseite. Beim Programmcode kann die Einhaltung der Programmierrichtlinien[2] geprüft werden.

Allgemein kann der Nachweis erbracht werden, dass eine korrekte Umsetzung von vorgegebenen Standards in den untersuchten Dokumenten vorliegt.

Für alle Dokumente, Festlegungen und Hilfsmittel, die beim Testen entstehen (z.B. Testkonzepte, Testfälle, Testabläufe und Testskripte, sowie Abnahme- bzw. Akzeptanzkriterien), ist eine Prüfung ebenso sinnvoll. Weitere Dokumente bzw. Arbeitsergebnisse, die untersucht werden können, sind Verträge, Projektpläne, Zeit- und Budgetpläne sowie Benutzeranleitungen.

---

2. Bei dieser Prüfung ist der Einsatz von entsprechenden Werkzeugen zu bevorzugen.

Darüber hinaus können die Ergebnisse der Prüfungen dazu dienen, auch den Entwicklungsprozess selbst zu verbessern. Treten Fehler häufig bei bestimmten Arbeitsschritten auf, ist der Entwicklungsprozess bei diesen Arbeitsschritten zu untersuchen und ggf. zu optimieren, meist begleitet durch Schulungsmaßnahmen der Mitarbeiter.

4.2 Vorgehen beim statischen Test

Menschliche Analyse- und Denkfähigkeit

Die menschliche Analyse- und Denkfähigkeit wird genutzt, um komplexe Sachverhalte zu prüfen und zu bewerten. Dies erfolgt durch intensives Lesen und Nachvollziehen der untersuchten Dokumente. Voraussetzung für den Erfolg der Prüfung ist, dass die beteiligten Personen das untersuchte Dokument verstehen und die enthaltenen Aussagen und Festlegungen inhaltlich nachvollziehen können. Oft sind statische Tests die einzige Möglichkeit, die Semantik der Dokumente und Arbeitsergebnisse zu überprüfen.

Es gibt verschiedene Vorgehensweisen, die sich durch die Intensität und die benötigten Ressourcen (Personen und Zeit) und die verfolgten Ziele unterscheiden. Im Weiteren werden die unterschiedlichen Verfahren zum statischen Test näher erläutert. Die Bezeichnungen der Verfahren richten sich nach den Begriffen im ISTQB®-Lehrplan und der ISO-Norm 20246 [ISO 20246].[3]

»Review« hat viele unterschiedliche Bedeutungen.

Das bekannteste und wichtigste Verfahren ist das sogenannte »Review[4]«. Dabei wird der Begriff Review für Unterschiedliches verwendet: sowohl als Bezeichnung für ein Vorgehen bei der statischen Analyse von Arbeitsergebnissen als auch als gebräuchlicher Oberbegriff für alle verschiedenen statischen Prüfverfahren, die von Personen durchgeführt werden. Ein weiterer Begriff, in meist analoger Bedeutung verwendet, ist Inspektion. Unter Inspektion wird jedoch häufig eine formale Durchführung eines statischen Tests (mit der Sammlung von Metriken/Daten) nach definierten Regeln verstanden.

Unterschiedliches Vorgehen bei Reviews

Reviews können von informell bis hin zu sehr formal durchgeführt werden. Bei den informellen Reviews wird kein definierter Prozess befolgt und auch das zu erzielende und zu dokumentierende Ergebnis der Untersuchung ist nicht festgelegt. Bei den formalen Reviews sind die am Review beteiligten Personen (s. Abschnitt 4.3.3) ebenso festgelegt wie die zu dokumentierenden Ergebnisse. Der Prozess zur Durchführung der formalen Reviews ist ebenfalls definiert (s. Abschnitt 4.3.1).

3. Ausführliche Beschreibungen von Reviews sind in [Rösler 13] zu finden.
4. Kritische Besprechung eines [künstlerischen] Produkts o. Ä. (Definition von *www.duden.de*).

Welche Ausprägung des Prozesses zur Durchführung eines Reviews genutzt werden soll bzw. kann, hängt von folgenden Faktoren ab:

- Softwareentwicklungslebenszyklus-Modell – Welches Modell wird genutzt und welche »Stellen« und Arbeitsergebnisse im Modell eignen sich für die Durchführung von Reviews?
- Reife des Entwicklungsprozesses – Wie hoch ist der Reifegrad des Entwicklungsprozesses und wie hoch ist damit die Qualität der Dokumente, die geprüft werden sollen?
- Komplexität des zu überprüfenden Dokuments – Welche Arbeitsergebnisse weisen eine hohe Komplexität auf und sind einem – eher formalen – Review zu unterziehen?
- Gesetzliche oder regulatorische Anforderungen und/oder die Notwendigkeit eines Prüfnachweises (»Audit-Trail«) – Welche Vorschriften sind einzuhalten und welche Maßnahmen zur Qualitätssicherung – somit auch Reviews – sind nachzuweisen?

Unterschiedliche Ziele

Auch die gewünschten resultierenden Ziele eines Reviews sind entscheidend für die Wahl des Reviewprozesses bzw. der Reviewart (s. Abschnitt 4.4). Steht das Finden von Fehler(zustände)n oder steht das gemeinsame Verständnis des untersuchten Arbeitsergebnisses im Mittelpunkt? Sollen neue Teammitglieder in ein bestimmtes Dokument eingearbeitet werden und damit sich erforderliches Wissen aneignen? Soll ein Review durchgeführt werden, um nach einer Diskussion zu einer Konsensentscheidung zu kommen? Je nach Beantwortung der Fragen ist die passende Reviewart auszuwählen und durchzuführen.

4.3 Der Reviewprozess

Aktivitäten im Reviewprozess

Der Reviewprozess zur Prüfung von Arbeitsergebnissen umfasst die Planung, den Reviewbeginn, die individuelle Vorbereitung durch die teilnehmenden Personen (Gutachter, Reviewer, Inspektoren), die Befundkommunikation und -analyse sowie die Fehlerbehebung und die Berichterstattung (s. Abb. 4–1)[5].

5. In der Abbildung sind abweichende Bezeichnungen aufgeführt (s.u.).

Abb. 4–1
Aktivitäten im Reviewprozess

4.3.1 Aktivitäten im Reviewprozess

Die oben aufgeführten Hauptaktivitäten des Reviewprozesses werden im Folgenden beschrieben.

Planung

Reviewart und Ziele festlegen

In der Planung ist vom Management – genauer von der Projektleitung – zu entscheiden, welche Dokumente oder Teile von Dokumenten welcher Art von Review (s. Abschnitt 4.4) unterzogen werden sollen. Mit der Entscheidung für eine Reviewart sind die zu besetzenden Rollen (s. Abschnitt 4.3.3), die durchzuführenden Aktivitäten und ggf. die Nutzung von Checklisten verbunden. Festzulegen ist ferner, welche Qualitätsmerkmale bewertet werden sollen. Der zu veranschlagende Aufwand und der benötigte Zeitrahmen für die einzelnen Reviews sind bei der Planung einzubeziehen. Der Manager bzw. Projektleiter wählt die fachlich geeigneten Personen aus, teilt die Rollen zu und stellt ein Reviewteam zusammen. Er vergewissert sich in Kooperation mit dem Autor des zu untersuchenden Arbeitsergebnisses, dass dieses einen reviewfähigen Status hat, d.h. die Arbeiten am Dokument einen gewissen Abschluss gefunden und eine ausreichende Vollständigkeit erreicht haben.

Bei formalen Reviews sind Eingangskriterien und die entsprechenden Endekriterien (oder auch Austrittskriterien) in der Planungsphase zu definieren. Sind Eingangskriterien vorhanden, dann ist die Einhaltung der Kriterien zu prüfen, bevor das Review weiter durchgeführt wird.

Unterschiedliche Sichtweisen erhöhen den Erfolg.

Ein Review ist meist erfolgreicher, wenn das untersuchte Dokument von unterschiedlichen Standpunkten aus betrachtet wird oder nur bestimmte Aspekte (von den einzelnen Personen) untersucht werden. Die dabei zu berücksichtigenden Sichtweisen bzw. Aspekte sind bei der Planung festzulegen.

Ebenso kann entschieden werden, dass nicht das gesamte Arbeitsergebnis einem Review unterzogen wird. Es können nur solche Teile ausgewählt werden, bei denen Fehler(zustände) ein hohes Risiko beinhalten, oder nur beispielhafte Teile, um daraus auf die Qualität des gesamten Dokuments zu schließen.

Findet eine Vorbesprechung statt, sind Ort und Zeit festzulegen.

Initiierung des Review

Die Initiierung der Reviews (oder auch Reviewbeginn[6], Einführung, Vorbesprechung, Initialisierung, Kick-off) dient zur Versorgung der am Review beteiligten Personen mit allen benötigten Informationen (physisch oder elektronisch). Dies kann in Form einer schriftlichen Einladung erfolgen, oder ein erstes Treffen des Reviewteams wird durchgeführt, um über Bedeutung, Sinn und Zweck sowie über die Ziele des durchzuführenden Reviews zu informieren. Sind die beteiligten Personen mit dem Umfeld des zu prüfenden Dokuments wenig vertraut, kann auf dem Treffen neben der kurzen Vorstellung des Prüfdokuments auch seine Einbettung in das Anwendungsgebiet dargestellt werden.

Prüfgrundlagen sind notwendig.

Neben dem Arbeitsergebnis, das einem Review unterzogen werden soll, müssen den beteiligten Personen weitere Unterlagen zur Verfügung stehen. Dazu gehören die Dokumente, die herangezogen werden müssen, um zu entscheiden, ob eine Abweichung, ein Fehler(zustand) oder eine korrekte Beschreibung des Sachverhalts vorliegt. Dies sind die Dokumente (z.B. Use Cases, Designdokumente, Richtlinien oder Standards), gegen die geprüft wird. Diese Dokumente werden auch als Basisdokumente (»Baseline«) bezeichnet. Darüber hinaus sind Prüfkriterien (z.B. in Form von Checklisten) sehr sinnvoll, die ein strukturiertes Vorgehen unterstützen. Sind Vorlagen zur Protokollierung der Befunde einzusetzen, dann sind diese zu verteilen.

---

6. Reviewbeginn ist der im Lehrplan (Version Sept. 2018) verwendete Begriff. Wir finden diesen Begriff nicht sehr passend, da er leicht mit dem Beginn einer Reviewsitzung verwechselt werden kann.

Bei formalen Reviews ist die Einhaltung der Eintrittskriterien zu prüfen. Bei deren Nichterfüllung ist das Review abzubrechen. Dadurch wird Zeit gespart, die sonst durch Prüfung von »unreifen« Arbeitsergebnissen verloren geht.

Individuelles Review (individuelle Vorbereitung)

Intensive Auseinandersetzung mit dem Prüfobjekt

Die beteiligten Personen des Reviewteams haben sich individuell auf das Review vorzubereiten. Nur bei einer guten Vorbereitung aller Personen ist ein erfolgreiches Review überhaupt möglich.

Die Reviewer oder Gutachter – die Reviewteilnehmer, die das Dokument einer intensiven Prüfung unterziehen – setzen sich intensiv mit dem zu prüfenden Arbeitsergebnis auseinander und verwenden dabei die zur Verfügung gestellten Dokumente als Prüfgrundlage. Erkannte potenzielle Fehler(zustände), Empfehlungen, Fragen oder Kommentare werden notiert.

Für die individuelle Vorbereitung gibt es eine Reihe von unterschiedlichen Verfahren, die im nächsten Abschnitt 4.3.2 näher erörtert werden.

Diskussion der Befunde[7] (Reviewsitzung)

Zusammentragen der Befunde

Nach der individuellen Vorbereitung werden die Ergebnisse zusammengetragen und diskutiert. Dies kann bei einer Reviewsitzung erfolgen oder auch auf andere Weise, z.B. in einem firmeninternen Onlineforum. Die von den einzelnen Reviewern identifizierten potenziellen Abweichungen und Fehler(zustände) werden besprochen und näher analysiert. Zuständigkeiten für die Behebung und ggf. erneute Kontrolle werden ebenso festgelegt wie deren Status (s. Abschnitt 6.4.4).

Bei der Planung wurde festgelegt, welche Qualitätsmerkmale untersucht werden sollen. In der Befundanalyse wird nun jedes Merkmal bewertet und das Ergebnis dokumentiert.

Vom Reviewteam ist eine Empfehlung über die Annahme des Arbeitsergebnisses abzugeben:

- akzeptieren (ohne Änderungen) bzw. akzeptieren (mit geringfügigen Änderungen),
- Überarbeitung erforderlich, da umfangreiche Änderungen notwendig,
- nicht akzeptieren.

7. Im Lehrplan (Version Sept. 2018) als »Befundkommunikation und -analyse« bezeichnet.

Exkurs: Empfehlungen für die Durchführung einer Reviewsitzung

Findet zur Diskussion eine Reviewsitzung statt, können folgende Empfehlungen gegeben werden, die sich in der Praxis bewährt haben:

- Die Reviewsitzung wird auf zwei Stunden beschränkt. Falls erforderlich wird eine weitere Sitzung frühestens am nächsten Tag einberufen.
- Der Moderator (s. u.) hat das Recht, eine Sitzung abzusagen oder abzubrechen, wenn einer oder mehrere Reviewer nicht erschienen oder ungenügend vorbereitet sind.
- Das Resultat (also das zu prüfende Dokument, das Arbeitsergebnis) und nicht der Autor steht zur Diskussion:
  - Die Reviewer müssen auf ihre Ausdrucksweise achten.
  - Der Autor darf weder sich noch das Resultat verteidigen müssen (d. h., der Autor wird keinen »Angriffen« ausgesetzt, die ihn zur »Verteidigung« zwingen; eine Rechtfertigung seiner Entscheidungen wird teilweise als legitim und hilfreich angesehen).
- Der Moderator darf nicht gleichzeitig als Reviewer fungieren.
- Allgemeine Stilfragen (außerhalb der Prüfkriterien) dürfen nicht diskutiert werden.
- Die Entwicklung und Diskussion von Lösungen ist nicht Aufgabe des Reviewteams (Ausnahmen s. u.) und soll unterbleiben.
- Jeder Reviewer muss Gelegenheit haben, seine Befunde angemessen präsentieren zu können.
- Der Konsens der Reviewer zu einem Befund ist anzustreben und zu protokollieren.
- Befunde sind nicht in Form von Korrekturanweisungen an den Autor zu formulieren. Vorschläge für mögliche Korrekturen oder Verbesserungen werden allerdings teilweise durchaus als sinnvoll und hilfreich für die Qualitätsverbesserung angesehen.
- Die einzelnen Befunde sind zu gewichten[8] als
  - kritischer Fehler (Arbeitsergebnis ist für den vorgesehenen Zweck unbrauchbar, Fehler(zustand) muss vor der Freigabe behoben werden),
  - Hauptfehler (Nutzbarkeit des Arbeitsergebnisses ist beeinträchtigt, Fehler(zustand) vor der Freigabe beheben),
  - Nebenfehler (geringfügige Abweichung, z. B. Rechtschreibfehler im Ausdruck, beeinträchtigt den Nutzen kaum),
  - gut (fehlerfrei, bei Überarbeitung nicht ändern).

Fehlerbehebung und Bericht

Fehler(zustände) korrigieren

Die abschließende Aktivität im Reviewprozess ist die Erstellung von Berichten und die Behebung der aufgedeckten Fehler(zustände) bzw. Unstimmigkeiten. Oft beinhaltet das Protokoll der Reviewsitzung alle erforderlichen Informationen, sodass keine zusätzlichen Fehlerberichte angefertigt werden müssen, die jeden Fehler(zustand) einzeln doku-

---

8. Siehe hierzu auch Abschnitt 6.4.3. Fehler der Klasse 2 und 3 können als Hauptfehler angesehen werden und die der Klasse 4 und 5 als Nebenfehler.

mentieren, der eine Änderung des untersuchten Arbeitsergebnisses erfordert. Im Regelfall wird der Autor die Fehler(zustände) in seinem Arbeitsergebnis auf Grundlage der Reviewergebnisse beseitigen und eine Überarbeitung vornehmen.

Neben den Fehlerberichten können gefundene Fehler(zustände) auch direkt an die zuständige Person oder das zuständige Team übermittelt werden. Hierbei ist kommunikatives Geschick erforderlich, da sich kaum eine Person über die Mitteilung von Fehlern in den eigene Arbeitsergebnissen freut (s. Abschnitt 2.4).

Formale Reviews verlangen mehr.

Bei formalen Reviews ist der aktuelle Status der Fehler(zustände) bzw. der dazugehörigen Fehlermeldung festzustellen (s. Abschnitt 6.4.4). Dabei ist ein Übergang von einem Status zu einem Folgestatus ggf. nur mit der Zustimmung des jeweiligen Reviewers möglich. Darüber hinaus ist das erfolgreiche Erreichen der Endekriterien/Austrittskriterien zu prüfen.

Eine umfassende Auswertung der jeweiligen Reviewsitzungen und deren Ergebnisse soll bei formalen Reviews dazu genutzt werden, den Reviewprozess zu verbessern und die verwendeten Dokumente (Richtlinien und Checklisten) den jeweiligen Gegebenheiten anzupassen und aktuell zu halten. Das Erfassen und die Auswertung von Daten (Metriken) sind hierzu notwendig.

Die Reviewergebnisse können in Abhängigkeit von der Reviewart und dem Grad der Formalität stark variieren, dies wird in Abschnitt 4.4 beschrieben. Zunächst werden die unterschiedlichen Vorgehensweisen beim individuellen Review erörtert und dann die Rollen und Verantwortlichkeiten bei den formaleren Reviews.

4.3.2 Unterschiedliche Vorgehensweisen beim individuellen Review

Die grundlegende Vorgehensweise beim Reviewprozess sieht eine individuelle Vorbereitung – ein individuelles Review – vor. Für diese Vorbereitung gibt es eine Reihe von Verfahren[9], die genutzt werden können, um Fehler(zustände) aufzudecken. Diese Verfahren können für alle beschriebenen Reviewarten (s. Abschnitt 4.4) zur Anwendung kommen. Die Wirksamkeit der Verfahren kann je nach Reviewart unterschiedlich sein. Nachfolgend sind Beispiele für verschiedene individuelle Vorgehensweisen aufgeführt.

9. Die hier beschriebenen Verfahren können auch als eigenständiges Review gesehen werden, wenn auf einen Reviewprozess ganz verzichtet wird.

Ad-hoc-Vorgehen

Keine Vorgaben

Wie der Name bereits nahelegt, sind keine Vorgaben gegeben, wie die individuelle Vorbereitung beim Ad-hoc-Review durchzuführen ist. Der Reviewer liest das Arbeitsergebnis meist sequenziell und erkennt Probleme, Befunde oder Fehler(zustände) und dokumentiert diese. Die Art der Dokumentation ist ebenso wenig vorgegeben. Ad-hoc-Reviews werden oft durchgeführt, da sie kaum bzw. keinerlei Vorbereitung erfordern. Da kein definiertes Vorgehen vorgeschrieben ist, ist das Ad-hoc-Review besonders stark von den Fähigkeiten des einzelnen Reviewers abhängig. Prüfen mehrere Reviewer ein Arbeitsergebnis, kommt es häufig vor, dass viele Probleme doppelt von den verschiedenen Reviewern gemeldet werden.

Vorgehen basiert auf Checklisten

Nutzung von Checklisten

Zur Steigerung der Effektivität der individuellen Reviews können Checklisten eingesetzt werden, die ein strukturiertes Lesen unterstützen. Sie helfen bei der Aufdeckung von Unstimmigkeiten und Fehler(zustände)n. Es kann festgelegt werden, welche Checkliste(n) von welchem Reviewer genutzt werden soll(en). Eine Review-Checkliste besteht aus einem Satz von Fragen, die auf potenziellen Fehler(zustände)n basieren. Die Fragen ergeben sich aus der Erfahrung, z.B. aus früheren Projekten. Die Fragen der Checkliste können sich auch auf einzuhaltende Formalitäten oder Standards beziehen, wie im folgenden Beispiel gezeigt.

Beispiel: Checklisten (aus [URL: Checkliste])

Checkliste für ein Review eines Anforderungsdokuments:

- »Ist die Struktur des Anforderungsdokuments standardisiert?
- Wird erläutert, wie das Anforderungsdokument zu benutzen ist? (einleitendes Kapitel)
- Wurde eine Zusammenfassung des Projekts im Anforderungsdokument hinterlegt?
- Ist ein Glossar zur Unterstützung des einheitlichen Verständnisses von Fachbegriffen verfügbar?
- ...«

Beispiele für weitere Checklisten sind zu finden unter [URL: Reviewtechnik].

Im Beispiel dient die Checkliste zur Prüfung eines Anforderungsdokuments. Für jede Art von Arbeitsergebnis ist das Anlegen und Verwenden einer spezifischen Checkliste sinnvoll, zum Beispiel eine Checkliste für ein Codereview. Checklisten sind regelmäßig zu aktualisieren. Fragen zu neu erkannten Problemen sind aufzunehmen und Fragen zu veralteten Problemen sind zu streichen. Eine Checkliste soll keine allzu lange Liste sein und sich auf die wesentlichen Fragen beschränken.

Der Hauptvorteil des checklistenbasierten Reviews liegt in der systematischen Abdeckung typischer Fehlerarten. Ein Nachteil wird darin gesehen, dass die Checkliste das Review zu stark fokussiert und Fehler(zustände) »neben« den Checklistenfragen unerkannt bleiben. Es ist daher darauf zu achten, dass auch nach Fehler(zustände)n »außerhalb« der Checkliste gesucht wird.

Vorgehen unter Nutzung von Szenarien und »Probeläufen« (»Dry Runs«)[10]

Individuelles »Durchspielen« der späteren Nutzung

In einem szenariobasierten Review nutzen die Reviewer eine vorgegebene, strukturierte Richtlinie, aus der hervorgeht, wie sie das Arbeitsergebnis durchlesen oder »durchlaufen« sollen. Stehen Anwendungsfälle (»Use Cases«) zur Verfügung, gestaltet sich das individuelle, szenariobasierte Review recht einfach, indem die Anwendungsfälle »nachgespielt« werden. So kann beispielsweise im Projekt VSR-II nachvollzogen werden, ob die Anwendungsfälle »Fahrzeug zusammenstellen« und »Sondermodell auswählen« korrekt umgesetzt wurden (s.a. Abschnitt 5.1.6).

Solche Szenarien können auch auf Fehlerklassen beruhen, wenn Programmtext einem individuellen Review unterzogen werden soll. So kann ein Reviewer beim Codereview sich auf die Prüfung von Programmtext zur Fehlerbehandlung konzentrieren, ein anderer auf die Einhaltung von Feldgrenzen. Szenarien helfen dem Reviewer, bestimmte Fehlerarten identifizieren zu können, und der Reviewer ist bei diesem Vorgehen meist erfolgreicher als beim »Abarbeiten« einzelner Checklisteneinträge.

Eine ausschließliche Konzentration auf die Szenarien soll jedoch nicht erfolgen, um andere Fehlerarten (z.B. fehlende Merkmale) nicht zu übersehen.

10. Sehr ähnlich dem Walkthrough (s. Abschnitt 4.4), wobei dort das »Durchspielen« in der Gruppe erfolgt.

Rollenbasiertes und perspektivisches Vorgehen

Unterschiedliche Rollen und Perspektiven einnehmen

Beim rollenbasierten Review hat der Reviewer den Auftrag, das Reviewobjekt aus der Sicht einer bestimmten fachlichen Rolle zu prüfen. Dazu muss er sich in die jeweilige Rolle ausreichend hineinversetzen können oder selbst in der betreffenden Rolle tätig sein. Grundidee des rollenbasierten Vorgehens beim Review ist die Nutzung des Fachwissens der jeweiligen Rollen. Dieses muss von den Personen, die die Rollen einnehmen, »mitgebracht« werden. Es ist beispielsweise sehr sinnvoll, Tester an den Reviews der Anforderungen zu beteiligen. So wird frühzeitig geprüft, ob die Anforderungen ausreichend detailliert und präzise formuliert sind, um daraus Testbedingungen und Testfälle abzuleiten.

Nutzung von Fachwissen

Weitere typische Rollen sind die von Stakeholdern, wie z.B. Endanwendern oder den späteren Betreibern der Systeme in einer Organisation. Kann der Endanwender oder der Betreiber nicht am Review teilnehmen – was die Regel sein wird –, sind die Rollen von den am Review teilnehmenden Personen einzunehmen. Dabei kann die Rolle »Endanwender« auch weiter präzisiert werden, z.B. in erfahrener oder unerfahrener Nutzer. Wird das Softwaresystem in einer Organisation eingesetzt, kann beispielsweise die Rolle des Administrators (Benutzeradministrator, Systemadministrator) eingenommen werden.

Beispiel: Rollenbasiertes Review

Ein Anforderungsdokument soll einem Review unterzogen werden. Unter anderem wird Herrn Mustermann die Rolle des Designers zugeteilt. Idealerweise kennt sich Herr Mustermann mit dem Design von Softwaresystemen aus und hat diese Rolle auch im Projekt inne. Herr Mustermann wird die Anforderungen dahingehend analysieren, welche Änderungen an der Systemarchitektur notwendig werden, damit die Anforderung umgesetzt werden kann. Frau Musterfrau ist Testerin und so ist auch ihre Rolle im Review. Ihr Augenmerk beim Review wird beispielsweise sein, ob bei jeder Anforderung eindeutig entscheidbar ist, ob sie (nach Implementierung und Test) erfüllt ist. Die Anforderung »Das System soll zügiges Arbeiten ermöglichen« wird von Frau Musterfrau bemängelt, da diese Anforderung nicht quantifiziert ist. Es fehlen konkrete Zeitangaben, die gemessen werden können, und es fehlen Randbedingungen und Voraussetzungen, in welchen Situationen welche Zeiten als ausreichend angesehen werden. Andere Rollen sind entsprechend einzunehmen und werden ebenfalls die Anforderungen kritisch hinterfragen.

Alle unterschiedlichen Rollen weisen so auf mögliche Fehler, Unstimmigkeiten und Lücken hin. Beim perspektivischen Lesen, das dem rollenbasierten Review ähnelt, nehmen die Reviewer unterschiedliche Standpunkte der Stakeholder ein. Damit sollen unterschiedliche Aspekte (je nach Sichtweise) berücksichtigt werden. Auch sollen so die (durchaus subjektiven) Interessen der Stakeholder einbezogen werden. Das folgende Beispiel illustriert solche unterschiedlichen Interessen beim Review des Projektzeitplans für die anstehende Iteration.

Unterschiedliche Standpunkte

Beispiel: Perspektivisches Review

Aus Sicht der Verkaufsabteilung muss ein neues Feature im Anforderungsdokument eine hohe Priorität erhalten, da dieses Feature von einem der Großkunden dringend gewünscht ist und daher schnellstmöglich umgesetzt werden soll. Aus der Perspektive der Testerin hat dieses Feature große Ähnlichkeiten zu anderen bereits umgesetzten Features und somit sind keine gravierenden Probleme bei der Umsetzung und beim Test zu erwarten. Der Wunsch nach kurzfristiger Umsetzung wird daher befürwortet.

Aus Testsicht ist jedoch ein anderes Feature viel kritischer, da hier erstmalig die Nutzung von künstlicher Intelligenz (KI) vorgesehen ist und im Projekt bislang noch keinerlei Erfahrungen mit dieser Technologie vorliegen. Daher geht die Testerin davon aus, dass neben einem hohen Implementierungs- auch ein sehr hoher Testaufwand erforderlich sein wird. Für dieses Feature muss aus der Testperspektive daher deutlich mehr Aufwand eingeplant werden.

Kernidee beim perspektivischen Vorgehen ist, dass jeder Reviewer aus einer unterschiedlichen Perspektive auf das Reviewobjekt schaut und damit verbunden andere Szenarien durchdenkt oder »durchspielt«. Die erzielten Erkenntnisse werden nicht nur zur Bewertung des untersuchten Dokuments herangezogen, sondern können auch genutzt werden, um Dringlichkeit und Umfang von Korrekturmaßnahmen abzustimmen. Jeder Reviewer »spielt« dabei ein anderes Szenario[11] durch und nutzt die Ergebnisse zur Einschätzung und Bewertung des untersuchten Dokuments. Die Nutzung unterschiedlicher Perspektiven der Stakeholder führt zu mehr Tiefe im individuellen Review und durch die verteilten Rollen (und auch die unterschiedlichen Perspektiven) zu weniger Doppelnennungen von Problemen bzw. Fehler(zustände)n. Die Nutzung von Checklisten erhöht auch hier die Effektivität des Reviews.

Empirische Studien (s. [Sauer 00], [Shull 00]) sehen das perspektivische Review als effektivstes Vorgehen zur Prüfung von Anforderungen und technischen Beschreibungen. Ein wesentlicher Erfolgsfaktor

---

11. Hier gibt es Querbezüge zum oben beschriebenen szenariobasierten Review.

ist die risikoorientierte Einbeziehung und Abwägung verschiedener Sichtweisen der Stakeholder.

4.3.3 Rollen und Verantwortlichkeiten im Reviewprozess

Einzunehmende Rollen[12] und deren Verantwortlichkeiten im Reviewprozess gehen aus der Beschreibung des allgemeinen Vorgehens bereits grob hervor. Im Folgenden werden die Rollen und ihre Aufgaben bei einem typischen formalen Review genauer beschrieben.

Nicht jede Rolle muss auch von einer Person ausgefüllt werden, es gibt Überschneidungen bei den Verantwortlichkeiten, die ein Zusammenlegen von Rollen auf eine Person rechtfertigen (z.B. Moderator und Reviewleiter). Es kommt aber auf das Projektumfeld und die zu erreichenden Qualitätskriterien an, wann ein Zusammenlegen sinnvoll ist. Je nach Reviewart (s. Abschnitt 4.4) können auch die einzelnen Aktivitäten variieren, die mit jeder Rolle verknüpft sind.

Management[13]

Management

Das Management sorgt für die Auswahl der zu prüfenden Arbeitsergebnisse und die heranzuziehenden Dokumente und entscheidet über die durchzuführende Reviewart. Es ist verantwortlich für die Planung der Reviews und stellt die notwendigen Ressourcen (Personen, Budget und Zeit) zur Verfügung. Eine weitere Aufgabe des Managements ist die Überwachung der Kosteneffizienz und das Treffen von steuernden Entscheidungen im Fall von unzureichenden Ergebnissen des Reviewprozesses.

Exkurs

Vertreter des Managements (Projektleitung) sollen, wenn sie zum Autor in einer Vorgesetzten- oder ähnlichen Beziehung stehen, nicht an den Reviewsitzungen teilnehmen, da eine Bewertung der Qualifikation des Autors (und nicht eine Bewertung des Arbeitsergebnisses) durch das Management nicht auszuschließen ist und eine »freie« Diskussion unter den Teilnehmenden dann möglicherweise eingeschränkt wird. Ein weiterer Grund kann sein, dass Managern unter Umständen das aktuelle detaillierte IT-Fachwissen fehlt und sie in dieser Hinsicht weniger inhaltliche Diskussionsbeiträge auf der Sitzung beisteuern können. Für Reviews von Projektplänen und ähnlichen managementlastigen Dokumenten trifft dieses natürlich nicht zu. Hier ist Managementwissen bzw. Projektleitungswissen gefragt.

12. Die ISO-Norm 20246 [ISO 20246] führt weitere, detailliertere Rollen auf.
13. Hier ist das Projektmanagement (die Projektleitung) gemeint.

Reviewleiter

Reviewleiter

Der Reviewleiter trägt die Gesamtverantwortung für das Review, d.h., Planung, Vorbereitung, Durchführung und Überarbeitung sowie Nachbereitung sollen so erfolgen, dass die Ziele des Reviews erreicht werden. Er entscheidet, welche Personen am Review beteiligt sind, und organisiert Zeitpunkt und Räumlichkeiten, wenn eine Sitzung stattfindet.

Reviewmoderator (Moderator)

Moderator

Der Moderator hat die Aufgabe, den erfolgreichen Ablauf der Reviewsitzung sicherzustellen. Der Erfolg eines Reviews – oder genauer einer Reviewsitzung – hängt oft vom Moderator ab. Er muss ein sehr guter Sitzungsleiter sein, d.h. sehr organisiert und gleichzeitig diplomatisch vorgehen bei der Vermittlung von gegensätzlichen Standpunkten und bei der Beendigung von unnützen Diskussionen, ohne dabei Beteiligte zu verletzen oder zu kränken. Gleichzeitig muss er über eine gewisse Durchsetzungsfähigkeit verfügen und auf »Untertöne« achten. Er darf nicht voreingenommen sein und keine eigene Meinung zum untersuchten Arbeitsergebnis äußern. Er sorgt ggf. für die Sammlung der Daten (Metriken) und achtet auf die Erstellung des Protokolls.

Autor

Autor

Der Autor ist der Ersteller des Dokuments bzw. des Arbeitsergebnisses, das einem Review unterzogen wird. Sind mehrere Personen an der Erstellung beteiligt gewesen, ist ein Hauptverantwortlicher zu benennen, der die Rolle des Autors übernimmt. Er ist verantwortlich dafür, dass die Eintrittskriterien vor dem Review erfüllt sind, d.h., dass sich das Dokument in einem »reviewfähigen« Zustand befindet. In aller Regel behebt der Autor die beim Review aufgedeckten Fehler(zustände) in seinem Arbeitsergebnis, was zur Erfüllung der Austrittskriterien führt. Wichtig ist, dass der Autor die geäußerte Kritik nicht als Kritik an seiner Person auffasst, sondern dass es ausschließlich um die Verbesserung der Qualität des Arbeitsergebnisses geht.

Reviewer

Reviewer

Die Reviewer, auch Gutachter oder Inspektoren genannt, sind mehrere (meist nicht mehr als fünf) Fachexperten, die nach der entsprechenden Vorbereitung am Review teilnehmen. Reviewer arbeiten in der Regel im Projekt, dessen Dokumente einem Review unterzogen werden. Es können aber auch Stakeholder sein, die Interesse an den Arbeitsergebnissen haben, und Personen mit spezifischen technischen oder fachlichen Kenntnissen.

Aufgabe der Reviewer ist das Identifizieren und Beschreiben der problematischen Stellen im Arbeitsergebnis. Von Vorteil ist, wenn sie dabei verschiedene Sichtweisen oder Perspektiven (s.o.) einnehmen, wie beispielsweise die Sichtweise von Testern, Programmierern, der späteren Nutzer und Betreiber, von Businessanalysten und Experten für Gebrauchstauglichkeit (»Usability«). Dabei sollen selbstverständlich nur die Sichten berücksichtigt werden, die einen direkten Bezug zum Arbeitsergebnis haben.

Um die Effizienz des Reviews zu erhöhen, sollen sich einzelne Reviewer um spezielle Aspekte kümmern. So kann beispielsweise ein Reviewer die Konformität mit einem einzuhaltenden Standard und ein anderer die Einhaltung der Syntax prüfen. Die Verteilung der Zuständigkeiten ist bei der Planung vorzunehmen.

Die Reviewer haben darauf zu achten, dass die als gut befundenen Teile der Arbeitsergebnisse auch so benannt werden. Mangelhafte Teile des Arbeitsergebnisses sind als solche zu kennzeichnen und die Fehler(zustände) sind so zu dokumentieren, dass die Nachvollziehbarkeit und damit deren einfache Beseitigung gegeben ist.

Protokollant

Protokollant

Der Protokollant hat die vom Reviewteam diskutierten und gefundenen Unklarheiten (z.B. noch zu lösende Probleme, durchzuführende Arbeiten, zu entscheidende Fragestellungen und Ablehnungen) zu dokumentieren. Er muss knapp und präzise formulieren und während der Sitzung meist nicht ausreichend formulierte Diskussionsbeiträge verfälschungsfrei aufschreiben können.

Durch die steigende Anzahl an Werkzeugen zur Unterstützung des Reviewprozesses wird die Rolle des Protokollanten zunehmend obsolet, insbesondere können Fehler(zustände), offene Punkte und Entscheidungen von jedem Reviewer direkt im Werkzeug vermerkt werden und es bedarf keiner zusätzlichen Erstellung eines Protokolls.

Exkurs: Autor und Protokollant in einer Person

Aus pragmatischen Gründen wird in der Praxis allerdings sehr oft der Autor selbst das Protokoll führen. Er weiß genau, was im Einzelnen und wie präzise und ausführlich die Anmerkungen der Reviewer zu protokollieren sind, um ausreichend Information für die später von ihm durchzuführenden Änderungen zu haben.

4.4 Reviewarten

Exkurs: Managementreview

Zwei Gruppen von Reviews lassen sich anhand des untersuchten Arbeitsergebnisses unterscheiden:

- Reviews, die sich auf Dokumente beziehen, die während des Entwicklungsprozesses erstellt werden, und
- Reviews, die den Projektablauf oder den Entwicklungsprozess als solches analysieren.

Die zweite Gruppe wird als Management-, Projekt- oder Prozessreview bezeichnet. Ziel von diesen Reviews ist die Analyse des Entwicklungsprozesses an sich. Es werden beispielsweise die Einhaltung von Vorgaben und Plänen, die Umsetzung der erforderlichen Arbeitsaufgaben oder die Effektivität der Verbesserungen bzw. Veränderungen im Prozess untersucht.

- Prüfobjekt ist das Projekt als Ganzes und die Feststellung seines aktuellen »Zustands«. Der Projektzustand wird hinsichtlich technischer, wirtschaftlicher, zeitlicher und managementmäßiger Aspekte bewertet.
- Managementreviews werden oft beim Erreichen eines Meilensteins der Projektplanung durchgeführt, wenn eine Hauptphase im Softwareentwicklungsprozess abgeschlossen werden soll, oder als Post-mortem-Analyse, um aus dem beendeten Projekt zu lernen.
- In Projekten, die nach agilen Vorgehensweisen arbeiten, kann dies in Form von »Retrospektive-Meetings« stattfinden. Diese werden in der Regel nach jedem Sprint durchgeführt und das Team tauscht sich beim Meeting aus und sammelt Ideen, was (im nächsten Sprint) verbessert werden kann.

Hauptziel: Fehler(zustände) aufdecken

Im Folgenden wird die erste Gruppe der Reviews weiter präzisiert, deren Hauptziel es ist, Fehler(zustände) aufzudecken, also Dokumente zu prüfen. Die Auswahl der Reviewart richtet sich nach den Bedürfnissen des Projekts, den verfügbaren Ressourcen, der Art des zu prüfenden Arbeitsergebnisses und den möglichen Risiken, dem Geschäftsbereich und auch nach der Unternehmenskultur sowie weiteren Auswahlkriterien.

Es können folgende Ausprägungen der Reviews unterschieden werden: informelles Review, Walkthrough, technisches Review und Inspektion. Alle Reviews können als sogenannte »Peer-Reviews« durchgeführt werden, d.h. unter der Beteiligung von Kollegen auf der gleichen oder einer ähnlichen Ebene der Unternehmenshierarchie.

Ein einzelnes Arbeitsergebnis kann auch durch mehr als eine Reviewart geprüft werden. So kann beispielsweise ein informelles Review vor einem technischen Review durchgeführt werden, um mit dem informellen Review nachzuweisen, dass das Arbeitsergebnis einen Bearbeitungsstand erreicht hat, der mit einem technischen Review geprüft werden kann und sich somit der Aufwand für das technische Review lohnt.

Informelles Review

Keine großen Vorgaben

Das informelle Review ist eine abgeschwächte Version eines Reviews, folgt aber mehr oder weniger dem Reviewprozess (s. Abschnitt 4.3), allerdings in stark vereinfachter und nicht formaler – also nicht vorgeschriebener – Form. Hauptzweck des informellen Reviews ist die Erkennung potenzieller Fehler(zustände) und kurzfristiges Feedback an den Autor. Darüber hinaus können neue Ideen vorgestellt oder Lösungen entwickelt werden. Auch kleinere Probleme können im Rahmen dieses Reviews schnell gelöst und beseitigt werden.

Meist wird ein informelles Review durch den Autor initiiert. Die Planung beschränkt sich auf die Auswahl der Reviewer und die Festlegung des Abgabetermins der Ergebnisse. Der Erfolg und Nutzen des informellen Reviews ist vom jeweiligen Reviewer abhängig, besonders von seinen Kenntnissen und seiner Motivation. Die Verwendung von Checklisten ist möglich. Auf eine Sitzung oder einen Austausch der Ergebnisse zwischen den Reviewern wird oft verzichtet. In diesem Fall ist das informelle Review ein einfacher Autor-Leser-Feedbackzyklus. Das informelle Review ist dann ein bloßes Gegenlesen des Arbeitsergebnisses durch ein oder mehrere Kollegen (Buddy-Check). Gegenseitiges Lernen und der Austausch unter Kollegen sind willkommene »Nebeneffekte«. Eine schriftliche Rückmeldung mit einer Liste der Anmerkungen oder das korrigierte und mit Kommentaren versehene Exemplar des Arbeitsergebnisses genügen meistens. Vorgehensweisen wie »Pair Programming« (paarweises Programmieren), »Buddy Testing« (gegenseitiger Test unter Kollegen) und »Code Swaps« (Austausch von Programmtext) können als informelle Reviews angesehen werden. Das informelle Review hat wegen des geringeren Aufwands eine hohe Akzeptanz und weite Verbreitung in der Praxis – nicht nur in agilen Projekten.

Autor-Leser-Feedbackzyklus

Walkthrough

»Durchspielen« des Dokuments

Neben dem Erkennen von potenziellen Fehler(zustände)n kann beim Walkthrough die Konformität mit einzuhaltenden Standards und den umzusetzenden Spezifikationen bewertet werden. Ebenso können Verbesserungen sowie alternative Umsetzungen diskutiert werden. Ideenaustausch über Verfahren oder Stilvariationen sind weitere »Nebeneffekte« und können als zusätzliche Qualifikation der Teilnehmer gesehen werden. Die Ergebnisse des Walkthrough sollen nach Möglichkeit im Konsens erzielt werden.

Schwerpunkt des Walkthrough bildet die Sitzung, die üblicherweise vom Autor des Arbeitsergebnisses geleitet wird. Die Ergebnisse sind aufzuschreiben. Formale Protokolle oder zusammenfassende Berichte der Reviewergebnisse sind nicht zwingend anzufertigen. Die Verwendung von Checklisten ist ebenso optional. Die individuelle Vorbereitung hat im Vergleich zum technischen Review und zur Inspektion (s. u.) den geringsten Umfang, es kann sogar ganz auf sie verzichtet werden.

In der Reviewsitzung werden typische Benutzungssituationen, auch Szenarien genannt, ablauforientiert durchgespielt. Simulationen oder Probeläufe von Programmteilen »im Trockenen« (»Dry Runs«) sind ebenfalls möglich. Es können auch einzelne Testfälle nachgespielt werden. Die Reviewer versuchen durch spontane Fragen, mögliche Fehler(zustände) und Probleme aufzudecken.

Für die Nacharbeit ist der Autor verantwortlich, eine Kontrolle findet meist nicht statt.

Exkurs

Das Vorgehen ist für kleine Entwicklungsteams von bis zu fünf Personen geeignet und verursacht wenig Aufwand, da Vor- und Nachbereitungen von geringem Umfang bzw. nicht zwingend erforderlich sind. Es lässt sich bei der Prüfung von »unkritischen« Dokumenten einsetzen. In der Praxis existiert eine breite Spannweite vom informellen bis zum formalen Walkthrough.

Da der Autor in der Regel auch die Sitzungsleitung innehat, besteht die Möglichkeit, dass er den Verlauf der Sitzung stark beeinflusst. Dies kann sich nachteilig auf das Ergebnis auswirken, wenn der Autor die Diskussion der kritischen Stellen des Arbeitsergebnisses nicht intensiv genug oder gar nicht durchführen lässt.

Technisches Review

Diskussion von Alternativen unter den Fachexperten erwünscht

Beim technischen Review[14] steht neben der Fehlerfindung die Konsensbildung im Mittelpunkt. Eine »gemeinsame Sicht auf die Dinge« soll erreicht werden. Die Bewertung der Qualität und der Aufbau von Vertrauen in das Arbeitsergebnis sind weitere Ziele.

Beim technischen Review sind die Generierung neuer Ideen sowie Überlegungen zu alternativen Umsetzungen durchaus erwünscht. Fachliche Probleme können hier von den Fachexperten gelöst werden. Um die Diskussion darüber fundiert führen zu können, sollen fachliche Kollegen des Autors als Reviewer teilnehmen. Ergänzt werden kann das Reviewteam durch fachliche Experten aus anderen Fachdisziplinen, um einer gewissen »Blindheit« innerhalb der eigenen Disziplin vorzubeugen.

14. Fachliches Review wäre eine allgemeinere und präzisere Bezeichnung, da hier Fachexperten über fachliche Fragen (die nicht ausschließlich technischer Art sein müssen) diskutieren.

Die individuelle Vorbereitung der Reviewer ist beim technischen Review zwingend erforderlich. Checklisten können genutzt werden. Die anschließende Reviewsitzung ist nach Möglichkeit von einem geschulten Reviewmoderator zu leiten. Der Autor soll diese Aufgabe nicht übernehmen. Die Diskussionen unter den Reviewern (die ja stattfinden soll und muss, zur Herstellung der »gemeinsamen Sicht auf die Dinge«) darf nicht ausarten, sondern soll dem Autor alternative Umsetzungen aufzeigen und ihn motivieren und befähigen, seine zukünftigen Arbeitsergebnisse durch die Abwägung von Alternativen zu verbessern. Die Durchführung einer Reviewsitzung ist allerdings nicht zwingend, der Austausch kann in Ausnahmefällen auch anderweitig erfolgen (z.B. in einem Forum im Intranet).

Ein Aufschreiben der Ergebnisse ist notwendig, soll aber nicht vom Autor vorgenommen werden. Üblicherweise werden eine Liste der Beschreibungen von potenziellen Fehler(zustände)n und ein zusammenfassender Bericht der Reviewergebnisse angefertigt.

Auch beim technischen Review sind in der Praxis sehr unterschiedliche Ausprägungen anzutreffen: von einem rein informellen Ablauf bis zu einem strikten, formal festgelegten Vorgehen (mit definierten Eintritts- und Austrittskriterien der einzelnen Prüfschritte) und der verbindlichen Nutzung von Berichtsvorlagen.

Exkurs

Eine auf die wichtigen Punkte fokussierte Reviewsitzung kann dadurch erreicht werden, dass alle gefundenen Fehler(zustände) und Anmerkungen der Reviewer zu den einzelnen Prüfkriterien schriftlich festgehalten werden und dem Moderator vorab übergeben werden. Der Moderator priorisiert diese nach vermuteter Wichtigkeit und in der Sitzung werden dann nur die wesentlichen und unterschiedlich gesehenen Anmerkungen diskutiert.

Beim technischen Review ist das Ergebnis von allen beteiligten Personen zu tragen. Ist dies nicht erreichbar und um die Diskussion nicht unnütz in die Länge zu ziehen, können Sondervoten zu Protokoll gegeben werden.

Es ist nicht Aufgabe der am technischen Review Beteiligten, über die Konsequenzen des Ergebnisses zu entscheiden, dies ist Aufgabe des Managements.

Inspektion

Formaler Ablauf festgelegt

Eine Inspektion ist die formalste Reviewart und folgt einem definierten Ablauf[15]. Jede beteiligte Person, die entweder aus dem direkten Fachkollegenkreis kommt oder Experte einer für das Arbeitsergebnis relevanten Fachrichtung ist, hat eine vorgeschriebene Rolle auszufüllen. Der Ablauf ist durch Regeln definiert und es werden zu den einzelnen

15. Sie ist daher hier auch ausführlicher als die drei anderen Reviewarten beschrieben. Der Ablauf einer Reviewsitzung wird beispielhaft erörtert.

Aspekten Prüfkriterien von den Reviewern verwendet. Für die einzelnen Prüfschritte sind Eintritts- und Austrittskriterien definiert.

Ziel der Inspektion sind die Aufdeckung von Unklarheiten, möglichen Fehler(zustände)n, die Bestimmung der Qualität des Arbeitsergebnisses sowie Vertrauen in das Arbeitsergebnis zu schaffen. Konsens aller Beteiligten ist auch bei der Inspektion anzustreben. Durch die Erkenntnisse, die der Autor bei der Inspektion gewinnt, werden zukünftig ähnliche Fehler(zustände) verhindert und – wie beim technischen Review – seine Arbeitsergebnisse zukünftig verbessert.

Ein weiteres Ziel ist die Steigerung der Qualität des Softwareentwicklungsprozesses (s. u.). Die konkreten Ziele der Inspektion werden bei der Planung festgelegt und es wird eine begrenzte Anzahl von Aspekten behandelt, auf die sich die Reviewer vorbereiten.

Das Arbeitsergebnis wird vor der Inspektion formal geprüft, ob es reviewfähig ist und ob die Eintrittskriterien erfüllt sind. Die individuelle Vorbereitung der Reviewer erfolgt nach Vorschriften oder Standards unter der Verwendung von Checklisten.

Möglicher Ablauf einer Sitzung

Eine Sitzung kann wie folgt durchgeführt werden: Sie wird von einem geschulten Moderator (und nicht vom Autor) geleitet und beginnt neben der Vorstellung der beteiligten Personen und ihrer Rollen mit einer kurzen Einführung zur Thematik des Arbeitsergebnisses. Der Moderator fragt alle Reviewer, ob sie ausreichend auf das Treffen vorbereitet sind. Dazu können beispielsweise die für die Inspektion ausgewählten Checklisten genutzt werden, um sicherzustellen, dass alle Fragen der Checklisten beantwortet wurden und somit alle Reviewer ausreichend vorbereitet sind. Darüber hinaus kann nachgefragt werden, wie viel Zeit die Reviewer für ihre Vorbereitung verwendet und wie viele Fehler(zustände) und Unstimmigkeiten sie gefunden haben.

Unstimmigkeiten genereller Art, die das gesamte Arbeitsergebnis betreffen, werden zuerst diskutiert und protokolliert.

Ein Reviewer trägt in einer straffen und möglichst logischen Weise die Inhalte des Arbeitsergebnisses vor. Wenn es sinnvoll erscheint, werden auch Passagen – allerdings nicht vom Autor – vorgelesen. Die Reviewer stellen dabei ihre Fragen, wobei die ausgewählten Aspekte der Inspektion intensiv diskutiert werden. Der Autor, dem keine der Rollen Reviewleiter, Moderator und Protokollant zugeteilt werden darf, beantwortet an ihn gerichtete Fragen. Sind Autor und Reviewer uneins über einen Fehler(zustand), so wird am Ende der Sitzung darüber entschieden.

Wenn die Diskussion abschweift, ist es die Aufgabe des Moderators, einzugreifen. Er muss auch dafür sorgen, dass alle ausgewählten Aspekte und das gesamte Dokument berücksichtigt und die Fehler(zustände) und Unstimmigkeiten ausreichend protokolliert werden.

Am Ende der Sitzung werden alle aufgezeichneten Fehler(zustände) vorgestellt und von allen Beteiligten auf Vollständigkeit geprüft. Eine kurze Diskussion über die zurückgestellten Fehler(zustände) schließt sich an, ohne dabei Lösungsmöglichkeiten zu diskutieren. Gibt es keine Einigung über die Einschätzung (Fehler(zustand) ja oder nein), wird dies im Protokoll vermerkt. Neben der Liste der Beschreibungen von potenziellen Fehler(zustände)n wird ein zusammenfassender Bericht der Reviewergebnisse erstellt.

Eine abschließende umfassende Bewertung beendet die Inspektion und legt fest, ob eine Überarbeitung des Arbeitsergebnisses erforderlich ist. Die Überarbeitung und Nachbereitung sind bei der Inspektion formal geregelt.

Zusätzliche Bewertung der Entwicklungs- und Reviewprozesse

Bei einer Inspektion werden auch Daten gesammelt, die zur Qualitätsbeurteilung des Entwicklungs- und Inspektionsprozesses selbst herangezogen werden. Die Inspektion dient somit neben der Beurteilung der untersuchten Dokumente auch zur Optimierung des Entwicklungsprozesses. Die gesammelten Daten werden dahingehend analysiert, die Ursachen für Schwachstellen im Entwicklungsprozess zu finden. Nach einer Verbesserung des Prozesses wird der Erfolg der Änderung kontrolliert, indem die gesammelten Daten vor der Änderung mit den aktuellen Daten verglichen werden. Dies trifft auch für den Reviewprozess selbst zu.

Exkurs

Häufig wird diese Reviewart auch als Design- oder Code-/Softwareinspektion bezeichnet. Der Name weist damit auf die Dokumente hin, die einer Inspektion unterzogen werden. Es können aber alle Dokumente einer Inspektion unterzogen werden, wenn formale Prüfkriterien existieren.

Kriterien zur Auswahl

Auswahl der Reviewart

Wann welche Reviewart eingesetzt werden soll, hängt stark von den verfolgten Zielen, der geforderten Qualität und dem einzusetzenden Aufwand ab. Das Projektumfeld ist entscheidend, direkte Empfehlungen können nicht gegeben werden. Es ist im Einzelfall zu klären, welche Reviewart in der jeweiligen Projektsituation angemessen ist. Nachfolgend sind einige Fragen und Kriterien zur Erleichterung der Auswahl der Reviewart aufgeführt:

- Die Form, in der das Ergebnis des Reviews vorliegen soll, kann zur Auswahl herangezogen werden. Ist eine ausführliche Dokumentation erforderlich oder reicht eine undokumentierte Umsetzung der Prüfergebnisse?
- Lässt sich die Terminkoordination einfach oder schwierig vornehmen? Fünf bis sieben Fachkräfte für einen oder mehrere Termine zu verpflichten, kann sehr aufwendig sein.
- Ist die Berücksichtigung von Fachwissen aus mehreren Gebieten erforderlich?

- Wie umfangreich muss das Fachwissen der Reviewer über das zu prüfende Arbeitsergebnis sein?
- Wie hoch ist das Engagement der vorgesehenen Reviewer, d. h. deren Motivation, die zeitaufwendige Reviewarbeit konzentriert zu leisten?
- Steht der Vorbereitungsaufwand in einem angemessenen Verhältnis zum erwarteten Ergebnis?
- Wie hoch ist der Grad der Formalisierung des Arbeitsergebnisses? Lassen sich werkzeuggestützte Analysen vorab durchführen?
- Wie groß ist die Unterstützung durch das Management? Wird bei zunehmendem Zeitdruck im Projekt die Durchführung von Reviews eingeschränkt oder gar ganz gestrichen?

4.5 Erfolgsfaktoren, Vorteile und Grenzen

Qualitätssteigerung und Kostensenkung

Reviews sind ein effizientes Mittel zur Sicherung der Qualität der untersuchten Arbeitsergebnisse. Idealerweise sind sie direkt nach der Fertigstellung der Arbeitsergebnisse durchzuführen, um Fehler(zustände) und Unstimmigkeiten kurzfristig festzustellen und frühes Feedback zu liefern. Die Beseitigung der Fehler(zustände) führt zu einer verbesserten Qualität der Dokumente und wirkt sich positiv auf den gesamten Entwicklungsprozess aus, da die Entwicklung mit Dokumenten fortgesetzt wird, die weniger oder sogar keine Fehler(zustände) mehr enthalten. Zusätzlich identifizieren statische Tests Fehler(zustände), die durch dynamische Tests nur schwer oder auch gar nicht zu finden sind (s. Abschnitt 4.6).

Das frühe Finden von Fehler(zustände)n durch Reviews und deren unmittelbar anschließendes Beseitigen ist in aller Regel kostengünstiger als das spätere Erkennen von Fehler(zustände)n in ablauffähigen Programmen durch dynamisches Testen. Dies trifft besonders dann zu, wenn (frühere) Versionen der Software bereits ausgeliefert wurden bzw. im Kundeneinsatz sind.

Der statische Test ist im Vergleich zum dynamischen Test (s. Kap. 5) auch deshalb kostengünstiger, weil die Fehlerkorrektur im untersuchten Dokument direkt vorgenommen wird und eine erneute Prüfung der Korrektur meist[16] nicht erfolgt. Eine beim dynamischen Test aufgedeckte Fehlerwirkung wird in aller Regel nach deren Beseitigung zur Ausführung von Fehlernach- und/oder Regressionstests führen. Entwicklungskosten und -zeit werden somit durch Reviews eingespart.

---

16. Bei gravierenden Fehler(zustände)n oder umfangreichen Korrekturen kann ein erneutes Review zur Prüfung der Änderungen anberaumt und durchgeführt werden.

Allerdings ist diese pauschale Aussage zur Kostenreduktion nicht (immer) richtig bzw. zutreffend: Wenn eine statische Codeanalyse z.B. ein Memory Leak (Fehlerzustand beim Speicherzugriff) findet, dann kann dessen Beseitigung extrem aufwendig sein. Es ist zwischen dem Aufwand bzw. den Kosten für das Review und dem Aufwand bzw. den Kosten für die Korrekturarbeiten zu unterscheiden. Ist nur ein Text in einem Dokument zu korrigieren, sind die Kosten fast zu vernachlässigen. Wie aufwendig eine Korrektur ist, hängt also vom zu beseitigenden Problem ab.

Der dynamische Test kann u.U. auch mit geringerem Umfang geplant werden, da nach einem durchgeführten Codereview weniger Fehlerzustände im Testobjekt (Programmcode) erwartet werden und das Risiko, weitere übersehen zu haben (Dank Review), als geringer eingestuft wird.

Durch die geringere Zahl an Fehler(zustände)n und Ungenauigkeiten in den geprüften und korrigierten Dokumenten ist auch eine Kostenreduzierung während der Lebenszeit des Softwaresystems zu erwarten. Beispielsweise können durch Reviews Ungenauigkeiten der Kundenwünsche in den Anforderungen aufgedeckt und geklärt werden. Absehbare Änderungswünsche nach der Inbetriebnahme des Softwaresystems können somit im Vorfeld verhindert werden. Es ist auch eine reduzierte Fehlerhäufigkeit im Einsatz des Systems zu erwarten. Hinzu kommt, dass sich die Entwicklungsproduktivität erhöht, da beispielsweise mit verbesserten Entwürfen gearbeitet wird und/oder der Programmcode wartungsfreundlicher ist, d.h. leicht zu verstehen und leicht zu ändern ist.

Verbesserte Kommunikation im Team

Neben Qualitätssteigerung und Kostensenkung haben Reviews positive Auswirkungen auf die Zusammenarbeit im Team:

- Da die Überprüfungen im Team durchgeführt werden, ergibt sich daraus ein Wissensaustausch unter den beteiligten Personen. Das wird zur Verbesserung der Arbeitsmethoden der einzelnen Personen führen und somit die Qualität der nachfolgenden Arbeitsergebnisse verbessern.
- Da mehrere Personen an einem Review beteiligt sind, ist eine klare und verständliche Darstellung der Sachverhalte notwendig. Oft bringt der Zwang zu einer klaren Darlegung den Autor bereits zu Einsichten, die er vorher nicht hatte.
- Das gesamte Team fühlt sich verantwortlich für die Qualität des untersuchten Dokuments und es entsteht ein einheitliches Verständnis über den Dokumentinhalt.

Um den Erfolg von Reviews zu steigern bzw. überhaupt zu gewährleisten, sind sowohl organisatorische als auch personenbezogene Faktoren zu beachten, die im Folgenden aufgeführt sind.

Organisatorische Erfolgsfaktoren

Organisatorische Faktoren

- Das Management bzw. die Projektleitung unterstützt den Reviewprozess, indem ausreichend Ressourcen im Softwareentwicklungsprozess für die Reviews der Arbeitsergebnisse eingeplant werden.
- Formelle Reviews werden mit angemessener Frist geplant und für jedes Review sind klare und überprüfbare Ziele bei der Planung festzulegen.
- Den Teilnehmern an einem Review steht genügend Zeit zur individuellen Vorbereitung zur Verfügung.
- In Abhängigkeit von den vereinbarten Zielen, der Art und dem Niveau des untersuchten Arbeitsergebnisses und in Abhängigkeit des Kenntnisstands der beteiligten Personen ist unter den verschiedenen Reviewarten die »passende« auszuwählen. Prinzipiell sind aber alle verwendeten Vorgehen, wie z.B. checklistenbasiertes oder rollenbasiertes Review, für eine effektive Fehlererkennung im zu überprüfenden Arbeitsergebnis geeignet.
- Die verwendeten Checklisten decken die wichtigsten Risiken ab und sind auf dem neuesten Stand.
- Umfangreiche Dokumente werden nicht als Ganzes einem Review unterzogen, sondern in kleineren Teilen überprüft, sodass frühzeitiges und häufiges Feedback zu eventuellen Fehler(zustände)n an die jeweiligen Autoren gegeben werden kann.

Personenbezogene Erfolgsfaktoren

Personenbezogene Faktoren

- Für Reviews sind die »passenden« Personen auszuwählen, um die vereinbarten Ziele zu erreichen, z.B. eignen sich Personen mit unterschiedlichen Fähigkeiten oder Perspektiven, die das Dokument für ihre weiteren Tätigkeiten als Arbeitsgrundlage nutzen werden und sich daher sowieso in das Dokument einarbeiten müssen. Es ist daher sehr sinnvoll, Tester als Gutachter bei den Reviews einzusetzen, da die zu prüfenden Dokumente in aller Regel als Testbasis zur Erstellung der Testfälle genutzt werden. Die Tester sind dann frühzeitig mit den Dokumenten vertraut und die Testfälle können zeitnah spezifiziert werden. Durch die »Testsicht« auf die Dokumente kommen auch weitere Aspekte der Qualitätssicherung hinzu, z.B. die Prüfung auf Testbarkeit.

- Reviews dienen zur Qualitätssicherung der untersuchten Arbeitsergebnisse. Das Aufzeigen von Fehler(zustände)n, Ungenauigkeiten oder Abweichungen ist daher erwünscht bzw. gefordert. Die Mitteilungen der Reviewer darüber müssen aber wertfrei und objektiv erfolgen. Jedes Review ist in einer vertrauensvollen Atmosphäre durchzuführen. Die Teilnehmer sollen Gesten oder Körpersprache vermeiden, die Langeweile, Frust oder Feindseligkeit gegenüber anderen Teilnehmern signalisieren. Der Autor muss sich sicher sein, dass die Reviewergebnisse nicht zur Evaluation seiner Leistung, z.B. beim nächsten Gehaltsgespräch, herangezogen werden. Es soll erreicht werden, dass der Autor des untersuchten Dokuments das Review als eine positive Erfahrung empfindet. Alle Teilnehmer sollen das Review als wertvoll genutzte Zeit ansehen.
- Die Teilnehmer nehmen sich ausreichend Zeit und Aufmerksamkeit für Details. Die Reviews werden so durchgeführt, dass die Reviewer die Konzentration nicht verlieren. Es sollen keine großen Dokumente am Stück überprüft werden (s.o.) und auch eine zeitliche Begrenzung ist sinnvoll.
- Schulungsmaßnahmen sind für die am Review beteiligten Personen vorab anzubieten, dies gilt verstärkt für die mehr formaleren Reviewarten, wie die Inspektion.
- Ein wichtiger Aspekt ist ein ständiges Lernen aus durchgeführten Reviews – eine Kultur des Lernens entsteht – und dies fördert auch die Verbesserung des Reviewprozesses und der einzelnen unterschiedlichen Vorgehen.

Exkurs: Gründe für ein Scheitern

- Scheitern Reviews an der fehlenden Vorbereitung, so liegt es oft an der terminlich/zeitlich ungünstigen Auswahl der Reviewer.
- Ist fehlende Einsicht der Reviewer in die Bedeutung der Reviews und den hohen Wirkungsgrad zur Qualitätssteigerung die Ursache für das Scheitern, dann kann die Nützlichkeit von Reviews untermauert werden, indem entsprechendes Zahlenmaterial (aus dem Projekt oder aus anderen Projekten des Unternehmens) vorgelegt wird, das die Wirksamkeit von Reviews untermauert.
- Ein Scheitern eines Reviews kann auch an der fehlenden oder unzureichenden Dokumentation liegen. Es muss stets vorab geprüft werden, ob alle benötigten Dokumente neben dem zu untersuchenden Arbeitsergebnis in ausreichender Beschreibungstiefe vorhanden sind. Nur wenn das der Fall ist, ist ein Review durchzuführen.

4.6 Unterschiede zwischen statischen und dynamischen Tests

Verschiedene Arten von Fehlern werden gefunden.

Statischer und dynamischer Test können die gleichen Ziele verfolgen (s. Abschnitt 2.1.2), ergänzen sich aber gegenseitig, indem sie verschiedene Arten von Fehlern finden. Statische Tests entdecken Fehler(zustände) in den Arbeitsergebnissen bzw. Dokumenten direkt. Dynamische Tests weisen Fehlerwirkungen nach – in aller Regel im Programmcode und nicht in anderen Dokumenten (von ausführbaren Modellen abgesehen). Die nachgewiesenen Fehlerwirkungen sind auf Fehlerzustände zurückzuführen, bevor sie behoben werden können. Fehlerwirkungen können auch lange unerkannt bleiben, zum Beispiel wenn das Programmstück, das den Fehlerzustand enthält, nur höchst selten zur Ausführung kommt. Entsprechende aufdeckende Testfälle sind oft schwierig zu spezifizieren, was mit einem hohen Aufwand verbunden ist. Statische Tests können einen solchen Fehlerzustand meist mit geringerem Aufwand im Programmcode nachweisen.

»Innere« Qualität wird geprüft.

Das extern sichtbare Verhalten des Testobjekts wird beim dynamischen Test überprüft. Statische Tests legen den Fokus auf die Verbesserung der Beschaffenheit und der internen Qualität der analysierten Arbeitsergebnisse.

Typische Fehler, die erkannt werden

In der folgenden Auflistung sind typische Fehler(zustände) bzw. Ungenauigkeiten aufgeführt, die durch Reviews einfach und kostengünstig zu finden und damit frühzeitig zu beheben sind:

- **Anforderungsfehler**
  Es können Inkonsistenzen, Mehrdeutigkeiten, Widersprüche, Lücken, Ungenauigkeiten und Redundanzen in den Anforderungsdokumenten nachgewiesen werden.
- **Entwurfsfehler**
  In Architekturdokumenten, in denen die internen Schnittstellen spezifiziert sind, können Fehler nachgewiesen werden. So kann die Abhängigkeit (Kopplung) zwischen einzelnen Systemteilen (Komponenten, Module) sehr hoch sein, was sowohl das Verständnis der einzelnen abhängigen Teile als auch deren separates Testen erschwert oder sogar verhindert, da der Aufwand, eine entsprechende Testumgebung zu schaffen, unverhältnismäßig hoch ist. Ebenso kann der innere Zusammenhang (Kohäsion) eines Systemteils (Komponente, Modul) analysiert werden. Ein Systemteil mit starker Kohäsion ist für genau eine einzige wohldefinierte Aufgabe zuständig.

Eine mehr oder weniger lose Sammlung von Aufgaben in einer Komponente deutet auf eine geringe Kohäsion hin und hat ähnlich negative Auswirkungen wie eine hohe Kopplung. Auch Algorithmen und Datenbankstrukturen, die ineffizient entworfen wurden, können erkannt werden.

- **Programmierfehler**
  Prinzipiell können alle Fehlerzustände im Programmcode durch Codereviews erkannt werden, wenn qualifizierte Reviewer und ausreichend Zeit zur Verfügung stehen. So kann die Nutzung von Variablen, die keinen definierten Wert haben, und die Deklaration von Variablen, die im Programm nie genutzt werden, erkannt werden. Ebenso lässt sich unerreichbarer und doppelter Code feststellen. Allerdings kann diese Art von Fehler(zustände)n auch von Compilern oder statischen Analysewerkzeugen erkannt werden, was weniger zeitaufwendig und somit kostengünstiger ist.
- **Abweichungen von Standards**
  Standards und Richtlinien tragen zu besserer Qualität bei. Eine mangelnde Einhaltung von beispielsweise Programmierrichtlinien führt zum Gegenteil – zu schlechter Qualität. Ein willkommener Nebeneffekt: Wenn klar ist, dass die Einhaltung von Programmierrichtlinien kontrolliert wird, ist die Motivation, diese auch zu befolgen, weit höher, als wenn keine Prüfung des Programmcodes vorgenommen wird.
- **Fehlerhafte Schnittstellenspezifikationen**
  Die Schnittstellen zwischen Systemteilen sind im Hinblick auf Namen und Parameter (Anzahl, Datentyp und Reihenfolge) zu prüfen, denn nicht alle Unstimmigkeiten werden bei der Integration der Systemteile auf dem Rechner erkannt.

Beispiel: Unzureichende Schnittstellenspezifikation

Ein bekanntes und dokumentiertes Beispiel für unzureichende Spezifikation von Schnittstellen ist die NASA-Sonde Mars Climate Orbiter [URL: Mars Climate Orbiter]. Die Programmierer verwendeten unterschiedliche Maßsysteme (metrisches und angloamerikanisches), was zum Verlust der Sonde führte. Bei einem formalen Review der Schnittstellenspezifikation, wie der Inspektion, wäre die fehlende Festlegung auf das Maßsystem mit einer gewissen Wahrscheinlichkeit erkannt worden.

- **Schwachstellen in der Zugriffssicherheit**[17]
  Neben den dynamischen Tests auf Sicherheit können viele solcher Schwachstellen auch statisch ermittelt werden. Hierzu gehört beispielsweise die Anfälligkeit bei Pufferüberlauf (Buffer-Overflow), wenn die Einhaltung von Grenzen nicht explizit geprüft wird, und die Möglichkeit des direkten Manipulierens der Eingabedaten oder von SQL-Abfragen.
- **Lücken oder Ungenauigkeiten bei Rückverfolgbarkeit oder Überdeckungsgrad**
  Auf die Bedeutung der Rückverfolgbarkeit und des Überdeckungsgrades wurde in Abschnitt 2.3.8 hingewiesen. Lücken bei der Rückverfolgbarkeit machen diese wertlos, da beispielsweise kein Zusammenhang mehr zwischen den Anforderungen und den Testfällen hergestellt werden kann. Ungenauigkeiten bei den Abnahmekriterien und dem Grad der nachzuweisenden Überdeckung machen diese ebenfalls unbrauchbar und können zu falscher Einschätzung oder falschen Ergebnissen führen. Reviewergebnisse können z.B. auf fehlende Tests für ein zu erfüllendes Abnahmekriterium hinweisen.

Wartbarkeit

Softwaresysteme haben oft eine erstaunlich lange Lebenszeit, weshalb der Wartbarkeit der Systeme eine bedeutende Rolle zukommt. Die meisten Schwächen in Bezug auf Wartbarkeit können durch statische Tests gefunden werden. Hierzu gehören: unsachgemäße Modularisierung (Kopplung und Kohäsion, s.o.), schlechte Wiederverwendbarkeit von Komponenten, schwer verständlicher und schwer änderbarer Programmiercode (kein »Clean Code« [Martin 09]), der dadurch ein hohes Risiko birgt, dass bei notwendigen Änderungen neue Fehlerzustände eingebaut werden.

---

17. Werkzeuggestützte Analysen liefern hier sicherlich verlässlichere Ergebnisse (s. Kap. 7).

4.7 Zusammenfassung

- Jedes Arbeitsergebnis, also jedes Dokument, kann einem Review unterzogen werden. Voraussetzung ist, dass die Teilnehmer am Review wissen, wie das Dokument zu lesen und zu verstehen ist.
- Reviews sind statische Tests, bei denen das Arbeitsergebnis – im Gegensatz zum dynamischen Test – nicht auf einem Rechner zur Ausführung kommt. Daher können Reviews frühzeitig und auf alle Arbeitsergebnisse, die bei der Softwareerstellung genutzt oder erstellt werden, angewendet werden.
- Mehrere Augenpaare sehen mehr als ein Augenpaar – auch in der Softwareentwicklung. Reviews zur Kontrolle und Qualitätssteigerung nehmen diesen Grundsatz auf. Dokumente werden von mehreren Personen begutachtet und die Ergebnisse in einer Sitzung diskutiert und protokolliert.
- Der Reviewprozess besteht aus den folgenden Aktivitäten: Planung, Reviewinitiierung (Reviewbeginn), individuelles Review (d.h. individuelle Vorbereitung), Diskussion der Befunde (Befundkommunikation und -analyse – meist in einer Reviewsitzung), Fehlerbehebung und Bericht.
- Um Fehler(zustände) im Rahmen der individuellen Vorbereitung besser erkennen zu können, gibt es eine Reihe von Vorgehensweisen, die angewendet werden können:
  - **Ad hoc**
    ohne Vorgaben
  - **Checklistenbasiert**
    Fragen aus Checklisten helfen beim Review
  - **Szenarien und Probeläufe** (»Dry Runs«)
    »Durchspielen« von Szenarien
  - **Rollenbasiert**
    Einnehmen von Rollen beim Review
  - **Perspektivisch**
    Unterschiedliche Sichten auf das Arbeitsergebnis
- Rollen beim Review und damit zu verteilende Aufgaben sind: Manager, Reviewleiter, Moderator, Autor, Reviewer (Gutachter) und Protokollant.

- Es gibt eine ganze Reihe von unterschiedlichen Ausprägungen oder Arten von Reviews, von denen in diesem Kapitel vier näher beschrieben sind. Leider gibt es keine einheitliche, durchgängige Begriffsfestlegung zu Reviews in den verschiedenen Standards und Normen.
  - Das informelle Review unterliegt keinem formalisierten Prozess und auch die Form der Ergebnisdokumentation ist nicht vorgeschrieben. Wegen des geringeren Aufwands hat diese Form des Reviews eine hohe Akzeptanz und weite Verbreitung in der Praxis gefunden.
  - Der Walkthrough ist eine informelle Vorgehensweise, bei der der Autor sein Dokument den Gutachtern in der Sitzung präsentiert. Die Vorbereitung hat einen geringen Umfang. Der Walkthrough ist besonders für kleine Entwicklungsteams geeignet, zum Diskutieren von Alternativen und zur Verbreitung von Wissen im Team.
  - Bei dem technischen Review ist der Ablauf genauer festgelegt und eine Vorbereitung der Reviewer zwingend erforderlich. Reviewer sollen fachliche Kollegen des Autors sein, damit alternative Umsetzungen diskutiert werden können.
  - Die Inspektion ist die formalste Reviewart. Eine Vorbereitung erfolgt anhand von Checklisten, für die einzelnen Prüfschritte sind Eintritts- und Austrittskriterien definiert. Die Sitzung wird von einem geschulten Moderator geleitet. Ziel von Inspektionen ist neben der Qualitätskontrolle des Arbeitsergebnisses auch die Verbesserung des Entwicklungs- und Reviewprozesses.
- Allgemein unterliegen Reviews firmenspezifischen Ausprägungen. Sie werden auf die jeweiligen Bedürfnisse und Erfordernisse zugeschnitten, wodurch ihr Wirkungsgrad erhöht wird. Wichtig ist, dass eine kooperative Zusammenarbeit zwischen den an der Softwareentwicklung beteiligten Personen etabliert ist.
- Unter Beachtung von Erfolgsfaktoren, die in organisatorische und personenbezogene unterteilt werden können, und der Vermeidung von möglichen Schwierigkeiten sind Reviews ein sehr effizientes Werkzeug zur Qualitätssteigerung in der Softwareentwicklung.
- Reviews finden typischerweise andere Fehler(zustände) als das dynamische Testen.

5 Dynamischer Test

In diesem Kapitel wird das Testen von Software durch Ausführen der Testobjekte auf einem Rechner beschrieben. Hierzu werden die unterschiedlichen Vorgehensweisen zur Spezifikation von Testfällen und zur Festlegung von Kriterien zum Beenden der Tests erläutert und anhand von Beispielen erklärt. Diese Verfahren lassen sich in Blackbox-, Whitebox- und erfahrungsbasierte Verfahren unterteilen. Diese Kategorien werden erörtert und es werden Hinweise zur Auswahl der Verfahren gegeben.

Ausführen des Testobjekts auf einem Rechner

Meist wird unter Testen von Software das Ausführen des Testobjekts auf einem Rechner verstanden. Zur Verdeutlichung wird auch der Begriff dynamischer Test verwendet. Das Testobjekt wird mit Eingabedaten versehen und zur Ausführung gebracht. Es muss ein ablauffähiges Programm vorliegen. Da dies in den unteren Teststufen (Komponenten- und Integrationstest) nicht der Fall ist, muss dort das Testobjekt in einen Testrahmen (engl. »Test Bed«, s. Abb. 5–1) eingebettet werden, um ein ablauffähiges Programm zu erhalten.

Testrahmen erforderlich

Das Testobjekt wird meist weitere Programmteile über definierte Schnittstellen aufrufen. Diese Programmteile werden durch Platzhalter (Stubs, Mock-Objekte, Stellvertreter) realisiert, wenn sie noch nicht fertig implementiert und damit einsatzbereit sind oder für diesen Test des Testobjekts nur simuliert werden sollen. Platzhalter simulieren das Ein-/Ausgabeverhalten des eigentlich aufzurufenden Programmteils.

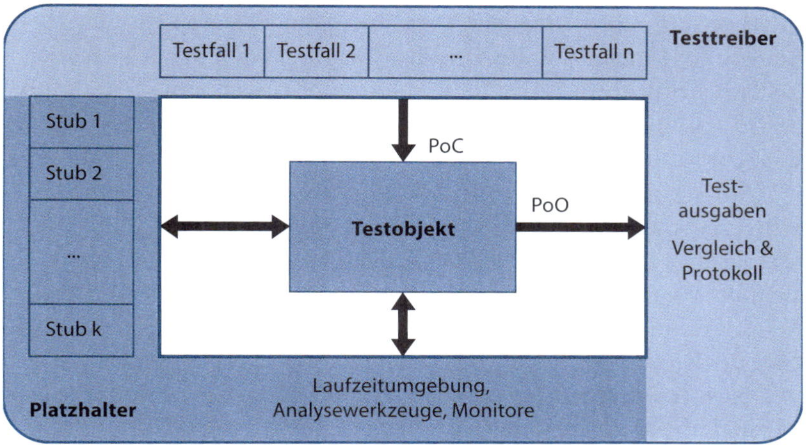

Abb. 5–1
Testrahmen

Des Weiteren ist das Testobjekt vom Testrahmen mit den Eingabedaten zu versorgen. Meist muss dazu ein das Testobjekt aufrufendes Programmteil simuliert werden. Ein Testtreiber übernimmt diese Aufgabe. Treiber und Platzhalter bilden zusammen den Testrahmen, der mit dem Testobjekt zusammen das ablauffähige Programm ergibt.

Der Testrahmen ist häufig vom Tester zu entwickeln bzw. durch Ausbau von generischen Testrahmen auf die Schnittstellen des Testobjekts hin anzupassen. Es können auch Testrahmengeneratoren eingesetzt werden (s. Abschnitt 7.1.4). Nachdem ein ablauffähiges Testobjekt vorliegt, kann der dynamische Test durchgeführt werden.

Systematisches Vorgehen bei der Erstellung der Testfälle

Ziel des Testens ist der Nachweis der Erfüllung der festgelegten Anforderungen durch das implementierte Programmstück und die Aufdeckung von eventuellen Abweichungen und Fehlerwirkungen. Dabei sollen mit möglichst wenig Aufwand möglichst viele Anforderungen überprüft bzw. Fehlerwirkungen nachgewiesen werden. Um diesem Ziel nahezukommen, muss ein systematisches Vorgehen bei der Erstellung der Testfälle gewählt werden. Ein unstrukturiertes Testen, meist »aus dem Bauch heraus«, bietet keine Gewähr dafür, dass möglichst viele oder sogar alle Situationen getestet wurden, die vom Testobjekt unterschiedlich verarbeitet werden.

Schrittweises Vorgehen

Folgende Schritte sind notwendig, um die Tests durchzuführen:

- Bedingungen und Voraussetzungen für den Test und die verfolgten Ziele festlegen,
- die einzelnen Testfälle spezifizieren und
- die Testausführung festlegen (in der Regel eine Aneinanderreihung von mehreren Testfällen).

Dieses Vorgehen kann sehr informell ablaufen, beispielsweise undokumentiert, oder formal, wie es hier im Kapitel beschrieben wird. Der Grad der Formalisierung hängt von mehreren Faktoren ab. Einen starken Einfluss haben z.B. das Einsatzgebiet des Systems (z.B. sicherheitskritische Software), der Reifegrad des Entwicklungs- und Testprozesses, zeitliche Randbedingungen und der Ausbildungsstand der am Projekt Beteiligten, um nur einige zu nennen (s.a. Abschnitt 5.4).

Bedingungen, Voraussetzungen, Ziele

Auf Grundlage der Testbasis – genauer der Testbedingungen – wird zuerst analysiert, was dynamisch zu testen ist (z.B. die korrekte Durchführung einer Transaktion). Die Testziele zum Nachweis der Erfüllung von Anforderungen durch die Testfälle werden festgelegt. Das im Fehlerfall eintretende Risiko soll hierbei besonders berücksichtigt werden. Notwendige Voraussetzungen und Bedingungen für den dynamischen Test werden ermittelt, beispielsweise der benötigte Datenbestand in einer Datenbank.

Rückverfolgbarkeit

Die hergestellte Rückverfolgbarkeit, also die Verbindung zwischen den einzelnen Anforderungen und den sie prüfenden Testfällen, erlaubt eine Analyse (»Impact Analysis«) und damit eine erheblich bessere Abschätzung der Auswirkungen bei Änderungen der Anforderungen auf den Test (Neuerstellung, Streichung oder Änderung von Testfällen). Andererseits erreicht die Rückverfolgbarkeit, dass eine Überdeckung der Anforderungen durch eine Menge an Testfällen ermittelt und somit ein Kriterium (Überdeckungsgrad) zur Beendigung des dynamischen Tests festgelegt werden kann.

In der Praxis liegt die Zahl der Testfälle recht schnell bei einigen Hundert oder Tausend. Erst durch die Rückverfolgbarkeit wird es überhaupt möglich, aus der großen Anzahl von vorhandenen Testfällen diejenigen zu finden, die von einer geänderten Anforderung betroffen sind (s. Abschnitte 2.3.8 und 7.1.1).

Testfallspezifikation

Zur Spezifikation der einzelnen Testfälle gehören die Eingabewerte des Testobjekts, die mithilfe der Testverfahren[1], die in diesem Kapitel beschrieben sind, ermittelt werden. Zum Testfall gehören aber auch die einzuhaltenden Vorbedingungen, um den Testfall ausführen zu können, die erwarteten Ergebnisse und die erwarteten Nachbedingungen, um entscheiden zu können, ob eine Fehlerwirkung vom Testfall aufgezeigt wird. Die erwarteten Ergebnisse (Ausgaben, Änderung von internen Zuständen usw.) müssen vor der Ausführung der Testfälle feststehen und dokumentiert werden. Sonst kann es leicht passieren, dass nach der Testausführung ein fehlerhaftes Ergebnis als korrekt interpretiert und somit eine Fehlerwirkung übersehen wird.

Erwartetes Ergebnis und Verhalten festlegen

Ausführung der Testfälle

Es ist wenig sinnvoll, Testfälle einzeln auszuführen, sondern es ist ratsam, eine Reihe von Testfällen nacheinander auszuführen (Testsuite, Testsequenz oder Testszenario). Wie die Zusammenstellung erfolgt, ist im Testausführungsplan festzulegen. Im Dokument sind die Testfälle in der Regel thematisch bzw. nach Testzielen gruppiert aufgeführt. Informationen zu Prioritäten, technischen und logischen Abhängigkeiten zwischen den Tests und den Regressionstestfällen sollten ebenfalls dem Dokument zu entnehmen sein. Der zeitliche Ablauf der Testdurchführung (Zuordnung der Testfälle zu Testern sowie der Durchführungszeitpunkt) ist ebenfalls festzulegen (s. Abschnitt 6.3.1).

Testsequenzen werden in der Regel nicht manuell, sondern automatisiert ausgeführt, hierzu ist ein Testskript erforderlich. Das Testskript enthält, meist in einer Programmiersprache oder ähnlichen Notation, Anweisungen zur automatischen Ausführung einer Testsequenz. Im Testskript können auch die entsprechenden Vorbedingungen gesetzt und

---

1. Auch als Testentwurfsverfahren bezeichnet, da sie zum Entwerfen der Tests – genauer der Testfälle – herangezogen werden. Ein weiteres Synonym ist Testmethode.

ein Vergleich zwischen Soll- und Istergebnis vorgenommen werden. JUnit ist beispielsweise ein Framework, das es ermöglicht, sehr einfach Testskripts in Java zu programmieren (s.a. [URL: xUnit]).

Blackbox- und Whitebox-Testverfahren

Zur systematischen Erstellung der einzelnen Testfälle gibt es eine ganze Reihe von unterschiedlichen Verfahren, die verwendet werden können. Die Verfahren lassen sich in zwei Kategorien einteilen: Blackbox- und Whitebox[2]-Verfahren. Präziser ausgedrückt: Blackbox- und Whitebox-Testfallentwurfsverfahren, denn die Verfahren dienen zur Ermittlung der jeweiligen Testfälle. Darüber hinaus ergänzen erfahrungsbasierte Ansätze zum Testen die Erstellung von Testfällen.

Tipp

- In der ISO-Norm 29119 [ISO 29119] Teil 4 »Test Techniques« sind zehn Blackbox- und sieben Whitebox-Testverfahren sowie ein erfahrungsbasiertes Verfahren aufgeführt. Im ISTQB®-Lehrplan »Foundation Level« sind es erheblich weniger: fünf Blackbox-, zwei Whitebox-Testverfahren und drei erfahrungsbasierte. Im Buch »Lean Testing für C++-Programmierer« [Spillner 16] werden alle Verfahren der ISO-Norm ausführlich vorgestellt und mit Beispielen in der Programmiersprache C++ verdeutlicht. Dabei sind die Programmierbeispiele so einfach gehalten, dass sie auch von Entwicklern verstanden werden können, die keine C++-Kenntnisse haben. Alle Beispiele stehen zum Download unter [URL: Lean Testing] zur Verfügung.

Blackbox-Testverfahren

Blackbox-Testverfahren können sowohl auf funktionale als auch auf nicht funktionale Tests angewendet werden. Bei den Blackbox-Verfahren wird das Testobjekt als schwarzer Kasten angesehen. Über den Programmtext und den inneren Aufbau sind keine Informationen erforderlich. Beobachtet wird das Verhalten des Testobjekts von außen (PoO – Point of Observation liegt außerhalb des Testobjekts). Außer durch die entsprechende Wahl der Eingabetestdaten (oder durch die Setzung entsprechender Vorbedingungen) ist keine Steuerung des Ablaufs des Testobjekts möglich (auch der PoC – Point of Control liegt außerhalb des Testobjekts). Die Blackbox-Testverfahren konzentrieren sich auf die Eingaben und Ausgaben des Testobjekts.

Die Überlegungen zu den Testfällen, Testbedingungen und Testdaten beruhen auf der Spezifikation bzw. den Anforderungen und auf Anwendungsfällen und User Stories. Oft werden auch formale oder

---

2. Manchmal auch als »Glassbox-Verfahren« oder »Open-Box-Verfahren« bezeichnet, weil in einen weißen Kasten auch nicht hineingesehen werden kann. Diese Begriffe haben sich allerdings nicht durchgesetzt.

nicht formale Modelle zur Spezifikation der Software oder einzelner Komponenten genutzt. Testfälle können dann systematisch von diesen Modellen abgeleitet werden.

Lücken in den Anforderungen können aufgedeckt werden.

Zusätzlich können Testfälle Lücken zwischen den Anforderungen und der Realisierung der Anforderungen aufzeigen sowie Abweichungen von den Anforderungen erkennen. Diese Vorteile ergeben sich meist nur bei der systematischen Ableitung der Testfälle unter Nutzung von Blackbox-Testverfahren.

Wann ausreichend getestet wurde, wird anhand des erreichten Überdeckungsgrades (s. Testendekriterien, Abschnitt 6.3) der getesteten Elemente in der Testbasis festgestellt. Ein Minimalkriterium wäre, dass jede Anforderung mit mindestens einem Testfall zu prüfen ist.

Whitebox-Testverfahren

Im Gegensatz zu den Blackbox-Testverfahren fokussieren Whitebox-Testverfahren auf die Struktur und die Abläufe innerhalb des Testobjekts. Sie werden daher auch als strukturelle oder strukturbasierte Verfahren bezeichnet.

Ebenso wie bei den Blackbox-Verfahren werden die Überlegungen zu den Testfällen, Testbedingungen und Testdaten aus einer Testbasis abgeleitet. Neben den Anforderungen (um beispielsweise das erwartete Ergebnis der Testfälle zu bestimmen) beinhaltet die Testbasis auch Informationen über den Programmtext, die Softwarearchitektur, den Feinentwurf oder andere Arten an Informationen über die Struktur der zu testenden Software(teile).

Während der Ausführung der Testfälle wird der innere Ablauf im Testobjekt analysiert (der Point of Observation liegt innerhalb des Testobjekts). Ein Eingriff in den Ablauf des Testobjekts ist in Ausnahmefällen möglich, z.B. wenn über die Komponentenschnittstelle die zu provozierende Fehlbedienung nicht ausgelöst werden kann und daher die Fehlbedienung im Testobjekt »hart« gesetzt werden muss (der Point of Control kann innerhalb des Testobjekts liegen). Testfälle können aufgrund der Programmstruktur (Programmcode oder detaillierte Spezifikation) des Testobjekts gewonnen werden (s. Abb. 5–2). Vorgegebenes Ziel bei den Whitebox-Verfahren ist ein nachzuweisender Überdeckungsgrad, z.B. 80 % aller Anweisungen des Testobjekts sollen durch die Ausführung der Testfälle überdeckt werden. Weitere Testfälle können zur Erhöhung des Überdeckungsgrades systematisch abgeleitet werden.

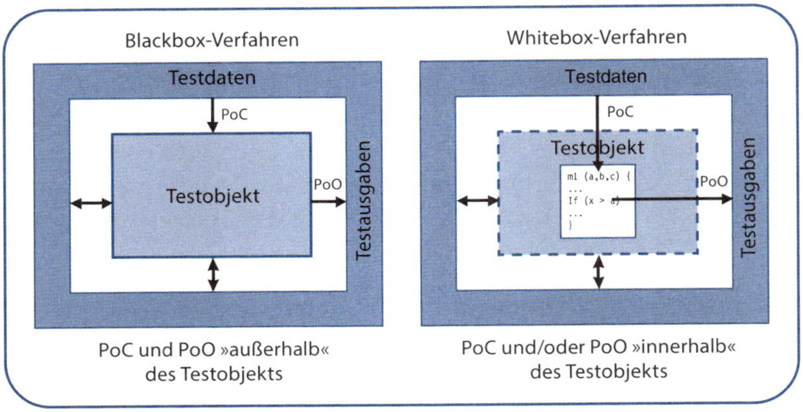

Abb. 5–2
PoC und PoO bei Blackbox- und Whitebox-Verfahren

Systematische Herleitung der Testfälle

Die Whitebox-Testverfahren lassen sich auf den unteren Teststufen wie Komponenten- und Integrationstest anwenden. Ein Systemtest, der sich am Programmtext orientiert, ist in der Regel wenig sinnvoll. Die Blackbox-Verfahren eignen sich für alle Teststufen. Alle Vorgehensweisen, bei denen vor der Codierung die Testfälle definiert werden (»Test-First Programming«, »Test-Driven Development«), sind per se Blackbox-Verfahren.

Die meisten Testverfahren lassen sich eindeutig den beiden Kategorien zuordnen, einige haben Elemente von beiden. Diese werden manchmal als »Greybox-Verfahren« bezeichnet.

Erfahrungsbasierte Testfallermittlung

Das erfahrungsbasierte Testen nutzt das Wissen und die Erfahrung von Personen (Testern, Entwicklern, Anwendern und Betroffenen) zur Ableitung der Testfälle, Testbedingungen und Testdaten. Verwendet wird auch die Kenntnis über die erwartete Nutzung der Software, ihrer Umgebung sowie wahrscheinliche Fehlerzustände und deren Verteilung im Testobjekt. Ein Überdeckungsgrad kann bei den Verfahren meist nicht ermittelt werden und damit kein definiertes, nachweisbares Kriterium zur Beendigung des Tests. Die intuitiven oder erfahrungsbasierten Verfahren werden oft mit Blackbox- und Whitebox-Verfahren kombiniert.

In den folgenden drei Abschnitten werden die Blackbox- und Whitebox-Verfahren sowie die erfahrungsbasierten Testverfahren ausführlich behandelt.

5.1 Blackbox-Testverfahren

Da bei Blackbox-Verfahren der innere Aufbau des Testobjekts nicht bekannt ist bzw. nicht herangezogen wird, werden Testfälle aus der Spezifikation abgeleitet oder liegen bereits im Idealfall als Teil der Spezifikation vor. Die Verfahren werden auch als spezifikationsbasierte Testverfahren (oder verhaltens- oder verhaltensgesteuerte Testverfahren) bezeichnet, da sie auf der Spezifikation (den Anforderungen bzw. dem Verhalten) basieren. Ein Test mit allen möglichen Eingabewerten und deren Kombination wäre ein vollständiger Test. Dies ist aber wegen der großen Zahl von möglichen Eingabewerten und Kombinationen unrealistisch (s. Abschnitt 2.1.4). Eine sinnvolle Auswahl aus den möglichen Testfällen muss getroffen werden. Dazu gibt es mehrere Verfahren, die im Folgenden vorgestellt werden.

5.1.1 Äquivalenzklassenbildung

Eingabebereiche werden in Äquivalenzklassen unterteilt.

Die Menge der möglichen konkreten Eingabewerte für ein Eingabedatum (ein Parameter des Testobjekts) wird in Äquivalenzklassen – auch als Partitionen bezeichnet – unterteilt. Zu einer Äquivalenzklasse gehören alle Eingabewerte, bei denen der Tester davon ausgeht, dass sich das Testobjekt bei Eingabe eines beliebigen Datums aus der Äquivalenzklasse gleich verhält. Der Test eines Repräsentanten einer Äquivalenzklasse wird als ausreichend angesehen, da davon ausgegangen wird, dass das Testobjekt für alle anderen Eingabewerte derselben Äquivalenzklasse keine andere Reaktion zeigt.

Neben den Äquivalenzklassen, die gültige Eingaben umfassen, sind auch solche für ungültige Eingaben zu berücksichtigen.

Beispiel: Äquivalenzklassenbildung

Das Beispiel zur Berechnung der Rabatte der Autoverkäufer aus Abschnitt 2.3.4 soll hier erneut aufgegriffen werden und den Sachverhalt verdeutlichen. Zur Erinnerung: Über die Verkaufssoftware kann das Autohaus seinen Verkäufern Rabattregeln vorgeben. In der Beschreibung der Anforderungen findet sich folgende Textpassage:

> »Bei einem Kaufpreis von weniger als 15.000 € soll kein Rabatt gewährt werden. Bei einem Preis bis zu 20.000 € sind 5% Rabatt angemessen. Liegt der Kaufpreis unter 25.000 €, sind 7% Rabatt möglich, darüber sind 8,5% Rabatt einzuräumen.«

Es lassen sich sehr einfach vier unterschiedliche Äquivalenzklassen mit gültigen Werten (gültige Äquivalenzklasse, gÄK) für die Berechnung der Rabatte anhand des Verkaufspreises ableiten:

Tab. 5–1
Gültige Äquivalenzklassen und Repräsentanten

Parameter	Äquivalenzklasse	Repräsentant
Verkaufspreis	$gÄK_1$: $0 \leq x < 15000$	14500
	$gÄK_2$: $15000 \leq x \leq 20000$	16500
	$gÄK_3$: $20000 < x < 25000$	24750
	$gÄK_4$: $x \geq 25000$	31800

In Abschnitt 2.3.4 wurden die Eingabewerte 14500, 16500, 24750 und 31800 (vgl. Tab. 2–3) gewählt. Jeder Wert ist ein Repräsentant aus einer der vier Äquivalenzklassen. Es wird davon ausgegangen, dass Testläufe mit beispielsweise den Eingabewerten 13400, 17000, 22300 und 28900 zu keinen weiteren Erkenntnissen führen, also auch keine weiteren Fehlerwirkungen aufdecken und damit nicht durchgeführt zu werden brauchen. Hinweis: Tests mit Grenzwerten der Äquivalenzklassen (z.B. 15000) werden in Abschnitt 5.1.2 erörtert.

Äquivalenzklassen mit ungültigen Werten

Neben den gültigen Eingabewerten müssen auch ungültige Eingaben beim Test überprüft werden. Es müssen also auch Äquivalenzklassen für ungültige Werte überlegt und Testläufe mit Repräsentanten dieser Klassen durchgeführt werden.

Beispiel

In dem Beispiel sind es die folgenden beiden ungültigen Äquivalenzklassen[3] (uÄK):

Tab. 5–2
Ungültige Äquivalenzklassen und Repräsentanten

Parameter	Äquivalenzklasse	Repräsentant
Verkaufspreis	$uÄK_1$: $x < 0$ (»negativer« – also falscher – Verkaufspreis)	-4000
	$uÄK_2$: $x > 1000000$ (»unrealistisch hoher« Verkaufspreis[a])	1500800

a. Der Wert 1000000 ist hier relativ willkürlich gewählt. Es muss mit dem Automobilhersteller bzw. dem Verkäufer abgestimmt werden, was für ihn ein »unrealistisch hoher« Verkaufspreis ist.

Um die Testfälle systematisch herzuleiten, wird wie folgt vorgegangen: Für jede zu testende Eingabevariable (z.B. Funktions-/Methodenparameter beim Komponententest oder Maskenfeld beim Systemtest) wird der Definitionsbereich ermittelt. Dieser Definitionsbereich ist die Äquivalenzklasse aller zulässigen bzw. erlaubten Eingabewerte. Diese Werte muss das Testobjekt gemäß der Spezifikation verarbeiten. Die Werte

3. Eine korrektere Bezeichnung wäre »Äquivalenzklassen für ungültige Werte« statt ungültige Äquivalenzklassen, da die Äquivalenzklasse ja nicht ungültig ist, sondern die Werte der Äquivalenzklasse in Bezug auf die spezifizierte Eingabe.

außerhalb des Definitionsbereichs werden als Äquivalenzklassen mit unzulässigen Werten betrachtet. Auch für diese Werte ist zu prüfen, wie das Testobjekt sich verhält.

Weitere Aufteilung der Äquivalenzklassen

Als nächster Schritt sind die Äquivalenzklassen zu verfeinern. Äquivalenzklassenelemente, die vom Testobjekt laut Spezifikation unterschiedlich verarbeitet werden, sind einer neuen (Unter-)Äquivalenzklasse zuzuordnen. Die Äquivalenzklassen werden so lange aufgeteilt, bis sich alle unterschiedlichen Anforderungen mit den jeweiligen Äquivalenzklassen decken. Für jede einzelne Äquivalenzklasse ist dann ein Repräsentant für einen Testfall auszuwählen.

Zur Vervollständigung der Testfälle muss zu jedem Repräsentanten auch das erwartete Ergebnis und ggf. die Vorbedingungen für den Testlauf festgelegt werden.

Äquivalenzklassen für Ausgabe- und weitere Werte

Das Prinzip der Zerlegung kann genauso für die Ausgabewerte genutzt werden. Die Ermittlung der einzelnen Testfälle ist allerdings aufwendiger, da für jeden »Ausgaberepräsentanten« (Ergebniswert) die ihn erzeugenden Eingabewerte zu ermitteln sind. Auch bei den Ausgabewerten sind die Äquivalenzklassen mit ungültigen Werten nicht zu vernachlässigen.

Grundsätzlich können Äquivalenzklassen für jedes zusammenhängende Datenelement in Bezug auf das Testobjekt gebildet werden, also nicht nur für Ein- und Ausgaben. Es können interne Werte, zeitbezogene Werte (z.B. vor oder nach einem Ereignis) und Werte für Schnittstellenparameter, die während Integrationstests getestet werden, zur Bildung von Äquivalenzklassen herangezogen werden.

Es ist darauf zu achten, dass jeder mögliche (Eingabe/Ausgabe-) Wert nur genau zu einer Äquivalenzklasse gehört. Äquivalenzkassen sind überschneidungsfrei, d.h., ein Wert darf nicht zu mehreren Äquivalenzklassen gehören. Die Aufteilung in Äquivalenzklassen und die Wahl der Repräsentanten sind sehr sorgfältig vorzunehmen, da es stark von der Güte der Aufteilung abhängt, welche Testfälle durchgeführt und mit welcher Wahrscheinlichkeit Fehlerwirkungen gefunden werden. In der Regel ist es nicht trivial, die Äquivalenzklassen aus der Spezifikation oder aus anderen Dokumenten herzuleiten.

Grenzen der Äquivalenzklassen

Aussichtsreiche Testfälle sind sicherlich solche, die die Grenzen der Äquivalenzklassen prüfen. Oft sind an diesen Stellen Missverständnisse oder Ungenauigkeiten in den Anforderungen enthalten, da aus einer umgangssprachlichen Formulierung nicht (im mathematischen Sinne) genau hervorgeht, welcher Grenzwert einer Äquivalenzklasse zuzuordnen ist oder nicht. Eine umgangssprachliche Formulierung »... weniger als 15.000 € ...« in den Anforderungen kann den exakten Wert 15.000 innerhalb (ÄK: $x \leq 15000$) oder auch außerhalb der

Äquivalenzklasse (ÄK: x < 15000) meinen. Ein zusätzlicher Testfall mit x = 15000 kann eine mögliche Fehlinterpretation und damit eine Fehlerwirkung aufdecken. In Abschnitt 5.1.2 wird auf die Analyse der Grenzwerte der Äquivalenzklassen ausführlich eingegangen.

Beispiel: Äquivalenzklassenbildung für ganzzahlige Eingabewerte

Zur Verdeutlichung des Vorgehens bei der Bildung der Äquivalenzklassen sollen die möglichen Äquivalenzklassen für einen ganzzahligen Eingabewert ermittelt werden. Für den ganzzahligen Parameter `extras` der Methode `calculate_price()` ergeben sich folgende Äquivalenzklassen:

Tab. 5–3 *Äquivalenzklassen für ganzzahlige Eingabewerte*

Parameter	Äquivalenzklasse
extras	$gÄK_1$: `[MIN_INT, ... , MAX_INT]` [a] $uÄK_1$: `NaN`

a. Mit MIN_INT und MAX_INT ist jeweils die kleinste und größte ganze darstellbare Zahl im Rechner gemeint. Diese können je nach verwendeter Hardware von Rechner zu Rechner unterschiedlich sein.

Dabei ist darauf zu achten, dass der Wertebereich im Gegensatz zur reinen Mathematik im Rechner durch die Maxima und Minima beschränkt ist. Über- oder Unterschreitungen dieser Werte führen häufig zu Fehlerwirkungen, da mögliche Überschreitungen nicht abgefangen werden.

Die Äquivalenzklasse unzulässiger Werte ergibt sich aus folgender Überlegung: Unzulässige Werte sind Zahlen, die größer oder kleiner sind als die jeweiligen Intervallgrenzen, oder sämtliche nicht numerischen Werte[4]. Wird angenommen, dass die Reaktion der Methode auf einen unzulässigen Wert immer gleich ist (z.B. eine Ausnahmebehandlung, die den Fehlercode NOT_VALID liefert), genügt es, alle möglichen Arten unzulässiger Werte auf eine gemeinsame Äquivalenzklasse (hier bezeichnet mit NaN für »Not a Number«) abzubilden. Zu dieser gemeinsamen Äquivalenzklasse zählen hier auch Gleitkommazahlen, da erwartet wird, dass auf eine Eingabe von beispielsweise »3,5« das Testobjekt mit einer Fehlermeldung reagiert. Die Äquivalenzklassenbildung verlangt in diesem Fall keine weitere Unterteilung, da bei allen falschen Eingaben die gleiche Reaktion erwartet wird. Ein erfahrener Tester wird allerdings auch den Testfall mit einer Gleitkommazahl vorsehen, um festzustellen, ob das Programm nicht möglicherweise eine Rundung der Zahl vornimmt und mit dem dann ermittelten ganzzahligen Wert die Berechnung fortsetzt. Grundlage für diesen ergänzenden Testfall ist demnach das erfahrungsbasierte Testen (s. Abschnitt 5.3).

4. Es hängt von der gewählten Programmiersprache und dem eingesetzten Compiler ab, ob und welche unzulässigen Werte der Compiler erkennt, z.B. beim Versuch, die Methode vom Testtreiber aufzurufen. Im Beispiel wird angenommen, dass der Compiler unzulässige Parameterwerte nicht erkennt und deren Verarbeitung daher im dynamischen Test mit untersucht werden muss.

Da negative und positive Werte erfahrungsgemäß unterschiedlich behandelt werden, macht es Sinn, die Äquivalenzklasse mit den gültigen Werten ($gÄK_1$) weiter aufzuteilen. Auch ist die Null ein Eingabewert, der häufig zu Fehlerwirkungen führt.

Tab. 5–4 Äquivalenzklassen und Repräsentanten für ganzzahlige Eingabewerte

Parameter	Äquivalenzklasse	Repräsentant
extras	$gÄK_1$: [MIN_INT,...,0[[a] $gÄK_2$: [0,...,MAX_INT] $uÄK_1$: NaN	-123 654 "f"

a. »[« bezeichnet ein offenes Intervall, bei dem die Intervallgrenze nicht dazugehört. Die Intervallangabe [MIN_INT, ..., -1] definiert die gleiche Zahlenmenge, da es sich um ganze Zahlen handelt.

Als Repräsentant wurde relativ willkürlich je ein Wert aus den insgesamt drei Äquivalenzklassen gewählt. Hinzu kommen noch die Grenzwerte (s.a. Abschnitt 5.1.2) der jeweiligen Äquivalenzklassen: MIN_INT, -1, 0, MAX_INT. Für die Äquivalenzklasse der ungültigen Werte gibt es im engeren Sinne keine Grenzwerte.

Damit ergeben sich nach der Äquivalenzklassenmethode mit Berücksichtigung der Grenzwerte für den Test des ganzzahligen Parameters `extras` folgende sieben zu prüfende Werte:

```
{"f", MIN_INT, -123, -1, 0, 654, MAX_INT}.
```

Zu jedem dieser Eingabewerte sind die erwarteten Ausgaben bzw. Reaktionen des Testobjekts festzulegen, um nach dem Testlauf entscheiden zu können, ob ggf. eine Fehlerwirkung vorliegt.

Äquivalenzklassen von Eingabewerten, die keine Basisdatentypen sind

Bei den im Beispiel verwendeten Eingabewerten mit ganzzahligem Wertebereich lassen sich sehr leicht Äquivalenzklassen bilden und die entsprechenden Repräsentanten auswählen. Es können als Wertebereiche außer den elementaren Datentypen auch zusammengesetzte Datenstrukturen oder Objektmengen zugrunde gelegt werden. Es ist dann jeweils zu entscheiden, mit welchen Repräsentanten ein Testfall durchzuführen ist.

Beispiel für Eingabewerte, die aus einer Menge auszuwählen sind

Folgendes Beispiel soll den Sachverhalt verdeutlichen. Ein Kaufinteressent kann ein Erwerbstätiger, ein Student, ein Auszubildender oder ein Rentner sein. Wenn das Testobjekt auf die jeweilige Ausprägung des Kaufinteressenten unterschiedlich reagiert bzw. reagieren soll, dann sind alle Möglichkeiten jeweils mit einem eigenen Testfall zu überprüfen. Wird kein unterschiedliches Verhalten gefordert oder erwartet, kann auch ein Testfall ausreichend sein und ein beliebiger der möglichen Werte für den Kaufinteressenten gewählt werden.

Ist das Testobjekt die Komponente, die die Finanzierung (*EasyFinance*) bearbeitet, so sind vier unterschiedliche Testfälle vorzusehen. Der Finanzrahmen wird bei den verschiedenen Personen (Erwerbstätiger, Student, Auszubildender, Rentner) sicherlich unterschiedlich berechnet. Genaues muss aus den Anforderungen hervorgehen. Jede Berechnung ist einem Test zu unterziehen, um die Korrektheit der Berechnung zu überprüfen und ggf. Fehlerwirkungen nachzuweisen.

Beim Test der Komponente, die die Konfiguration des Fahrzeugs online vornimmt (*DreamCar*), kann es ausreichend sein, dass für einen Käufer nur ein Repräsentant, zum Beispiel ein Erwerbstätiger, gewählt wird. Vermutlich – auch hier muss Genaues in den Anforderungen zum Sachverhalt definiert sein – spielt es bei der Fahrzeugkonfiguration keine Rolle, ob diese von einem Studenten oder von einem Rentner vorgenommen wird. Dem Tester muss aber klar sein, dass er, wenn er nur den Testfall mit dem Eingabewert »Erwerbstätiger« durchführt, keinerlei Aussagen treffen kann, ob die Fahrzeugkonfiguration auch für die anderen Personengruppen ordnungsgemäß durchgeführt wird.

Tipp zur Ermittlung der Äquivalenzklassen

Als Richtlinie für die Ermittlung der Äquivalenzklassen können folgende Hinweise dienen:

- Ermitteln der spezifizierten Einschränkungen und Bedingungen aus der Spezifikation sowohl für die Eingaben als auch für die Ausgaben.
- Für jede Einschränkung bzw. Bedingung ist die Äquivalenzklassenbildung vorzunehmen:
  - Ist ein zusammenhängender Wertebereich spezifiziert, dann sind eine gültige und zwei ungültige Äquivalenzklassen zu berücksichtigen.
  - Ist spezifiziert, dass eine festgelegte Anzahl von Werten (z.B. ein Name aus mindestens 5 und höchstens 7 Zeichen) einzugeben ist, sind eine gültige – mit allen möglichen gültigen Werten – und zwei ungültige Äquivalenzklassen – Unterschreitung (weniger als 5) und Überschreitung (mehr als 7) der gültigen Anzahl – zu bilden.
  - Ist eine Menge von Werten spezifiziert, die möglicherweise unterschiedlich zu behandeln sind, so ist für jeden Wert der Menge eine gültige Äquivalenzklasse (bestehend aus diesem einen Wert) vorzusehen und eine zusätzliche ungültige Äquivalenzklasse.
  - Falls die Einschränkung oder Bedingung eine Situation beschreibt, die zwingend erfüllt werden muss, ist jeweils eine gültige und ungültige Äquivalenzklasse zu berücksichtigen.
- Bestehen Zweifel an der Gleichbehandlung von Werten innerhalb einer Äquivalenzklasse, muss die Äquivalenzklasse entsprechend weiter unterteilt werden.

Testfälle

Regeln zur Testfallerstellung

In der Regel besitzt ein Testobjekt mehr als nur einen Eingabeparameter. Die Äquivalenzklassenmethode liefert für jeden einzelnen dieser Parameter des Testobjekts mindestens zwei Äquivalenzklassen (eine gültige und eine ungültige). Damit gibt es je Parameter mindestens zwei Repräsentanten, die als Testeingaben zu verwenden sind.

Zur Spezifikation eines Testfalls muss jedem Parameter ein Eingabewert zugeordnet werden. Dazu muss entschieden werden, welche der verfügbaren Repräsentanten miteinander zu einem Eingabedatensatz zu kombinieren sind. Um alle (durch die vorgenommene Äquivalenzklassenzerlegung modellierten) Testobjektreaktionen sicher auszulösen, sind die Eingabewerte, also die Repräsentanten der jeweiligen Äquivalenzklassen, nach folgenden Regeln zu kombinieren:

Kombination der Repräsentanten

- Die Repräsentanten aller gültigen Äquivalenzklassen sind zu Testfällen zu kombinieren, d.h., alle möglichen Kombinationen der jeweiligen Repräsentanten sind vorzusehen. Jede dieser Kombinationen bildet einen »gültigen Testfall«.

Ungültige Werte separat testen

- Der Repräsentant einer ungültigen Äquivalenzklasse ist nur mit Repräsentanten von anderen gültigen Äquivalenzklassen zu kombinieren. Für jede ungültige Äquivalenzklasse ist somit ein extra »Negativ«-Testfall zu spezifizieren (s.u.).

Einschränkung der Testfallmenge

Die Anzahl der »gültigen« Testfälle ergibt sich also aus dem Produkt der Zahl gültiger Äquivalenzklassen je Parameter. Wegen dieser multiplikativen Kombination können sich schon bei wenigen Parametern sehr schnell einige Hundert »gültige Testfälle« ergeben. Da es selten machbar ist, so viele Testfälle zu beachten, werden weitere Regeln benötigt, wie die Menge »gültiger« Testfälle reduziert werden kann:

- Die Testfälle aus allen Repräsentanten kombinieren und anschließend nach »Häufigkeit« sortieren (typische Benutzungsprofile). Testfälle in dieser Reihenfolge priorisieren. Zum Test herangezogen werden so nur die »benutzungsrelevanten« Testfälle (oder häufig vorkommende Kombinationen oder Benutzungen).
- Es werden Testfälle bevorzugt, die Grenzwerte oder Grenzwertkombinationen (s. Abschnitt 5.1.2) enthalten.
- Sicherstellen, dass jeder Repräsentant einer Äquivalenzklasse mit jedem Repräsentanten der anderen Äquivalenzklassen in einem Testfall zur Ausführung kommt (d.h. paarweise Kombination statt vollständiger Kombination (s. Abschnitt 5.1.5).

- Als Minimalkriterium sicherstellen, dass jeder Repräsentant einer Äquivalenzklasse in mindestens einem Testfall vorkommt.
- Repräsentanten ungültiger Äquivalenzklassen nicht mit Repräsentanten anderer ungültiger Äquivalenzklassen kombinieren.

Ungültige Werte separat testen

Die Repräsentanten ungültiger Äquivalenzklassen werden nicht »multiplikativ« kombiniert. Ein ungültiger Wert soll nur mit »gültigen« kombiniert werden. Denn ein ungültiger Parameterwert löst eine Ausnahmebehandlung aus, unabhängig davon, welche Werte die übrigen Parameter haben. Kombiniert ein Testfall mehrere ungültige Werte, kann es leicht zu einer gegenseitigen Fehlermaskierung kommen, und nur eine der möglichen Ausnahmesituationen wird ausgelöst. Auch ist dann beim Auftreten einer Fehlerwirkung nicht klar, welcher ungültige Wert die Wirkung ausgelöst hat. Vermeidbarer Aufwand zur Fehleranalyse wird dann notwendig.[5]

Beispiel: Test der DreamCar-Preisberechnung

Im Folgenden dient wieder die Methode `calculate_price()` des VSR-II-Teilsystems *DreamCar* als Testobjekt (s. Abschnitt 3.4.1). Zu testen ist, ob die Methode aus ihren Eingabewerten stets einen gemäß der Spezifikation korrekten Gesamtpreis berechnet. Es wird angenommen, dass der innere Aufbau der Methode nicht bekannt ist, sondern nur die funktionale Spezifikation der Methode und die Methodenschnittstelle:

```
double calculate_price (
   double baseprice,        // Grundpreis des Fahrzeugs
   double specialprice,     // Sondermodellaufschlag
   double extraprice,       // Preis der Zusatzausstattung
   int extras,              // Anzahl Zusatzausstattungen
   double discount          // Haendlerrabatt
)
```

Schritt 1 *Definitionsbereich ermitteln*

Zur Herleitung der nötigen Testfälle aus den Eingabeparametern wird die Äquivalenzklassenbildung eingesetzt. Im ersten Schritt wird für jeden Eingabeparameter sein Definitionsbereich ermittelt. Hieraus resultieren je Parameter Äquivalenzklassen gültiger und ungültiger Werte (s. Tab. 5–5).

---

5. Manchmal kann es sinnvoll sein, als ergänzende Testfälle auch Repräsentanten von ungültigen Äquivalenzklassen miteinander zu kombinieren, um weitere Fehlerwirkungen zu provozieren.

Parameter	Äquivalenzklasse
`baseprice`	$gÄK_{11}$: `[MIN_DOUBLE, ... , MAX_DOUBLE]` $uÄK_{11}$: `NaN`
`specialprice`	$gÄK_{21}$: `[MIN_DOUBLE, ... , MAX_DOUBLE]` $uÄK_{21}$: `NaN`
`extraprice`	$gÄK_{31}$: `[MIN_DOUBLE, ... , MAX_DOUBLE]` $uÄK_{31}$: `NaN`
`extras`	$gÄK_{41}$: `[MIN_INT, ... , MAX_INT]` $uÄK_{41}$: `NaN`
`discount`	$gÄK_{51}$: `[MIN_DOUBLE, ... , MAX_DOUBLE]` $uÄK_{51}$: `NaN`

Tab. 5-5
Gültige und ungültige Äquivalenzklassen der Parameter der Methode

Damit wurden, alleine aus der Schnittstellenspezifikation, je Parameter eine gültige und eine ungültige Äquivalenzklasse abgeleitet (Testdatengeneratoren gehen entsprechend vor, s. Abschnitt 7.1.2).

Schritt 2
Äquivalenzklassen verfeinern, basierend auf der Spezifikation

Um diese Äquivalenzklassen weiter zu zerlegen, wird Information über die Funktionalität der Methode benötigt. Diese Information liefert die Methodenspezifikation (s. Abschnitt 3.4.1). Aus dieser können folgende testrelevanten Aussagen gefolgert werden:

- Die Parameter 1 bis 3 sind (Fahrzeug-)Preise. Preise sind nicht negativ. Die Spezifikation legt keine Preisgrenzen fest.
- Abhängig vom Wert `extras` berechnet sich der Rabatt auf die Zusatzausstattung (10 %, falls extras ≥ 3, bzw. 15 %, falls extras ≥ 5). `extras` stellt die Anzahl der gewählten Zusatzausstattungsteile dar und ist somit nicht negativ.[6] Die Spezifikation legt keine Anzahlobergrenze fest.
- Der Parameter `discount` ist ein Rabatt, er wird prozentual angegeben und liegt zwischen 0 und 100. Da im Spezifikationstext die Zubehörrabattgrenzen in Prozent angegeben sind, kann der Tester annehmen, dass auch der Händlerrabatt prozentual eingegeben wird. Sicherheit gibt eine Rücksprache beim Kunden.

Lücken in den Anforderungen

Diese getroffenen Überlegungen bzw. Festlegungen basieren nicht nur auf der funktionalen Spezifikation. Vielmehr bringt die Analyse einige Lücken in der Spezifikation ans Licht. Diese Lücken »füllt« der Tester, indem er plausible Annahmen trifft, basierend auf Alltagswissen und seiner Testerfahrung, oder indem er bei Kollegen (Tester oder Entwickler) nachfragt. In Zweifelsfällen ist eine Rücksprache beim Kunden ratsam. Aufgrund der Analyse können die bereits gefundenen Äquivalenzklassen verfeinert werden. Je feiner die Äquivalenzklassenzerlegung, umso genauer wird der Test. Sind alle aus der Spezifikation ersichtlichen Bedingungen für die einzelnen Eingabeparameter und auch das Erfahrungswissen des Testers berücksichtigt, ist die Zerlegung abgeschlossen.

6. Gleitkommazahlen fallen in die Äquivalenzklasse NaN, s. Beispiel: Äquivalenzklassenbildung für ganzzahlige Eingabewerte.

Tab. 5–6
Weitere Aufteilung der Äquivalenzklassen der Parameter der Methode `calculate_price()` mit Repräsentanten

Parameter	Äquivalenzklasse	Repräsentant
baseprice	$gÄK_{11}$: [0,..., MAX_DOUBLE]	20000.00
	$uÄK_{11}$: [MIN_DOUBLE,...,0[$uÄK_{12}$: NaN	-1.00 "abc"
specialprice	$gÄK_{21}$: [0,..., MAX_DOUBLE]	3450.00
	$uÄK_{21}$: [MIN_DOUBLE,...,0[$uÄK_{22}$: NaN	-1.00 "abc"
extraprice	$gÄK_{31}$: [0,..., MAX_DOUBLE]	6000.00
	$uÄK_{31}$: [MIN_DOUBLE,...,0[$uÄK_{32}$: NaN	-1.00 "abc"
extras	$gÄK_{41}$: [0,...,2] $gÄK_{42}$: [3,4] $gÄK_{43}$: [5,..., MAX_INT]	1 3 20
	$uÄK_{41}$: [MIN_INT,...,0[$uÄK_{42}$: NaN	-1 "abc"
discount	$gÄK_{51}$: [0,...,100]	10.00
	$uÄK_{51}$: [MIN_DOUBLE,...,0[$uÄK_{52}$:]100,...,MAX_DOUBLE] $uÄK_{53}$: NaN	-1.00 101.00 "abc"

Als Resultat ergeben sich insgesamt 18 Äquivalenzklassen, 7 für gültige Parameterwerte und 11 für ungültige.

Schritt 3
Repräsentanten auswählen

Um Eingabewerte zu erhalten, muss für jede Äquivalenzklasse ein Repräsentant ausgewählt werden. Dazu kann laut Äquivalenzklassentheorie jeder beliebige Wert einer Äquivalenzklasse herangezogen werden. In der Praxis gelingt die Zerlegung aber selten perfekt. Aus Mangel an Detailinformation, aus Zeitmangel oder einfach weil der Aufwand gescheut wird, wird die Zerlegung auf einer bestimmten Stufe abgebrochen. Einzelne Äquivalenzklassen überschneiden sich eventuell.[7] Bei der Repräsentantenwahl muss daher beachtet werden, dass es innerhalb einer Äquivalenzklasse Werte geben kann, auf die das Testobjekt doch unterschiedlich reagieren könnte, oder Werte, die im Produkteinsatz häufiger vorkommen als andere.

Im Fallbeispiel werden deshalb aus den gültigen Äquivalenzklassen Repräsentanten ausgesucht, die plausible Werte darstellen und im Produkteinsatz vermutlich häufig vorkommende Fälle abdecken. Für die ungültigen Äquivalenzklassen werden möglichst »unkomplizierte« Repräsentanten ausgesucht. Die gewählten Repräsentanten sind in Tabelle 5–6 aufgeführt.

Schritt 4
Testfälle kombinieren

Im nächsten Schritt müssen die Repräsentanten zu Testfällen kombiniert werden. Nach obigen Grundregeln ergeben sich $1 \times 1 \times 1 \times 3 \times 1 = 3$ »gültige« Testfälle (durch Kombination der jeweiligen Repräsentanten der gültigen

7. Im Idealfall sind die ermittelten Klassen (wie Äquivalenzklassen in der Mathematik) überschneidungsfrei (disjunkt). Das beschriebene informelle Zerlegungsverfahren garantiert dies aber nicht.

Äquivalenzklassen) und 2+2+2+2+3 = 11 »ungültige« Testfälle (durch separaten Test des jeweiligen Repräsentanten jeder ungültigen Äquivalenzklasse). Insgesamt werden aus den 18 Äquivalenzklassen somit 14 Testfälle abgeleitet (s. Tab. 5–7).

Tab. 5–7
Testfälle für die Methode *`calculate_price()`*

	Parameter					
Test-fall	**baseprice**	**special-price**	**extra-price**	**extras**	**discount**	**result**
1	20000.00	3450.00	6000.00	1	10.00	27450.00
2	20000.00	3450.00	6000.00	3	10.00	26850.00
3	20000.00	3450.00	6000.00	20	10.00	26550.00
4	-1.00	3450.00	6000.00	1	10.00	NOT_VALID
5	"abc"	3450.00	6000.00	1	10.00	NOT_VALID
6	20000.00	-1.00	6000.00	1	10.00	NOT_VALID
7	20000.00	"abc"	6000.00	1	10.00	NOT_VALID
8	20000.00	3450.00	-1.00	1	10.00	NOT_VALID
9	20000.00	3450.00	"abc"	1	10.00	NOT_VALID
10	20000.00	3450.00	6000.00	-1	10.00	NOT_VALID
11	20000.00	3450.00	6000.00	"abc"	10.00	NOT_VALID
12	20000.00	3450.00	6000.00	1	-1.00	NOT_VALID
13	20000.00	3450.00	6000.00	1	101.00	NOT_VALID
14	20000.00	3450.00	6000.00	1	"abc"	NOT_VALID

Bei den gültigen Äquivalenzklassen, die mit einer ungültigen Äquivalenzklasse kombiniert werden, sind bei den Testfällen jeweils die gleichen Repräsentanten verwendet worden, um sicherzustellen, dass nur die Veränderung des einen ungültigen Parameters die Reaktion des Testobjekts bewirkt.

Da vier der fünf Parameter nur jeweils eine gültige Äquivalenzklasse aufweisen, ergeben sich nur wenige »gültige« Testfälle. Es besteht kein Anlass, die Testfallmenge weiter zu reduzieren.

Sind die Testfälle aufgestellt, muss zu jedem Testfall das Sollergebnis ermittelt werden. Im Falle obiger »ungültiger« Testfälle ist dies einfach. Hier muss nur der vom Testobjekt zu generierende Fehlercode eingetragen werden. Bei den »gültigen« Tests muss (z.B. per Tabellenkalkulation) das erwartete Ergebnis berechnet werden.

Tipp

- In Tabelle 5–7 sind alle Testfälle der Methode `calculate_price()` aufgeführt, zum Beispiel auch der Testfall 10 mit einer negativen Anzahl von Extras. In der Praxis wird ein solcher negativer Wert nicht an die Methode `calculate_price()` weiter gereicht, sondern bereits vorher geprüft und abgefangen (s. Design by Contract [Meyer 13]).

Festlegung der Endekriterien

Ein Endekriterium[8] nach der Äquivalenzklassenbildung lässt sich anhand der durchgeführten Tests der Repräsentanten der jeweiligen Äquivalenzklassen im Verhältnis zur Gesamtzahl aller definierten Äquivalenzklassen festlegen:

ÄK-Überdeckung = (Anzahl getestete ÄK / Gesamtzahl ÄK)×100 %

Sind wie im Beispiel 18 Äquivalenzklassen aus den Anforderungen bzw. der Spezifikation für einen Eingabewert ermittelt worden und sind von diesen 18 nur 15[9] in den Testfällen getestet worden, so ist eine Äquivalenzklassenüberdeckung von 83 % erreicht.

ÄK-Überdeckung = (15 / 18)×100 % = 83,33 %

Beispiel: Äquivalenzklassenüberdeckung

In den insgesamt 14 Testfällen (s. Tab. 5–7) sind alle 18 Äquivalenzklassen mit mindestens einem Repräsentanten vertreten. Bei Ausführung der 14 Testfälle wird eine 100 %ige Äquivalenzklassenüberdeckung erreicht. Werden aus Zeitgründen die letzten drei Testfälle aus der Tabelle weggelassen, also nur 11 statt 14 Testfälle durchgeführt, so sind alle drei ungültigen Äquivalenzklassen für den Parameter `discount` nicht getestet, und es wird eine Überdeckung von 15/18 also 83,33 % erreicht.

Überdeckungsgrad legt Testintensität fest.

Je intensiver ein Testobjekt getestet werden soll, desto höher ist der zu erreichende Überdeckungsgrad anzusetzen. Er dient dabei vor der Testausführung zur Festlegung des Kriteriums, wann die Testintensität als ausreichend angesehen werden soll, und nach der Testdurchführung zur Prüfung, ob das geforderte Ziel erreicht wurde.

Wird in dem oben gegebenen Beispiel eine Überdeckung der Äquivalenzklassen von 80 % in der Testplanung festgelegt, so ist diese mit dem Test von 15 der insgesamt 18 Äquivalenzklassen erreicht, und der Test nach Äquivalenzklassenbildung kann beendet werden. Ein messbares Kriterium zur Beendigung der Tests ist somit gegeben.

An dem Beispiel wird auch deutlich, wie wichtig die Ermittlung der jeweiligen Äquivalenzklassen ist. Werden nicht alle Äquivalenzklassen erkannt und somit zu wenige ermittelt und mit Repräsentanten getestet, wird zwar ein hoher Überdeckungsgrad erreicht, der aber aufgrund einer falschen – zu geringen – Gesamtzahl der Äquivalenzklassen berechnet wird. Das vermeintlich gute Ergebnis spiegelt aber nicht

8. Auch als Ausgangskriterium bezeichnet.
9. Egal welche 15 Äquivalenzklassen es sind.

die tatsächliche Testintensität wider. Die Testfallermittlung mithilfe der Äquivalenzklassenbildung ist nur so gut, wie die Bildung der Äquivalenzklassen sorgfältig vorgenommen wurde.

Bewertung des Verfahrens

Die Systematik bei der Äquivalenzklassenbildung trägt dazu bei, dass spezifizierte Bedingungen und Einschränkungen beim Test nicht übersehen und keine unnützen Testfälle durchgeführt werden. Unnütz sind Testfälle, deren Daten aus derselben Äquivalenzklasse kommen und somit ein gleiches Verhalten des Testobjekts bewirken.

Äquivalenzklassen lassen sich nicht nur für Ein- und Ausgaben von Methoden oder Funktionen bilden. Auch für interne Werte oder Zustände, zeitabhängige Werte (z.B. vor und nach einem Ereignis) und Schnittstellenparameter können Äquivalenzklassen gebildet und die Methode angewandt werden. Sie kann somit beim System-, Integrations- und Komponententest eingesetzt werden.

Es werden allerdings nur einzelne Ein- oder Ausgabebedingungen betrachtet, mögliche Abhängigkeiten oder Wechselwirkungen zwischen den Bedingungen werden nicht berücksichtigt bzw. sind sehr aufwendig zu berücksichtigen (durch weitere Aufteilung der Äquivalenzklassen und entsprechende Kombinationen).

In Kombination mit fehlerorientierten Verfahren, wie der Grenzwertanalyse, ist die Äquivalenzklassenanalyse jedoch ein sehr wirkungsvolles Verfahren.

5.1.2 Grenzwertanalyse

Sinnvolle Ergänzung

Die Grenzwertanalyse liefert eine sehr sinnvolle Ergänzung zu den Testfällen, die durch die Äquivalenzklassenbildung ermittelt wurden. Denn Fehlerzustände in Programmen treten häufig an den Grenzbereichen der Äquivalenzklassen auf, da hier fehlerträchtige Fallunterscheidungen in den Programmen vorzusehen sind. Ein Test mit Grenzwerten deckt daher oft Fehlerwirkungen auf. Das Verfahren lässt sich nur anwenden, wenn die Menge der Daten, die in eine Äquivalenzklasse fallen, geordnet ist, d.h. sie aus numerischen Daten besteht oder eine (zumindest partielle) Ordnung über den Daten definiert werden kann. Zusätzlich müssen sich tatsächliche Grenzen auch identifizieren lassen.

Bei der Grenzwertanalyse werden die »Ränder« der Äquivalenzklassen einer Überprüfung unterzogen. An jedem Rand wird der exakte Grenzwert und die beiden (innerhalb und außerhalb der Äquivalenzklasse) benachbarten Werte getestet. Für Gleitkommazahlen ist eine entsprechende Toleranz der Rechengenauigkeit zu wählen. Dabei ist das kleinste mögliche Inkrement in beiden Richtungen zu verwenden, um die Grenzen einem genauen Test zu unterziehen. Für jede Grenze ergeben sich somit drei Testfälle. Fällt die obere Grenze einer Äquivalenzklasse mit der unteren Grenze der benachbarten Äquivalenzklasse zusammen, dann fallen auch die entsprechenden Testfälle zusammen (s. Abb. 5–3).

Abb. 5–3 *Zusammenfallende Grenzen benachbarter Äquivalenzklassen (aus [Spillner 16, S. 59])*

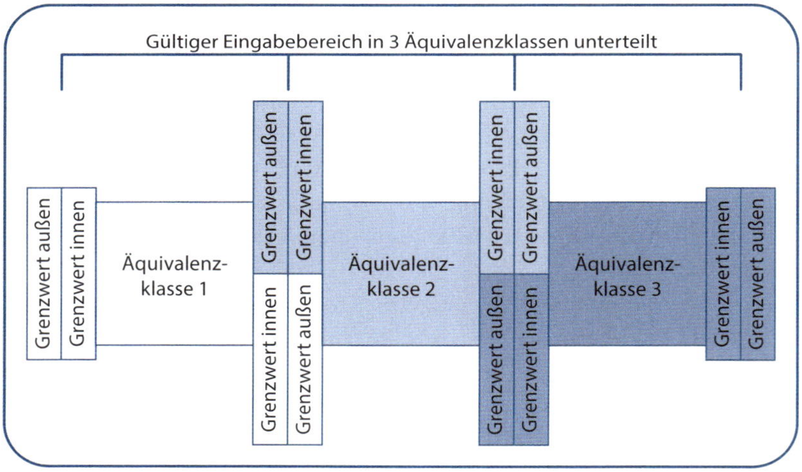

In vielen Fällen existiert gar kein »wirklicher« Grenzwert, da der Grenzwert in eine der beiden benachbarten Äquivalenzklassen fällt. In solchen Fällen kann es ausreichend sein, die Grenze durch zwei Werte zu überprüfen: einen Wert, der gerade noch innerhalb der Äquivalenzklasse liegt, und einen Wert, der gerade außerhalb dieser Äquivalenzklasse – aber innerhalb der benachbarten Äquivalenzklasse – liegt.

Beispiel: Grenzwerte für Rabattberechnung

Für die Rabattberechnung auf den Verkaufspreis (s. Tab. 5–1) wurden vier gültige Äquivalenzklassen gebildet und entsprechende Werte aus den Klassen als Repräsentanten ausgewählt. Die Äquivalenzklassen 3 und 4 sind spezifiziert mit: $gÄK_3$: $20000 < x < 25000$ und $gÄK_4$: $x \geq 25000$. Als Testdaten zur Überprüfung der gemeinsamen Grenze der beiden Äquivalenzklassen (25000) werden die Werte 24999 und 25000 gewählt (zur Vereinfachung wird von ganzen Euro-Beträgen ausgegangen). Der Wert 24999 liegt in $gÄK_3$ und ist dort der größtmögliche Wert innerhalb der Äquivalenzklasse. Der Wert 25000 liegt in $gÄK_4$ und ist dort der kleinstmögliche Wert. Die Werte 24998 und 25001 bringen keinen weiteren Erkenntnisgewinn, da sie sich »weiter drin« in den jeweiligen Äquivalenzklassen befinden.

Exkurs: Zwei oder drei Tests?

Wann reichen nun zwei Tests mit den Werten 24999 und 25000 aus und wann soll noch der Wert 25001 als dritter Grenzwert zur Prüfung der Grenze 25000 herangezogen werden?

Eine Betrachtung der späteren Realisierung kann hier helfen und zur Klärung der Frage beitragen. Für das Beispiel wird davon ausgegangen, dass es im Programm an entsprechender Stelle eine Abfrage der Form if (x < 25000) gibt[10]. Durch welche Testdaten (Grenzwerte) kann nun eine fehlerhafte Implementierung dieser Bedingung aufgedeckt werden? Mit den Testdaten 24999, 25000 und 25001 werden die Wahrheitswerte `true`, `false` und `false` durch die Abfrage ermittelt, und die entsprechenden Programmpfade kommen zur Ausführung. Testdatum 25001 scheint keinen zusätzlichen Nutzen zu bringen, da der Wert 25000 ja bereits den Wert `false` liefert (und damit den »Wechsel« zur benachbarten Äquivalenzklasse). Eine fehlerhafte Realisierung der Abfrage mit if (x ≤ 25000) führt zu den Wahrheitswerten `true`, `true` und `false`. Auch hier kann auf den Test mit 25001 verzichtet werden, da der Wert 25000 zu einem falschen Ergebnis führt und den Fehler aufdeckt. Erst bei einer völlig fehlerhaften Umsetzung der Abfrage mit if (x <> 25000) und den Wahrheitswerten `true`, `false` und `true` wird deutlich, dass nur der Test mit dem Grenzwert 25001 diese falsche Realisierung aufdeckt. Die Werte 24999 und 25000 ergeben die erwarteten Ergebnisse bzw. die gleichen wie bei der korrekten Umsetzung der Bedingung.

Hinweis: Die fehlerhafte Umsetzung der Abfrage in if (x > 25000) mit `false`, `false`, `true` und in if (x ≥ 25000) mit `false`, `true`, `true` sowie in if (x == 25000) mit `false`, `true`, `false` ergibt zwei bzw. drei Abweichungen von den geforderten Wahrheitswerten, und somit reichen zu deren Aufdeckung auch hier zwei Testfälle (mit den Werten 24999 und 25000) aus.

Zur Veranschaulichung des Sachverhalts folgt Tabelle 5–8 mit den unterschiedlichen Abfragen und den Wahrheitswerten bei den jeweiligen Grenzwerten.

---

10. Hat der Programmierer die Abfrage in Form von if (x ≤ 24999) implementiert, dann ist zwar kein semantischer Unterschied zwischen den beiden Abfragen vorhanden, allerdings führen die aus den Anforderungen ermittelten Grenzwerte (24999, 25000 und 25001) nicht zur kompletten Überprüfung der implementierten Abfrage if (x ≤ 24999), und die mögliche fehlerhafte Implementierung (x == 24999) liefert bei allen drei Grenzwerten die gleichen Ergebnisse (`true`, `false`, `false`). Ein Codereview kann hier den Unterschied zwischen Anforderung (bzw. gewählten Grenzwerten) und Implementierung aufdecken.

Tab. 5–8
Tabelle mit drei Grenzwerten zum Test der Abfrage

Implementierte Abfrage	24999	25000	25001	Anmerkung
x < 25000 (korrekte Abfrage)	`true`	`false`	`false`	Erwartete Auswertung
x ≤ 25000	`true`	**`true`**	`false`	25000 Fehler aufdeckend
x <> 25000	`true`	`false`	**`true`**	25001 Fehler aufdeckend
x > 25000	**`false`**	`false`	**`true`**	24999 und 25001 Fehler aufdeckend
x ≥ 25000	**`false`**	**`true`**	**`true`**	Alle drei Werte sind Fehler aufdeckend
x == 25000	**`false`**	**`true`**	`false`	24999 und 25000 Fehler aufdeckend

Es ist zu entscheiden, wann der Test mit zwei Testwerten als ausreichend angesehen wird und wann es Sinn macht, die Grenze mit drei Werten zu prüfen. Die falsche Abfrage im Programmtext des Beispiels (if (x <> 25000)) kann bei der Durchführung eines Codereviews erkannt werden, da nicht wie gefordert eine Bereichsgrenze (if (x < 25000)), sondern auf Ungleichheit des Wertes abgefragt wird. Allerdings kann dieser Fehlerzustand auch leicht übersehen werden. Nur mit einem Grenzwerttest mit drei Werten an jeder Grenze werden alle fehlerhaften Implementierungen der Abfragen erkannt.

Beispiel: Ganzzahlige Eingabe

Für das in Abschnitt 5.1.1 angegebene Beispiel für den Test eines ganzzahligen Eingabewertes ergeben sich somit fünf weitere Testfälle, sodass es insgesamt zwölf Testfälle sind mit folgenden Testeingabewerten:

```
{"f",
MIN_INT-1, MIN_INT, MIN_INT+1,
-123,
-1, 0, 1,
654,
MAX_INT-1, MAX_INT, MAX_INT+1}
```

Der Testfall mit dem Eingabewert -1 prüft den größten Wert der Äquivalenzklasse ÄK1: [MIN_INT, … , 0[. Dieser Testfall prüft aber auch die kleinste Unterschreitung der unteren Grenze (0) der Äquivalenzklasse ÄK2: [0, … , MAX_INT]. Von dieser Äquivalenzklasse aus betrachtet liegt der Wert außerhalb. Zu beachten ist hierbei, dass Werte oberhalb der obersten Grenze bzw. unterhalb der untersten Grenze aus technischen Gründen manchmal nicht als konkrete Eingabewerte eingegeben werden können.

Im Beispiel sind nur die Testwerte für die Eingabevariable angegeben. Damit die Testfälle komplett sind, muss zu jedem der zwölf einzelnen Werte das jeweils erwartete Verhalten des Testobjekts bzw. die jeweils erwarteten Ausgaben unter Verwendung des Testorakels sowie die jeweiligen Vor- und Nachbedingungen aufgelistet werden.

Testaufwand gerechtfertigt?

Auch hier ist wieder zu entscheiden, ob der Testaufwand gerechtfertigt ist und jede Grenze mit den benachbarten Werten jeweils für einen extra Testfall berücksichtigt werden soll. Es können auch die Testfälle mit den Repräsentanten der Äquivalenzklassen weggelassen werden, die keine Grenzen prüfen. Im Beispiel wären das die Testfälle mit den Eingabetestdaten -123 und 654. Es wird dann davon ausgegangen, dass die Testfälle mit den Werten »aus der Mitte« einer Äquivalenzklasse keine zusätzlichen Erkenntnisse liefern, da Testfälle mit dem maximalen und dem minimalen Wert innerhalb der Äquivalenzklasse in jeweils einem Testfall überprüft werden. Im Beispiel sind das die drei innerhalb der Äquivalenzklassen liegenden Werte MIN_INT+1,1 und MAX_INT-1.

Grenzwerte bei Mengen nicht vorhanden

Für das oben erwähnte Beispiel mit dem Eingabewert »Kaufinteressent« lassen sich keine Grenzen für den Eingabewertebereich angeben. Die Möglichkeiten für den Eingabewert sind im mathematischen Sinne aus einer Menge zu wählen, die aus vier Elementen (Erwerbstätiger, Student, Auszubildender, Rentner) besteht. Grenzen lassen sich hier nicht identifizieren. Eine mögliche Ordnung über das Alter der Personen ist nicht sinnvoll, da das Alter keine Relevanz hat, sondern der Berufsstatus ausschlaggebend ist – es gibt auch ältere Studierende.

Die Grenzwertanalyse kann selbstverständlich auch für solche Äquivalenzklassen angewendet werden, die für Ausgabewerte gebildet wurden.

Testfälle

In Analogie zur Testfallermittlung bei der Äquivalenzklassenbildung können die gültigen Grenzen innerhalb einer Äquivalenzklasse miteinander zu Testfällen kombiniert werden. Die ungültigen Grenzen sind wieder separat zu überprüfen und können nicht mit anderen ungültigen Grenzen kombiniert werden.

Wie im Beispiel oben erwähnt, müssen die Werte aus dem mittleren Bereich einer Äquivalenzklasse nicht für einen extra Testfall verwendet werden, wenn die beiden Randwerte innerhalb der Äquivalenzklasse für Testfälle vorgesehen sind.

Beispiel: Grenzwerttests für ***`calculate_price()`***

Wird die Grenzwertanalyse auf die gültigen Äquivalenzklassen zur Prüfung der Methode `calculate_price()` angewendet, ergeben sich die in Tabelle 5–9 aufgelisteten Grenzwertbasierten Testdaten je Parameter:

Tab. 5–9
Grenzwerte der Parameter der Methode *`calculate_price()`*

Parameter	unterer Grenzwert [Äquivalenzklasse] oberer Grenzwert
baseprice	0-δ[a],[0, 0+δ, ..., MAX_DOUBLE-δ, MAX_DOUBLE], MAX_DOUBLE+δ
specialprice	gleiche Werte wie baseprice
extraprice	gleiche Werte wie baseprice
extras	-1, [0, 1, 2], 3 2, [3, 4], 5 4, [5, 6, ..., MAX_INT-1, MAX_INT], MAX_INT+1
discount	0-δ, [0, 0+δ, ..., 100-δ, 100], 100+δ

a. Die zu berücksichtigende Genauigkeit δ hängt von der Aufgabenstellung und der Zahlendarstellung des Rechners ab.

Bei alleiniger Berücksichtigung der Grenzwerte, die innerhalb der Äquivalenzklassen liegen, ergeben sich 4+4+4+9+4 = 25 Grenzwertbasierte Repräsentanten. Von diesen sind zwei (extras: 1, 3) bereits durch Testfälle (Testfall 1 und 2 in Tab. 5–7) geprüft. Somit sind folgende 23 Grenzwerte für weitere Testfälle zu berücksichtigen:

```
baseprice:      0.00, 0.01[11], MAX_DOUBLE-0.01, MAX_DOUBLE
specialprice:   0.00, 0.01, MAX_DOUBLE-0.01, MAX_DOUBLE
extraprice:     0.00, 0.01, MAX_DOUBLE-0.01, MAX_DOUBLE
extras:         0, 2, 4, 5, 6, MAX_INT-1, MAX_INT
discount:       0.00, 0.01, 99.99, 100.00
```

Da alle Werte gültige Grenzwerte sind, können sie miteinander zu Testfällen kombiniert werden (s. Tab. 5–10).

Die Sollergebnisse eines Grenzwerttests sind oft aus der Spezifikation des Testobjekts nicht klar ersichtlich. Der erfahrene Tester muss dann ein sinnvolles Sollverhalten über die Definition »seiner« Testfälle festlegen:

Tab. 5–10
Weitere Testfälle für die Methode *`calculate_price()`*

	Parameter					
Testfall	**baseprice**	**specialprice**	**extraprice**	**extras**	**discount**	**result**
15	0.00	0.00	0.00	0	0.00	0.00
16	0.01	0.01	0.01	2	0.01	0.03
17	MAX_DOUBLE-0.01	MAX_DOUBLE-0.01	MAX_DOUBLE-0.01	4	99.99	>MAX_DOUBLE
18	MAX_DOUBLE-0.01	3450.00	6000.00	1	10.00	>MAX_DOUBLE
19	20000.00	MAX_DOUBLE-0.01	6000.00	1	10.00	>MAX_DOUBLE
20	20000.00	3450.00	MAX_DOUBLE-0.01	1	10.00	>MAX_DOUBLE
...						

11. Bei den Testfällen wurde 0.01 als ausreichende Genauigkeit angenommen.

- Testfall 15 prüft alle gültigen unteren Grenzen der Äquivalenzklassen der Parameter der Methode `calculate_price()`. Der Testfall scheint keinen Bezug zur Realität zu haben[12]. Das liegt allerdings an der ungenauen Spezifikation der Methode, bei der keine Unter- und Obergrenzen für die Parameterwerte angegeben sind (s. u.).[13]
- Testfall 16 ist analog zu Testfall 15, allerdings wird mit diesem Testfall die Rechengenauigkeit geprüft.[14]
- Testfall 17 kombiniert die nächsten Grenzwerte aus der obigen Auflistung. Das erwartete Ergebnis ist eher spekulativ bei einem Rabatt von 99,99 %. Ein Blick in die Spezifikation der Methode `calculate_price()` ergibt, dass die Preise addiert werden. Es ist daher sinnvoll, die jeweiligen Maximalwerte einzeln zu prüfen, was in den Testfällen 18 bis 20 erfolgt. Als Werte für die anderen Parameter wurden die Werte des Testfalls 1 (s. Tab. 5–7) verwendet. Weitere sinnvolle Testfälle ergeben sich, wenn die Werte der anderen Parameter auf 0.00 gesetzt werden, um zu prüfen, ob die Maximalwerte ohne zusätzliche Addition (kein Überlauf?) korrekt bearbeitet werden.
- Analog zu den Testfällen 17 bis 20 sind Testfälle für den Wert MAX_DOU BLE durchzuführen.
- Für die noch nicht getesteten Grenzwerte (extras = 5, 6, MAX_INT-1, MAX_INT und `discount` = 100.00) sind weitere Testfälle aufzustellen.

Nicht berücksichtigt wurden die Grenzwerte außerhalb der gültigen Äquivalenzklassen.

Frühzeitig – schon bei der Spezifikation – an das Testen zu denken lohnt!

Am Beispiel wird sehr deutlich, welche Auswirkungen eine ungenaue Spezifikation auf den Test[15] hat. Nimmt der Tester vor Erstellung der Testfälle Rücksprache mit dem Kunden und konnten dadurch die Wertebereiche der Parameter genauer angegeben werden, führt das zu einer Verringerung des Testaufwands. Das soll kurz verdeutlicht werden.

---

12. Anmerkung: Ein Test mit 0.00 für den Basispreis ist durchaus sinnvoll, allerdings sollte dieser beim Systemtest durchgeführt werden, da für die Behandlung dieses Eingabewertes nicht unbedingt die Methode `calculate_ price()` zuständig ist.
13. Die Abhängigkeit, die zwischen der Anzahl der Extras und dem Extrapreis besteht (sind keine Extras angegeben, so darf kein Preis angegeben sein), kann durch die Äquivalenzklassenbildung oder die Grenzwertanalyse nicht geprüft werden. Hierzu können Entscheidungstabellen (s. Abschnitt 5.1.4) verwendet werden.
14. Zur exakten Prüfung der (kaufmännischen) Rundungsgenauigkeit werden Werte mit z.B. 0.005 benötigt.
15. Und selbstverständlich auch auf die Programmierung.

Der Kunde hat folgende Informationen gegeben:

- Der Basispreis liegt zwischen 10000 und 150000.
- Der Aufpreis für das Sondermodell liegt zwischen 800 und 3500.
- Es gibt maximal 25 zusätzliche Extras, deren Einzelpreise zwischen 50 und 750 liegen.
- Der gewährte Händlerrabatt kann maximal 25 % betragen.

Nach entsprechender Erstellung der Äquivalenzklassen ergeben sich für den Grenzwerttest folgende gültige Werte der Parameter:

```
baseprice:      10000.00, 10000.01, 149999.99, 150000.00
specialprice:   800.00, 800.01, 3499.99, 3500.00
extraprice:     50.00, 50.01, 18749.99, 18750.00[16]
extras:         0, 1, 2, 3, 4, 5, 6, 24, 25
discount:       0.00, 0.01, 24.99, 25.00
```

Alle diese Werte sind frei zu Testfällen kombinierbar. Für die Werte, die außerhalb der Äquivalenzklassen liegen, ist jeweils ein Testfall zu erstellen. Folgende Werte sind dabei zu berücksichtigen:

```
baseprice:      9999.99, 150000.01
specialprice:   799.99, 3500.01
extraprice:     49.99, 18750.01
extras:         -1, 26
discount:       -0.01, 25.01
```

Präzise Spezifikation spart Testfälle.

Es wird sehr deutlich, dass nach der genaueren Spezifikation weniger Testfälle zu erstellen und auch die jeweiligen Sollergebnisse klar vorherzusagen sind.

Eine Ergänzung der Testfälle mit den »Grenzwerten des Rechners« (MAX_DOUBLE, MIN_DOUBLE usw.) ist anzuraten. Mögliche Fehlerwirkungen bei Berechnungen in Zusammenhang mit den Hardwarebeschränkungen können so aufgedeckt werden.

Wie oben diskutiert, ist zu entscheiden, ob es ausreicht, eine Grenze mit zwei statt mit drei Testdaten zu überprüfen. Bei den folgenden Tipps wird davon ausgegangen, dass ein Test mit zwei Werten ausreicht, da Codereviews vorab durchgeführt und die möglichen falschen Bereichsabfragen dabei aufgedeckt wurden.

---

16. Der maximale Preis für die Zusatzausstattung kann nicht exakt angegeben werden, da die Abhängigkeit zwischen Anzahl der Zusatzausstattungen und dem Gesamtpreis nicht berücksichtigt werden kann. Es wurde von 25×750=18750 ausgegangen. Ein Extrapreis von 0 wurde nicht als weiterer Grenzwert aufgenommen, da die Abhängigkeit von der Anzahl der Extras und dem Gesamtpreis der Extras nicht mit der Äquivalenzklassenbildung oder der Grenzwertanalyse überprüft werden kann.

Tipp zur Testfallerstellung nach der Grenzwertanalyse

- Bei einem Eingabewertebereich sind die Grenzen und die benachbarten Werte außerhalb des Bereichs heranzuziehen. Bereich:

  [-1.0; +1.0], Testdaten: -1.0 und +1.0 sowie -1.001 und +1.001.[17]
- Ist für eine Datei die Anzahl der enthaltenen Datensätze zwischen 1 und 100 vorgegeben, so ergeben sich nach der Grenzwertanalyse folgende Überlegungen: Datei enthält keinen Datensatz, Datei enthält einen Datensatz, Datei enthält 100 Datensätze und Datei enthält 101 Datensätze.
- Dienen Ausgabebereiche als Grundlage, kann beispielsweise wie folgt vorgegangen werden: Die Ausgabe des Testobjekts ist ein ganzzahliger Wert zwischen 500 und 1000. Zu erzielende Ergebnisse: 500 und 1000 sowie 499 und 1001. Es kann allerdings einen gewissen Aufwand erfordern, die entsprechenden Eingabetestdaten zu ermitteln, um genau die geforderten Ausgaben zu erhalten. Es kann auch unmöglich sein, einen falschen Ausgabewert zu erhalten, Überlegungen hierzu können aber helfen, weitere Fehlerzustände aufzudecken.
- Ist bei den Ausgabewerten die erlaubte Anzahl entscheidend, ist in Analogie zur Anzahl bei den Eingabewerten zu verfahren: Ausgabe von 1 bis 4 Daten, zu erzeugende Ausgaben: 1 und 4 sowie 0 und 5 Daten.
- Bei geordneten Mengen sind das erste und das letzte Element für den Test von besonderem Interesse.
- Sind als Ein- oder Ausgaben komplexe Datenstrukturen gegeben, so können beispielsweise eine leere Liste oder die Nullmatrix als Grenzwerte angesehen und für den Test berücksichtigt werden.
- Bei numerischen Berechnungen sind als Grenzen sowohl eng beieinander liegende Werte als auch weit entfernte Werte für die Testfallermittlung heranzuziehen.
- Für ungültige Äquivalenzklassen ist eine Grenzwertanalyse nur dort sinnvoll, wo abhängig von einer Äquivalenzklassengrenze eine unterschiedliche Ausnahmebehandlung des Testobjekts erwartet wird.
- Zusätzlich sind Testfälle mit sehr großen Datenstrukturen, Listen und Tabellen usw. durchzuführen, um beispielsweise Puffer-, Datei- oder Speichergrenzen zu überschreiten und somit das Verhalten des Testobjekts in diesen Extremfällen zu prüfen. Bei Listen und Tabellen sind leere und volle Listen und das erste und das letzte Element von Interesse, da hier wegen falscher Programmierung oft Fehlerwirkungen nachweisbar sind (*off-by-one*-Problem).

17. Die zu wählende Genauigkeit hängt von der spezifizierten Aufgabe ab.

Festlegung der Endekriterien

In Analogie zum Endekriterium bei der Äquivalenzklassenbildung lässt sich auch eine anzustrebende Überdeckung der Grenzwerte (GW) vorab festlegen und nach der Durchführung der Tests berechnen.

GW-Überdeckung = (Anzahl getestete GW / Gesamtzahl GW)×100 %

Wobei zu beachten ist, dass nicht nur der direkte Grenzwert, sondern auch die jeweiligen benachbarten Werte ober- und unterhalb der Grenze zu berücksichtigen sind. Es werden allerdings nur unterschiedliche Werte zur Berechnung herangezogen. Zusammenfallende Werte benachbarter Äquivalenzklassen werden als ein Wert gezählt, da ja auch nur ein Testfall mit dem entsprechenden Eingabewert durchgeführt wird.

Bewertung des Verfahrens

In Verbindung mit der Äquivalenzklassenbildung

Die Grenzwertanalyse ist in Verbindung mit der Äquivalenzklassenbildung durchzuführen, da an den Grenzen der Äquivalenzklassen häufiger Fehlerwirkungen nachzuweisen sind als innerhalb der Klassen. Beide Verfahren lassen sich sehr sinnvoll kombinieren, geben aber dennoch genügend Freiheitsgrade in der Wahl der konkreten Testdaten.

Das Verfahren erfordert – sofern es nicht um einfache rein numerische Datenbereiche geht – eine hohe Kreativität, um die entsprechenden Testdaten an den Grenzen festzulegen. Dieser Aspekt wird oft nicht genügend beachtet, da das Verfahren sehr einfach erscheint, obwohl die Bestimmung der relevanten Grenzen nicht trivial ist.

5.1.3 Zustandsbasierter Test

Historie berücksichtigen

Bei einer ganzen Reihe von Systemen hat neben den Eingabewerten auch der bisherige Ablauf des Systems Einfluss auf die Berechnung der Ausgaben bzw. auf das Systemverhalten. Das heißt, die Historie ist zu berücksichtigen, die das System durchlaufen hat. Zur Veranschaulichung der Historie werden Zustandsmodelle verwendet, die Grundlage für den zustandsbasierten Test sind.

Das System oder Testobjekt kann beginnend von einem Startzustand unterschiedliche Zustände annehmen. Zustandsänderungen oder -übergänge werden durch Ereignisse, zum Beispiel Funktionsaufrufe oder Eingaben, ausgelöst. Führt ein Ereignis zu zwei oder mehreren Übergängen aus dem gleichen Zustand, so muss unterscheidbar sein, welcher Übergang zu wählen ist. Hierzu werden sogenannte Schutzbedin-

Guard Conditions

gungen (»Guard Conditions«) an jedem von einem Zustand ausgehenden Übergang angegeben, wodurch festgelegt wird, welcher Übergang und damit welcher Folgezustand bei dem Ereignis eintritt.

Bei den Zustandsänderungen können Aktionen durchzuführen sein. Neben dem Startzustand gibt es als weiteren speziellen Zustand den Endzustand. Modelliert wird das Verhalten in Zustandsautomaten (Zustandsübergangsdiagrammen) und/oder Zustandsübergangstabellen.

Exkurs: Beschreibung Zustandsautomat

Vorab noch einige Anmerkungen, wobei vorausgesetzt wird, dass der Leser im Großen und Ganzen mit dem Konzept des Zustandsautomaten vertraut ist.

Ein Zustandsautomat ändert seinen Zustand in Abhängigkeit von seinem aktuellen Zustand und der nächsten Eingabe. Die Eingabe kann auch ein Ereignis sein. Es gibt nur endlich viele Zustände. Der Automat kann in jedem Zustand oder bei jedem Übergang von einem Zustand zum nächsten eine Aktion tätigen (zum Beispiel eine Ausgabe). Folgende Vereinfachung wird angenommen:

- Aktionen sind mit Übergängen verbunden, nicht mit Zuständen.
- Der Automat ist deterministisch. Das heißt, dass sich der Automat nach einer gegebenen Folge von Eingaben (Ereignissen) und einem gegebenen Startzustand in einem eindeutig definierten Folgezustand befindet.
- Der Automat ist vollständig. Damit ist gemeint, dass es in jedem Zustand einen Übergang für jede mögliche Eingabe gibt. Oft ist das in der Modellierung nicht der Fall. Die Vollständigkeit kann aber leicht erreicht werden, wenn der Automat so erweitert wird, dass für bisher nicht berücksichtigte Eingaben ein Übergang
  - ohne eine Aktion auf denselben Zustand führt oder
  - zu einem Fehlerzustand führt.

Beispiel: Zustandsautomat für ein Fahrzeug mit Softwareupdate

Der zustandsbasierte Test soll an einem (stark vereinfachten) Beispiel erörtert werden.

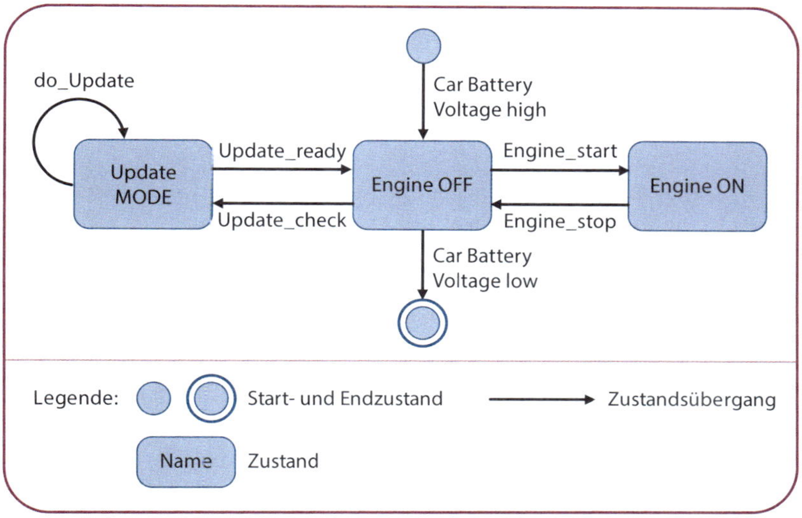

Abb. 5–4 *Zustandsautomat für ein Fahrzeug mit Softwareupdate*

Die Software in einem Fahrzeug kann »Over the air« aktualisiert werden. Das darf aber nur erfolgen, wenn der Motor ausgeschaltet (Zustand »Engine OFF«) ist, also nicht während der Fahrt.

Der Sachverhalt wird in einem Zustandsautomaten bzw. Zustandsübergangsdiagramm (s. Abb. 5–4) modelliert. Es gibt drei Zustände (Update MODE, Engine OFF, Engine ON) und Übergänge zwischen den jeweiligen Zuständen (Pfeile). Es gibt einen Start- und einen Endzustand.

Liefert die Batterie ausreichend Strom, wird vom (Pseudo-)Startzustand automatisch in den Zustand »Engine OFF« gewechselt. Von diesem Zustand gibt es drei Folgezustände. Je nachdem welches Ereignis eintritt, befindet sich der Automat bzw. das Fahrzeug in einem der Folgezustände. Wird der Motor gestartet, befindet sich das Fahrzeug im Zustand »Engine ON«. Dieser wird nur durch das Ausschalten des Motors (Engine_stop) verlassen und das Fahrzeug befindet sich wieder im Zustand »Engine OFF«. Wird vom Fahrer geprüft, ob eine neue Software zum Upload zur Verfügung steht, z.B. durch Auswahl eines Buttons auf dem Konsolendisplay (Ereignis: Update_check), befindet sich das Fahrzeug im Zustand »Update MODE«. Dieser Zustand bleibt so lange erhalten, bis das Update vollständig durchgeführt ist (Ereignis: Update_ready) und in den Zustand »Engine OFF« zurückgekehrt wird. Ist der Batteriestrom nicht mehr ausreichend, wird von diesem Zustand in den (Pseudo-)Endzustand gewechselt.

In der Spezifikation muss festgelegt sein, welches Ereignis (Engine_start, Engine_stop, Update_check, do_Update, Update_ready) bei welchen Zuständen eintreten kann und zu einer Zustandsänderung führt.

Die Zustandsübergangstabelle (s. Tab. 5–11) für den Zustandsautomaten (ohne Start- und Endzustand) sieht wie folgt aus:

Tab. 5–11 *Zustandsübergangstabelle für ein Fahrzeug mit Softwareupdate*

Aktueller Zustand Ereignis	**Engine OFF**	**Engine ON**	**Update MODE**
Engine_start	Engine ON	–	–
Engine_stop	–	Engine OFF	–
Update_check	Update MODE	–	–
do_Update	–	–	Update MODE
Update_ready	–	–	Engine OFF

Der Zustandsautomat ist äquivalent zur Tabelle, die für jeden Zustand den Folgezustand in Abhängigkeit von den Eingaben/Ereignissen zeigt. Da in der Tabelle sämtliche Übergänge zwischen alle Zuständen enthalten sind, gibt es Übergänge, die im Automaten nicht dargestellt sind und nach der Spezifikation auch nicht auftreten dürfen (mit »-« in der Tabelle dargestellt). Diese nicht spezifizierten – oder auch unzulässigen – Übergänge sind für den Test aber durchaus von Bedeutung, um Fehlerwirkungen aufzuzeigen.

Ein möglicher Testfall mit Vor- und Nachbedingung ist folgender:

Ein möglicher konkreter Testfall

Vorbedingung:	Der Motor ist aus (Zustand »Engine OFF«)
Ereignis:	Engine_start
Sollreaktion:	Zustandsübergang zum Zustand »Engine ON«
Nachbedingung:	Zustand ist »Engine ON«

Das Testobjekt kann beim zustandsbasierten Test ein komplettes System mit unterschiedlichen Systemzuständen, aber auch eine Klasse mit verschiedenen Zuständen in einem objektorientierten System sein. Immer wenn die Historie zu unterschiedlichem Verhalten führt, ist ein zustandsbasierter Test durchzuführen.

Weitere Testfälle für das Beispiel

Beim zustandsbasierten Test können unterschiedliche Abstufungen der Testintensität festgelegt werden. Eine minimale Forderung ist das Erreichen aller möglichen Zustände. In dem gegebenen Beispiel sind dies die drei Zustände Engine OFF, Engine ON, Update MODE. Zum Erreichen aller drei Zustände reicht folgender Testfall aus ([Zustand], Ereignis[18]):

Testfall 1
Car battery Voltage high [Engine OFF], Engine_start [Engine ON], Engine_Stop [Engine OFF], update_check [Update MODE]

Es sind allerdings nicht alle Ereignisse im Test zum Tragen gekommen.

Eine weitere Forderung für den Test besteht darin, alle Ereignisse mindestens einmal zu testen. Testfall 1 ist dann um die Ereignisse do_Update (ohne Zustandsänderung), Update_ready (mit dem Zustandsübergang nach »Engine OFF«) und Car battery Voltage low (mit dem Übergang zum Endzustand des Automaten) zu ergänzen.

Testkriterien

Ein anzustrebendes Testkriterium beim zustandsbasierten Test ist, dass bei jedem Zustand alle für diesen Zustand spezifizierten Ereignisse mindestens einmal zur Ausführung kommen. Die Übereinstimmung zwischen dem im Zustandsmodell bzw. Zustandsautomaten spezifizierten gewünschten Verhalten und dem tatsächlichen Verhalten des Testobjekts kann dann festgestellt werden.

Unzulässige Übergänge ebenfalls testen

Bei kritischen Systemen sollen auch die nicht im Automaten spezifizierten Übergänge – aber in der Zustandsübergangstabelle enthaltenen – getestet werden. Beispielsweise wäre zu testen, ob bei laufendem Motor (»Engine ON«) das Ereignis Update_check ausgeführt werden kann und zu einer nicht spezifizierten Zustandsänderung führt.

18. Die folgenden Testfälle sind vereinfacht dargestellt, um sie übersichtlich zu halten.

Exkurs

Die einfache Sicht, nur die Zustände und/oder die Übergänge separat zu testen, wird dem Testen von Zustandsautomaten nicht wirklich gerecht. Der Automat beschreibt Zyklen von nahezu beliebiger Tiefe. Im Beispiel ist ein ständiger Wechsel zwischen den Zuständen »Engine OFF« und »Engine ON« möglich und entspricht ja auch der täglichen Nutzung. Aber wie »tief« soll getestet werden? Wie können Zyklen behandelt bzw. aufgebrochen werden?

Problem: Zyklen im Automaten

Zwei Möglichkeiten sollen kurz vorgestellt werden: Die Testfallerzeugung mit einem Übergangsbaum und das Testen von Übergangsfolgen unterschiedlicher Länge (N-Switch-Überdeckung).

Übergangsbaum

Die Testfallerzeugung mit dem Übergangsbaum konzentriert sich auf den separaten Test von Abfolgen von Zustandsübergängen, die immer mit dem Startzustand beginnen.

Aus dem Zustandsautomaten wird ein sogenannter Übergangsbaum erstellt. Ziel dabei ist die Aufstellung von Ereignis- oder Eingabefolgen und die Eliminierung von Mehrfachzyklen. Wenn ein in der bisher erzeugten Folge bereits vorliegender Zustand wieder erreicht wird (einfacher Zyklus), wird die weitere Expandierung des Baums abgebrochen. Der Zustandsautomat wird durchlaufen und ein Übergangsbaum dabei wie folgt erzeugt:

1. Als Wurzel des Baums wird der Startzustand verwendet.
2. Jeder mögliche Zustandsübergang im Automaten zu einem Folgezustand wird im Übergangsbaum zu einem neuen Knoten, der den Folgezustand repräsentiert. Die Kante zwischen den beiden Knoten ist mit dem Ereignis verbunden, das den Übergang auslöst. Dieser Schritt wird so lange wiederholt, bis
   - ein bereits im Automaten »besuchter« Zustand erreicht wird (dadurch werden mehrfache Zyklen vermieden) oder
   - ein Zustand keine abgehenden Übergänge besitzt, also ein Endzustand ist.

Der so erzeugte Baum in Abbildung 5–5 repräsentiert alle möglichen Pfade[19] im Automaten vom Startzustand bis zu einem Endzustand bzw. bis zu einem Zustand, der bereits Bestandteil des bis dahin aufgesammelten Pfads ist. Jeder Pfad von der Wurzel des Baums zu einem Blatt repräsentiert einen Testfall, eine Folge von Eingaben bzw. Ereignissen. Diese Folge ist frei von zwei- oder mehrfachen Zyklen, da nach dem zweiten Erreichen eines Zustands keine weiteren Übergänge mehr zum Übergangsbaum hinzukommen.

19. Unter Pfad wird hier eine Folge von Zuständen und Zustandsübergängen verstanden.

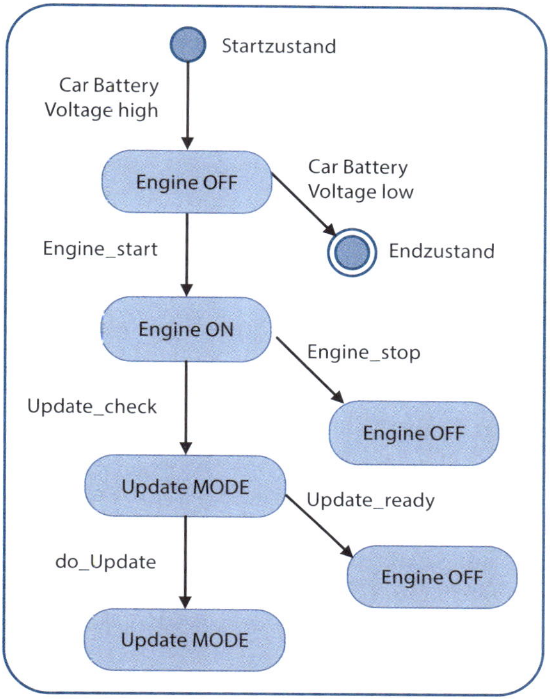

Abb. 5–5
Übergangsbaum für das Beispiel

Insgesamt beschreibt der obige Übergangsbaum vier Testfälle, die alle mit dem Startzustand beginnen. Ein erweiterter Übergangsbaum wird dadurch erzeugt, dass an jedem Zustand alle möglichen Ereignisse eintreten sollen, auch solche auf die der Automat in diesem Zustand nicht reagieren soll. Diese unzulässigen Übergänge – wenn sie überhaupt im Test ausführbar sind – müssen bei der Testausführung zu einer Zurückweisung oder Ignorierung des Ereignisses oder zu einer Fehlerbehandlung führen.

Dass jeder Übergang, und damit auch jeder Zustand, mindestens einmal durchlaufen wird, ist ein eher einfaches Kriterium zur Beendigung des zustandsbasierten Tests. Je nach Anforderungen an die Qualität der Software wird dieses minimale Kriterium nicht immer ausreichen. Ein umfassenderer Test betrachtet Zustandsübergänge und Folgen unterschiedlicher Länge von Übergängen. Wenn einzelne Übergänge (oder Folgen von Übergängen), beispielsweise von Ausgangszustand *Za* zum Zielzustand *Zz*, getestet werden sollen, muss zuerst eine Folge von Ereignissen ausgeführt werden, die zum Ausgangszustand *(Za)* der zu testenden Übergangsfolge führt. Danach sind die Ereignisse bzw. Eingaben auszuführen, die die eigentlich zu testende Folge (von Ausgangszustand *Za* zum Zielzustand *Zz)* zur Ausführung bringen.

N-Switch-Überdeckung

Die Längen der zu testenden Übergangsfolgen können je nach Testintensität variieren. Das Verfahren wird als N-Switch-Überdeckung bezeichnet. N ist dabei die Anzahl der Zustände zwischen dem Anfangs- und dem Zielzustand der zu testenden Folge von Zuständen. Wenn nur ein Übergang von einem Zustand (Ausgangszustand) direkt zum Folgezustand (Zielzustand) getestet werden soll, wird von der 0-Switch-Überdeckung gesprochen. Der Name N-Switch deutet ja schon darauf hin, dass es noch weitere Kriterien gibt: Beinhaltet die zu testende Folge zwei Übergänge (ein Zustand zwischen Anfangs- und Zielzustand), wird eine 1-Switch-Überdeckung angestrebt. Bei Übergängen mit zwei Zuständen liegt eine 2-Switch-Überdeckung vor usw. Dabei ist zu beachten, dass die Zustände in den Folgen auch dieselben sein können, wenn nämlich eine Eingabe den Zustand nicht ändert. Mit dem Verfahren kann der Test von Zyklen im Automaten strukturiert durchgeführt und die Anzahl der Zyklen nach oben beschränkt werden.

Die Testfallerstellung mithilfe des Übergangsbaums und die N-Switch-Überdeckung sind in [Spillner 16, Abschnitt 4.8] ausführlich beschrieben.

Zustandsbasiertes Testen eignet sich auch gut als Technik beim Systemtest, wenn Tests der grafischen Bedienoberfläche des Testobjekts durchzuführen sind. Die Bedienoberfläche besteht in der Regel aus einer Menge von Masken oder Dialogboxen, zwischen denen durch Eingabeaktionen (Menüauswahl, »OK«-Button usw.) hin und her gewechselt werden kann. Werden Masken bzw. Dialogboxen als Zustände aufgefasst und Eingabeaktionen als Zustandsübergänge, so können die Navigationsmöglichkeiten durch die Bedienoberfläche mit einem Zustandsautomaten modelliert werden. Geeignete Testfälle und die Testüberdeckung können mit oben beschriebenem Verfahren des zustandsbasierten Testens ermittelt werden.

Beispiel: Test der DreamCar-GUI

Beim Test der *DreamCar*-GUI im alten System VSR (mit einer klassischen fensterbasierten Oberfläche) wurde so vorgegangen:

Der Test beginnt in der *DreamCar*-Hauptmaske (Zustand 1). Über die Aktion[20] »Einstellungen/Fahrzeuge« erfolgt der Wechsel in den Dialog »Fahrzeuge bearbeiten« (Zustand 2). Die Aktion »Cancel« beendet diesen Dialog und es erfolgt der Rücksprung in Zustand 1. Innerhalb eines Zustands können dann »zustandslokale« Tests erfolgen, die die eigentliche Funktionalität der angesteuerten Maske prüfen. Auf analoge Weise kann die Navigation durch beliebige komplexe Dialogketten dargestellt werden. Das Zustandsmodell der Bedienoberfläche hilft sicherzustellen, dass alle Dialoge im Test beachtet und geprüft werden.

20. Die zweistufige Menüauswahl wird hier als eine einzige Aktion aufgefasst.

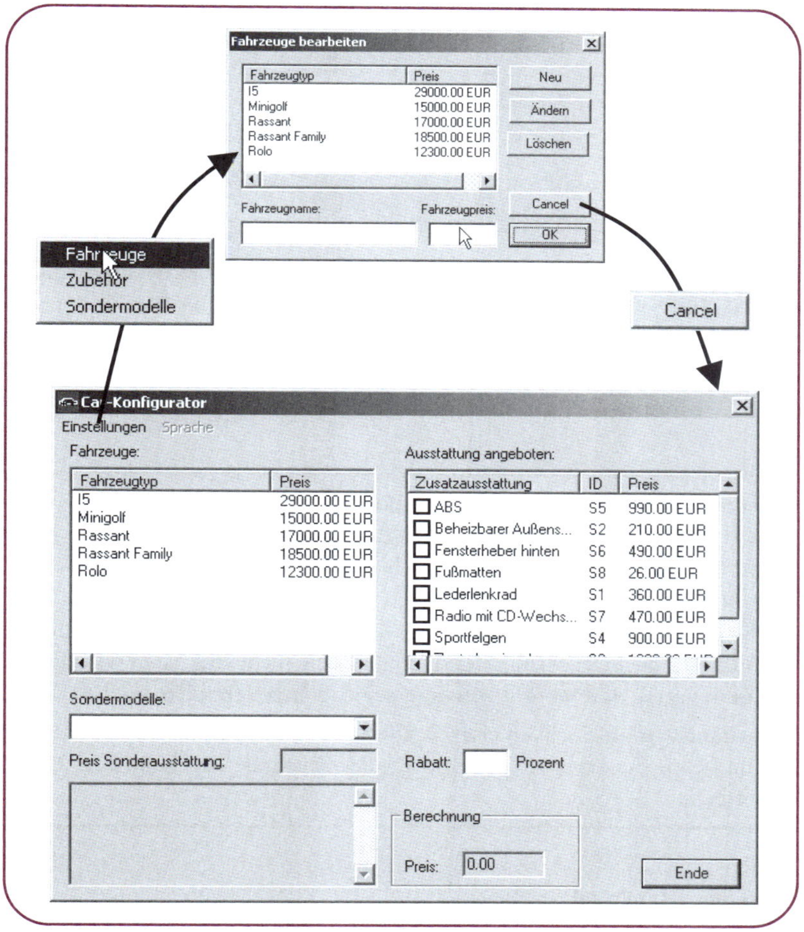

Abb. 5–6
GUI-Navigation als Zustandsmodel

Testfälle

Zur vollständigen Definition eines zustandsbasierten Testfalls gehören folgende Informationen:

- der Zustand des Testobjekts zu Beginn des Testfalls (Vorbedingung des Testfalls),
- die Eingaben für das Testobjekt,
- die erwarteten Ausgaben bzw. das erwartete Verhalten,
- der erwartete Zustand des Testobjekts nach dem Testfall (Nachbedingung).

Ferner sind für jeden im Testfall erwarteten Zustandsübergang folgende Aspekte festzulegen:

- der Zustand vor dem Übergang,
- das auslösende Ereignis, das den Übergang bewirkt,
- die erwartete Reaktion, ausgelöst durch den Übergang,
- der nächste erwartete Zustand.

Es ist nicht immer einfach, die Zustände eines Testobjekts zu ermitteln. Oft manifestiert sich der Zustand nicht in einer einzigen Variablen, sondern der Zustand ergibt sich aus der entsprechenden Konstellation der unterschiedlichen Werte der Variablen. Die Überprüfung und Bewertung der einzelnen Testfälle kann dadurch sehr aufwendig werden.

Tipp

- Das Zustandsdiagramm bereits bei der Spezifikation unter Testgesichtspunkten bewerten. Bei einer großen Anzahl von Zuständen und Übergängen auf den erhöhten Testaufwand hinweisen und auf eine Vereinfachung dringen, so weit dies möglich ist.
- Ebenfalls bei der Spezifikation darauf achten, dass die unterschiedlichen Zustände leicht zu ermitteln sind und sich nicht aus einer vielfältigen Kombination von Werten von unterschiedlichen Variablen ergeben.
- Zustandsvariablen sollen einfach abfragbar sein. Zusätzliche Funktionen zum Lesen, Setzen und Zurücksetzen der Zustände sind beim Testen sehr hilfreich.

Festlegung der Endekriterien

Kriterien zur Intensität und zur Beendigung lassen sich auch beim zustandsbasierten Test angeben:

- Jeder Zustand wurde mindestens einmal erreicht.
- Jeder Zustandsübergang wurde mindestens einmal ausgeführt.
- Alle spezifikationsverletzenden Zustandsübergänge wurden geprüft.

Entsprechende Prozentzahlen lassen sich durch das Verhältnis der jeweils möglichen zu den tatsächlich durchgeführten Anforderungen in Analogie zu den anderen Überdeckungsmaßen angeben.

Weiter gehende Prüfungen

Bei hoch kritischen Anwendungen lassen sich noch weiter gehende zustandsbasierte Prüfungen vornehmen:

- alle Kombinationen von Zustandsübergängen,
- alle Zustandsübergänge in jeder beliebigen Reihenfolge mit allen möglichen Zuständen, auch mehrfach hintereinander.

Allerdings ist das Erreichen einer ausreichenden Überdeckung durch die große Zahl an benötigten Testfällen meist nicht möglich. Sinnvoll ist dann eine Einschränkung der Anzahl von zu prüfenden Kombinationen bzw. Reihenfolgen (s. o. Exkurs N-Switch-Überdeckung).

Bewertung des Verfahrens

Der zustandsbasierte Test ist überall dort anzuwenden, wo Zustände eine Rolle spielen und wo die Funktionalität durch den jeweiligen Zustand des Testobjekts unterschiedlich beeinflusst wird. Die anderen bisher vorgestellten Testverfahren berücksichtigen diese Aspekte nicht, da sie nicht auf das unterschiedliche Verhalten von Funktionen in Abhängigkeit von der zeitlichen Historie und somit vom aktuell erreichten Systemzustand eingehen.

Tipp: Besonders geeignet zum Test objektorientierter Systeme

- In objektorientierten Systemen können Objekte unterschiedliche Zustände annehmen. Die jeweiligen Methoden zur Manipulation der Objekte müssen dann entsprechend auf die unterschiedlichen Zustände reagieren. Beim objektorientierten Testen hat der zustandsbasierte Test deshalb eine herausgehobene Bedeutung, da er diesen speziellen Aspekt der Objektorientierung berücksichtigt.

5.1.4 Entscheidungstabellentests

Die bisher vorgestellten Verfahren betrachten mehrere Eingabeparameter eines Testobjekts unabhängig voneinander. Zur Erstellung der Testfälle wird jeder Eingabewert einzeln herangezogen. Abhängigkeiten zwischen den verschiedenen Eingabeparametern und deren Auswirkungen auf die Ausgaben gehen nicht explizit bei der Spezifikation der Testfälle ein.

Exkurs: Ursache-Wirkungs-Graph-Analyse

[Myers 82] beschreibt ein Verfahren, das solche Abhängigkeiten bei der Ermittlung der Testfälle berücksichtigt: die Ursache-Wirkungs-Graph-Analyse. Die ISO 29119, Teil 4 [ISO 29119] führt das Verfahren ebenfalls auf. Die logischen Beziehungen zwischen Ursachen und deren Wirkungen in einer Komponente oder einem System werden in einem sogenannten Ursache-Wirkungs-Graphen dargestellt. Voraussetzung ist, dass Ursachen und deren Wirkungen aus der Spezifikation ermittelt werden können. Jede Ursache wird als eine Eingabebedingung (Voraussetzung) beschrieben, die aus Eingabewerten (oder Kombinationen von Eingabewerten) besteht. Die Eingaben werden über logische Operatoren (z.B. AND, OR und NOT) verknüpft. Die Eingabebedingung, und damit die Ursache, trifft zu oder nicht – sie kann also `wahr` oder `falsch` sein. Die Wirkungen werden analog behandelt und im Graphen vermerkt (s. Abb. 5–7).

An einem Beispiel, dem Geldabheben von einem Geldautomaten, soll das Erstellen eines Ursache-Wirkungs-Graphen verdeutlicht werden. Um Geld aus einem Automaten zu bekommen, sind folgende Bedingungen zu erfüllen[21]:

- Die Bankkarte ist gültig.
- Die PIN ist korrekt eingegeben.
- Es dürfen nur maximal drei PIN-Eingaben erfolgen.
- Geld steht zur Verfügung (im Automat und auf dem Konto).

Als Aktion bzw. Reaktion des Geldautomaten sind folgende Möglichkeiten gegeben:

- Karte zurückweisen
- Aufforderung, erneut die PIN einzugeben
- Karte einbehalten
- Aufforderung, neuen Geldbetrag einzugeben
- Geldbetrag auszahlen

Abbildung 5–7 zeigt das Beispiel als Ursache-Wirkungs-Graph.

---

21. Hinweis: Es ist keine vollständige Beschreibung, das Vorgehen soll nur beispielhaft verdeutlicht werden.

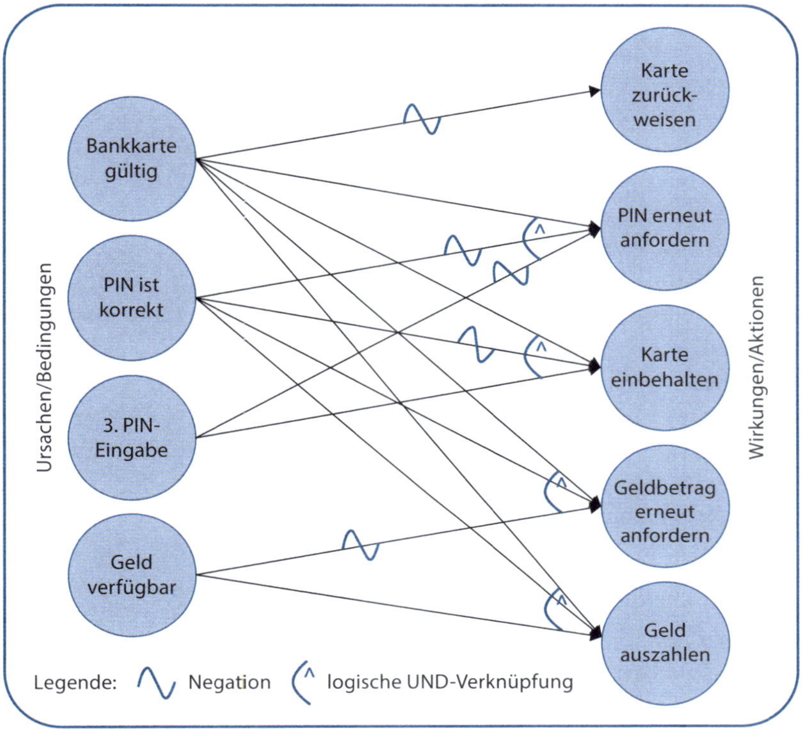

Abb. 5–7
Ursache-Wirkungs-Graph Geldautomat

Welche Bedingungen miteinander zu kombinieren sind, um die entsprechenden Wirkungen bzw. Aktionen zu erzeugen, wird im Graphen deutlich.

Der Graph ist in eine Entscheidungstabelle (s.u., Tab. 5–15) umzuformen, aus der dann die Testfälle abzulesen sind. Die einzelnen Schritte vom Graphen zur Tabelle sind folgende (aus [Liggesmeyer 02, S. 65]):

1. »Auswahl einer Wirkung.
2. Durchsuchen des Graphen nach Kombinationen von Ursachen, die den Eintritt der Wirkung hervorrufen bzw. nicht hervorrufen.
3. Erzeugung jeweils einer Spalte der Entscheidungstabelle für alle gefundenen Ursachenkombinationen und die verursachten Zustände der übrigen Wirkungen.
4. Überprüfung, ob Entscheidungstabelleneinträge mehrfach auftreten und ggf. entfernen dieser Einträge.«

Entscheidungstabellentest

Entscheidungstabellen können auch direkt (und nicht aus Ursache-Wirkungs-Graphen) erstellt werden. Die direkte Erstellung ist in der Praxis der übliche Weg. Um den Sachverhalt zu klären und Kombinationen zu verdeutlichen, können Entscheidungstabellen bereits bei der Spezifikation und nicht erst beim Testen eine wichtige Rolle spielen.

Der Test auf Basis von Entscheidungstabellen hat das Ziel, Testfälle zur Prüfung von »interessanten« Kombinationen von Eingaben zu erstellen. Interessant in dem Sinne, dass mögliche Fehlerwirkungen aufgedeckt werden. Entscheidungstabellen eignen sich sehr gut zum Erfassen und zum Testen von komplexen Geschäftsregeln – einzuhaltende Bedingungen, die ein System korrekt umsetzen muss. Verschiedene Kombinationen von Bedingungen führen in aller Regel zu unterschiedlichen Ergebnissen, die mit dem Entscheidungstabellentest systematisch geprüft werden.

Im einfachsten Fall führt jede Kombination der Bedingungen zu einem Testfall. Aber Bedingungen können sich gegenseitig ausschließen oder beeinflussen, sodass nicht alle möglichen Kombinationen sinnvoll sind.

Struktur der Tabelle

Sehen wir uns die Tabellenstruktur genauer an. In der oberen Hälfte einer Entscheidungstabelle sind die Bedingungen, die Ursachen, aufgeführt, in der unteren die Wirkungen. Die Spalten im rechten Teil der Tabelle definieren die einzelnen Testsituationen, d.h. die Kombination von Bedingungen und die bei dieser Kombination erwarteten Aktionen bzw. Ausgaben.

Eine Entscheidungstabelle ist in vier Bereiche unterteilt:

- **Oben links**
  Hier werden alle Bedingungen (die Ursachen) so aufgeführt, dass sie mit »ja« oder »nein« beantwortet werden können.
- **Oben rechts**
  In einem ersten Schritt werden hier alle Kombinationen der Bedingungen aufgeführt (bei n Bedingungen sind es 2^n Kombinationen).
- **Unten links**
  Alle Aktionen (Ausgabe, Berechnung, ...) sind hier vermerkt.
- **Unten rechts**
  Hier wird vermerkt, bei welcher Kombination welche Aktion (Wirkung) erfolgen soll.

Die Tabelle ist wie folgt zu erstellen:

Erstellung der Tabelle

1. Zu ermitteln sind alle Bedingungen, die eine Rolle bei dem Problem spielen. Jede Bedingung ist so zu formulieren, dass sie mit »ja« oder »nein« beantwortet werden kann. Jede Bedingung wird in jeweils eine Zeile (links oben) der Tabelle geschrieben.
2. Zu ermitteln sind alle möglichen Aktionen, die zu berücksichtigen sind. Jede Aktion wird jeweils in eine Zeile (links unten) der Tabelle geschrieben.
3. Zu erstellen sind alle Kombinationen der Bedingungen – ohne Berücksichtigung von möglichen Abhängigkeiten (oben rechts).

4. Alle Bedingungskombinationen (jede Spalte auf der rechten Seite der Tabelle) sind zu analysieren und es ist zu entscheiden, welche Aktion bei der jeweiligen Kombination zur Ausführung kommen soll. Ein Kreuz ist an die Stelle der Tabelle zu setzen, wo die Bedingungskombination zu einer Aktion führen soll. Es können also mehrere Kreuze bei einer Kombination vorkommen, wenn bei dieser Kombination mehrere Aktionen auszuführen sind.

Jede Bedingung soll in der Tabelle mindestens einmal den Wert »ja« und einmal den Wert »nein« erhalten.

Optimierung und Konsolidierung

Ist jede Kombination der Bedingungen in der Tabelle enthalten, dann liegt eine vollständige Entscheidungstabelle vor, sie hat so viele Spalten wie Kombinationen. Die Tabelle kann optimiert werden, indem Spalten gelöscht werden, die unmögliche Kombinationen von Bedingungen enthalten. Ebenso können mögliche, aber nicht durchführbare Kombinationen von Bedingungen aus der Tabelle gestrichen werden. Führen unterschiedliche Bedingungskombinationen zu gleichen Aktionen, kann die Tabelle weiter konsolidiert werden. Jede Spalte der Tabelle entspricht nun einem Testfall, wobei keine Kombinationen bzw. Aktionen doppelt getestet werden. Ebenso kann geprüft werden, ob die Entscheidungstabelle vollständig, redundanzfrei und konsistent ist.

Beispiel für Entscheidungstabellen

Zunächst wird die Grundidee an einem einfachen Beispiel verdeutlicht.

Eine zeitlich befristete Sonderverkaufsaktion soll den Verkauf an Fahrzeugen erhöhen. Für alle Basismodelle wird ein Rabatt von 8 % und für Sondermodelle (für die keinerlei Zusatzausstattungen möglich sind) ein Rabatt von 10 % gewährt. Bei einer Auswahl von mehr als drei Zusatzausstattungen beim Basismodell gibt es auf alle Zusatzausstattungen einen Rabatt von 15 %. Für alle anderen Modelle gibt es keinen Rabatt, auch nicht auf eventuelle Zusatzausstattungen.

Der obere Teil der Entscheidungstabelle mit allen Kombinationen sieht wie folgt aus (s. Tab. 5–12):

Tab. 5–12 *Oberer Teil der Entscheidungstabelle mit allen Kombinationen*

Entscheidungstabelle		**TF1**	**TF2**	**TF3**	**TF4**	**TF5**	**TF6**	**TF7**	**TF8**
Bedingungen	Sondermodell?	ja	ja	ja	ja	nein	nein	nein	nein
	Basismodell?	ja	ja	nein	nein	ja	ja	nein	nein
	Zusatzausstattung > 3	ja	nein	ja	nein	ja	nein	ja	nein

Da sich die Bedingungen teilweise ausschließen, ist die Tabelle entsprechend zu überarbeiten (»–« ist als »don't care« zu interpretieren, s. Tab. 5–13):

Tab. 5–13
Entscheidungstabelle mit »don't care«

Entscheidungstabelle		TF1	TF2	TF3	TF4	TF5	TF6	TF7	TF8
Bedingungen	Sondermodell?	ja	ja	ja	ja	nein	nein	nein	nein
	Basismodell?	–	–	–	–	ja	ja	nein	nein
	Zusatzausstattung > 3	–	–	–	–	ja	nein	–	–
Aktionen	10% Rabatt	X	X	X	X				
	8% Rabatt					X	X		
	15% Rabatt auf die Zusatzausstattung					X			
	Kein Rabatt							X	X

Die Tabelle kann nun konsolidiert werden: Die Testfälle 1–4 sind identisch und können ebenso wie die Testfälle 7 und 8 zusammengelegt werden. Damit ergibt sich folgende Entscheidungstabelle mit insgesamt 4 Testfällen, wobei jeder Testfall zu einer anderen (Kombination von) Aktion(en) führt (s. Tab. 5–14).

Tab. 5–14
Konsolidierte Entscheidungstabelle

Entscheidungstabelle		TF1	TF5	TF6	TF7
Bedingungen	Sondermodell?	ja	nein	nein	nein
	Basismodell?	-	ja	ja	nein
	Zusatzausstattung > 3	-	ja	nein	–
Aktionen	10% Rabatt	X			
	8% Rabatt		X	X	
	15% Rabatt auf die Zusatzausstattung		X		
	Kein Rabatt				X

Wie aus dem relativ einfachen Beispiel ersichtlich ist, entstehen bei mehr Bedingungen bzw. Abhängigkeiten sehr schnell große umfangreiche Tabellen.

Exkurs: Ursache-Wirkungs-Graph-Analyse, Fortsetzung

Zur Vervollständigung des Beispiels oben ist hier die konsolidierte Entscheidungstabelle, die aus dem Ursache-Wirkungs-Graphen erzeugt wurde, aufgeführt:

Entscheidungstabelle		TF1	TF2	TF3	TF4	TF5
Bedingungen	Bankkarte gültig?	Nein	Ja	Ja	Ja	Ja
	PIN ist korrekt?	–	Nein	Nein	Ja	Ja
	3. PIN-Eingabe?	–	Nein	Ja	–	–
	Geld verfügbar?	–	–	–	Nein	Ja
Aktionen	Karte zurückweisen	X				
	PIN erneut anfordern		X			
	Karte einbehalten			X		
	Geldbetrag erneut anfordern				X	
	Geld auszahlen					X

Tab. 5–15 *Konsolidierte Entscheidungstabelle Geldautomat*

Testfälle

Aus den Entscheidungstabellen lassen sich die Bedingungen und Abhängigkeiten für die Eingaben und die durch diese Konstellation der Eingaben erwarteten Aktionen für jeden einzelnen Testfall direkt aus den einzelnen Spalten ablesen. In der Tabelle sind die logischen Testfälle definiert, die vor der Durchführung der Testfälle noch mit den entsprechenden Werten konkretisiert und ggf. mit weiteren Vor-, Nach- und Randbedingungen versehen werden müssen.

Festlegung der Endekriterien

Einfache Kriterien für das Testende

Wie bei den bisherigen Verfahren lassen sich auch hier recht einfach Kriterien für das Testende festlegen. Eine minimale Forderung ist, dass jede Spalte der Entscheidungstabelle durch mindestens einen Testfall überdeckt wird. Dann werden alle sinnvollen Kombinationen von Bedingungen und der durch sie ausgelösten Reaktionen überprüft.

Bewertung des Verfahrens

Durch das systematische und sehr formale Vorgehen beim Erstellen der Entscheidungstabelle mit allen möglichen Kombinationen können Kombinationen auftreten, die andere Verfahren zur Testfallermittlung nicht berücksichtigen oder die bisher übersehen wurden. Dadurch können auch Lücken in den Anforderungen aufgedeckt werden. Allerdings können beim Erstellen der optimierten Entscheidungstabelle Fehler auftreten, wenn beispielsweise zu berücksichtigende Kombinationen von Eingaben und deren Bedingungen nicht mit in die Tabelle übernommen werden.

Wie oben bereits erwähnt, kann die entsprechende Tabelle sehr schnell an Umfang zunehmen und damit an Übersichtlichkeit verlieren, wenn die Zahl der Bedingungen und abhängigen Aktionen ansteigt. Ohne eine entsprechende Werkzeugunterstützung ist das Verfahren dann nur noch schwer zu handhaben.

Entscheidungstabellentests können in jeder Teststufe bei allen Situationen zur Anwendung kommen, bei denen das Verhalten der Software(teile) von einer Kombination von Bedingungen abhängt.

Exkurs: n-weises kombinatorisches Testen

5.1.5 Kombinatorisches Testen[22]

Die Basis bei den bisherigen Testverfahren zur Erstellung der Testfälle waren die Spezifikation und darauf aufbauende Überlegungen. Wenn keine Abhängigkeiten zwischen einzelnen Eingaben existieren, diese also frei kombinierbar sind, kann die Mathematik zur Hilfe genommen werden, um Kombinationen auszuwählen und damit systematisch Testfälle zu erstellen.

Ein einfaches Beispiel zur Motivation: Drei boolesche Eingabeparameter sind frei kombinierbar. Damit ergeben sich insgesamt die folgenden acht möglichen Kombinationen, dargestellt in der Tabelle 5–16.

Tab. 5–16 *Vollständige Kombination von drei booleschen Parametern*

Kombination	Parameter A	Parameter B	Parameter C
1	wahr	wahr	wahr
2	wahr	wahr	falsch
3	wahr	falsch	wahr
4	wahr	falsch	falsch
5	falsch	wahr	wahr
6	falsch	wahr	falsch
7	falsch	falsch	wahr
8	falsch	falsch	falsch

22. Das Kapitel ist in großen Teilen dem Openbook »Lean Testing für C++-Programmierer – angemessen statt aufwendig testen« entnommen. Das Openbook steht zum Download bereit unter [URL: Lean Testing Openbook].

Wie wäre es mit folgenden vier statt der vollständigen acht Kombinationen?

Kombination	Parameter A	Parameter B	Parameter C
1	wahr	wahr	wahr
4	wahr	falsch	falsch
6	falsch	wahr	falsch
7	falsch	falsch	wahr

Tab. 5–17
Auswahl von vier Kombinationen

Bei den vier Kombinationen ist Folgendes gegeben: Werden jeweils nur zwei der drei Parameter betrachtet, dann kann festgestellt werden, dass für die Paare ParameterA/ParameterB, ParameterB/ParameterC und ParameterA/ParameterC alle vier möglichen Kombinationen (wahr/wahr, wahr/falsch, falsch/wahr und falsch/falsch) in den vier Kombinationen der Tabelle 5–17 vorkommen. Anders formuliert: Welche zwei von den drei Spalten auch ausgewählt werden, alle vier Kombinationen kommen vor.

Kernidee des kombinatorischen Testens

Damit ist schon die Kernidee des kombinatorischen Testens verdeutlicht: Es sollen nicht alle möglichen Kombinationen über alle Parameter beim Testen berücksichtigt werden, sondern nur Kombinationen zwischen zwei, drei oder mehreren Parametern, diese dann aber vollständig.

Beispiel: Sportverein bietet Sportarten an.

Erörtert wird das Vorgehen an einem etwas komplexeren Beispiel: Ein Sportverein bietet die Sportarten Tischtennis, Turnen, Volleyball, Basketball, Handball und Fitnesstraining an. Jede Sportart ist aus organisatorischen Gründen einer Abteilung zugeordnet, wobei die Sportarten Volleyball, Basketball und Handball zur Abteilung Ballsport zusammengefasst werden. Damit wird auch den verschiedenen Kosten der Sportarten Rechnung getragen.

Es gibt somit vier Sportarten (Tischtennis, Turnen, Ballsport, Fitness), die frei von den Vereinsmitgliedern gewählt werden können. Werden alle möglichen Kombinationen betrachtet, dann ergeben sich 16 mögliche Kombinationen. Mit sechs Testfällen kommen aber alle möglichen paarweisen Kombinationen (Tischtennis/Turnen, Tischtennis/Ballsport, Tischtennis/Fitness, Turnen/Ballsport, Turnen/Fitness und Ballsport/Fitness) mit ihren jeweiligen vier Möglichkeiten zur Ausführung. Die sechs Testfälle in Tabelle 5–18 enthalten alle paarweisen Kombinationen.

Tab. 5–18
Sportarten (die vier möglichen Kombinationen von Turnen und Ballsport sind hervorgehoben)

Test	Tischtennis	Turnen	Ballsport	Fitness
1	ja	nein	nein	nein
2	nein	ja	ja	ja
3	ja	ja	nein	ja
4	nein	nein	ja	nein
5	ja	ja	ja	nein
6	nein	nein	nein	ja

An diesem Beispiel ist gut zu erkennen, dass einige Kombinationen häufiger als andere enthalten sind. So kommen für das Paar Tischtennis/Turnen die Wertekombinationen ja/ja und nein/nein jeweils zweimal in den sechs Kombinationen vor, die beiden anderen Wertekombinationen nur einmal.

Auch wird deutlich, dass nicht alle »spannenden« Kombinationen berücksichtigt werden. Die Kombinationen keine Sportart (nein/nein/nein/nein) und alle Sportarten (ja/ja/ja/ja) kommen in der Tabelle 5–18 nicht vor.

Tab. 5–19
Auswahl von fünf Kombinationen der Sportarten

Test	Tischtennis	Turnen	Ballsport	Fitness
1	nein	nein	nein	nein
2	nein	ja	ja	ja
3	ja	nein	ja	ja
4	ja	ja	nein	ja
5	ja	ja	ja	nein

Es gibt auch nicht nur diese eine Kombination mit der Eigenschaft, dass die jeweiligen Parameterpaare alle vier Kombinationen enthalten. Die Tabelle 5–19 erfüllt ebenfalls diese Eigenschaft, umfasst aber eine Kombination weniger.

Orthogonale und Covering Arrays

Ein wenig Mathematik

Das obige Beispiel (Tab. 5–16) mit drei booleschen Parametern ist sehr einfach. In der Praxis sind viele Parameter mit nicht nur zwei möglichen Werten pro Parameter zu kombinieren. Die Auswahl der jeweiligen Kombinationen muss dann nach einem festgelegten Verfahren erfolgen. Grundlage sind die sogenannten orthogonalen Arrays. Ein orthogonales Array ist ein zweidimensionales Array mit folgenden speziellen mathematischen Eigenschaften: Jede Kombination von zwei beliebigen Spalten des Arrays enthält alle Kombinationen der Werte der beiden Spalten.

Orthogonale Arrays garantieren dabei zusätzlich eine Gleichverteilung der Kombinationen. Ein Anwendungsgebiet der orthogonalen Arrays ist die statistische Versuchsplanung, da dort die zu untersuchenden Faktoren nicht miteinander vermengt werden dürfen und gleichverteilt sein sollen. Jede Kombination kommt in einem orthogonalen Array gleich oft vor, egal welche zwei Spalten des Arrays ausgewählt werden. So sind die

Tabellen 5–16 und 5–17 orthogonale Arrays. Bei beliebigen zwei Spalten der Tabelle 5–16 kommt jede Wahr/falsch-Kombination exakt zweimal vor, siehe zum Beispiel das Spaltendoppel Parameter B/Parameter C (Zeilen 1/5, 2/6, 3/7 und 4/8). In Tabelle 5–17 kommt jede Kombination bei beliebigen zwei Spalten exakt einmal vor.

Covering Arrays

Covering Arrays entsprechen als Weiterentwicklung der orthogonalen Arrays ebenso der obigen Definition mit dem Unterschied, dass jede Kombination mindestens einmal vorkommt. Sie genügen deshalb nicht dem Anspruch der Gleichverteilung der Parameterwerte. Unter Testgesichtspunkten ist das aber kein gravierender Nachteil. Der Vorteil: Dieser Unterschied ermöglicht oft kleinere Arrays im Vergleich zu den orthogonalen Arrays. Covering Arrays werden als minimal (manchmal auch optimal) bezeichnet, wenn die Abdeckung der Kombinationen mit der geringstmöglichen Anzahl erfolgt. Das Beispiel mit den vier Sportarten würde ein orthogonales Array mit acht Zeilen (von maximal 16) erfordern, wenn zwei beliebig ausgewählte Spalten alle Wahr/falsch-Kombinationen enthalten sollen (jede käme zweimal vor).

Der Verzicht auf die Einschränkung, dass jede Kombination gleich oft vorkommen muss, führt zu dem Covering Array in Tabelle 5–18. Das Array kann noch verkleinert werden: Die Tabelle 5–19 zeigt ein minimales Covering Array. Es ergeben sich somit fünf (oder sechs) Kombinationen bei den Covering Arrays im Gegensatz zu den acht erforderlichen Kombinationen bei Nutzung der orthogonalen Arrays.

Orthogonale und Covering Arrays bilden die mathematische Grundlage, um aus allen möglichen Kombinationen eine »kleinere«, aber vollständige Auswahl der Kombinationen zu treffen. Zum Beispiel enthält das Covering Array (Grundlage für Tab. 5–19) alle 2er-Paare der Sportarten statt alle 16 Kombinationen, die zwischen den vier Sportarten möglich sind.

n-weises Testen (N-wise Testing)

Pairwise Testing

»Paarweises Testen« oder »Pairwise Testing« beschränkt sich auf alle diskreten Kombinationen aller Paare (2er-Tupel) der Parameterwerte, d.h., das *n* aus der Überschrift ist 2. Beide obigen Beispiele zeigen paarweise Kombinationen. Beim paarweisen Testen wird eine Gleichverteilung nicht garantiert, sondern nur dass jede Kombination (jedes Paar) mindestens einmal vorkommt. Ziel des paarweisen Testens ist die Entdeckung aller Fehlerwirkungen, die auf der Interaktion zweier Parameter beruhen. Werden drei oder mehr möglicherweise wechselwirkende Parameter in den Kombinationen berücksichtigt, dann wird das Vertrauen in die Tests weiter verstärkt.

Dies wird als »n-weises Testen« bezeichnet. Ermittelt werden alle möglichen diskreten Kombinationen aller n-Tupel von Parameterwerten.

Beispiel: Sportverein bietet Sportarten an. *(Fortsetzung)*

Zur Verdeutlichung (und zum Vergleich zu den bisherigen 2er-Kombinationen) sind in Tabelle 5–20 alle 3er-Kombinationen für die Wahl der Sportart aufgeführt. Die acht möglichen Kombinationen von Tischtennis, Turnen und Fitness sind rot hervorgehoben (Test 6 ist diesbezüglich redundant zu Test 5). Grundlage für Tabelle 5–20 ist ein Covering Array und kein orthogonales Array, da die Kombinationen nicht alle gleich oft vorkommen.

Tab. 5–20
Covering Array aller 3er-Kombinationen der Sportarten

Test	Tischtennis	Turnen	Ballsport	Fitness
1	nein	nein	nein	ja
2	nein	nein	ja	nein
3	nein	ja	nein	nein
4	nein	ja	ja	ja
5	ja	nein	nein	nein
6	ja	nein	ja	nein
7	ja	ja	nein	ja
8	ja	ja	ja	nein
9	ja	nein	ja	ja

Wie man sieht, sind mehr Kombinationen erforderlich. Bei vier Parametern ist $n = 4$ das Maximum und es gäbe eine Tabelle mit allen $2^4 = 16$ möglichen Kombinationen, also eine vollständige Überdeckung. Daher wird n auch als Stärke eines Covering Arrays bezeichnet. Es soll aber nicht zu tief in den mathematischen Hintergrund eingestiegen werden, sondern es geht mehr um die praktische Anwendung der Verfahren.

Bisher wurde davon ausgegangen, dass ein Parameter nur die Werte `wahr` oder `falsch` annehmen kann. Es kann aber sein, dass das nur für einige Parameter zutrifft, andere Parameter aber viele verschiedene Werten annehmen können (s. folgendes Beispiel). Orthogonale Arrays lassen sich dann teilweise nicht mehr konstruieren, Covering Arrays schon.

Beispiel: Testaufwand für Fahrzeugvarianten (aus Abschnitt 2.1.4) *(Fortsetzung)*

Mithilfe von n-weisem Testen kann die Anzahl der Testfälle teilweise drastisch reduziert werden, was im Folgendem veranschaulicht werden soll. Greifen wir das Beispiel »Testaufwand für Fahrzeugvarianten« auf. Der verantwortliche Product Owner hatte überschlagen, wie viele Ausstattungskombinationen für ein Fahrzeug es maximal geben kann und Folgendes festgestellt:

10 Fahrzeugmodelle mit je 5 Motorvarianten, 10 Felgentypen mit Sommer- oder Winterbereifung, 10 Lackfarben mit Matt-, Glanz- oder Perleffekt-Beschichtung und 5 verschiedene Entertainment-Systeme. Hieraus resultieren $10 \times 5 \times 10 \times 2 \times 10 \times 3 \times 5 = 150.000$ verschiedene Kombinationen.[23] Wenn das Testen jeder Kombination nur 1 Sekunde dauern würde, wären schon 1,7 Tage dazu nötig.

23. Die weiteren 50 optionalen Zubehörteile werden in dem Beispiel nicht berücksichtigt.

Wie verringert nun das kombinatorische Testen diese hohe Anzahl von Testfällen?

1er-Kombinationen

Fangen wir mit einer einfachen Überlegung an. Es soll jeder der möglichen Parameterwerte aller sieben Parameter (Fahrzeugtyp (10 unterschiedliche Parameterwerte sind möglich), Motorvariante (5), Felgentyp (10), Bereifung (2), Lackfarbe (10), Lackeffekt (3) und Entertainment-System (5)) in einem Testfall vorhanden sein. Der Parameter mit den meisten Variationsmöglichkeiten bei der Parameterbelegung ist auszuwählen. Im Beispiel sind es Fahrzeugtyp, Felgentyp und Lackfarbe mit jeweils 10 Varianten. Damit reichen 10 Testfälle aus, um jeden möglichen Parameterwert in mindestens einem Testfall zu nutzen. (s. Tab. 5–21). Das ist keine sehr gute Lösung, da nur wenige Kombinationen mit den 10 Testfällen geprüft werden.

Tab. 5–21
Jeder mögliche Parameterwert kommt in mindestens einem Testfall vor (1er-Kombinationen).

Testfall	Fahrzeugtyp	Motorvariante	Felgentyp	Bereifung	Lackfarbe	Lackeffekt	Entertainment
1	Modell1	Motor1	Felgentyp10	Sommer	weiss	glanz	Typ1
2	Modell2	Motor2	Felgentyp9	Winter	gelb	perleffekt	Typ2
3	Modell3	Motor3	Felgentyp8	Sommer	rot	matt	Typ3
4	Modell4	Motor4	Felgentyp7	Winter	blau	glanz	Typ4
5	Modell5	Motor5	Felgentyp6	Sommer	grau	perleffekt	Typ5
6	Modell6	Motor5	Felgentyp5	Winter	orange	matt	Typ1
7	Modell7	Motor4	Felgentyp4	Sommer	lila	glanz	Typ2
8	Modell8	Motor3	Felgentyp3	Winter	gruen	perleffekt	Typ3
9	Modell9	Motor2	Felgentyp2	Sommer	hellblau	matt	Typ4
10	Modell10	Motor1	Felgentyp1	Winter	schwarz	glanz	Typ5

2er-Kombinationen

Wie sieht in diesem Beispiel das paarweise Testen aus, also dass für zwei beliebige der sieben Parameter alle paarweisen Kombinationen zum Tragen kommen. Ein kurzer Überschlag ergibt, dass es mindestens 100 Testfälle sein müssen, damit z.B. alle Felgentypen auch mit allen Lackfarben kombiniert werden.[24] Vielleicht können die restlichen paarweisen Kombinationen der anderen Parameter bei den 100 Kombinationen ja mit »verarbeitet« werden. Und genauso ist es.

24. Mit dem Beispiel soll das n-weise Testen näher erläutert werden, weshalb alle Kombinationen berücksichtigt werden. In der Praxis werden Kombinationen eher nicht berücksichtigt, bei denen garantiert werden kann, dass die Parameter miteinander nicht korrelieren.

Testfall	Fahrzeug-typ	Motor-variante	Felgentyp	Bereifung	Lackfarbe	Lackeffekt	Enter-tainment
0	Modell1	Motor2	Felgentyp1	Sommer	weiss	glanz	Typ2
10	Modell2	Motor5	Felgentyp1	Winter	gelb	glanz	Typ1
20	Modell3	Motor1	Felgentyp1	Winter	rot	matt	Typ5
30	Modell4	Motor3	Felgentyp1	Winter	blau	perleffekt	Typ5
40	Modell5	Motor5	Felgentyp1	Winter	grau	glanz	Typ3
50	Modell6	Motor5	Felgentyp1	Winter	orange	perleffekt	Typ2
60	Modell7	Motor5	Felgentyp1	Winter	lila	perleffekt	Typ1
70	Modell8	Motor5	Felgentyp1	Winter	gruen	perleffekt	Typ5
80	Modell9	Motor5	Felgentyp1	Winter	hellblau	perleffekt	Typ5
90	Modell10	Motor5	Felgentyp1	Winter	schwarz	perleffekt	Typ5

Tab. 5–22
Testfälle mit paarweisen Kombinationen (2er-Kombinationen, Ausschnitt)

Tabelle 5–22 zeigt einen Ausschnitt aus der vollständigen Tabelle mit allen 100 Testfällen, die auf der Internetseite [URL: Softwaretest Knowledge] zum Download zur Verfügung steht[25]. Die Nummern der Testfälle beziehen sich auf diese vollständige Tabelle. Mit den 10 Testfällen in Tabelle 5–22 ist für den Felgentyp1 jede Lackfarbe einmal kombiniert worden. Es sind aber auch noch weitere »Paare« in den 10 Testfällen vorhanden. Mit Testfall 1 werden folgende Paare getestet: Modell1 & Motor2, Modell1 & Felgentyp1, Modell1 & Sommer, Modell1 & weiss, Modell1 & glanz, Modell1 & Typ2, aber auch Motor2 & Felgentyp1, Motor2 & Sommer, Motor2 & weiss, Motor2 & glanz, Motor 2 & Typ2, aber auch Felgentyp1 & Sommer usw.

Mit 100 Testfällen ist jeder Fahrzeugtyp mit jedem anderen Parameterwert der weiteren Parameter in mindestens einem Testfall kombiniert worden. Dies trifft auch für alle anderen Parameter zu. Wenn jeder Testfall 1 Sekunde (s.o.) in Anspruch nimmt, wären wir bei etwas mehr als 1,5 Minuten Ausführungszeit.

3er-Kombinationen

Oben wurden bereits 3er-Kombinationen eingeführt. Wie sieht eine 3er-Kombination für das Beispiel aus? Für die Tabelle 5–23 wurden die Parameter mit den wenigen möglichen Parameterwerten (Motorvariante (5), Bereifung (2) und Lackeffekt (3)) ausgesucht und nicht alle 30 Kombinationen angegeben. Es fehlen in der Tabelle die jeweils 6 Kombinationen für die Motorvarianten 3, 4 und 5, also weitere 18 Testfälle, um die 3er-Kombination für die drei Parameter vollständig zu kombinieren.

25. Die Tabellen sind mit dem frei verfügbaren Werkzeug ACTS [URL: ACTS] erstellt worden.

Testfall	Fahrzeug-typ	Motor-variante	Felgentyp	Bereifung	Lackfarbe	Lackeffekt	Enter-tainment
0	Modell1	Motor1	Felgentyp1	Winter	schwarz	matt	Typ1
19	Modell1	Motor1	Felgentyp2	Winter	hellblau	glanz	Typ5
11	Modell1	Motor1	Felgentyp2	Winter	weiss	perleffekt	Typ3
32	Modell1	Motor1	Felgentyp4	Sommer	gelb	matt	Typ5
16	Modell1	Motor1	Felgentyp2	Sommer	orange	glanz	Typ5
5	Modell1	Motor1	Felgentyp1	Sommer	grau	perleffekt	Typ2
15	Modell1	Motor2	Felgentyp2	Winter	grau	matt	Typ3
51	Modell1	Motor2	Felgentyp6	Winter	weiss	glanz	Typ5
6	Modell1	Motor2	Felgentyp1	Winter	orange	perleffekt	Typ1
10	Modell1	Motor2	Felgentyp2	Sommer	schwarz	matt	Typ5
1	Modell1	Motor2	Felgentyp1	Sommer	weiss	glanz	Typ2
38	Modell1	Motor2	Felgentyp4	Sommer	gruen	perleffekt	Typ5

Tab. 5–23 *Testfälle bei 3er-Kombination (Ausschnitt)*

Insgesamt ergeben sich 1.014 Testfälle, um eine 3er-Kombination für alle sieben Parameter zu erreichen – oder genauer jeweils drei beliebige der sieben Parameter werden mit ihren möglichen Werten vollständig miteinander kombiniert. Die komplette Tabelle mit allen 1.014 Testfällen steht ebenfalls auf der Internetseite [URL: Softwaretest Knowledge] zum Download zur Verfügung.

Mit n-weisem Testen drastische Reduktion der Testfallanzahl möglich

Da ein Werkzeug (s. u.) genutzt wird, kann auch die benötigte Anzahl von Testfällen für die weiteren Kombinationen ermittelt werden: Bei 4er-Kombinationen ergeben sich 5.374 Testfälle, bei 5er-Kombinationen sind es 25.000, bei 6er-Kombinationen 75.000 und bei den 7er-Kombinationen sind es wieder alle möglichen und somit 150.000 Testfälle.

Von 1,7 Tagen auf 17 Minuten!

Auf Grundlage dieser Informationen beschließt der Product Owner zusammen mit der Test/QS-Leiterin, dass die 1.014 Testfälle der 3er-Kombinationen ausgeführt werden sollen. Beide halten knappe 17 Minuten Testausführungszeit für die komplette Testsuite (bei einer Ausführungszeit von 1 s je Testfall) für vertretbar statt der 1,7 Tage Ausführungszeit bei vollständiger Kombination. Des Weiteren beschließen sie, dass drei erfahrene Tester das Testelement noch explorativ testen, dafür soll jedem der Tester maximal 2 Stunden zur Verfügung stehen.

Erwartete Ergebnisse?

Ein Problem gibt es aber noch, was sind bei den 1.014 Testfällen die erwarteten Ergebnisse? Es muss ja entschieden werden, ob eine Fehlerwirkung vorliegt oder nicht. Es wird beschlossen, ein zusätzliches kleines Programm zu implementieren, das – unabhängig von `calculate_price()` des VSR-II-Systems – nur die Soll-Preise für die Kombinationen ermittelt und als Grundlage für die passed/failed-Entscheidungen dient. Damit dieses Programm keine falschen Berechnungen durchführt, wird die erfahrenste Programmiererin damit beauftragt und es wird ein Codereview vereinbart.

Testfälle

Aus den Covering Arrays lassen sich in den Zeilen die jeweiligen Kombinationen der (Eingabe-)Parameter ablesen, die noch zu Testfällen aufbereitet werden müssen. Das heißt, die Parameterwerte sind zu konkretisieren, mögliche Vorbedingungen zu vermerken und das erwartete Ergebnis ist festzulegen, um entscheiden zu können, ob eine Fehlerwirkung beim einzelnen Testfall vorliegt.

Festlegung der Endekriterien

Jeden Parameterwert einmal verwenden oder alle Parameterwerte miteinander kombinieren?

Bei Testobjekten mit mehreren Parametern, die frei zu kombinieren sind, gibt es zwei Möglichkeiten:

- Jeder Parameterwert soll mindestens in einem Testfall verwendet werden. Die maximale Anzahl von Testfällen ist dann gleich der Anzahl der Parameterwerte des »größten« Parameters (der mit den meisten unterschiedlichen Werten).
- Alle möglichen Kombinationen der Werte der Parameter sollen bei den zu spezifizierenden Testfällen berücksichtigt werden. Oft ist der damit verbundene Aufwand, verursacht durch die kombinatorische Explosion bei vielen Parametern, aber nicht gerechtfertigt oder auch gar nicht leistbar.

Beide Möglichkeiten lassen sich gut veranschaulichen und erklären. Wenn jeder Parameterwert mindestens in einem Testfall vorkommt, dann ist eine sehr einfache Testüberdeckung erreicht: Jeder Parameterwert wird beim Testen verwendet. Bei dem Beispiel mit den drei booleschen Parametern sind nur die Kombinationen 1 und 8 (oder auch 2 und 7, 3 und 6 sowie 4 und 5) aus Tabelle 5–16 zu verwenden, um diese Testüberdeckung bereits vollständig zu erfüllen. Um alle Kombinationen abzudecken, sind alle acht Kombinationen aus Tabelle 5–16 zur Erstellung von Testfällen heranzuziehen. Die vollständige Testüberdeckung wird angestrebt und dient als Endekriterium. Der Test wird als ausreichend genug angesehen und kann daher beendet werden.

n-weises Testen als »Mittelweg«

Mit dem vorgestellten Vorgehen gibt es einen strukturierten Ansatz, zu Testfällen zu kommen, deren Anzahl zwischen den beiden oben aufgeführten Extremen liegt. Wie umfangreich die Parameterwerte miteinander kombiniert werden sollen (2er-, 3er-, 4er-, ... Kombinationen), liegt im Ermessen des Testers und hängt von der Kritikalität des Testobjekts ab. Je risikoreicher die Auswirkungen einer möglichen Fehlerwirkung sind, desto intensiver soll das Testobjekt getestet werden. Darüber hinaus werden die Testfälle durch das Verfahren so konstruiert, dass immer eine bestimmte Kombination der Parameterwerte vollständig erreicht wird. Die anzustrebende Testüberdeckung lässt sich dadurch festlegen. Wenn z.B. alle 3er-Kombinationen der Sportarten getestet werden sollen, sind alle 9 Testfälle aus Tabelle 5–20 durchzuführen. Dann ist die geforderte Testüberdeckung vollständig erfüllt und damit auch das Endekriterium.

Beim n-weisen Testen ergeben sich die Kriterien zur Beendigung des Testens durch die gewählte Anzahl von Kombinationen. Je höher das *n* ist, desto mehr Kombinationen und damit Testfälle sind zu berücksichtigen. Damit eine 100%ige Testüberdeckung erreicht wird, sind alle Testfälle durchzuführen. Vorab sind die nicht möglichen Kombinationen aus den Testfällen zu streichen (s.u.). Eine 100%ige Testüberdeckung wird bei großem *n* oft nicht durchführbar oder zu aufwendig sein. Als Alternative bietet es sich an, nach dem Beseitigen eines Fehlerzustands *n* schrittweise zu erhöhen, bis auch auf der nächsthöheren Stufe keine Fehlerwirkungen mehr entdeckt werden. Diese Maßnahme ist eher beim Testen von kritischen System(teil)en anzuraten, da sie doch um einiges aufwendiger als ein paarweiser Test ist.

Bewertung des Verfahrens

Abstufung der Testfallanzahl und damit der Testintensität

Das kombinatorische Vorgehen zur Erstellung der Testfälle ist einfach nachvollziehbar und überzeugend. Es gibt dem Tester die Sicherheit, wenn nicht alle möglichen Kombinationen, so doch einen systematisch hergeleiteten Ausschnitt beim Testen zu berücksichtigen. Es bietet vom Aufwand her abgestufte Möglichkeiten (2er-, 3er-, ... Kombinationen) von der einfachen Testüberdeckung, dass jeder Parameterwert in mindestens einem Testfall vorkommt, hin zu der vollständigen Kombination aller Parameterwerte.

Durch die systematische Herleitung der Kombinationen entstehen Testfälle, die in der Praxis gar nicht vorkommen können. Diese sind herauszufiltern. Ebenso sind ggf. Abhängigkeiten zwischen den Parametern zu berücksichtigen und die erzeugten Testfälle entsprechend anzupassen.

Man soll dem Verfahren aber nicht zu euphorisch gegenübertreten. Die Mathematik hilft einem zwar dabei, alle abgestuften Kombinationen zu berücksichtigen, aber weitere Testfälle sind als Ergänzung hinzuzunehmen. Werden die Tabelle 5–19 mit den 2er-Kombinationen und die Tabelle 5–20 mit den 3er-Kombinationen der vier Sportarten unter Testgesichtspunkten näher betrachtet, lässt sich Folgendes feststellen:

Nachteil: Nicht berücksichtigte Kombinationen

- 2er-Kombinationen (Tabelle 5–19):
  - Es gibt keinen Testfall, bei dem alle vier Sportarten ausgewählt werden.
  - Es gibt neben dem Testfall 1 (keine der vier Sportarten ausgewählt) nur Testfälle, bei denen jeweils eine Sportart nicht ausgewählt ist, also immer drei Sportarten gewählt sind.
  - Kombinationen mit einer oder zwei ausgewählten Sportarten kommen nicht vor.
- 3er-Kombinationen (Tabelle 5–20):
  - Es gibt keinen Testfall, bei dem alle vier Sportarten ausgewählt sind.
  - Es gibt keinen Testfall, bei dem keine der vier Sportarten ausgewählt wird.
  - Es gibt nur einen einzigen Testfall, bei dem zwei Sportarten ausgewählt sind: Testfall 6 mit ja/nein/ja/nein. Andere Kombinationen mit zwei Sportarten kommen nicht vor.

Trotz dieser »Nachteile« ist das n-weise Testen zur Kombination vieler Parameterwerte zu empfehlen. Der Tester muss sich über die Vor- und Nachteile des Verfahrens im Klaren sein und ggf. Ergänzungen der Testfälle vornehmen.

Generell gilt auch hier: Es gibt kein Testverfahren, das alle Fehlerwirkungen findet. Es muss immer eine sinnvolle Auswahl und Zusammenstellung von Testverfahren passend zum Testobjekt gewählt werden (s. hierzu [Spillner 16, Kap. 8]).

Werkzeuge

Frei verfügbares Werkzeug

Wahrscheinlich wird der Leser sich schon gefragt haben, nach welcher mathematischen Formel die ganzen n-weisen Kombinationen erzeugt werden sollen. Dafür gibt es eine ganze Reihe von Werkzeugen, die diese Arbeit abnehmen bzw. erleichtern, sie werden hier aber nicht aufgeführt, um kein kommerzielles Werkzeug hervorzuheben.

Das Werkzeug »Advanced Combinatorial Testing System (ACTS)« des amerikanischen National Institute of Standards and Technology [URL: ACTS] soll hier als nicht kommerzielles Werkzeug erwähnt werden, da es von den beiden Autoren von [Spillner 16] eingesetzt wurde und kostenlos erhältlich ist. Die Nutzung des Werkzeugs ist in [Spillner 16] und in [URL: Lean Testing Openbook] ausführlich beschrieben.

5.1.6 Anwendungsfallbasierter Test

Zur Ermittlung und Dokumentation von Anforderungen werden häufig Anwendungsfälle oder Geschäftsvorfälle erstellt, die dann zu Anwendungsfalldiagrammen (Use-Case-Diagrammen) zusammengefasst werden. Die Diagramme dienen zur Spezifikation der Anforderungen auf einem relativ abstrakten Niveau und beschreiben typische Nutzer-System-Interaktionen. Abbildung 5–8 zeigt ein Use-Case-Diagramm für einen Teil der Fahrzeugauswahl.

Beispiel

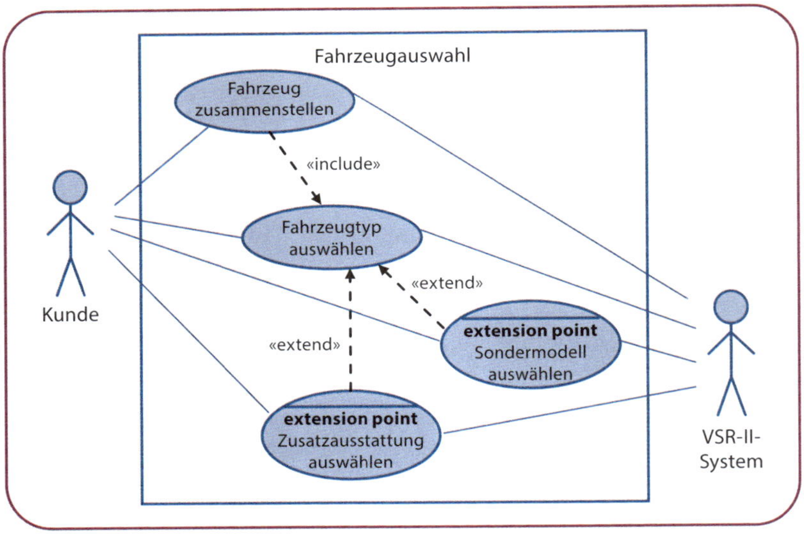

Abb. 5–8 *Use-Case-Diagramm Fahrzeugauswahl im VSR-II-System*

Die einzelnen Use Cases sind in diesem Beispiel »Fahrzeug zusammenstellen«, »Fahrzeugtyp auswählen«, »Sondermodell auswählen« und »Zusatzausstattung auswählen«. Beziehungen zwischen den Use Cases werden nach «include» und «extend» unterschieden. «include»-Beziehungen kommen immer zum Tragen, «extend»-Beziehungen können bei bestimmten Bedingungen zur Erweiterung eines Use Case (an einer bestimmten Stelle, *extension point*) führen. Die «extend»-Beziehung muss also nicht zur Ausführung kommen, es gibt dafür Alternativen oder sie kommt gar nicht zum Tragen.

Im Diagramm ist folgender Sachverhalt dargestellt: Um ein Fahrzeug zusammenzustellen, muss der Kunde einen Fahrzeugtyp auswählen. Dann hat er drei alternative Möglichkeiten: Er kann ein Sondermodell wählen, er kann zu seinem Fahrzeug Zusatzausstattungen wählen oder auch auf diese verzichten. Bei allen Aktionen ist das VSR-II-System involviert. Die Auswahl von Fahrzeugtyp, Sondermodell und Zusatzausstattung ist in weiteren detaillierteren Use-Case-Diagrammen darzustellen.

Darstellung der Außensicht

Use-Case-Diagramme dienen hauptsächlich zur Darstellung der Außensicht auf ein System. Das externe Verhalten eines Systems aus Sicht der Nutzer und die Beziehungen zu Nachbarsystemen sollen verdeutlicht werden. Außenbeziehungen werden als Linien zu Akteuren (Anwender oder Systeme, z.B. als Strichmännchen dargestellt) gekennzeichnet. Es gibt noch weitere Elemente in Use-Case-Diagrammen, auf die hier nicht weiter eingegangen wird.

Jeder Anwendungsfall definiert ein bestimmtes Verhalten, das ein Objekt in Zusammenarbeit mit einem oder mehreren Akteuren ausführen kann. Ein Anwendungsfall wird durch Interaktionen und Aktivitäten ergänzt durch Vor- und Nachbedingungen beschrieben. Als Erweiterung kann auch natürliche Sprache (in Form von Kommentaren im Diagramm oder als zusätzliche Beschreibung der einzelnen Szenarien mit ihren Alternativen) den Anwendungsfall genauer beschreiben. Interaktionen zwischen den Akteuren und dem Objekt können zu Veränderungen des Objektzustands führen. Die Interaktionen können durch Workflows, Aktivitätsdiagramme oder Geschäftsprozessmodelle detaillierter dargestellt werden.

Vor- und Nachbedingungen

Für jeden Anwendungsfall gelten – wie oben erwähnt – bestimmte Vorbedingungen, die eingehalten werden müssen, damit er durchgeführt werden kann. Eine Vorbedingung zum Zusammenstellen des Fahrzeugs ist beispielsweise, dass der Kunde im System angemeldet ist. Nach Abschluss jedes Anwendungsfalls gelten Nachbedingungen. So ist bei erfolgreicher Fahrzeugauswahl eine Onlinebestellung des Fahrzeugs in der ausgewählten Konfiguration möglich. Vor- und Nachbedingungen gelten auch für die Abfolge der Anwendungsfälle in einem Diagramm, sozusagen für den »Weg« im Diagramm.

Für System- und Akzeptanztests gut geeignet

Use Cases und Use-Case-Diagramme dienen beim anwendungsfallbasierten Test als Grundlage für die Erstellung der Testfälle. Da die Außensicht modelliert wird, ist das Vorgehen für den System- und Akzeptanztest sehr gut geeignet. Werden mit den Diagrammen die Interaktion und die Beeinflussung zwischen einzelnen Systemkomponenten modelliert, können auch Integrationstestfälle abgeleitet werden.

Übliche Systemnutzung wird getestet.

Die Diagramme stellen die »üblichen« oder wahrscheinlichen Abfolgen von Vorgängen und meist auch deren Alternativen dar. Der anwendungsfallbasierte Test prüft somit die typische Benutzung des Systems. Sicherlich ist es für die Akzeptanz eines Systems besonders wichtig, dass die »normale« Verwendung des Systems möglichst fehlerfrei läuft. Insofern hat der anwendungsfallbasierte Test eine hohe Bedeutung für den Kunden und somit auch für die Entwickler bzw. Tester.

Ein Anwendungsfall besteht häufig auch aus mehreren möglichen Varianten seines grundlegenden Verhaltens. Im Beispiel wäre eine Variante die Auswahl eines Sondermodells, wodurch dann keine weiteren Zusatzausstattungen mehr möglich sind. Bei detaillierteren Anwendungsfällen können auch Sonder- und Fehlerbehandlungen modelliert werden.

Testfälle

Mit jedem Use Case ist eine bestimmte Aufgabe verbunden und ein vorgegebenes Ziel (Resultat) soll erreicht werden. Ereignisse können eintreten, die zu weiteren Aktivitäten oder Alternativen führen, und nach der Durchführung sind Nachbedingungen gegeben. Alle diese Informationen werden auch für die Erstellung der Testfälle benötigt und stehen somit zur Verfügung:

- Ausgangssituation und Vorbedingung
- Mögliche Randbedingungen
- Erwartete Ergebnisse und Resultate
- Nachbedingungen

Die konkreten Eingabewerte und Ergebnisse für die einzelnen Testfälle lassen sich allerdings nicht aus den Use Cases direkt ableiten. Die Testfälle müssen noch konkretisiert werden. Auch sind die im Diagramm enthaltenen Alternativen («extend»-Beziehung) durch jeweils einen Testfall abzudecken. Das Entwerfen der Testfälle auf der Grundlage von Anwendungsfällen kann mit anderen spezifikationsbasierten Testverfahren kombiniert werden.

Festlegung der Endekriterien

Ein mögliches Kriterium ist, dass jeder Use Case bzw. jede mögliche Abfolge von Use Cases im Diagramm mindestens einmal mit einem Testfall zu überprüfen ist. Da auch die Alternativen (bzw. Erweiterungen) Use Cases sind, wird durch das Kriterium auch deren Ausführung verlangt. Der Überdeckungsgrad kann durch den Anteil der getesteten Anwendungsfallvarianten bezogen auf die Gesamtzahl der Anwendungsfallvarianten gemessen werden. Er wird üblicherweise als Prozentsatz dargestellt.

Bewertung des Verfahrens

Der anwendungsfallbasierte Test ist sehr gut geeignet, um typische Benutzer-System-Interaktionen zu prüfen. Sein Einsatz empfiehlt sich daher für den Akzeptanztest und den Systemtest. »Vorhersehbare« Ausnahmen und Sonderbehandlungen sind im Diagramm darstellbar und werden bei den Testfällen berücksichtigt. Es ist allerdings kein methodischer Ansatz vorhanden, zu weiteren Testfällen zu kommen, die über das im Diagramm beschriebene Verhalten hinausgehen. Hierzu bieten die anderen Testverfahren Hilfestellung, wie beispielsweise die Grenzwertanalyse.

Exkurs: Weitere Verfahren

Es wurden hier bei Weitem nicht alle Blackbox-Verfahren beschrieben. Im Folgenden werden einige weitere gängige Verfahren kurz erläutert, um bei deren Auswahl eine erste Hilfestellung zu geben. Weitere Verfahren finden sich in [Spillner 16], [Pol 00] und [Sneed 02].

Syntaxtest

Als Syntaxtest wird ein Verfahren zur Ermittlung der Testfälle bezeichnet, das bei Vorliegen einer formalen Spezifikation für die Syntax der Eingaben angewendet werden kann. Die Regeln der syntaktischen Beschreibung werden genutzt, um Testfälle zu spezifizieren, die sowohl die Einhaltung als auch die Verletzung der syntaktischen Regeln für die Eingaben berücksichtigen.

Zufallstest

Der Zufallstest wählt aus der Menge der möglichen Werte eines Eingabedatums zufällig Repräsentanten für die Testfälle aus. Ist eine statistische Verteilung der Werte gegeben (z.B. eine Normalverteilung), so soll diese auch für die Wahl der Repräsentanten herangezogen werden, um möglichst realitätsnahe Testfälle und Aussagen zur Zuverlässigkeit des Systems zu erhalten.

Smoke-Test

Beim Smoke-Test handelt es sich um einen »quick and dirty«-Test, der primär minimale Anforderungen an die Robustheit des Testobjekts prüft. Der meist automatisierte Test beschränkt sich auf die Hauptfunktionalität ohne detaillierten Vergleich der Ergebnisse. Es wird nur geprüft, ob ein Systemabsturz oder offensichtliche Fehlerwirkungen auftreten. Auf ein Testorakel zur Ermittlung der Sollwerte wird verzichtet, was den Test einfach und kostengünstig macht. Beim Smoke-Test werden meist keine neuen Testfälle spezifiziert, sondern aus vorhandenen Tests eine Teilmenge ausgewählt und diese zur Ausführung gebracht. Wenn das Ergebnis »alles ok« ist, dann können danach alle »richtigen« Tests durchgeführt werden. Der Begriff Smoke-Test ist in Analogie zum Ausfall bei älteren elektrischen Geräten gewählt, bei denen Rauch im Fehlerfall aufsteigt. Ein Smoke-Test wird oft als erster Test durchgeführt, um zu entscheiden, ob das Testobjekt die notwendige Reife hat, um mit den umfangreicheren Testverfahren geprüft zu werden. Eine weitere Verwendung des Smoke-Tests ist die schnelle erste Prüfung neuer Softwareupdates.

5.1.7 Allgemeine Bewertung der Blackbox-Verfahren

Fehlerhafte Spezifikation bzw. Anforderung wird nicht erkannt.

Grundlage aller Blackbox-Verfahren sind die Anforderungen sowie die Spezifikation des Systems bzw. der einzelnen Komponenten und ihres Zusammenwirkens. Sind fehlerhafte Festlegungen in den Anforderungen getroffen oder war eine fehlerhafte Spezifikation Grundlage für die Implementierung, so können diese Fehler nicht erkannt werden, da es keine Abweichungen zwischen der fehlerhaften Anforderung und dem tatsächlichen Verhalten gibt. Das Testobjekt verhält sich so, wie die Spezifikation (bzw. die Anforderungen) es fordert, auch wenn diese fehlerhaft ist. Wenn der Tester den Anforderungen kritisch gegenübersteht und seinen »gesunden Menschenverstand« einsetzt, können fehlerhafte Anforderungen auch beim Erstellen der Testfälle nachgewiesen werden. Ansonsten sind zur Auffindung von Unstimmigkeiten und Fehlern in der Spezifikation Reviews (s. Abschnitt 4.3) durchzuführen.

Nicht geforderte Funktionalität wird nicht erkannt.

Mit den Blackbox-Verfahren kann auch nicht festgestellt werden, ob das Testobjekt noch weitere Funktionalität bereitstellt, die über die Spezifikation hinausgeht (dies ist oft der Grund für auftretende Sicherheitsprobleme). Die zusätzlichen Funktionen sind weder spezifiziert noch vom Kunden gefordert. Testfälle, die diese zusätzlichen Funktionen zur Ausführung bringen, werden – wenn überhaupt – nur zufällig durchgeführt. Die Überdeckungskriterien, die zur Beendigung des Tests dienen, werden ausschließlich auf der Grundlage der Anforderungen bzw. der Spezifikation ermittelt und nicht auf der Grundlage von nicht beschriebenen und nur vermuteten Funktionen.

Prüfung der Funktionalität

Im Mittelpunkt aller Blackbox-Verfahren steht die Prüfung der Funktionalität des Testobjekts. Es ist sicherlich unumstritten, dass das korrekte Funktionieren eines Softwaresystems höchste Priorität hat und somit auch die Blackbox-Testverfahren stets einzusetzen sind.

5.2 Whitebox-Testverfahren

Strukturbasierte Testverfahren

Grundlage der Whitebox-Testverfahren ist die interne Struktur des Testobjekts. Die Verfahren werden auch als strukturelle oder strukturbasierte Testverfahren bezeichnet, da sie auf der Struktur (des Programms) basieren. Ein weiterer Begriff ist codebasierte Testverfahren. Der Programmtext muss vorliegen und unter Umständen auch manipuliert, d.h. ergänzt werden können. Whitebox-Testverfahren können in allen Teststufen genutzt werden, aber die im Folgenden beschriebenen codebasierten Verfahren werden am sinnvollsten in der Komponententeststufe eingesetzt.

Hinweis: Weitere Verfahren

Neben den zwei im Lehrplan aufgeführten Verfahren (Anweisungs- und Entscheidungstest), gibt es eine ganze Reihe von weiteren Verfahren, deren Ziel es ist, eine umfassendere (Code-)Überdeckung zu erreichen und damit auch die Testintensität zu erhöhen. Diese Verfahren werden bei sicherheits- bzw. einsatzkritischen Systemen eingesetzt. Eine Auswahl von ihnen ist als Exkurs weiter unten aufgeführt.

Alle Codeteile sollen zur Ausführung kommen.

Die grundlegende Idee der Whitebox-Testverfahren ist, dass alle Quellcodeteile eines Testobjekts mindestens einmal zur Ausführung gebracht werden sollen. Aufgrund der Programmlogik werden ablauforientierte Testfälle ermittelt und ausgeführt. Dabei ist selbstverständlich auch die Spezifikation zu berücksichtigen, um den Testfall zu erstellen und insbesondere nach seiner Ausführung bewerten und entscheiden zu können, ob ein fehlerhaftes Verhalten vorliegt.

Betrachtungsgegenstand eines Whitebox-Verfahrens können beispielsweise die Anweisungen eines Testobjekts sein. Ziel des Verfahrens ist dann das Erreichen einer zuvor festgelegten Überdeckung der Anweisungen beim Testen, d.h., möglichst viele der im Programm enthaltenen Anweisungen zur Ausführung zu bringen.

Es lassen sich folgende Whitebox-Testverfahren unterscheiden:

- Anweisungstest
- Entscheidungstest (Zweigtest)
- Test der Bedingungen
  - Bedingungstest[26]
  - Mehrfachbedingungstest
  - Modifizierter Bedingungs-/Entscheidungstest[27]
- Pfadtest

Im Folgenden werden die Verfahren näher beschrieben.

5.2.1 Anweisungstest und Anweisungsüberdeckung

Die einzelnen Anweisungen (engl. »Statements«) des Testobjekts stehen im Mittelpunkt der Untersuchung. Es sind Testfälle zu identifizieren, die eine zuvor festgelegte Mindestquote oder auch alle Anweisungen des Testobjekts zur Ausführung bringen.

Das Verfahren (und der Entscheidungstest) kann sehr gut an einem Kontrollflussgraphen veranschaulicht und erklärt werden. Aus dem

26. Auch als einfacher Bedingungstest bzw. einfache Bedingungsüberdeckung bezeichnet.
27. Auch als minimaler Mehrfachbedingungstest/-überdeckung oder modifizierter/definierter Mehrfachbedingungstest/-überdeckung bezeichnet.

Programmtext kann ein Kontrollflussgraph erstellt werden, der die möglichen Abläufe im Testobjekt darstellt. Anhand des Graphen können die geforderten Überdeckungen genauer spezifiziert werden. Im Graphen werden die Anweisungen als Knoten und der Kontrollfluss zwischen den Anweisungen als Kanten repräsentiert. Sind Sequenzen von Anweisungen im Programmstück vorhanden, werden diese als ein Knoten dargestellt, da bei Ausführung der ersten Anweisung der Sequenz alle weiteren Anweisungen ausgeführt werden. Abfrageanweisungen (IF, CASE) und Schleifen (WHILE, FOR) haben mehr als eine Ausgangskante.

Keine Aussage möglich über nicht ausgeführte Anweisungen

Es ist nach Ausführung der Testfälle nachzuweisen, welche einzelnen Anweisungen ausgeführt wurden (s. Abschnitt 7.1.4). Wenn der zuvor festgelegte Überdeckungsgrad erreicht ist, wird der Test als ausreichend angesehen und beendet. In aller Regel sind 100 % aller Anweisungen beim Testen auszuführen, da über nicht ausgeführte Anweisungen keinerlei Aussage über deren Korrektheit getroffen werden kann.

Beispiel

Ein Beispiel soll das Vorgehen verdeutlichen. Für das Beispiel wird ein sehr einfaches Programmstück gewählt, das lediglich aus zwei Abfragen und einer Schleife besteht (s. Abb. 5–9).

Abb. 5–9
Kontrollflussgraph eines Programmstücks

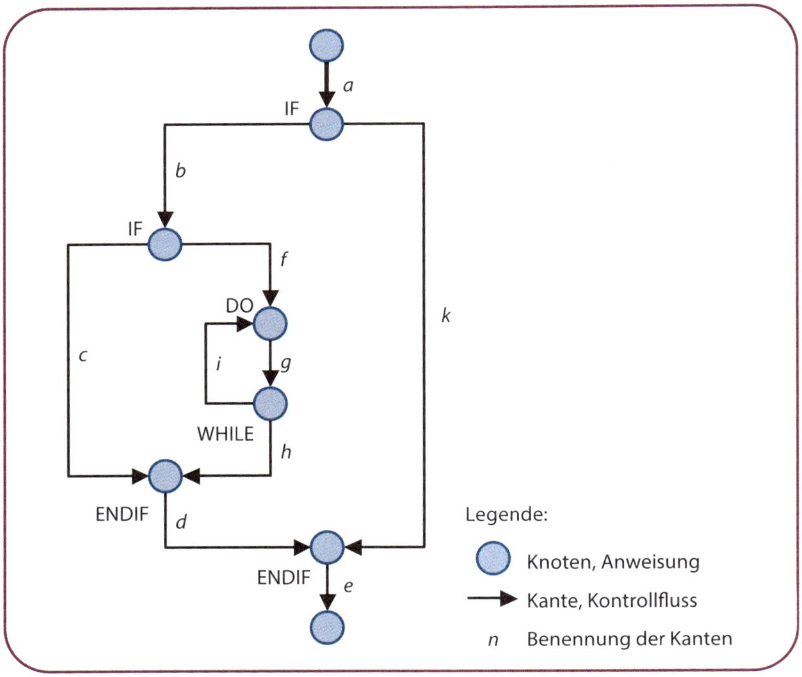

Testfälle

Überdeckung der Knoten des Kontrollflussgraphen

Im Beispiel können alle Anweisungen (alle Knoten) bereits durch einen einzigen Testfall erreicht werden. Bei diesem Testfall müssen die folgenden Kanten des Graphen durchlaufen werden, d.h. die Anweisungen (Knoten) in der entsprechenden Reihenfolge zur Ausführung kommen:

a, b, f, g, h, d, e

Ein Testfall reicht aus.

Nach dem Durchlaufen der Kanten sind alle Anweisungen einmal ausgeführt worden. Die vollständige Überdeckung lässt sich sicherlich auch durch andere Kombinationen von Kanten des Graphen erreichen. Beim Testen ist jedoch immer der Aufwand zu minimieren, d.h. mit möglichst wenigen Testfällen das zu erfüllende Ziel zu erreichen.

Für die einzelnen Testfälle sind auch die erwarteten Ergebnisse und das erwartete Verhalten des Testobjekts vorab anhand der Spezifikation zu bestimmen. Nach der Ausführung ist das erwartete und das tatsächliche Ergebnis bzw. Verhalten zu vergleichen, um Abweichungen und Fehlerwirkungen festzustellen.

Festlegung der Endekriterien

Kriterien zur Beendigung der Tests lassen sich hier sehr einsichtig definieren:

$$\text{Anweisungsüberdeckung} = (\text{Anzahl durchlaufene Anweisungen} / \text{Gesamtzahl Anweisungen}) \times 100\,\%$$

C0-Maß

Das obige Maß zur Berechnung der Überdeckung der Anweisungen ist auch als C0-Maß bekannt. Es ist ein in der Aussage sehr schwaches Kriterium. Andererseits kann die 100 %ige Überdeckung der Anweisungen durchaus schwer erreichbar sein, z.B. wenn Ausnahmebedingungen im Programm vorkommen, die während der Testphase nur mit erheblichem Aufwand oder gar nicht herzustellen sind.

Bewertung des Verfahrens

Nicht erreichbarer Code erkennbar

Wird eine vollständige Überdeckung aller Anweisungen gefordert und können Anweisungen durch keine Testfälle zur Ausführung gebracht werden, kann das ein Hinweis auf nicht erreichbaren Programmtext (tote Programmanweisungen, »Dead Code«) sein.

Leere ELSE-Teile bleiben unberücksichtigt.

Ist bei einer Abfrage (IF) nur bei deren Erfüllung (THEN-Teil) die Ausführung von Anweisungen vorgesehen, so ist im entsprechenden Kontrollflussgraphen eine von der Abfrage ausgehende (THEN-)Kante mit (mindestens) einem Knoten und eine zweite ausgehende (ELSE-)

Kante ohne Knoten vorhanden. Der Kontrollfluss beider Kanten wird beim abschließenden (ENDIF-)Knoten wieder vereint. Für die Anweisungsüberdeckung ist eine leere (ELSE-)Kante (zwischen IF und ENDIF) ohne Bedeutung. Möglicherweise fehlende Anweisungen in diesem Programmteil werden nicht erkannt!

Die Messung der Überdeckung der Anweisungen wird mittels entsprechender Werkzeuge durchgeführt (s. Abschnitt 7.1.4).

5.2.2 Entscheidungstest und Entscheidungsüberdeckung

Mehr Testfälle erforderlich

Ein weiter gehendes Kriterium im Whitebox-Test ist die Überdeckung der Entscheidungen. Entscheidungen im Programmtext stehen im Mittelpunkt der Untersuchung. Nicht die Ausführung der einzelnen Anweisungen wird betrachtet, sondern die Auswertung einer Entscheidung. Aufgrund des Ergebnisses wird entschieden, welche Anweisung als nächste ausgeführt wird. Dies soll beim Testen berücksichtigt werden.

Entscheidungen im Programmtext kommen bei IF- und CASE-Anweisungen, Schleifen usw. vor. Bei IF-Anweisungen wird die im Abfrageteil enthaltene Bedingung ausgewertet und ein boolesches Ergebnis (»wahr« oder »falsch«) wird geliefert. Ein IF-Statement hat somit eine Entscheidung mit zwei Entscheidungsausgängen (bzw. zwei Entscheidungsergebnissen). Eine CASE-Anweisung (oder SWITCH-Anweisung) hat für alle Optionen jeweils einen Ausgang, auch für den Standardausgang (»Default«).

Entscheidungstest oder Zweigtest

Auch der Entscheidungstest kann mit einem Kontrollflussgraphen veranschaulicht werden. Allerdings wird dann vom Zweigtest bzw. von Zweigüberdeckung gesprochen, da Zweige des Kontrollflussgraphen, d.h. die Kanten im Graphen, im Mittelpunkt der Untersuchung stehen. Ein Zweig ist dabei die Kante zwischen zwei Knoten im Graphen.

Exkurs: Unterschied zwischen Entscheidungs- und Zweigtest

Unterschiede zwischen Entscheidungs- und Zweigtest können sich bei den berechneten Überdeckungsgraden ergeben. Folgendes Beispiel soll den Sachverhalt verdeutlichen: Untersucht wird eine IF-Anweisung mit leerem ELSE-Teil. Beim Entscheidungstest wird 50% Überdeckung erreicht, wenn die Bedingung zu »wahr« ausgewertet wird. Mit einem weiteren Testfall mit »falsch« sind 100% Entscheidungsüberdeckung erzielt. Beim Zweigtest, der auf dem Kontrollflussgraphen aufbaut, ergeben sich leicht abweichende Werte. Der THEN-Teil besteht beispielsweise aus zwei Zweigen und einem Knoten, der ELSE-Teil nur aus einem Zweig ohne Knoten (ohne Anweisung). Insgesamt »besteht« dieses IF-Statement mit leerem ELSE-Teil somit aus drei Zweigen. Wird nun der Testfall »wahr« ausgeführt, sind zwei der drei Zweige überdeckt, also 66% Überdeckungsgrad sind erreicht (der Entscheidungstest liefert hier 50% Überdeckung, s.o.). Wird der zweite Testfall (»falsch«) ausgeführt, sind 100% Entscheidungs- und 100% Zweigüberdeckung gegeben.

Beim Entscheidungstest spielt es im Gegensatz zum Anweisungstest keine Rolle, ob beispielsweise bei einer IF-Anweisung sowohl im THEN- als auch im ELSE-Teil Anweisungen auszuführen sind. Ein leerer ELSE-Teil ist bei dem Entscheidungstest ebenfalls zu berücksichtigen. Die Entscheidungsüberdeckung verlangt, dass bei einer Entscheidung im Programmtext (bei einer Abfrage) beide bzw. (bei einer CASE-Anweisung) alle Möglichkeiten und bei Schleifen neben dem Schleifenkörper auch die Umgehung bzw. ein Rücksprung zum Schleifenanfang zu berücksichtigen sind.

Leere ELSE-Teile werden berücksichtigt.

Testfälle

Fangen wir zur besseren Veranschaulichung mit dem Zweigtest an: Im Beispiel (s. Abb. 5–9) sind nun weitere Testfälle erforderlich, wenn alle Zweige des Kontrollflussgraphen beim Test berücksichtigt werden sollen. Für eine 100 %ige Anweisungsüberdeckung war folgende Kantenabfolge ausreichend:

Zusätzliche Testfälle erforderlich

a, b, f, g, h, d, e

Die Kanten c, i und k sind durch diesen Testfall nicht ausgeführt worden. Die Kanten c und k sind leere Zweige einer Abfrage, die Kante i ist der Rücksprung zum Anfang einer Schleife. Es sind drei Testfälle erforderlich:

a, b, c, d, e
a, b, f, g, i, g, h, d, e
a, k, e

In Entscheidungen ausgedrückt: Beim obersten IF-Statement ist ein Entscheidungsergebnis (Ausgang mit Kante k) noch nicht beim Testen zur Ausführung gekommen – Gleiches gilt für das zweite IF-Statement (Ausgang mit Kante c). Bei der While-Schleife ist bisher keine Wiederholung getestet worden (Ausgang mit Kante i).

Überdeckung der Entscheidungsergebnisse im Programmtext

Alle drei erforderlichen Testfälle zusammen ergeben eine vollständige Überdeckung der Kanten des Kontrollflussgraphen, womit alle möglichen Verzweigungen des Kontrollflusses im Programmtext des Testobjekts durch einen Testfall überprüft worden sind. Ebenso sind nun alle Entscheidungen – genauer alle Entscheidungsergebnisse (Entscheidungsausgänge) – mit den drei Testfällen überdeckt.

Überdeckung der Kanten im Kontrollflussgraphen

Es sind jetzt Kanten mehrfach ausgeführt worden, dies lässt sich allerdings nicht immer vermeiden. Im Beispiel werden die Kanten a und e bei jedem Testfall ausgeführt, da es keine Alternativen zu diesen Kanten gibt.

Für die einzelnen Testfälle sind, neben den Vor- und Nachbedingungen, auch hier wieder die erwarteten Ergebnisse und das erwartete Verhalten des Testobjekts vorab zu bestimmen und danach mit dem tatsächlichen Ergebnis bzw. Verhalten zu vergleichen. Darüber hinaus ist es sinnvoll, festzuhalten, welche Entscheidungsergebnisse geliefert bzw. welche Zweige bei welchem Testfall durchlaufen werden sollen, um Abweichungen im Ablauf feststellen zu können. Dies trifft besonders für fehlende Anweisungen in leeren Zweigen zu.

Festlegung der Endekriterien

In Analogie zum Anweisungstest wird der Überdeckungsgrad des Entscheidungstests wie folgt definiert:

Entscheidungsüberdeckung[28] =
(Anzahl der beim Test sich ergebenen Entscheidungsergebnisse / Gesamtzahl an möglichen Entscheidungsergebnissen im Testobjekt) × 100 %

C1-Maß

Die Überdeckung wird auch als C1-Maß bezeichnet. Bei der Berechnung wird nur gezählt, ob ein Entscheidungsausgang bzw. ein Zweig bei der Ausführung überhaupt durchlaufen wurde, die Häufigkeit der Ausführung spielt keine Rolle, so sind im Beispiel die Zweige (und mit ihnen die Entscheidungsausgänge) a und e jeweils dreimal, nämlich bei jedem Testlauf einmal, durchlaufen worden.

Exkurs: Unterschiedliche (Zwischen-)Ergebnisse

Unter der Annahme, dass im obigen Beispiel der letzte Testfall mit der Kante k nicht ausgeführt wurde, ergibt sich eine Zweigüberdeckung von (9 / 10) × 100 % = 90 % und eine Entscheidungsüberdeckung von (5 / 6) × 100 % = 83,33 %.

Es kommt also »auf dem Weg zu 100 % Überdeckung« zu Unterschieden zwischen der Entscheidungs- und Zweigüberdeckung, obwohl die gleichen Testfälle ausgeführt werden. Dies liegt an der jeweiligen Basis der Berechnung: Es sind drei Entscheidungen mit sechs Entscheidungsergebnissen (-ausgängen) vorhanden und es gibt im Graphen zehn Zweige, die zu überdecken sind.

Zum Vergleich: Eine 100 %ige Anweisungsüberdeckung ist bereits nach dem zuerst angegebenen Testfall erreicht.

28. Überdeckungsmaß für die Zweigüberdeckung ist analog, nur dass die Zweige im Kontrollflussgraphen die Basis bilden (s.o.).

Je nach Kritikalität des Testobjekts und je nach erwartetem Risiko im Fehlerfall kann das Endekriterium unterschiedlich festgelegt werden. Es können beispielsweise 85 % Entscheidungsüberdeckung einer Komponente in einem Projekt als ausreichend angesehen werden, während für eine andere Komponente eine Überdeckung von 100 % erreicht werden muss. Wie im Beispiel zu sehen, ist der Testaufwand bei hoher geforderter Überdeckung entsprechend umfangreich.

Bewertung des Verfahrens

Beim Entscheidungs- oder Zweigtest ist die Ausführung von mehr Testfällen als beim Anweisungstest erforderlich. Wie viel mehr, das hängt von der Struktur des Testobjekts ab. Im Gegensatz zum Anweisungstest können mit dem Entscheidungstest fehlende Anweisungen in leeren IF-Statements erkannt werden. 100 % Entscheidungsüberdeckung garantiert 100 % Anweisungsüberdeckung, aber nicht umgekehrt. Entscheidungsüberdeckung ist das umfassendere Kriterium.

Die einzelnen Entscheidungen werden unabhängig voneinander betrachtet und es werden keine bestimmten Kombinationen der einzelnen Programmteile gefordert.

Tipp

- Eine Entscheidungsüberdeckung von 100 % ist anzustreben.
- Nur wenn neben allen Anweisungen auch jede mögliche Verzweigung des Kontrollflusses und damit auch jedes mögliche Ergebnis einer Entscheidung im Programmtext in der Testphase berücksichtigt wird, kann der Test als ausreichend eingestuft werden.

Für objektorientierte Systeme unzureichend

Sowohl Anweisungs- als auch Entscheidungstest sind für objektorientierte Systeme nur unzureichend geeignet, da die Methoden in den Klassen normalerweise wenig umfangreich und deren Kontrollfluss meist nur von geringer Komplexität ist. Die geforderten Überdeckungen lassen sich dann mit wenig Aufwand erreichen. Die Komplexität bei objektorientierten Systemen ist meist in den Beziehungen zwischen den Klassen verborgen. Zusätzliche adäquate Überdeckungskriterien sind hierfür erforderlich. Da oft eine Werkzeugunterstützung zur Ermittlung der Werte für Anweisungs- und/oder Entscheidungsüberdeckung vorhanden ist, kann diese genutzt werden, um nicht aufgerufene Methoden oder Programmteile zu erkennen.

Exkurs

5.2.3 Test der Bedingungen

Berücksichtigung der Komplexität bei zusammengesetzten Entscheidungen

Beim Entscheidungstest wird ausschließlich der ermittelte Ergebniswahrheitswert einer Entscheidung berücksichtigt (`wahr/true` oder `falsch/false`). Anhand dieses Wertes wird entschieden, welcher Entscheidungsausgang verfolgt wird bzw. welche Anweisung als nächste im Programm zur Ausführung kommt. Setzt sich eine Entscheidung aus mehreren Bedingungen (auch als Teilbedingungen bezeichnet) zusammen, die über logische Operatoren miteinander verknüpft sind, so muss im Test diese Komplexität der Entscheidung berücksichtigt werden. Unterschiedliche Anforderungen und damit auch Abstufungen der Testintensität unter Berücksichtigung der zusammengesetzten Bedingungen werden im Folgenden beschrieben (s.a. [Spillner 16]).

Bedingungstest (»Condition Testing«)[29]

Ziel des Bedingungstests ist, dass jede Teilbedingung (auch als atomare Teilbedingung bezeichnet) im Test sowohl den Wert `wahr` als auch den Wert `falsch` angenommen hat.

Definition atomare Teilbedingung

Eine Teilbedingung ist eine Bedingung, die keine logischen Operatoren wie AND, OR oder NOT, sondern höchstens Relationssymbole wie »>« oder »=« enthält.

Eine Entscheidung im Programmtext des Testobjekts kann aus mehreren Bedingungen zusammengesetzt sein.

Beispiel für zusammengesetzte Entscheidungen

Änderung einer Bedingung ohne Auswirkung

Ein Beispiel für eine zusammengesetzte Entscheidung ist: $x > 3$ OR $y < 5$. Die Entscheidung besteht aus zwei Bedingungen ($x > 3$, $y < 5$), die mit einem logischen ODER (OR) verknüpft sind. Ziel des Bedingungstests ist, dass jede (Teil-)Bedingung einmal jeden der beiden Wahrheitswerte annimmt. Die Testdaten $x = 6$ und $y = 8$ ergeben für die erste Bedingung ($x > 3$) den Wahrheitswert `wahr` und für die zweite Bedingung ($y < 5$) den Wahrheitswert `falsch`. Der Wahrheitswert der gesamten Entscheidung ist `wahr` (`wahr` ODER `falsch` = `wahr`). Das zweite Testdatenpaar mit den Werten $x = 2$ und $y = 3$ ergibt für die erste Bedingung den Wahrheitswert `falsch` und für die zweite den Wahrheitswert `wahr`. Der Wert der Entscheidung ergibt sich erneut zu `wahr` (`falsch` ODER `wahr` = `wahr`). Beide (Teil-)Bedingungen haben jeweils die beiden Wahrheitswerte angenommen. Die Auswertung der Entscheidung (`wahr`) ist allerdings bei beiden Kombinationen gleich.

Schwaches Kriterium

Der Bedingungstest ist somit ein schwächeres Kriterium als der Entscheidungstest[30], da nicht verlangt wird, dass unterschiedliche Wahrheitswerte bei der Auswertung der Entscheidung im Test zu berücksichtigen sind.

---

29. Die entsprechenden englischen Bezeichnungen sind zur Verdeutlichung hier mit aufgenommen worden.
30. Er ist auch schwächer als der Anweisungstest, wenn es keine leeren IF-Anweisungen gibt.

Mehrfachbedingungstest (»Multiple Condition Testing«)

Beim Mehrfachbedingungstest wird gefordert, dass Kombinationen der Wahrheitswerte der Bedingungen berücksichtigt werden. Es sollen möglichst alle Variationen gebildet werden.

Alle Kombinationen der Wahrheitswerte

Beispiel *(Fortsetzung)*

Für das obige Beispiel sind bei den zwei Bedingungen (x > 3, y < 5) vier Kombinationen von Testfällen mit den obigen Testdaten möglich[31]:

x = 6 (T), y = 3 (T), x > 3 OR y < 5 (T)
x = 6 (T), y = 8 (F), x > 3 OR y < 5 (T)
x = 2 (F), y = 3 (T), x > 3 OR y < 5 (T)
x = 2 (F), y = 8 (F), x > 3 OR y < 5 (F)

Mehrfachbedingungstest subsumiert Anweisungs- und Entscheidungstest.

Bei der Auswertung der Entscheidung ergeben sich nun auch beide Wahrheitswerte. Der Mehrfachbedingungstest erfüllt somit auch die Kriterien vom Entscheidungstest. Es ist ein umfassenderes Kriterium, da auch die Komplexität bei zusammengesetzten Entscheidungen berücksichtigt wird. Allerdings ist der Test sehr aufwendig, da bei steigender Anzahl der (Teil-)Bedingungen die Zahl der möglichen Kombinationen exponentiell ansteigt (auf 2^n bei n Bedingungen).

Ein Problem ergibt sich daraus, dass nicht immer alle Kombinationen auch durch Testdaten realisierbar sind.

Beispiel für nicht realisierbare Kombinationen von (Teil-)Bedingungen

Ein Beispiel soll das verdeutlichen. Für die zusammengesetzte Entscheidung 3 ≤ x AND x < 5 lassen sich nicht alle Kombinationen mit den entsprechenden Werten für die Variable x herstellen, da die beiden Bedingungen nicht unabhängig voneinander sind:

x = 4: 3 ≤ x (T), x < 5 (T), 3 ≤ x AND x < 5 (T)
x = 8: 3 ≤ x (T), x < 5 (F), 3 ≤ x AND x < 5 (F)
x = 1: 3 ≤ x (F), x < 5 (T), 3 ≤ x AND x < 5 (F)
x = ?: 3 ≤ x (F), x < 5 (F), Kombination nicht möglich, weil der Wert für x kleiner als 3 und zugleich größer oder gleich 5 sein müsste.

---

31. (T) steht für `true` = `wahr` und (F) steht für `false` = `falsch`.

Modifizierter Bedingungs-/Entscheidungstest (»Modified Condition Decision Coverage Testing«, MCDC)

Beschränkung der Kombinationen

Der modifizierte Bedingungs-/Entscheidungstest beseitigt die oben geschilderten Probleme. Es müssen nicht alle Kombinationen berücksichtigt werden, sondern nur jede mögliche Kombination von Wahrheitswerten, bei denen die Änderung des Wahrheitswertes einer (Teil-)Bedingung den Wahrheitswert der logischen Verknüpfung ändern kann. Oder anders ausgedrückt: Nur die Bedingungen sind in Testfällen zu berücksichtigen, deren Änderung des booleschen Wertes auch eine Änderung der Entscheidung (also der Gesamtbedingung) bewirken.

Beispiel *(Fortsetzung)*

Zur Verdeutlichung wird das Beispiel mit den zwei Bedingungen (x > 3, y < 5) und der ODER-Verknüpfung erneut betrachtet. Vier Kombinationen sind möglich (2^2):

1. x = 6 (T), y = 3 (T), x > 3 OR y < 5 (T)
2. x = 6 (T), y = 8 (F), x > 3 OR y < 5 (T)
3. x = 2 (F), y = 3 (T), x > 3 OR y < 5 (T)
4. x = 2 (F), y = 8 (F), x > 3 OR y < 5 (F)

Für die erste Kombination gilt Folgendes: Wird der Wahrheitswert für die erste Bedingung fehlerhaft berechnet, ist also eine falsche Bedingung realisiert, so kann sich der Wahrheitswert der ersten Bedingung von `wahr` (T) durch den Fehlerzustand auf `falsch` (F) ändern, allerdings bleibt das Ergebnis der Entscheidung unverändert (T). Analoges gilt für die zweite Teilbedingung.

Bei der ersten Kombination werden somit fehlerhafte Auswertungen der jeweiligen Bedingung maskiert, da sie keine Auswirkungen auf das Ergebnis der Entscheidung haben und Fehlerwirkungen somit nicht – nach »außen« – auftreten. Der Test der ersten Kombination kann somit entfallen.

Wird beim zweiten Testfall der Wahrheitswert der ersten Bedingung durch einen Fehlerzustand falsch berechnet, ändert sich der Wert von `wahr` (T) zu `falsch` (F). Hier kommt es zu einer Fehlerwirkung, da sich auch der Wert der Entscheidung ändert. Analoges gilt für den dritten Testfall und dort die zweite Bedingung. Im vierten Testfall wird eine falsche Realisierung der Bedingungen ebenfalls erkannt, da sich dann auch der Wahrheitswert der Entscheidung ändert.

Geringe Anzahl der Testfälle

Für jede logische Verknüpfung der zusammengesetzten Entscheidung ist zu bestimmen, welche Testfälle sensitiv auf Fehlerzustände reagieren und bei welchen Kombinationen Fehlerzustände maskiert werden können und diese Kombinationen somit im Test nicht berücksichtigt zu werden brauchen.

Testfälle

Bei den Testfällen ist jeweils zu berücksichtigen, welche Eingabewerte zu welcher Auswertung der Entscheidungen bzw. (Teil-)Bedingungen führen und welche Programmteile nach der Auswertung zur Ausführung kommen sollen. Die erwartete Ausgabe bzw. das erwartete Verhalten des Testobjekts ist ebenfalls vorab festzulegen, um das korrekte bzw. fehlerhafte Verhalten festzustellen.

Tipp

- Wegen der geringen Aussagekraft soll auf den Bedingungstest verzichtet werden, da er schwächer als der Entscheidungstest ist.
- Bei zusammengesetzten Entscheidungen ist der modifizierte Bedingungs-/Entscheidungstest anzuwenden, da die Komplexität der Entscheidung von dem Verfahren zur Testfallerstellung berücksichtigt wird und das Verfahren den Anweisungs- und Entscheidungstest subsumiert. Diese beiden Verfahren sind dann nicht zusätzlich durchzuführen.

Beim modifizierten Bedingungs-/Entscheidungstest kann es allerdings sehr aufwendig sein, die Eingabewerte so zu wählen, dass eine bestimmte (Teil-)Bedingung den im Testfall geforderten Wahrheitswert annimmt.

Festlegung der Endekriterien

Wie bei den bisherigen Verfahren auch, lassen sich als Kriterien für die Beendigung der Tests die Verhältnisse zwischen den bereits erreichten und allen geforderten Wahrheitswerten der (Teil-)Bedingungen bilden. Bei den Verfahren, die die Komplexität der Entscheidungen im Programmtext des Testobjekts in den Mittelpunkt der Prüfung stellen, ist es sinnvoll, eine vollständige Prüfung (100% Überdeckung) anzustreben. Ist die Komplexität der Entscheidungen im Test ohne Bedeutung, kann ein Entscheidungstest als ausreichend angesehen werden.

Bewertung des Verfahrens

Komplexe Entscheidungen sind oft fehlerhaft.

Sind komplexe Entscheidungen im Programmtext vorhanden, dann müssen diese intensiv getestet werden, um mögliche Fehlerwirkungen aufzudecken. Gerade bei der Kombination von logischen Ausdrücken werden oft Fehlhandlungen begangen, weshalb der Test sehr wichtig ist. Der modifizierte Bedingungs-/Entscheidungstest ist allerdings auch ein sehr aufwendiges Verfahren zur Testfallerstellung.

Tipp

- Es kann auch sinnvoll sein, komplexe zusammengesetzte Entscheidungen in verschachtelte, einfache Abfragen aufzuteilen und dann für diese Abfolge von Abfragen einen Entscheidungstest durchzuführen.
- Auf die intensive Prüfung oder Aufteilung von komplexen Entscheidungen kann möglicherweise ganz verzichtet werden, wenn diese vor dem dyna-

mischen Test einem Codereview (s. Abschnitt 4.3) unterzogen werden und deren Korrektheit dort nachgewiesen wird.

Ein Nachteil der Bedingungstests ist, dass sie boolesche Ausdrücke beispielsweise nur innerhalb einer IF-Anweisung prüfen.

Beispiel

Bei dem folgenden Beispiel eines Programmstücks wird nicht erkannt, dass die IF-Entscheidung aus mehreren Bedingungen zusammengesetzt ist und sinnvollerweise der modifizierte Bedingungs-/Entscheidungstest anzuwenden ist.

```
...
   Flag = (A || (B && C));
   if (Flag)

      ...;
   else ...;

...
```

Werden im Programm alle vorkommenden booleschen Ausdrücke für die Erstellung der Testfälle herangezogen, kann dieser Nachteil ausgeglichen werden.

Compiler bricht Auswertung von Ausdrücken ab.

Ein weiteres Problem tritt bei der Messung der Überdeckung der (Teil-)Bedingungen auf. Einige Compiler verkürzen die Auswertung von booleschen Ausdrücken, sobald das (Gesamt-)Ergebnis der Entscheidung feststeht. Zum Beispiel ist bei einer UND-Verknüpfung von zwei Bedingungen für eine Bedingung der Wert FALSE ermittelt, dann ist das (Gesamt-)Ergebnis der Entscheidung ebenfalls FALSE, egal welchen Wert die zweite Bedingung liefert. Einige Compiler ändern auch die Reihenfolge der Auswertung in Abhängigkeit von den booleschen Operatoren, um möglichst schnell ein (Gesamt-)Ergebnis zu erhalten und die weiteren Bedingungen nicht auswerten zu müssen. Testfälle, die eine Überdeckung von 100% erreichen sollen, können zwar ausgeführt werden, wegen der Verkürzung der Auswertung lässt sich die Überdeckung allerdings nicht nachweisen.

Pfadtest[32]

Alle möglichen Pfade durch ein Testobjekt

Bisher standen Anweisungen oder Verzweigungen des Kontrollflusses oder die Komplexität von Entscheidungen im Mittelpunkt der Testfallermittlung. Enthält das Testobjekt Schleifen bzw. Wiederholungen, so reichen die bisherigen Überlegungen nicht für einen angemessenen Test aus. Der Pfadtest fordert die Ausführung aller unterschiedlichen Pfade durch ein Testobjekt.

---

32. Im »ISTQB® Certified Tester«-Lehrplan kommt der Pfadtest nicht vor. Er wird hier beschrieben, da er als »weitere Stufe« zum Anweisungs- und Entscheidungstest anzusehen ist und häufig eine missverständliche Verwendung des Begriffs anzutreffen ist.

Beispiel für einen Pfadtest

Anhand des Kontrollflussgraphen (Abb. 5–9) soll der Begriff Pfad näher erläutert werden. Das Programmstück, das der Graph repräsentiert, enthält eine Schleife. Die DO-WHILE-Schleife wird auf jeden Fall einmal durchlaufen. In der WHILE-Bedingung am Ende der Schleife wird ermittelt, ob eine Wiederholung der Schleife, also ein Rücksprung zum Schleifenanfang, erfolgen soll. Bei der Ermittlung der Zweigüberdeckung ist die Schleife in zwei Testfällen berücksichtigt worden:

- Schleife ohne Rücksprung:
  a, b, f, g, h, d, e
- Schleife mit einmaligem Rücksprung (i) und einmaliger Wiederholung:
  a, b, f, g, i, g, h, d, e

In der Regel wird eine Schleife aber häufiger als einmal durchlaufen werden. Mögliche weitere Abfolgen von Zweigen durch den Programmgraphen sind:

a, b, f, g, i, g, i, g, h, d, e
a, b, f, g, i, g, i, g, i, g, h, d, e
a, b, f, g, i, g, i, g, i, g, i, g, h, d, e
usw.

Es wird deutlich, dass es beliebig viele Pfade im Kontrollflussgraphen gibt. Auch bei einer Beschränkung der Anzahl der Schleifenwiederholungen steigt die Zahl von Pfaden ins Unermessliche an (s.a. Abschnitt 2.1.4).

Kombination der Programmteile

Ein Pfad beschreibt die mögliche Abfolge von einzelnen Programmteilen in einem Programmstück. Im Gegensatz dazu werden Entscheidungen (bzw. Zweige) unabhängig voneinander betrachtet, jeder für sich. Die Pfade berücksichtigen Abhängigkeiten zwischen den Zweigen, wie zum Beispiel bei Schleifen, bei denen ein Zweig an den Anfang eines anderen Zweiges zurückführt.

Beispiel: Anweisungs- und Entscheidungsüberdeckung in VSR II

In Abschnitt 5.1.1 wurden für die Methode `calculate_price()` des VSR-II-Teilsystems *DreamCar* Testfälle aus gültigen und ungültigen Äquivalenzklassen der Parameter hergeleitet. Im Folgenden werden Testfälle dahingehend bewertet, inwieweit sie den Programmtext überdecken, d.h. entsprechende Teile der Methode zur Ausführung gekommen sind. Es soll eine 100 %ige Entscheidungsüberdeckung erreicht werden, um sicherzustellen, dass während der Testläufe alle Entscheidungsergebnisse mindestens einmal zur Ausführung gekommen sind.

Zum besseren Verständnis wird hier der Programmtext der Methode aus Abschnitt 3.4.1 wiederholt:

```
double calculate_price    (double baseprice, double specialprice,
                           double extraprice, int extras,
                           double discount)
{
double addon_discount; double result;
if (extras ≥ 3)
   addon_discount = 10;
else
   if (extras ≥ 5)
          addon_discount = 15;
   else   addon_discount = 0;

if (discount > addon_discount)
   addon_discount = discount;

result    = baseprice/100.0 * (100-discount) + specialprice
           + extraprice/100.0 *(100-addon_discount);

return result;
}
```

Der Kontrollflussgraph der Methode `calculate_price()` ist in Abbildung 5–10 dargestellt.

Abb. 5–10
Kontrollflussgraph der Methode `calculate_price()`

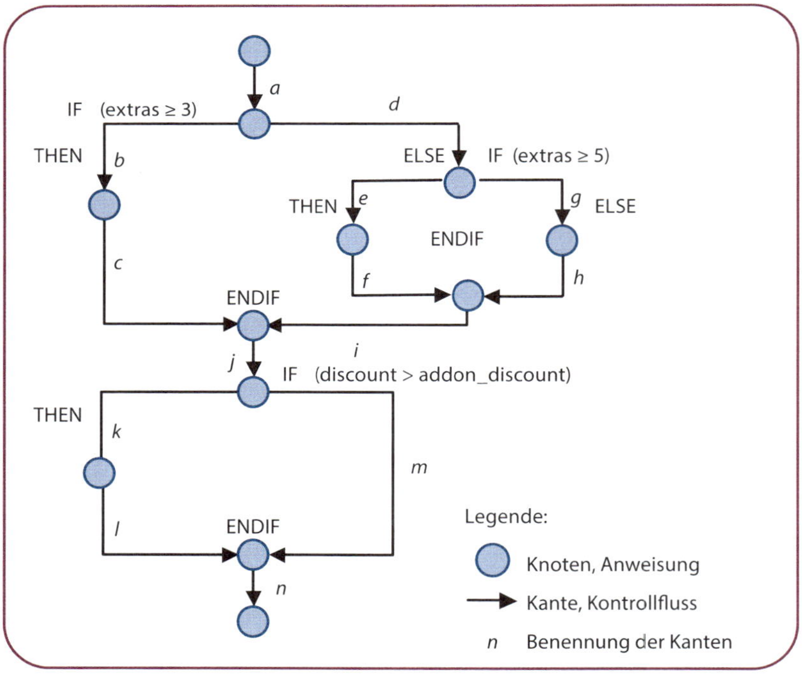

In Abschnitt 3.4.1 wurden folgende zwei Testfälle angegeben:

```
// testcase 01

price = calculate_price(10000.00,2000.00,1000.00,3,0);
test_ok = test_ok && (abs (price-12900.00) < 0.01);

// testcase 02

price = calculate_price(25500.00,3450.00,6000.00,6,0);
test_ok = test_ok && (abs (price-34050.00) < 0.01);
```

Die Testfälle bewirken die Ausführung folgender Kanten des Graphen:

- Testfall 01: a, b, c, j, m, n
- Testfall 02: a, b, c, j, m, n

33% Entscheidungsüberdeckung erreicht

Die Kanten d, e, f, g, h, i, k, l sind nicht zur Ausführung gekommen. Durch die beiden Testfälle wurden von den sechs möglichen Entscheidungsausgängen nur zwei zur Ausführung gebracht, damit ist eine Entscheidungsüberdeckung von 33% erreicht (bei der Zweigüberdeckung sind es 43% – 6 von insgesamt 14 Zweigen). Testfall 02 hat keine Verbesserung der Überdeckung gebracht und ist aus Sicht des Entscheidungstests unnütz. Nach Spezifikation sollte der Testfall 02 allerdings zur Ausführung weiterer Anweisungen führen, da ein anderer Rabatt berechnet werden sollte (bei fünf oder mehr Zusatzausstattungen).

Zur Erhöhung der Überdeckung werden folgende weitere Testfälle spezifiziert:

```
// testcase 03

price = calculate_price(10000.00,2000.00,1000.00,0,10);
test_ok = test_ok && (abs (price-12000.00) < 0.01);

// testcase 04

price = calculate_price(25500.00,3450.00,6000.00,6,15);
test_ok = test_ok && (abs (price-30225.00) < 0.01);
```

Diese Testfälle bewirken die Ausführung folgender Kanten des Graphen:

- Testfall 03: a, d, g, h, i, j, k, l, n
- Testfall 04: a, b, c, j, k, l, n

83% Entscheidungsüberdeckung erreicht

Die Testfälle führen zur Ausführung von weiteren Kanten (d, g, h, i, k und l) und damit zur Erhöhung der Entscheidungsüberdeckung auf 83% (5 von 6 Entscheidungsausgängen, Zweigüberdeckung 86%, 12 von 14 Zweigen). Die Kanten e und f sind nicht ausgeführt worden.

Auswertung der Bedingungen

Bevor mit weiteren Testfällen versucht wird, die beiden fehlenden Kanten zu erreichen, werden die Bedingungen der IF-Anweisungen näher betrachtet, d.h., der Programmtext wird zur Ermittlung weiterer Testfälle herangezogen. Um die Kanten e und f zu erreichen, muss die Bedingung der ersten Abfrage (extras ≥ 3) den Wert FALSE liefern, damit der ELSE-Teil ausgeführt wird. In diesem ELSE-Teil muss die Bedingung (extras ≥ 5) den Wert TRUE liefern. Es muss somit ein Wert für den Parameter extras gefunden werden, der folgender Bedingung genügt:

```
¬(extras ≥ 3) AND (extras ≥ 5)
```

Einen solchen Wert gibt es nicht, die fehlenden Kanten sind nie erreichbar. Es liegt ein Fehlerzustand im Programmtext vor.

Beispiel: Zusammenhang der Überdeckungsmaße

Der Zusammenhang zwischen Anweisungs-, Entscheidungs- und Pfadüberdeckung soll ebenfalls an diesem Beispiel verdeutlicht werden. Das Testobjekt besteht aus insgesamt drei IF-Anweisungen, wovon zwei verschachtelt sind und die dritte separat zu den anderen steht (s. Abb. 5–10).

Alle Anweisungen (Knoten) werden durch folgende Abfolgen der Kanten des Graphen erreicht:

a, b, c, j, k, l, n
a, d, e, f, i, j, k, l, n
a, d, g, h, i, j, k, l, n

Diese Abfolgen reichen aus, um eine Anweisungsüberdeckung von 100 % zu erhalten. Alle Entscheidungen wurden allerdings noch nicht überdeckt, es fehlt ein Entscheidungsausgang (Kante m). Eine Kantenfolge, ausgeführt durch den entsprechenden Testfall, könnte wie folgt aussehen:

a, b, c, j, m, n

Diese neue Kantenfolge kann die obige erste Abfolge ersetzen. Mit den dann drei möglichen Testfällen, die diese drei Abfolgen bewirken, ist eine 100 %ige Entscheidungsüberdeckung (und Zweigüberdeckung) erreicht.

Weitere Pfade durch den Graphen

Es gibt allerdings auch bei diesem einfachen Programmstück noch weitere Möglichkeiten, den Graphen zu durchlaufen und somit alle Pfade durch den Graphen zu berücksichtigen. Bisher sind die folgenden Pfade nicht zur Ausführung gekommen:

a, d, e, f, i, j, m, n
a, d, g, h, i, j, m, n

Insgesamt ergeben sich somit sechs unterschiedliche Pfade durch den Programmtext (die möglichen drei Wege durch den Graphen vor der Kante j multipliziert mit den zwei möglichen Wegen nach der Kante j). Voraussetzung ist, dass die Abfragen unabhängig voneinander und die Kanten somit frei kombinierbar sind.

Kommen im Programmstück noch Schleifen hinzu, so zählt jede mögliche Anzahl von Schleifenwiederholungen als ein möglicher Pfad durch das Programmstück. Es ist klar, dass eine 100 %ige Überdeckung aller Pfade in einem Programm während der Testphase nie erreichbar ist, sobald das Programm nicht trivial ist.

Weitere Whitebox-Verfahren

Weitere Whitebox-Verfahren

Auch bei den Whitebox-Verfahren gibt es neben den gebräuchlichsten Verfahren, die hier vorgestellt wurden, eine ganze Reihe von weiteren Verfahren, die zur Prüfung eines Testobjekts herangezogen werden können, hier aber nicht beschrieben sind (s.a. [ISO 29119]). Im Folgenden wird ein weiteres Verfahren kurz skizziert.

Datenflussorientierte Verfahren

Einige Verfahren verwenden den Datenfluss durch das Testobjekt als Grundlage für die Ermittlung der Testfälle. Es werden im Wesentlichen die Datenbenutzungen im Testobjekt überprüft. Für jede Variable wird deren Verwendung analysiert, dabei werden die Definition von Variablen und die lesenden und schreibenden Zugriffe auf Variablen unterschieden. Mit dem Verfahren kann geprüft werden, ob der Wert einer Variablen im Testobjekt bei der Verwendung des Wertes an einer anderen Stelle zu einer Fehlerwirkung führt. Darüber hinaus wird betrachtet, ob der Wert der Variablen zur Berechnung einer anderen Variablen oder zur Ermittlung eines Wahrheitswertes in einer Bedingung verwendet wird. Anhand dieser Information können unterschiedliche Kriterien in Bezug auf den Datenfluss festgelegt werden, die durch die Testfälle zu überdecken sind. Eine ausführlichere Beschreibung der datenflussbasierten Verfahren ist in [Spillner 16] zu finden.

5.2.4 Allgemeine Bewertung der Whitebox-Verfahren

Intensität der Tests festlegen

Grundlage aller hier beschriebenen Whitebox-Verfahren ist der vorliegende Programmtext. In Abhängigkeit der Komplexität der Programmstruktur können die adäquaten Testverfahren ausgewählt und angewendet werden. Anhand des Programmtextes und der ausgewählten Verfahren wird die Intensität der Tests festgelegt.

Für untere Teststufen gut geeignet

Die dargestellten Whitebox-Verfahren eignen sich für die unteren Teststufen. Es ist beispielsweise wenig sinnvoll, beim Systemtest eine Überdeckung einzelner Anweisungen oder Entscheidungen zu fordern, da der Systemtest sich nicht zur Überprüfung von einzelnen Anweisungen oder Entscheidungen eignet.

Werkzeuge verwenden

Bei den codebasierten Whitebox-Verfahren wird gefordert, dass bestimmte Programmteile zur Ausführung kommen bzw. Entscheidungen unterschiedliche Wahrheitswerte annehmen. Um den Test auswerten zu können, muss ermittelt werden, welche Programmteile bereits ausgeführt wurden und welche noch nicht zur Ausführung gekommen sind. Zur Ermittlung können entsprechende Werkzeuge genutzt werden (s. Abschnitt 7.1.3).

Überdeckung auch bei höheren Teststufen sinnvoll

Das Konzept der Überdeckung kann nicht nur auf Codeebene, sondern auch auf anderen Teststufen angewendet werden. Beim Integrationstest kann ermittelt werden, welcher prozentuale Anteil von Modulen, Komponenten oder Klassen durch Tests ausgeführt wurde. Dies kann als Modul-, Komponenten- oder Klassenüberdeckung bezeichnet werden. Der geforderte Prozentsatz ist vorab zu bestimmen und bei der Testdurchführung ist das Erreichen des prozentualen Satzes nachzuweisen.

Nicht vorhandener Programmcode bleibt unberücksichtigt.

Anforderungen, die übersehen und daher nicht realisiert wurden, werden durch die Whitebox-Verfahren nicht aufgedeckt. Nur die Anforderungen, die auch im Programm umgesetzt worden sind, werden bei den Whitebox-Verfahren überprüft. Zur Aufdeckung von »fehlenden« Programmteilen sind andere Testverfahren einzusetzen.

5.3 Erfahrungsbasierte Testfallermittlung

Erfahrung und Intuition

Neben den methodischen Ansätzen kann auch eine erfahrungsbasierte Ermittlung der Testfälle erfolgen. Bei der erfahrungsbasierten Testfallermittlung werden die Kenntnisse und die Intuition des Testers genutzt. Durch die erfahrungsbasierte Testfallermittlung werden die systematisch ermittelten Testfälle sinnvoll ergänzt. Erfahrungsbasiertes Testen kann Fehlerwirkungen aufdecken, die durch systematisches Testen übersehen werden können. Es ist daher immer ratsam, erfahrungsbasiertes Testen als Ergänzung durchzuführen. Je nach Erfahrung des Testers können diese Verfahren stark unterschiedlich effizient bei der Aufdeckung von Fehlerwirkungen sein. Ein zu erreichender Überdeckungsgrad, der als Endekriterium genutzt werden kann, ist bei diesen Verfahren nur schwer zu beurteilen und in vielen Fällen gar nicht messbar.

Überdeckung nur eingeschränkt oder gar nicht messbar

Neben dem Erfahrungswissen in Bezug auf das Testen sind auch Kenntnisse bei der Entwicklung von ähnlichen Anwendungen und über die eingesetzten Technologien bei den Überlegungen zur Erstellung der Testfälle zu berücksichtigen. Liegen beispielsweise Erfahrungen mit dem Einsatz einer Programmiersprache aus vorherigen Projekten vor, ist es sinnvoll, die dort aufgetretenen Fehlerwirkungen, deren Ursache in der Verwendung der Programmiersprache lag, auch für die Testüberlegungen im aktuellen Projekt zu berücksichtigen.

Intuitive Testfallermittlung

»error guessing«

Grundlage der Überlegungen zur Testfallermittlung ist bei diesem Ansatz die intuitive Fähigkeit und die Erfahrung, Testfälle nach erwarteten Fehlhandlungen, Fehlerzuständen und -wirkungen auszuwählen. Ein methodisches Vorgehen hierzu kann nicht angegeben werden. Die Überlegungen zu den Testfällen basieren auf der Erfahrung, wo Fehlerwirkungen in der Vergangenheit (auch bei anderen Anwendungen) aufgetreten sind, auf den Kenntnissen, wie die zu testende Anwendung früher (beim Vorgängersystem) funktioniert hat, und auf dem Wissen, welche Fehlhandlungen Entwickler häufig unterlaufen. Diese Art der

Erstellung der Testfälle wird auch als »error guessing« bezeichnet und ist in der Praxis häufig anzutreffen.

Erfahrung in Listen konservieren und zugänglich machen

Eine methodische Unterstützung des Vorgehens kann dadurch erreicht werden, das Listen mit wahrscheinlichen Fehlhandlungen, Fehlerzuständen und Fehlerwirkungen erstellt werden, die zur Ermittlung der Testfälle herangezogen werden. Zur Abfassung der Listen müssen Informationen über Fehlhandlungen, Fehlerzustände und Fehlerwirkungen aus vorangegangenen Projekten vorhanden sein, oder Kenntnisse, warum Software fehlerhaft ist. Die Listen sind aktuell zu halten und neue Erkenntnisse sollen einfließen. Werden die Listen genutzt, kann eine Art von Überdeckung ermittelt werden, je nachdem welche – genauer welcher %-Satz – der Listeneinträge für die Erstellung von Testfällen genutzt wurden.

Checklistenbasiertes Testen

An alles gedacht?

Wie der Name schon sagt: Hier dienen Checklisten als Grundlage zur Testfallerstellung. Eine Checkliste enthält Aspekte (Testbedingungen), die getestet werden müssen. Zu diesen Aspekten gehören beispielsweise Fehlerbehandlungen und die Ausfallsicherheit. Die Einträge der Checkliste sollen den Tester daran erinnern, die jeweiligen Aspekte beim Testen zu berücksichtigen. Neben solchen Punkten können Vorschriften, spezielle Kriterien oder auch Datenbedingungen, die geprüft werden müssen, in den Checklisten aufgeführt werden. Der Detaillierungsgrad der Listen kann sehr unterschiedlich sein.

Listen aktuell halten

In der Regel werden die Listen im Laufe der Zeit erstellt und aktualisiert. Sie basieren überwiegend auf den Erfahrungen der Tester. Tester können aber auch eine bestehende Checkliste ohne Änderungen verwenden.

Zur Unterstützung verschiedener Testarten können unterschiedliche Checklisten erstellt werden. So kann eine Checkliste Testbedingungen für den funktionalen Test und eine andere Testbedingungen für den nicht funktionalen Test enthalten.

Checklistenbasierte Tests geben eine gute Hilfestellung bei der Testfallerstellung und bieten ein gewisses Maß an Konsistenz. Da die Listenpunkte eher allgemein formuliert sind, wird eine Variabilität beim Erstellen der Testfälle auftreten – je nachdem welcher Tester welche Testbedingung prüft. Diese Variabilität führt auf der einen Seite zu einer potenziell höheren Abdeckung der einzelnen Aspekte, aber auf der anderen Seite zu einer geringeren Wiederholbarkeit.

Überdeckung

Auch hier kann eine Art Überdeckung in Abhängigkeit der geprüften Checklisteneinträge angegeben werden. Wenn alle Punkte aus der Checkliste geprüft sind, ist eine 100 %ige Überdeckung erreicht und das checklistenbasierte Testen kann als ausreichend angesehen und beendet werden.

Exploratives Testen

Informelles Testverfahren

Sind die Dokumente, die als Grundlage für die Erstellung der Testfälle heranzuziehen sind, von sehr schlechter Qualität, veraltet oder sogar gar nicht vorhanden, kann sogenanntes »exploratives Testen« helfen. Im Extremfall liegt nur das ausführbare Programm vor. Das Vorgehen lässt sich auch bei starken zeitlichen Restriktionen einsetzen, da es im Vergleich zu anderen Verfahren wenig Zeit in Anspruch nimmt. Es beruht ebenfalls überwiegend auf der Intuition und den Erfahrungen der Tester.

Beim explorativen Testen werden die Testaktivitäten (s. Abschnitt 2.3) nahezu »parallel« durchgeführt. Es gibt in diesem Sinne keine Anwendung des strukturierten Testprozesses, und eine vorherige Planung der Aktivitäten findet nicht statt. Die möglichen Elemente des Testobjekts, die einzelnen Aufgaben und Funktionen werden »erforscht«. Dann wird entschieden, welche Teile getestet werden sollen. Dabei werden wenige Testfälle zur Ausführung gebracht, und das Ergebnis wird analysiert. Mit der Ausführung wird sozusagen das »unbekannte« Verhalten des Testobjekts weiter geklärt. Auffälligkeiten und weitere Informationen dienen zur Erstellung der nächsten Testfälle. Schritt für Schritt wird so Wissen über das zu testende Programm angesammelt. Es wird erkennbarer, was das Testobjekt macht und wie es arbeitet, welche Qualitätsprobleme sich ergeben könnten und welche Erwartungen an das Programm erfüllt sein sollten. Ein Ergebnis des explorativen Tests kann sein, dass klar wird, welche weiteren Testverfahren (Blackbox-, Whitebox- oder erfahrungsbasierte Verfahren) sinnvollerweise einzusetzen sind, wenn es die verbleibende Projektzeit erlaubt.

Session-based Testing

Zur Strukturierung des explorativen Testens können sowohl definierte Testziele als auch eine zeitliche Beschränkung vorgenommen werden. Werden explorative Tests innerhalb eines definierten Zeitfensters (in der Regel nicht mehr als 2 Stunden) durchgeführt, wird das sitzungsbasierte Testen (»Session-based Testing«) angewendet. Zur Protokollierung der ausgeführten Schritte und der Ergebnisse können Sitzungsblätter (»Session-Sheets«) verwendet werden.

Test-Charta

Eine Beschränkung auf bestimmte Elemente des Programms, auf bestimmte Aufgaben oder Funktionen ist beim explorativen Testen ebenfalls sinnvoll. Die Elemente werden weiter zergliedert. In dem

Zusammenhang wird auch der Begriff »Test-Charta« für die kleineren Einheiten verwendet. Beim Testen der Einheiten sind folgende Fragen von Interesse:

- Warum wird getestet (mit welchem Ziel)?
- Was soll getestet werden?
- Wie soll getestet werden (mit welchem Verfahren)?
- Welche Probleme sollen nachgewiesen werden?

Grundideen des explorativen Testens sind:

Merkmales des explorativen Testens

- Ergebnisse eines Testfalls beeinflussen die Erstellung und die Ausführung der weiteren Testfälle.
- Während des Testens entsteht ein »mentales« Modell des zu testenden Programms. Das Modell umfasst dabei, was das Programm leistet bzw. wie es »funktioniert« und wie sein Verhalten ist bzw. wie es sein sollte.
- Gegen dieses Modell wird getestet, wobei die Aufmerksamkeit darauf gerichtet ist, weitere Aspekte und Verhalten des Testobjekts aufzuzeigen, die bisher nicht oder in anderer Form im »mentalen« Modell vorhanden sind.

Exploratives Testen steht im engen Zusammenhang mit reaktiven Teststrategien (s. Abschnitt 6.2.2), da alle Aktivitäten des explorativen Testens erst nach der Programmierung durchgeführt werden können.

Weder Blackbox- noch Whitebox-Verfahren

Alle Vorgehensweisen der intuitiven Ermittlung der Testfälle lassen sich nicht eindeutig den Blackbox- oder Whitebox-Verfahren zuordnen, da weder die Anforderungen noch der Programmtext ausschließliche Grundlage für die Überlegungen und Prüfungen sind. Ihr Anwendungsbereich liegt aber eher in den höheren Teststufen, da auf den niedrigeren meist ausreichende Informationen für die anderen Verfahren zur Verfügung stehen, wie beispielsweise der Programmtext oder eine detaillierte Spezifikation.

Nicht als erstes und einziges Verfahren einsetzen

Als primäres Testverfahren ist die intuitive Testfallermittlung nicht einzusetzen, sondern sie dient der Vervollständigung von Testfällen und zur Unterstützung der methodischen Testverfahren.

Testfälle

Das Erfahrungswissen der Tester zur Erstellung der ergänzenden Testfälle kann aus vielen Quellen gespeist werden.

Beispiel: Intuitive Testfälle für VSR-II

Im Falle des Projekts VSR-II sind die Tester sehr gut mit dem Vorgängersystem vertraut. Viele von ihnen hatten auch dieses System schon getestet. Sie wissen, welche Schwächen dieses System hatte, und kennen (aus Daten der Hotline und aus persönlichen Gesprächen) auch die Probleme der Autohäuser beim Betrieb der alten Software. Mitarbeiter aus dem Konzernmarketing wissen beim fachlichen Test, welche Fahrzeuge in welcher Konstellation oft verkauft werden und welche theoretisch möglichen Sonderausstattungsvarianten in der Praxis nicht nachgefragt werden oder vielleicht gar nicht lieferbar sind. Diese Erfahrung nutzen sie, indem sie intuitiv ihre systematisch hergeleiteten Testfälle priorisieren und durch zusätzliche Testfälle ergänzen. Der Testmanager schließlich weiß, welche Entwicklerteams besonders unter Druck stehen und auch an Wochenenden durcharbeiten. Er wird daher die Komponenten dieser Teams intensiver testen lassen.

Gesamtes Wissen nutzen

Der Tester soll sein gesamtes Wissen nutzen, um zu ergänzenden Testfällen zu gelangen. Die Vor- und Nachbedingungen, die erwarteten Ausgaben und das erwartete Verhalten des Testobjekts sind auch bei den intuitiven Testfällen vorab festzulegen.

Tipp

- Da umfangreiches Erfahrungswissen oft nur in den Köpfen der erfahrenen Tester vorhanden ist, kann das Führen einer Liste mit möglichen Fehlhandlungen, Fehlerzuständen und fehlerverdächtigen Situationen (wie oben bereits erwähnt) sehr nützlich sein. In der Liste werden die Erfahrungen über immer wieder auftretende Fehlerwirkungen vermerkt und stehen somit allen Testern zur Verfügung. Anhand der identifizierten möglichen Fehler und kritischen Situationen werden die zusätzlichen Testfälle erstellt.
- Die Liste kann auch für Entwickler von großem Nutzen sein, da vor der Implementierung schon auf eventuelle Probleme und Schwierigkeiten hingewiesen wird, die dann in der Implementierung berücksichtigt werden können und somit der Fehlervermeidung dienen.

Festlegung der Endekriterien

Das Endekriterium ist nicht immer definierbar.

Ein Endekriterium wie bei den systematischen Verfahren lässt sich nicht angeben. Existieren die oben erwähnten Listen, kann anhand der Liste eine gewisse Vollständigkeit überprüft werden.

Bewertung der intuitiven Testfallermittlung

Meist erfolgreich in der Aufdeckung weiterer Fehler

Die intuitive Testfallermittlung, das checklistenbasierte und das explorative Testen lassen sich meist mit gutem Erfolg einsetzen. Sie sind eine sehr sinnvolle Ergänzung der systematischen Verfahren. Der Erfolg der Vorgehensweisen und deren Effektivität hängen sehr stark von den Fähigkeiten und der Intuition der Tester und ihren bisherigen Erfahrungen mit ähnlichen Anwendungen und den verwendeten Technologien ab. Die Vorgehensweisen können auch dazu beitragen, Lücken und Fehler bei der Risikoanalyse aufzuzeigen. Wird das intuitive Testen zusätzlich zum systematischen Testen durchgeführt, können auch bisher übersehene Unstimmigkeiten in der Testspezifikation entdeckt werden. Es können meist keine Messungen der Intensität oder Vollständigkeit durchgeführt werden.

5.4 Auswahl von Testverfahren

Wann welches Verfahren?

In diesem Kapitel wurde eine ganze Reihe von Verfahren zum Testen von Software vorgestellt.[33] Es drängt sich die Frage auf, wann welches Verfahren verwendet werden soll. Im Folgenden wird zusammenfassend eine Hilfestellung bei der Beantwortung dieser Frage gegeben und ein sinnvolles Vorgehen aufgezeigt. Allgemeines Ziel ist, mit wenig Aufwand ausreichend unterschiedliche Testfälle zu erstellen, die mit einer gewissen Wahrscheinlichkeit vorhandene Fehlerwirkungen nachweisen. Die Verfahren zur Erstellung der Testfälle sind dabei »passend« auszuwählen.

Kombination von Testverfahren

Einige Testverfahren eignen sich besonders gut für den Einsatz auf einer bestimmten Teststufe (s. Abschnitt 3.4), andere sind auf allen Teststufen anwendbar. Zur Erstellung der Testfälle nutzen Tester in der Regel eine Kombination aus verschiedenen Testverfahren, um mit dem zur Verfügung stehenden Testaufwand (abhängig von Zeit und Budget) die besten Ergebnisse zu erzielen.

Die Vorgehensweisen bei Testanalyse, Testentwurf und Testrealisierung bei den Testverfahren kann von sehr informell bis hin zu sehr formal reichen. Der passende Grad an Formalität hängt vom Kontext ab. Hierzu zählen die Reife des Test- und Entwicklungsprozesses, die zeitlichen Beschränkungen, die Informationssicherheits- oder regulatorischen Anforderungen, die Kenntnisse und Fähigkeiten der involvier-

33. Es gibt viele weitere Verfahren, die nicht in diesem Buch beschrieben sind, speziell Verfahren für den Integrationstest, Test von verteilten Systemen und Test von Realzeit- und eingebetteten Systemen. Im Aufbaukurs Certified Tester (Advanced Level) werden diese Themen teilweise behandelt. Der interessierte Leser sei an dieser Stelle auf die entsprechende weiterführende Literatur (z.B. [Bath 15]) verwiesen.

ten Personen und das eingesetzte Softwareentwicklungsmodell. Diese und weitere beeinflussenden Faktoren werden im Folgenden näher erläutert:

Faktoren zur Auswahl der Testverfahren

- **Art des Testobjekts (Komponente oder System)**
  Ist das Testobjekt eine Komponente, dann lassen sich neben den funktionalen Blackbox-Testverfahren, wie beispielsweise Äquivalenzklassenbildung und Grenzwertanalyse, auch Whitebox-Testverfahren anwenden. Ist das komplette System zu testen, kann beispielsweise der anwendungsfallbasierte und der zustandsbasierte Test eingesetzt werden. Ist das Testobjekt Teil der Benutzungsschnittstelle eines Systems, ist der Testschwerpunkt eher auf Verfahren zum nicht funktionalen Testen zu legen, um beispielsweise eine einfache Benutzbarkeit zu prüfen.
- **Komplexität der Komponente oder des Systems**
  Die Komplexität des Programmtextes kann sehr unterschiedlich sein, dementsprechend sind adäquate Testverfahren zu wählen. Sind beispielsweise Entscheidungen im Programm aus mehreren Bedingungen zusammengesetzt, reicht ein Entscheidungstest nicht aus. Ein entsprechendes Verfahren zum Prüfen der komplexen Entscheidungen ist in Abhängigkeit der Kritikalität und des im Fehlerfall verbundenen Risikos zu wählen.
- **Einhaltung von Standards**
  Industriestandards oder gesetzliche Vorschriften können die Verwendung von bestimmten Testverfahren und die Erfüllung von Überdeckungsmaßen vorschreiben. Solche Standards und Vorschriften sind meist bei sicherheitskritischen Anwendungen oder wenn hohe Zuverlässigkeit gefordert ist, einzuhalten.
- **Kundenanforderungen oder vertragliche Anforderungen**
  Der Kunde schreibt eventuell die Verwendung von Testverfahren und ggf. zu erreichende Überdeckungen vor. Der Vorteil dabei ist, dass zumindest diese Verfahren während der Entwicklung ausgeführt werden, was dann hoffentlich auch zu weniger Fehlerwirkungen beim Abnahmetest führt.
- **Testziele**
  Die Ziele des Testens sind recht unterschiedlich (s.a. Abschnitt 2.1.2). Testen soll zum Beispiel funktionale Qualitätsmerkmale wie Vollständigkeit, Korrektheit und Angemessenheit bewerten oder auch nachweisen, dass die Struktur bzw. Architektur der Komponente oder des Systems korrekt und vollständig umgesetzt ist und den Spezifikationen entspricht. Je nach Ziel sind die entsprechenden Testverfahren auszuwählen.

- **Risikobewertung (Risikostufe und Risikoarten)**
  Das erwartete Risiko bestimmt mehr oder weniger die Testaktivitäten, d.h. die Auswahl der Testverfahren und die Intensität der Durchführung. Programmteile, bei denen ein Fehlerzustand mit einem hohen Risiko verbunden ist, sind intensiver und mit unterschiedlichen Testverfahren zu testen als andere.
- **Erwartete Nutzung der Software**
  In die Risikobewertung geht die erwartete Nutzung der Software ein und hat Einfluss auf die Testaktivitäten. Eine Software, die eine Statistik über die Teilnahme an Weiterbildungskursen auswertet, ist weniger intensiv zu testen als eine Software, die die Stromversorgung in einem Krankenhaus steuert. Im ersten Fall reicht die Nutzung eines (einfachen) Testverfahrens aus, während im zweiten Fall eine Kombination von unterschiedlichen Testverfahren mit einem hohen nachzuweisenden Überdeckungsgrad anzuraten ist.
- **Verfügbare Dokumentation**
  Liegen Modelle oder Spezifikationen in formaler Notation vor, so können sie direkt für Testwerkzeuge übernommen werden, die daraus Testfälle ableiten. Der Aufwand zur Erstellung der Testfälle wird dadurch erheblich reduziert. Liegt nur eine veraltete oder gar keine Dokumentation des Testobjekts vor, dann können mit explorativem Testen Informationen über das Testobjekt gewonnen und die ersten Tests durchgeführt werden.
- **Verfügbare Werkzeuge**
  Testen ohne entsprechende Werkzeuge ist nicht sinnvoll: Angefangen bei Werkzeugen für die statische Analyse, die den Programmtext auf mögliche Fehlerzustände untersuchen, über Werkzeuge, die die Erstellung und Ausführung der Testfälle unterstützen, bis hin zu Fehlermanagementwerkzeugen (s. Abschnitt 7.1.1). Tester benötigen einen Werkzeugkasten, um ihre Aufgaben effektiv und effizient durchführen zu können. Sind für Testverfahren unterstützende Werkzeuge vorhanden, dann empfiehlt es sich, diese Verfahren auch zu nutzen.
- **Kenntnisse und Fähigkeiten des Testers**
  Hat ein Tester gute Erfahrungen beim Einsatz eines Testverfahrens gemacht und somit frühzeitig Fehlerwirkungen nachgewiesen, dann wird er auch weiterhin das Verfahren einsetzen. Fehlen Testern Kenntnisse über Testverfahren, so sind entsprechende Weiterbildungsmaßnahmen durchzuführen. Für Tester, die besonders kreativ bei der Erstellung von Testfällen sind, ist das explorative Testen das passende Verfahren.

- **Arten von Fehlerzuständen**
  Wird erwartet, dass in einer Komponente oder dem System bestimmte Arten von Fehlerzuständen vorkommen, sind die entsprechenden Testverfahren auszuwählen. Ist beispielsweise zu erwarten, dass (Bereichs-)Beschränkungen nicht zuverlässig eingehalten werden, ist die Grenzwertanalyse ein geeignetes Testverfahren zur Prüfung.
- **Softwareentwicklungsmodell**
  Das verwendete Softwareentwicklungsmodell hat ebenfalls Einfluss auf die Auswahl der Testverfahren. Bei agilem Vorgehen sind Verfahren zu wählen, die einen hohen Automatisierungsgrad erreichen, da die Tests häufig wiederholt werden. Beim V-Modell mit den ausgeprägten Teststufen kann auf jeder Stufe ein anderer Satz von Testverfahren zur Anwendung kommen.
- **Zeit und Budget**
  Zeit und Budget sind ebenfalls Faktoren, die die Auswahl der Testverfahren stark beeinflussen können. Meist stehen diese beiden nur sehr eingeschränkt zur Verfügung. Es sind Testverfahren auszuwählen, die trotz geringem Zeitaufwand ausreichende Ergebnisse liefern. Die weitgehende Automatisierung der Testausführung spielt hierbei eine entscheidende Rolle.

Die einzusetzenden Testverfahren zur Erstellung der Testfälle können nicht standardmäßig festgelegt werden. Für die Auswahl der Verfahren ist eine wohldurchdachte Entscheidung erforderlich.

5.5 Zusammenfassung

- Von zentraler Bedeutung bei einem Softwaresystem ist sicherlich das korrekte Funktionieren des Systems. Eine ausreichende Prüfung der Funktionalität des Testobjekts ist auf jeden Fall zu gewährleisten. Da bei der Aufstellung aller Testfälle, egal nach welchem Vorgehen oder Verfahren, die erwarteten Ergebnisse und Reaktionen des Testobjekts mit vermerkt werden müssen, erfolgt eine Prüfung der Funktionalität bei jeder Auswertung der durchgeführten Testfälle. Im Vergleich der erwarteten und tatsächlichen Ausgabewerte bzw. Reaktionen ist die Überprüfung der Funktionalität mit enthalten. Es kann entschieden werden, ob eine Fehlerwirkung vorliegt oder die korrekte Funktionalität realisiert wurde.

Prüfung der Funktionalität

- Der Einsatz der Äquivalenzklassenbildung in Kombination mit der Grenzwertanalyse zur Erstellung der Testfälle ist bei jedem Testobjekt anzuraten. Bei der Ausführung dieser Testfälle sind entsprechende Werkzeuge zur Messung der codebasierten Überdeckung einzusetzen, um den bereits erreichten Überdeckungsgrad zu ermitteln.

Äquivalenzklassenbildung in Kombination mit der Grenzwertanalyse

- Haben unterschiedliche Zustände einen Einfluss auf den Ablauf innerhalb des Testobjekts, muss ein zustandsbasierter Test durchgeführt werden. Nur der zustandsbasierte Test überprüft das Zusammenspiel der Zustände, der Zustandsübergänge und das entsprechende Verhalten der Funktionen in adäquater Weise.

Historie berücksichtigen

- Sind Abhängigkeiten zwischen den Eingabewerten gegeben, die beim Test zu berücksichtigen sind, dann kann mithilfe von Entscheidungstabellen dieser Zusammenhang dokumentiert werden. Die entsprechenden Testfälle können der Entscheidungstabelle entnommen werden.

- Wenn keine Abhängigkeiten zwischen einzelnen Eingabewerten existieren, diese also frei kombinierbar sind, kann das kombinatorische Testen zur systematischen Erstellung der Testfälle genutzt werden. Kombinationsmöglichkeiten (2er-, 3er-, ... Kombinationen) bieten Zwischenstufen bis zur vollständigen Kombination der Eingabewerte und decken meist schon viele Fehlerwirkungen auf.

Exkurs

- Auf der Ebene des Systemtests können Anwendungsfälle (dargestellt in einem Use-Case-Diagramm) als Ausgangsbasis für die Testfallerstellung herangezogen werden.

- Beim Komponenten- und Integrationstest sind Messungen zum erreichten Überdeckungsgrad auch bei den Blackbox-Verfahren mit durchzuführen. Die bisher nicht ausgeführten Teile des Testobjekts werden dann gezielt einem Whitebox-Testverfahren unterzogen. Je nach Kritikalität und Beschaffenheit des Testobjekts muss ein entsprechendes Whitebox-Verfahren gewählt werden.

Minimales Kriterium: 100% Entscheidungsüberdeckung

- Als minimales Kriterium ist eine 100%ige Entscheidungsüberdeckung anzustreben. Sind komplexe Entscheidungen im Testobjekt vorhanden, so ist der modifizierte Bedingungs-/Entscheidungstest das adäquate Verfahren, um fehlerhafte Entscheidungen zu erkennen.

Exkurs

- Bei den Überdeckungsmessungen ist darauf zu achten, dass Schleifen auch mehr als einmal wiederholt werden. Bei kritischen Systemteilen muss die Prüfung der Schleifen anhand von entsprechenden Verfahren erfolgen (s. hierzu Boundary-Interior-Test [Spillner 16, Abschnitt 5.1.5]).

Exkurs

- Die komplette Pfadüberdeckung eines Testobjekts ist meist nicht erreichbar. Die Pfadüberdeckung ist eher als theoretisches Maß anzusehen und hat aufgrund des übermäßig hohen Aufwands für die Praxis keine oder nur eine sehr eingeschränkte Bedeutung.
- Die Whitebox-Verfahren lassen sich sinnvollerweise auf den unteren Teststufen einsetzen; Blackbox-Verfahren auf allen Stufen.

Erfahrung immer nutzen

- Als Ergänzung zu den systematischen Verfahren ist es ratsam, die Erfahrung der Tester zu nutzen und die Testfälle intuitiv, checklistenbasiert und/oder explorativ zu erstellen. Meist werden weitere Fehlerwirkungen aufgedeckt, die die systematischen Testverfahren nicht gefunden haben.

Tipp

- Testen umfasst immer die Kombination von unterschiedlichen Verfahren, da es kein Testverfahren gibt, das alle Aspekte, die beim Testen zu berücksichtigen sind, gleich gut abdeckt.
- Die Auswahl der Testverfahren und die Intensität der Durchführung sind anhand der Kritikalität und des zu erwartenden Risikos im Fehlerfall festzulegen.
- Bei den Whitebox-Verfahren soll die Struktur des Testobjekts die Grundlage bei der Auswahl der Verfahren sein. Sind beispielsweise keine komplexen Entscheidungen im Testobjekt vorhanden, ergibt die Verwendung des modifizierten Bedingungs-/Entscheidungstests keinen Sinn.

---

6 Testmanagement

Dieses Kapitel behandelt, wie Testteams organisiert werden können, welche Mitarbeiterqualifikationen wichtig sind, welche Aufgaben ein Testmanager hat und welche testunterstützenden Prozesse vorhanden sein müssen, um effizient testen zu können.

6.1 Testorganisation

6.1.1 Unabhängiges Testen

Testarbeiten müssen über den gesamten Lebenszyklus eines Softwareprodukts hinweg durchgeführt werden (s. Kap. 3) und sind mit den anderen Entwicklungsarbeiten gut und eng zu koordinieren. Die vermeintlich einfachste Lösung besteht darin, die Entwickler selbst testen zu lassen. Wegen des Problems der »Blindheit gegenüber eigenen Fehlhandlungen« ist es aber effizienter und vorteilhaft, Testaufgaben und Entwicklungsaufgaben personell zu trennen und möglichst unabhängig voneinander zu organisieren:

Vorteile unabhängigen Testens

- Unabhängige, d.h. eigenverantwortlich tätige Tester arbeiten objektiver (geringere Voreingenommenheit, anderer technischer oder fachlicher Blickwinkel und Hintergrund) und finden daher in einem Testobjekt zusätzliche und andere Fehlerwirkungen als die Entwickler des Testobjekts.
- Sie können (implizite) Annahmen, die in der Spezifikation oder bei der Programmierung des Testobjekts getroffen wurden, kritisch hinterfragen und als neutrale Instanz verifizieren oder ggf. widerlegen.

Eine personelle Trennung kann aber auch Nachteile oder Gefahren mit sich bringen:

Nachteile unabhängigen Testens

- Eine zu starke Isolation zwischen Testern und Entwicklern kann die notwendige Kommunikation und Zusammenarbeit zwischen beiden Personengruppen behindern oder im Extremfall sogar ein feindliches Verhältnis entstehen lassen.
- Unabhängige Tester sind unter Umständen mit dem Testobjekt weniger vertraut oder es fehlen ihnen technische oder fachliche (De-

tail-)Informationen, sodass die Testarbeiten aufwendiger als nötig oder weniger wirksam als möglich werden.

- Mit zu geringen Ressourcen ausgestattet kann der unabhängige Test im Projekt zum Flaschenhals werden und Releases verzögern. Auch wenn der Test kein Engpass ist, wird er manchmal als solcher dargestellt und für Projektverzögerungen verantwortlich gemacht.
- Die eigene Verantwortung der Entwickler für Qualität kann nachlassen, da »die Testmannschaft die Fehler schon finden wird«.

Diese Nachteile lassen sich aber durchaus vermeiden, ohne die Vorteile der Unabhängigkeit zu verlieren, indem der Grad der Trennung im Kontext des Projekts und vor allem passend zur jeweiligen Teststufe gewählt wird. Die folgenden Modelle bzw. Optionen einer Aufgabenteilung zwischen Entwicklern und Testern mit ansteigender Unabhängigkeit und Selbstständigkeit, von gering bis hoch, sind in der Praxis anzutreffen:

Modelle für unabhängiges Testen

1. **Entwicklertest**
   Testen wird von den Entwicklern erledigt. Eine separate Rolle »Tester« ist nicht etabliert. »Blindheit gegenüber eigenen Fehlhandlungen« kann allerdings reduziert und die Wirksamkeit des Testens erhöht werden, indem »gegenseitig« getestet wird. Das heißt, ein Entwickler testet nur die Programme bzw. Arbeitsergebnisse eines Kollegen, aber nicht die eigenen.
2. **Unabhängige Tester**
   Es gibt eine separate Rolle »Tester«. Mitglieder eines Teams mit dieser Rolle sind ausschließlich für Testarbeiten abgestellt und erledigen sämtliche Testarbeiten innerhalb ihres Teams.
3. **Unabhängige Testteams**
   Es gibt dedizierte Testteams innerhalb des Unternehmens oder des Projekts mit eigener Team- oder Teilprojektleitung, die an die übergeordnete Unternehmens(bereichs)leitung oder das jeweilige Projektmanagement berichten. Mitarbeiter aus anderen Fachabteilungen oder der IT-Abteilung können diese Teams zeitweise oder fallweise verstärken und ihr jeweiliges Fachwissen einbringen.
4. **Testspezialisten**
   Ein Pool von Mitarbeitern mit Ausbildung und Spezialisierungen auf bestimmte Testthemen (Branchen-, Anwendungs-, Fachabteilungswissen) oder Testarten (z.B. Test nicht funktionaler Eigenschaften wie Performanz, Benutzbarkeit, Sicherheit oder für den Nachweis der Konformität mit Standards und Regularien), die zeitweise oder fallweise von Projekten angefordert werden kön-

nen, um spezielle Testaufgaben zu erledigen oder beratend zur Seite stehen und methodisch unterstützen (Training, Coaching, Testautomatisierung u. Ä.).

5. **Testdienstleister**
   Ein externer Dienstleister übernimmt alle oder wesentliche Teile der Testaufgaben des Unternehmens oder einzelner Projekte (z. B. den Systemtest). Die Arbeiten können vor Ort (Insourcing) oder außerhalb des Betriebs (Outsourcing) ausgeführt werden.

Exkurs: Wann welches Modell?

Welches der oben genannten Modelle zweckmäßig ist, hängt in hohem Maß von der betrachteten Teststufe ab:

- **Komponententest**
  Hier muss relativ entwicklungsnah gearbeitet werden. Daher ist meistens ein Entwicklertest nach Option 1 anzutreffen. »Gegenseitiges Testen« kann in den meisten Fällen organisiert werden und bringt sicher Qualitätsgewinne. Modell 2 ist sinnvoll, sofern in Relation zur Entwicklungsmannschaft genügend viele Tester benannt bzw. abgestellt werden. Bei beiden Optionen besteht die Gefahr, dass sich die beteiligten Personen dennoch im Wesentlichen als Entwickler verstehen und ihre Testarbeiten deshalb vernachlässigen. Um dies auszugleichen, sind zwei Maßnahmen empfehlenswert:

Tipp: Testpläne vorgeben und Coaching organisieren

- Projekt- oder Testleitung sollen Testpläne (s. Abschnitt 6.3) vorgeben und von den Entwicklern Testprotokolle einfordern.
- Zur methodischen Unterstützung sollten zumindest zeitweise Testspezialisten als Coaches hinzugezogen werden.

- **Integrationstest**
  Sofern Komponenten zu integrieren und zu testen sind, die vom selben Team entwickelt wurden, kann ein Vorgehen analog zum Komponententest organisiert werden (Modelle 1, 2). Müssen Komponenten zusammengeführt werden, die von verschiedenen Teams stammen, sollte ein gemischtes Integrationsteam mit Vertretern aus den betroffenen Entwicklungsgruppen oder ein unabhängiges Integrationsteam tätig werden. Das einzelne Entwicklungsteam wird eine einseitige Sichtweise auf die eigene Komponente haben und deshalb Fehler übersehen. Je nach Größe des Entwicklungsvorhabens und Anzahl der Komponenten kommen hier die Modelle 3–5 infrage.
- **Systemtest**
  Das Gesamtprodukt muss aus dem Blickwinkel des Kunden und des späteren Anwenders betrachtet werden. Unabhängigkeit von der Entwicklung ist hier unabdingbar. Damit kommen nur die Modelle 3, 4 und 5 in Betracht.

Natürlich bestimmt auch das im Unternehmen oder Projekt angewendete Softwareentwicklungsmodell, wie unabhängiges Testen realisiert wird.

Unabhängiges Testen in Projekten nach V-Modell

Wie in Kapitel 3 ausführlich erläutert, sieht das »Allgemeine V-Modell« eine explizite und starke Trennung von Entwicklungs- und Testarbeiten vor. Und so sind die oben erläuterten Modelle 3–5 typisch für Projekte, die nach »V-Modell« vorgehen.

Unabhängiges Testen im agilen Projekt

Agile Vorgehensweisen betonen im Gegensatz dazu die enge, funktionsübergreifende (»cross functional«) Zusammenarbeit in kleinen Teams (s. [Linz 16]). Dies wird von agilen Teams manchmal so interpretiert, dass unabhängig organisiertes Testen »nicht agil ist« oder »die Agilität behindert«. Solche Teams verwenden dann nur Modell 1 oder Modell 2, in der Annahme, nur diese wären »agil«. Damit verzichten diese Projekte auf die Vorteile von unabhängig organisiertem Testen nach den Modellen 3–5.

Es ist aber durchaus möglich, die Modelle 3–5 auch in agilen Projekten einzusetzen, ohne Agilität zu verlieren! Im Gegenteil: richtig eingesetzt gewinnt das Team Agilität:

- Die in agilen Projekten geforderten kurzen Iterationen benötigen automatisiertes Testen (s. Abschnitte 3.2 und 7.1.4) mit kontinuierlicher Pflege und laufendem Ausbau der automatisierten Tests. Teammitglieder oder Dienstleister, die sich auf Testautomatisierung spezialisiert haben, können das professioneller und effizienter leisten. Für Aufbau und Pflege einer Toolunterstützung für »Continuous Integration« (s. Abschnitt 7.1) gilt dies analog. Eine Organisation nach Modell 2 oder die Zusammenarbeit mit externen Dienstleistern nach Modell 5 unterstützt und ermöglicht das am besten.
- Größere Projekte können Effizienz gewinnen, indem sie Testautomatisierungs- und Integrationsaufgaben für mehrere Komponenten bündeln und dazu an ein Serviceteam nach Modell 3 oder 5 übertragen.
- Das agile Team kann und sollte interne oder externe Testspezialisten (Modell 4 und 5) als Coach nutzen, um seine Testmethoden und das Testdesign regelmäßig zu überprüfen und zu verbessern. Viele nicht funktionale Tests werden nur in manchen Iterationen vorgesehen und durchgeführt. Temporär zugezogene Spezialisten können solche Tests schneller, professioneller und kostengünstiger erledigen.
- Die Product Owner, ggf. unterstützt durch Mitarbeiter aus betroffenen Fachbereichen (Modell 4), führen am Ende einer Iteration (explorative) Abnahmetests durch und validieren das entstandene Inkrement gegen die ursprünglichen User Stories.

Beispiel: Organisation der Tests im Projekt VSR-II

Im Projekt VSR-II liegen die Komponententests in der Verantwortung der jeweiligen Entwicklungsteams und sind dort individuell nach den oben beschriebenen Modellen 1 und 2 organisiert. Parallel zu den Entwicklungsgruppen ist eine unabhängige Testgruppe eingerichtet. Diese ist verantwortlich für den Integrations- und Systemtest. Abbildung 6–1 zeigt diese Organisation.

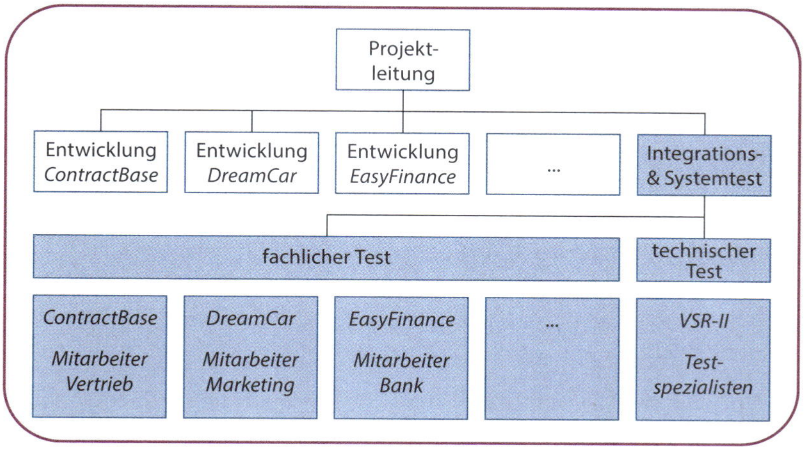

Abb. 6–1
VSR-II-Testorganisation

Für den funktionalen oder fachlichen Test jedes Teilsystems (*ContractBase*, *DreamCar* usw.) sind zwei bis drei Mitarbeiter des jeweils zuständigen Konzernfachbereichs abgestellt (Vertrieb, Marketing u. a.). Diese kennen die vom jeweiligen Teilsystem realisierten Geschäftsprozesse und wissen, welche Anforderungen »ihr« Testobjekt aus Anwendersicht erfüllen muss. Sie sind erfahren im Umgang mit dem PC, aber keine IT-Spezialisten. Ihre Aufgabe ist es, die Testspezialisten bei der Spezifikation fachlich sinnvoller Testfälle zu unterstützen und diese Tests auch durchzuführen. Zu Beginn der Testarbeiten wurden sie in den Grundlagen des Testens geschult (Testprozess, -spezifikation, -durchführung, -protokollierung).

Zum Testpersonal gehören des Weiteren drei bis fünf IT- und Testspezialisten, die für Integrationsarbeiten, nicht funktionale Tests, Testautomatisierung und die Betreuung der Testwerkzeuge zuständig sind (»technischer Test«).

Geleitet wird die Testgruppe von einem Testmanager, der Testplanung und Teststeuerung verantwortet. Zu seinen Aufgaben gehört auch das Coaching des Testpersonals, insbesondere die Anleitung der Mitarbeiter beim Testen der fachlichen Anforderungen.

6.1.2 Rollen, Aufgaben und Qualifikation

Zur effizienten und professionellen Durchführung der vielfältigen Testarbeiten benötigt ein Projekt Mitarbeiter, deren Know-how alle Aufgabenbereiche im Testprozess abdeckt. Folgende Rollen sind dabei auszufüllen und im Idealfall mit speziell qualifiziertem Personal zu besetzen:

Testmanager

Der »Testmanager« verantwortet, gestaltet und leitet die Testaktivitäten eines oder mehrerer Entwicklungsprojekte. Die Ausprägung der Rolle im Projekt und ihre Einbettung in die Linienorganisation variiert je nach Unternehmen und Kontext. Oft ist der Testmanager der Projektleitung als Teilprojektleiter unterstellt. Kleinere Testteams werden evtl. durch einen »leitenden Tester« oder »Testcoach« geführt. In größeren Unternehmen oder Projekten können mehrere Testteams an einen gemeinsamen »Testleiter«, »Testkoordinator« oder einen »Leiter Test(abteilung)« berichten[1].

Personen, die als Testmanager bzw. in einer der o.g. Funktionen tätig sind, sollten über Erfahrung in den Gebieten Softwaretest, Qualitätsmanagement, Projektmanagement und Personalführung verfügen und eine Aus- bzw. Weiterbildung als professioneller Testmanager absolviert haben. Typische Aufgaben sind:

- Mitwirkung bei der Erstellung und Formulierung der Testpolitik, Testrichtlinie oder Teststrategie des Unternehmens.
- Die Tester, das Testteam und das Berufsbild Tester innerhalb des Unternehmens entwickeln und fördern.
- Das Testteam bei seinen Tätigkeiten fachlich anleiten und organisatorisch unterstützen und die Fähigkeiten und Aufstiegsmöglichkeiten der Tester weiterentwickeln (z.B. durch Schulungspläne, Leistungsbeurteilungen, Coaching usw.).
- Erstellung von Testkonzepten (s. Abschnitt 6.2.1) und deren Abstimmung mit den Projektmanagern, Product Ownern und weiteren Beteiligten.
- Aufbau und Vorbereitung des Tests gemäß Testkonzept, insbesondere Planung und Beschaffung der nötigen Testressourcen (Budget, Personal, Werkzeuge, Testumgebung).
- Erstellen und Abstimmen der Testpläne und deren regelmäßiges Aktualisieren auf Basis gewonnener Testergebnisse und des erzielten Testfortschritts.
- Die konkreten Testaktivitäten gemäß Testplan realisieren, überwachen und steuern (s. Abschnitt 6.3.2), unter Berücksichtigung der spezifischen Testziele, Testendekriterien, Risiken und des Projektkontexts.
- Die Analyse, den Entwurf, die Realisierung/Automatisierung und die Durchführung von Testfällen anstoßen und steuern.
- Einbringen der Testperspektive in andere Projektaktivitäten (z.B. in die Integrationsplanung) und vertreten der Testinteressen gegenüber dem Projektmanagement und anderen Parteien.

---

1. Die verschiedenen Bezeichnungen drücken den unterschiedlichen Grad der Linien- bzw. Personalverantwortung aus, die mit der jeweiligen Stelle oder Position verbunden ist.

- Unterstützung bei der Auswahl und dem Einsatz von Testwerkzeugen (s. Kap. 7), einschließlich der Schätzung oder Planung des Budgets für Auswahl, Einführung (z.B. Pilotprojekt) und Betrieb inklusive Support der Werkzeuge.
- Einführung oder Optimierung unterstützender Prozesse (u.a. Fehlermanagement, Konfigurationsmanagement) zur Rückverfolgbarkeit von Änderungen und zur Sicherstellung der Reproduzierbarkeit der Tests.
- Einführung, Anwendung und Auswertung der im Testkonzept definierten Metriken.
- Erstellen und Kommunizieren von Testabschlussberichten und Testfortschrittsberichten auf der Grundlage der gesammelten Informationen.

Tester

Der Begriff »Tester« wird sowohl als Oberbegriff verwendet für Personen, die in einer Organisation oder in einem Projekt für Testtätigkeiten zuständig sind, als auch als Rollenbezeichnung für eine Person, die sämtliche Testtätigkeiten (im Sinne eines Allrounders) übernimmt oder übernehmen kann.

Die Ausprägung der Rolle ist in den verschiedenen Teststufen unterschiedlich und es werden Mitarbeiter mit unterschiedlichem Erfahrungshintergrund benötigt: Im Komponenten- oder Integrationstest haben häufig Entwickler die Rolle inne (s. Abschnitt 3.4.1). Im fachlichen Abnahmetest sind Businessanalysten, Fachexperten oder Anwender als »Tester« im Einsatz und werden »Fachtester« genannt. Im betrieblichen Abnahmetest (hier geht es um die IT-technischen Aspekte des Systems) wird die Rolle in der Regel von Mitarbeitern aus IT-Abteilung/IT-Betrieb bzw. Systemadministration wahrgenommen.

Personen, die als Tester bzw. Fachtester tätig sind, sollten über IT-Grundlagenwissen verfügen, Verständnis und Routine in der Fachlichkeit und Bedienung des Testobjekts haben und die eingesetzten Testwerkzeuge beherrschen. Darüber hinaus ist eine Aus-/Weiterbildung als »Certified Tester« sehr hilfreich. Ihre typischen Aufgaben sind:

- Review von Testkonzepten, Testplänen und Testfällen aus anwendungsfachlicher Sicht durchführen
- Notwendige Testdaten beschaffen und vorbereiten
- Anwendung der vorgesehenen Testtools
- Ausführung von manuellen Tests nach vorgegebener Testspezifikation und von explorativen Tests sowie anstoßen und überwachen automatisiert vorliegender Tests.

- Protokollierung der Tests und Testergebnisse und anschließende Auswertung (s. Abschnitt 6.4.1)
- Erstellung von Fehlermeldungen (s. Abschnitt 6.4.2)

Exkurs: weitere Rollen und Berufsbilder

Organisationen, in denen die Profession »Testen« gut etabliert ist, unterscheiden darüber hinaus oft weitere Rollen, beispielsweise die Spezialisierungsrichtungen »Testanalyst/Testdesigner«, »Testautomatisierer« und »Testadministrator«. Wo es diese genauere Differenzierung nicht gibt, sind die im folgenden genannten Rollen und ihre Aufgaben in der allgemeinen Rolle »Tester« enthalten.

Testanalyst

Der »Testanalyst« oder »Testdesigner« ist Experte für Testmethoden und Testspezifikation (s. Kap. 5) mit Know-how im Software Engineering. Eine Aus-/Weiterbildung als »Certified Tester Test-Analyst« [URL: GTB] ist wünschenswert. Typische Aufgaben sind:

- Anforderungen (z.B. User Stories und Abnahmekriterien), Spezifikationen und Systemmodelle (Testbasis) auf Testbarkeit analysieren, prüfen und beurteilen.
- Testbedingungen identifizieren und dokumentieren und die Rückverfolgbarkeit zwischen Testfällen, Testbedingungen und der Testbasis erfassen.
- Erstellung von Testspezifikationen
- Ermittlung und Aufbereitung von Testdaten

Testautomatisierer

Der »Testautomatisierer« ist Experte für automatisierte Tests und Testautomatisierungslösungen. Er verfügt über Testgrundlagenwissen, Programmiererfahrung und sehr gute Kenntnisse der eingesetzten Testautomatisierungswerkzeuge und Skriptsprachen. Typische Aufgaben sind:

- Entwurf oder Anpassung von Testautomatisierungslösungen für die spezifischen Projekterfordernisse
- Programmierung und Wartung automatisierter Testfälle unter Nutzung der im Projekt vorhandenen Toolumgebung

Testadministrator

Der »Testadministrator« ist Experte für Installation, Wartung und Betrieb der Testumgebungen des Projekts. Er verfügt über Systemadministrator-Know-how und sehr gute Kenntnis der im Projekt eingesetzten Hardware-, Software- und Tool-Landschaft. Typische Aufgaben[2] sind:

- Die Testumgebung(en) entwerfen, einrichten, verifizieren, dem Projekt bereitstellen und den laufenden Betrieb betreuen.
- Neue Versionen der Testobjekte installieren und konfigurieren.
- Zugehörige Abläufe automatisieren und optimieren (z.B. mittels »Continuous-Integration-Toolkette«, s. Abschnitt 7.1).

Testspezialist

Neben der Spezialisierung auf bestimmte fachliche Testthemen (Branchen-, Anwendungs-, Fachabteilungswissen) als »Fachtester« ist die Spezialisierung auf bestimmte Testarten, insbesondere auf den Test nicht funktionaler Eigenschaften (Performanz, Be-

---

2. Meist in Abstimmung und Zusammenarbeit mit der allgemeinen Systemadministration und dem Netzwerkmanagement des Unternehmens.

nutzbarkeit, Security, Safety oder für den Nachweis der Konformität mit Standards und Regularien), wünschenswert.

Diese Spezialisten stehen als Berater und Problemlöser mehreren oder allen Projekten eines Unternehmens zur Verfügung. Erwartet wird demnach die Fähigkeit, sich sehr schnell in komplexe IT-Umgebungen und Problemstellungen einarbeiten sowie die einmal erarbeiteten Lösungen verallgemeinern, präsentieren und wiederverwenden zu können. Oft wird auch hohe Mobilität erwartet, da die zu beratenden Teams an vielen unterschiedlichen Standorten (des eigenen Unternehmens oder der Kunden) angesiedelt sind.

»Certified Tester«

Was leistet in diesem Zusammenhang die Ausbildung zum Certified Tester? Die Grundlagenausbildung (Foundation Level) qualifiziert zur Rolle des »Testers« (ohne die erforderlichen IT-Grundlagen). Das heißt, ein Certified Tester weiß, warum Disziplin und strukturiertes Vorgehen notwendig sind, und kann unter Leitung eines Testmanagers Tests manuell durchführen und dokumentieren. Basistechniken aus dem Bereich Testspezifikation und -management sind ihm bekannt. Auch jeder Softwareentwickler soll über Grundlagenkenntnisse im Testen verfügen, um die im Rahmen der Modelle 1 und 2 sich ergebenden Testaufgaben erledigen zu können (s. Abschnitt 6.1.1). Um aber die Aufgaben eines »Testdesigners« oder »Testmanagers« in der Praxis ausführen zu können, muss entsprechende Erfahrung als Tester erst noch gesammelt werden. Die Ausbildung für diese Aufgaben leistet die nächste Ausbildungsstufe »Certified Tester – Advanced Level« (s. [URL: GTB], [Spillner 14]). Mit dem »Certified Tester – Expert Level« kann die Spezialisierung und Expertise weiter vertieft und belegt werden. Entwickler und Tester, die in agilen Projekten tätig sind, können die Weiterbildungen nach den »ISTQB Agile Tester«-Lehrplänen (auf Foundation- und auf Advanced-Ebene) nutzen. Weitere Zusatzangebote sind z.B. der »ISTQB Automotive Software Tester«. Aktuelle Informationen zu allen Angeboten findet man auf den Webseiten des GTB [URL: GTB] und des ISTQB [URL: ISTQB].

Auch soziale Kompetenz ist wichtig.

Neben den technischen und testspezifischen Fähigkeiten benötigen Tester bzw. Mitarbeiter, die in einer der oben genannten Rollen tätig sind, um erfolgreich zu sein, auch soziale Kompetenz:

- Teamfähigkeit, politisches und diplomatisches Geschick
- Bereitschaft, scheinbare Tatsachen zu hinterfragen
- Durchsetzungskraft, sicheres Auftreten
- Exaktheit und Kreativität
- Fähigkeit, sich schnell in komplexe Anwendungsgebiete und Applikationen einzuarbeiten

Multidisziplinäres Team

Oft ist es notwendig, die Testmannschaft durch weitere IT-Spezialisten zu ergänzen, die zumindest zeitweise zuarbeiten. Dies sind zum Beispiel: Datenbankadministratoren, Datenbankdesigner oder Netzwerkspezialisten. Unverzichtbar sind oft auch Branchen- oder Fachspezialisten aus dem Anwendungsbereich des zu testenden Softwaresystems. Ein solches multidisziplinäres Testteam zu führen, ist auch für erfahrene Testmanager nicht immer einfach.

Spezialisierte Softwaretestdienstleister

Sind entsprechende Ressourcen firmenintern nicht ausreichend verfügbar, so können – analog zur Vergabe von Softwareentwicklungsaufträgen an externe Entwicklungshäuser – auch die Testaufgaben an spezialisierte Softwaretestdienstleister vergeben werden. Solche Testspezialisten können aufgrund ihrer Erfahrung und »schlüsselfertiger« Vorgehensweisen den für das jeweilige Projekt optimalen Testbetrieb sehr schnell aufsetzen sowie fehlendes Spezialwissen aus jedem der oben angesprochenen Qualifikationsprofile in das Projekt einbringen.

6.2 Teststrategie

6.2.1 Teststrategie und Testkonzept

Eine so umfangreiche Aufgabe wie das Testen erfordert eine sorgfältige Planung auf operativer Ebene (s. Abschnitt 6.3), aber auch auf strategischer Ebene.

Als Ausgangspunkt der strategischen Planung dienen (sofern vorhanden) die allgemeine Testpolitik, die Testrichtlinie oder die generische Teststrategie des Unternehmens. Diese generischen Vorgaben muss der Testmanager unter Beachtung der spezifischen Ziele, Randbedingungen und Risiken des Projekts, der Art, Kritikalität und Risiken des zu testenden Produkts sowie abgestimmt mit einem evtl. vorliegenden Qualitätssicherungsplan[3] in eine für das Projekt angemessene konkrete Teststrategie überführen. Diese strategischen Planungsarbeiten des Testmanagers umfassen folgende Aufgaben:

Aufgaben der strategischen Testplanung

- **Testobjekte festlegen**
  Identifizieren, aus welchen Komponenten, Teilsystemen, Nachbarsystemen und Schnittstellen das zu testende System besteht oder bestehen soll. Entscheidungen treffen, welche dieser Objekte vom Test abzudecken sind und welche ausgeklammert werden können oder sollen.
- **Testziele formulieren**
  Je Testobjekt und für das Gesamtsystem bewerten, festlegen und formulieren, gegen welche Qualitätskriterien (s. Abschnitte 2.2 und 6.3.1) getestet werden soll oder muss, da entsprechende Aussagen vom Test zu liefern sind.

3. Testen soll nicht als einzige Maßnahme zur Qualitätssicherung (QS) eingesetzt werden, sondern im Verbund mit anderen QS-Maßnahmen stehen. Dazu ist eine übergreifende Planung aller qualitätssichernden Maßnahmen notwendig, die im Qualitätssicherungsplan (QS-Plan) des Projekts dokumentiert wird (s.a. Abschnitt 2.2.1).

- **Testprozess zuschneiden**
  Den (im Unternehmen oder im Softwarelebenszyklusmodell des Projekts) vorgesehenen Testprozess auf die Belange des Projekts zuschneiden. Festlegen, welche Teststufen es geben soll oder muss (aufgrund der Testobjekte und deren Testziele). Koordination und Zusammenarbeit mit den anderen Projektaktivitäten abstimmen und festlegen.
- **Testmethoden auswählen**
  Die Testmethoden bzw. Testverfahren (s. Kap. 5) auswählen und festlegen, die geeignet oder notwendig sind, um die Testziele (insgesamt und spezifisch je Testobjekt) zu erreichen. Prüfen und auswählen, welche Trainings benötigt werden, um die Testmethoden einzuführen oder ihre Anwendung zu verbessern. Möglichkeit, Art und Umfang für eine Testautomatisierung prüfen und festlegen.
- **Testinfrastruktur festlegen**
  Untersuchen, welche Testumgebung(en) benötigt werden, welche bereits vorhanden sind und welche ausgebaut oder neu geschaffen werden müssen. Prüfen, welche Tools eingesetzt werden können oder sollen, um das Testen zu unterstützen (s. Kap. 7). Diese Testtools sowie sonstige Arbeitsmittel der Tester auflisten und beschaffen.
- **Testmetriken definieren**
  Metriken auswählen und beschreiben, die zur Teststeuerung herangezogen werden. Festlegen der Messmethoden, Auswertungskriterien und Grenzwerte[4] sowie der Konsequenzen von Messergebnissen, inkl. Kriterien für das Testende.
- **Testberichtswesen definieren**
  Festlegen, welche Testdokumente und Testnachweise (Testpläne, Testprotokolle, Fehlerberichte, Testberichte) erstellt und geführt werden. Festlegen, wie und durch wen Erstellung, Pflege, Veröffentlichung/Präsentation und Archivierung erfolgen soll. Templates und Toolkonfigurationen bereitstellen, die Struktur und Detaillierungsgrad vorgeben.
- **Kosten und Aufwand planen**
  Initiale Schätzung des Testaufwands und der benötigten Ressourcen (inkl. Personal) zur Realisierung der Teststrategie. Kalkulation der resultierenden Testkosten und Abstimmung der benötigten Budgetmittel. Aktualisierung der Schätzungen und Kostenpläne im Projektverlauf.

---

4. Solche Grenzwerte legen fest, ab wann gehandelt werden muss (z.B. ab einer bestimmten Fehlerdichte) oder ab wann ein Ziel erreicht ist (z.B. ab 80 % Entscheidungsüberdeckung).

Ergebnis ist die Teststrategie.

Das Ergebnis dieser strategischen Testplanung ist die Teststrategie.[5] Der Testmanager legt damit die Ziele und Rahmenbedingungen der Testarbeiten im Projekt fest und dokumentiert diese im »Testkonzept« des Projekts. Ein gutes Testkonzept zeichnet sich dadurch aus, dass getroffene Entscheidungen begründet werden. Es werden auch Hinweise gegeben, welche Alternativen abgewogen wurden oder gewählt werden können, falls sich getroffene Annahmen (z.B. über verfügbare Ressourcen) als falsch oder nicht umsetzbar herausstellen.

Teil 3 der ISO-Norm 29119 [ISO 29119][6] stellt eine Referenzgliederung bereit[7]. Die Teststrategie kann übergreifend formuliert sein und für mehrere Produkte einer Produktfamilie oder für alle Teststufen innerhalb eines Projekts (»Master Test Plan«) gelten. Es kann aber auch zusätzliche, spezifische Testkonzepte für einzelne Teststufen (»Level Test Plan«), für einzelne Testobjekte oder auch Testart-spezifische Konzepte bzw. Strategien (z.B. für Gebrauchstauglichkeitstests oder Performanztests) geben. Solche Strategien sind optional und abhängig von der Kritikalität des Projekts ergänzend vorzusehen.

Abstimmungsprozess

Es ist offensichtlich, dass die Strategiefindung neben umfangreicher Informationsrecherche viele intensive Diskussionen und Verhandlungen mit Projektbeteiligten und Betroffenen erfordert. Im Zuge dieses Abstimmungsprozesses wird der Testmanager sein Testkonzept mehrfach anpassen, abspecken oder nachschärfen müssen, bis über die Teststrategie des Projekts hinreichend Konsens erzielt ist. Dies erfordert auch, dass wünschenswerte Maßnahmen im Umfang reduziert oder sogar gestrichen werden. Grundlage solcher Entscheidungen soll immer eine systematische Risikoanalyse und bewusste Risikoabwägung sein. Details hierzu werden in Abschnitt 6.2.4 beschrieben.

Mit Fortschreiten des Projekts werden aufgrund zunehmender Erfahrung des gesamten Teams mit dem Produkt und seiner Technologie immer mehr und genauere Informationen verfügbar, die mit der geplanten Projektvorgehensweise gut oder weniger gut funktionieren[8]. Das gilt insbesondere für die Testaktivitäten und die Stärken und Schwächen der Teststrategie: Anhand der Ergebnisse bereits durchge-

---

5. Das Wort »Strategie« stammt von griechisch »strategos« (»Heerführer«). In der Wirtschaft werden mit »Strategie« die (meist langfristig) geplanten Verhaltensweisen eines Unternehmens zur Erreichung seiner Ziele verstanden (nach [URL: Strategie]).
6. Die frühere IEEE 829-2008 wurde durch ISO 29119, Teil 3[ISO 29119] abgelöst. Für komplexere Projekte bietet auch [IEEE 1012] eine Gliederung für einen »Verifikations- und Validierungsplan«.
7. Ein Testkonzept-Template, das sich an dieser Gliederung orientiert, ist unter [URL: imbus-downloads] zu finden.
8. In agilen Projekten können (aufgrund der kurzen Iterationszyklen) solche Erfahrungen sehr kurzfristig und kontinuierlich in die Testplanung zurück fließen.

führter Tests und aus dem Feedback von (Pilot-)Kunden kann erkannt werden, welche Probleme der Test bislang aufgedeckt hat und welche Fehlerwirkungen »durchgerutscht« sind. Auch kann analysiert werden, welche Teststufe oder Testart welchen spezifischen Beitrag zur Wirksamkeit des Tests liefert und welcher Aufwand dem gegenübersteht.

Des Weiteren ändert sich die Feature-Planung. Features werden geändert oder gestrichen und neue oder veränderte Anforderungen und Features kommen hinzu. Vor diesem Hintergrund muss auch die Beurteilung der Projekt- und Produktrisiken regelmäßig überprüft und aktualisiert werden.

Strategische Testplanung ist eine kontinuierliche Aufgabe.

Somit ist nicht nur die operative, sondern auch die strategische Testplanung eine kontinuierliche Aufgabe des Testmanagers über alle Phasen oder Iterationen[9] des Projekts hinweg. Der Testmanager muss das Testvorgehen auf Basis aktueller Informationen regelmäßig kritisch überprüfen und geeignet justieren und diese Anpassungen in eine aktualisierte Version des Testkonzepts und auch in die darauf aufsetzenden operativen Testpläne einfließen lassen.

6.2.2 Auswahl der Teststrategie

Mit der Wahl der Teststrategie trifft der Testmanager eine seiner wichtigsten Entscheidungen. Ziel dabei ist, einen Maßnahmenmix festzulegen, der die Wirksamkeit und Wirtschaftlichkeit der Testarbeiten unter den gegebenen oder festgelegten Rahmenbedingungen des Projekts maximiert. Oder aus einem anderen Blickwinkel formuliert: ein Maßnahmenmix, der das Risiko (von Projekt und Produkt, s. Abschnitt 6.2.4) minimiert.

Strategiefindung

Im vorstehenden Abschnitt wurde beschrieben, zu welchen Themen die Teststrategie Festlegungen beinhalten sollte – das »Was«. In diesem Abschnitt wird das »Wie« erläutert, also wie ein konkreter Maßnahmenmix ausgewählt oder entwickelt werden kann. Die möglichen Herangehensweisen[10] zur Strategiefindung lassen sich entlang zweier Dimensionen einordnen:

- Entscheidungs- und Gestaltungsspielraum
- Verfügbarkeit an Wissen über Projekt und Produkt

9. Dies geht über den Abschluss des eigentlichen Entwicklungsprojekts hinaus, denn Testarbeiten werden auch im Zuge von Wartungs-, Update- oder Bugfixing-Tätigkeiten weiter notwendig und zu planen sein.
10. Hier geht es um die Herangehensweisen, mittels derer ein Testmanager eine geeignete Teststrategie entwickeln kann. Es geht nicht um die Testvorgehensweisen, die dann Inhalt einer solchen Teststrategie sind.

Vorbeugender vs. reaktiver Ansatz

Der Zeitpunkt, ab dem Tester im Projekt involviert sind, hat wesentlichen Einfluss darauf, ob ein Strategieelement praktisch umsetzbar ist und deshalb überhaupt in Betracht kommt. Zwei typische Situationen werden unterschieden:

- **Vorbeugender Ansatz**
  Tester sind ab Projektbeginn involviert. Der Testmanager hat die Möglichkeit, die Teststrategie proaktiv zu gestalten und optimierend und kostenreduzierend einzugreifen. Maßnahmen zur Vermeidung von Fehlern (z.B. Designreviews), der möglichst frühe Beginn der konkreten Testarbeit (z.B. die Erstellung erster Testspezifikationen) und die Prüfung von Zwischenergebnissen (z.B. statische Analysetechniken) werden viel zur Vermeidung von Fehlern beitragen oder Fehlerwirkungen frühzeitig entdecken. Dies reduziert die Fehlerdichte im späteren dynamischen Test und trägt dadurch zur Kostensenkung bei, aber auch zur Stabilität und Zuverlässigkeit des Produkts. Bei der Entwicklung sicherheitskritischer Anwendungen kann ein vorbeugender Teststrategie-Ansatz deshalb verpflichtend sein.
- **Reaktiver Ansatz**
  Wenn Tester (zu) spät involviert werden, ist eine vorbeugende Herangehensweise meist nicht mehr möglich. Dann muss auf die vorgefundene Situation bestmöglich reagiert werden. Das gilt auch, wenn auf ungeplante Ereignisse oder neu gewonnene Erkenntnisse reagiert werden muss. Eine in der Praxis erfolgreiche Vorgehensweise (als reaktives Element der Teststrategie) ist »exploratives Testen«, ein heuristischer Ansatz, bei dem der Tester das vorgefundene Testobjekt »erkundet« und im Zuge der Erkundung Testentwurf, Testdurchführung und Testauswertung quasi simultan erfolgen (s.a. Abschnitt 5.3).

Tipp: Wann soll mit Testen begonnen werden?

- Wann immer möglich, ist ein vorbeugender Ansatz zu wählen. Eine Analyse der Kosten zeigt klar: Testen und Prüfen sollen so früh wie möglich im Projekt beginnen und alle Phasen des Projekts kontinuierlich begleiten.

Beispiel: VSR-II-Testplanung

Im Projekt VSR-II wurde direkt nach Freigabe des ersten Anforderungsdokuments mit der Testplanung und der Testspezifikation begonnen. Zu jeder Anforderung wurde mindestens ein Testfall entworfen. Die so entstandene noch sehr grobe Testspezifikation wurde einem Review unterzogen, an dem Vertreter des Kunden, der Entwicklung und des späteren Systemtests beteiligt waren. Als Ergebnis dieses Reviews der Testspezifikation wurde eine ganze

Reihe von Anforderungen als »unklar« oder »lückenhaft« identifiziert. Ebenso wurden falsche oder unzureichende Testfälle aufgedeckt.

Allein das Aufschreiben sinnvoller Tests und die Diskussion darüber mit den Entwicklern haben somit auf viele Probleme aufmerksam gemacht, lange bevor der erste Test tatsächlich ausgeführt und die erste Zeile Programmtext geschrieben wurde.

Analytischer vs. heuristischer Ansatz

Die zweite Dimension betrachtet, welches Wissen und welche Informationsquellen dem Testmanager zur Verfügung stehen und welche er in der gegebenen Situation nutzen kann. Zwei extrem unterschiedliche Herangehensweisen sind denkbar:

- **Analytischer Ansatz**
  Die Strategiefestlegung stützt sich auf Daten und deren systematische Analyse. Die für eine Strategieentscheidung relevanten Einflussfaktoren werden (ausschnittsweise) bestimmt und ihr wechselseitiger Zusammenhang mathematisch modelliert.
- **Heuristischer Ansatz**
  Die Strategiefestlegung stützt sich auf Erfahrungswissen (interner oder externer Experten) und/oder auf »Daumenregeln«, weil keine Daten verfügbar sind, weil eine Modellbildung zu aufwendig oder komplex ist oder weil das nötige Know-how fehlt.

6.2.3 Verschiedene konkrete Strategien

Die in der Praxis üblichen Herangehensweisen sind meist pragmatische Kombinationen der oben dargestellten grundsätzlichen Teststrategie-Ansätze. Zum Beispiel kann risikobasiertes Testen (als analytische Strategie) mit explorativem Testen (als reaktives Strategieelement) kombiniert werden. Folgende weitere »Spielarten« sind anzutreffen:

- **Kostenorientiertes Testen**
  Innerhalb des Strategieelements »Testmethoden auswählen« (s. Abschnitt 6.2.1) werden die Testmethoden und deren Testumfang so gewählt, dass die Parameter Kosten und Zeitbedarf vs. Anzahl und Komplexität der Testfälle optimiert werden. Einfache, »in die Breite« gehende Tests werden bevorzugt. Kostenintensive, »in die Tiefe gehende« Testfallvarianten werden vermieden.

- **Risikobasiertes Testen** (s. Abschnitt 6.2.4) nutzt Informationen über Projekt- und Produktrisiken und legt den Testschwerpunkt auf Bereiche hohen Risikos. Risiko ist der Parameter, der die Entscheidungen steuert.

- **Modellbasierte Vorgehensweise** nutzt abstrakte Modelle des Testobjekts zur Ableitung von Testfällen, zur Definition von Testendekriterien und zur Messung der Testüberdeckung. Ein Beispiel ist der zustandsbasierte Test (s. Abschnitt 5.1.3), wo Zustandsautomaten als Modelle dienen. Ein anderes Beispiel sind statistische Modelle über die Verteilung von Fehlerzuständen im Testobjekt, über Ausfallraten im Betrieb der Software (Zuverlässigkeitsmodelle) oder über die Häufigkeit von Anwendungsfällen (Einsatz- bzw. Benutzungsprofile), die zur Festlegung der Teststrategie herangezogen werden können.
- **Methodische Vorgehensweise**
  Diese Art der Teststrategie baut auf der systematischen Nutzung vordefinierter Sets von Tests oder Testbedingungen auf, wie beispielsweise auf einer Systematik von gängigen oder wahrscheinlichen Arten von Fehlerwirkungen, einer Liste von wichtigen Qualitätsmerkmalen oder unternehmensweiten »Look and feel«-Standards für mobile Anwendungen oder Webseiten.
- Beim **wiederverwendungsorientierten Ansatz** übernimmt man vorhandene Tests und Testumgebungen (aus früheren Projekten) als Ausgangsbasis. Ziel ist, die Tests schnell und pragmatisch aufzusetzen.
- Ein **checklistenorientierter Ansatz** nutzt Fehlerlisten aus früheren Testzyklen[11], Listen potenzieller Fehler[12] oder Risiken oder priorisierte Qualitätskriterien und andere wenig formelle Methoden.
- **Prozess- oder standardkonforme Ansätze** nutzen Handlungsanweisungen oder Empfehlungen[13], die als »Kochrezept« genutzt werden können. Quellen sind beispielsweise externe Vorschriften und branchenspezifische Standards oder Prozesse oder Richtlinien des Unternehmens.
- Der **expertenorientierte Ansatz** nutzt die Expertise und das »Bauchgefühl« beteiligter Experten. Ihre »Einstellung« zu den eingesetzten Technologien und/oder zur Anwendungsdomäne beeinflusst und steuert die Auswahl der Teststrategie. Diese Art der Teststrategie wird vorrangig durch Beratung, Anleitung oder Anweisungen

---

11. Wo schon Fehler sind, sind oft noch mehr zu finden! Fehler sind ein Symptom für weitere Probleme. Für fehlerbehaftete Regionen ist es sinnvoll, zusätzliche Tests in die folgenden Testzyklen aufzunehmen (s.a. Abschnitt 2.1.6, 4. Grundsatz).
12. Eine analytische, standardisierte Vorgehensweise hierzu ist die »Fehlermöglichkeits- und Einflussanalyse« (FMEA, [URL: FMEA]).
13. Solche Vorgaben oder Empfehlungen enthalten wiederum eine Menge implizites Erfahrungswissen bzw. Heuristiken.

von Stakeholdern, Fachexperten oder Technologieexperten bestimmt, die von außerhalb des Testteams oder sogar von außerhalb des Unternehmens kommen können.

- **Leistungserhaltende Vorgehensweise**
  Diese Art der Teststrategie wird durch den Wunsch motiviert, einen Rückgang bei der vorhandenen Produktleistung zu vermeiden. Diese Teststrategie setzt demnach stark auf die Wiederverwendung vorhandener Testmittel (insbesondere Testfälle und Testdaten), weitgehende Automatisierung dieser Testfälle und die Wiederholung dieser Tests mittels Regressionstestsuiten.

6.2.4 Testen und Risiko

Wenn nach Kriterien gesucht wird, anhand derer Testziele, Testverfahren oder Testfälle ausgewählt und priorisiert werden können, dann ist »Risiko« eines der am besten geeigneten Kriterien.

Risiko = Schaden × Schadenswahrscheinlichkeit

Risiko ist definiert als Produkt aus der Höhe eines Schadens und der Wahrscheinlichkeit (oder Häufigkeit) des Eintritts des betreffenden Schadens.

Schaden beinhaltet dabei alle in Abschnitt 6.2.7 beschriebenen Konsequenzen und Kosten einer Fehlfunktion des Produkts. Die Schadenswahrscheinlichkeit hängt davon ab, wie das Softwareprodukt benutzt wird. Das Einsatzprofil der jeweiligen Software muss hier beachtet werden.

In der Praxis können Werte für die Parameter »Schaden« und »Wahrscheinlichkeit« selten exakt ermittelt werden. Stattdessen werden diese Werte geschätzt. Eine grobe Schätzung bzw. Rasterung in Werte-Bandbreiten oder Klassen[14] ist dabei meistens ausreichend. Bei der Schätzung und Behandlung von Risiken sind zwei unterschiedliche Kategorien von Risiken zu unterscheiden: Projektrisiken und Produktrisiken.

Projektrisiken

Projektrisiken sind Risiken, die den Projekterfolg beeinträchtigen oder sogar ganz verhindern. Dazu zählen:

- **Lieferantenseitige Risiken** umfassen z.B. das Risiko, dass ein Unterauftragnehmer ausfällt oder es zu Vertragsstreitigkeiten kommt. Verzögerungen im Projektverlauf bis hin zu gerichtlichen Auseinandersetzungen sind in solchen Fällen nicht auszuschließen.

14. Ein Tabellenkalkulationsblatt zur Risikoklassifikation mittels Schadens- und Häufigkeitsklassen ist unter [URL: imbus-downloads] zu finden.

- **Organisationsbezogene Risiken** sind z.B. Ressourcenknappheit. Mitarbeiter mit den benötigten Fähigkeiten stehen nicht oder in zu geringem Umfang zur Verfügung oder die Notwendigkeit von Weiterbildung wird zwar erkannt und geplant, aber dann nicht umgesetzt. Auch politische oder zwischenmenschliche Probleme können die Arbeit behindern. Tester oder Testergebnisse finden vielleicht keine angemessene Resonanz, oder mangelnde Kooperation zwischen einzelnen Abteilungen oder höher priorisierte, konkurrierende Projekte erzeugen Konflikte. Auch Beschlüsse über Kosteneinsparung, die sich abzeichnen, können als Projektrisiko gewertet werden.
- **Schwächen im Entwicklungsprozess** wie beispielsweise ineffizientes Fehlermanagement oder fehlendes Konfigurationsmanagement können das Projekt gefährden.
- **Technische Probleme**
  Falsche, unvollständige, missverständliche, unterschätzte, unrealisierbare Anforderungen oder späte Änderungen an Anforderungen führen leicht zum Scheitern des gesamten Projekts. Werden neue Technologien, Werkzeuge, Programmiersprachen oder Methoden eingesetzt, ohne dass ausreichende Erfahrungen vorliegen, kann die erhoffte Wirkung, schneller zu besseren Ergebnissen zu kommen, leicht ins Gegenteil umschlagen. Haben Zwischenergebnisse (Designdokumente, Programmcode oder Testfälle) schlechte Qualität oder Mängel, die weder erkannt noch beseitigt werden, wird dies zu einem Risiko für das Projekt. Auch der Test selbst ist technischen Risiken ausgesetzt, etwa die zu späte Bereitstellung der Testumgebung, nicht lauffähige Testautomatisierung oder unzureichende oder fehlerhafte Testdaten.

Produktrisiken

Zu den Produktrisiken werden solche Risiken gezählt, die aus Problemen mit dem auszuliefernden Produkt resultieren oder resultieren könnten. Dazu zählen:

- Das Produkt erfüllt seinen Einsatzzweck nicht wie erwartet oder gewünscht oder ist gänzlich unbrauchbar.
- Leistungsmerkmale (Features) besitzen nicht die erwartete funktionale Eignung oder nicht funktionale Merkmale fehlen oder sind unzureichend realisiert (z.B. zu schlechte Performanz, schlechte Bedienbarkeit). Diese Qualitätsmerkmal-bezogenen Risiken werden auch als Qualitätsrisiken bezeichnet.
- Die Systemarchitektur skaliert nicht mit wachsenden Anforderungen (z.B. steigende Nutzerzahlen, Wunsch zur Anbindung zusätzlicher Systeme).

- Die Qualität der vom System zu verarbeitenden Daten ist schlecht, etwa durch Mängel in einer vorangegangenen Datenmigration, Konvertierung o.Ä.
- Der Einsatz des Produkts führt zu Schäden an Geräten oder sogar zur Gefährdung von Menschenleben.

Risikomanagement

Das Projektmanagement soll durch ein systematisches Risikomanagement[15] die eventuellen Risiken frühzeitig erkennen und Gegenmaßnahmen ergreifen, damit die betreffenden Risiken nicht eintreten oder ihre Folgen zumindest gemindert oder kontrolliert werden können. Folgende Risikomanagement-Schritte sind regelmäßig durchzuführen:

- Risikoanalyse, um Risiken zu identifizieren (antizipieren und herausfinden, was schiefgehen kann)
- Die identifizierten Risiken priorisieren
- Maßnahmen zur Minderung oder Abwehr dieser Risiken einleiten oder zumindest vorsehen
- Notfallpläne erarbeiten für den Fall des Eintretens eines (schwerwiegenden) Risikos

Testen mindert Risiko.

Eine der wichtigsten risikomindernden Maßnahmen ist das Testen. Denn Testen liefert Informationen über tatsächlich vorhandene Probleme und über Erfolg oder Misserfolg der Problembehebung. Testen verringert die Ungewissheit bezüglich Risiken, hilft Risiken einzuschätzen und neue Risiken zu erkennen.

Der »Auftrag« des Testmanagers ist es daher, Produktrisiken zu mindern oder zu verhindern, und zwar durch eine möglichst frühzeitige Erkennung fehlerhafter Produktfunktionen und durch die Sicherstellung, dass Fehlerkorrekturen tatsächlich greifen[16].

Projektrisiken (z.B. Mitarbeiterausfall wegen Krankheit) kann das Testen naturgemäß nicht beeinflussen. Testen kann aber negative Folgen von Projektrisiken mindern, indem Produktfehler erkannt werden, die als Folge von eingetretenen Risiken entstanden sind (z.B. gehäufte Codierungsfehler in einer Komponente aufgrund des Zeitdrucks nach einem krankheitsbedingten Ausfall eines Entwicklers).

15. Die ISO-Norm 31000 [ISO 31000] definiert Begriffe und formuliert Anforderungen zum Risikomanagement.
16. Damit dieser Auftrag erfüllt werden kann, muss der Testmanager die testbezogenen Projektrisiken (z.B. die Lauffähigkeit der Testautomatisierung) im Griff haben. Die Verantwortung dafür liegt bei ihm.

Risikobasiertes Testen

Risikobasiertes Testen ist die geeignete Teststrategie, um Produktrisiken gezielt zu mindern und zu bekämpfen, und zwar von Beginn des Projekts an. Risikobasiertes Testen nutzt Informationen über identifizierte Risiken für die Planung, Spezifikation, Vorbereitung und Durchführung der Tests. Alle wesentlichen Elemente der Teststrategie werden risikobasiert festgelegt:

- Die einzusetzenden Testmethoden, um Testfälle zu entwerfen, und die Teststufen und Testarten, die eingesetzt werden
- Der Testumfang (die Anzahl der Testfälle, aber auch die Anzahl der unterschiedlichen zu testenden Produktkonfigurationen, Varianten oder Releases)
- Die Priorität der Testfälle (s.u.)

Sofern sie nicht schon im allgemeinen Risikomanagement des Projekts erfolgt ist, muss der Testmanager eine Produktrisikoanalyse durchführen, in der er Produktrisiken identifiziert und ihre Relevanz unter Nutzung des Wissens und des Verständnisses aller Projekt-Stakeholder priorisiert.

Die Beurteilung von Wahrscheinlichkeit und Auswirkung eines betreffenden Risikos muss im Kontext der Nutzung des Produkts erfolgen. Diese Beurteilung ist also aus der Perspektive der späteren Produktnutzer und dort möglicher oder denkbarer Einsatzszenarien[17] durchzuführen!

Weitere risikomindernde Maßnahmen (wie z.B. Weiterbildung für unerfahrene Softwaredesigner) können als Ergänzung zu den auf den Testprozess bezogenen Maßnahmen ebenfalls in Betracht kommen.

Risikobasierte Testpriorisierung

Eine der Maßnahmen zur risikobasierten Teststeuerung ist die Priorisierung von Testzielen und/oder der Testfälle je nach erwartetem Risiko im Fehlerfall. Dies stellt sicher, dass risikoreiche Produktteile (Komponenten oder Features) intensiver und früher getestet werden als risikoärmere. Schwerwiegende Probleme (die hohe Korrekturarbeit erfordern und ernsthafte Projektverzögerungen verursachen) werden so möglichst frühzeitig aufgedeckt.

Bei einer Gleichverteilung der beschränkten Testressourcen auf alle Testobjekte werden kritische und unkritische Programmteile gleich intensiv getestet. Bei den kritischen Teilen wird dann nicht ausreichend genug getestet, bei den unkritischen Teilen werden Ressourcen unnütz verschwendet. Risikobasiertes Testen verhindert dies.

---

17. Bei Medizinprodukten und anderen kritischen Systemen ist immer auch die mögliche Fehlverwendung oder missbräuchliche Verwendung als Risiko mitzubetrachten.

6.2.5 Testaufwand und Testkosten

Wesentlichen Einfluss auf die Teststrategie haben die Kosten, die aus der Umsetzung der Teststrategie resultieren. Der Testmanager muss daher den Aufwand geplanter Testaktivitäten vorab schätzen und darauf basierend deren Kosten ermitteln. Die Kostenprognose zeigt, welches Budget benötigt wird und zu beantragen ist oder ob das vorgegebene Testbudget eingehalten oder überschritten wird.

In allen diesen Fällen sind die Testkosten gegen die gesteckten Testziele und insbesondere gegen die Risiken, die das Testen mindern muss, abzuwägen bzw. auszubalancieren. An Stellen, an denen geringe Risiken sind, können Testziele und damit Testfälle reduziert oder ganz eingespart werden. Dort, wo hohe Risiken zu erwarten sind, müssen unter Umständen auch sehr hohe Testkosten akzeptiert werden.

Die Faktoren, die den Testaufwand und damit die Testkosten beeinflussen, sind vielfältig und in der Praxis schwer zu quantifizieren. Die folgende Liste zeigt die wichtigsten dieser Faktoren:

Testaufwand beeinflussende Faktoren

- Reifegrad[18] des Entwicklungsprozesses
  - Anzahl und Rate von Softwareänderungen, Anzahl, Schwere und Häufigkeit von Fehlerwirkungen, Komplexität von Änderungen und Korrekturen
  - Reife des Testprozesses, Konfigurations-, Änderungs- und Fehlermanagement und Routine und Disziplin bei deren Einhaltung
  - Zeitdruck aufgrund unrealistischer Schätzungen oder Pläne
  - Allgemeine Stabilität der Organisation
- Qualität und Testbarkeit der Software
  - Anzahl, Schwere und Verteilung der Fehlerzustände innerhalb der Software
  - Qualität, Aussagekraft und Aktualität der Dokumentation und anderer testrelevanter Informationen
  - Größe, Art und Komplexität der Software und Systemumgebung
  - Komplexität der Anwendungsdomäne
- Testinfrastruktur
  - Verfügbarkeit von Testwerkzeugen
  - Verfügbarkeit von Testumgebung/Testinfrastruktur
  - Verfügbarkeit und Bekanntheit von Testprozess, Standards und Verfahren

18. Wichtige Methoden zur Bewertung von Softwareentwicklungsprozessen sind »SPICE« [ISO/IEC 15504] und CMMI [URL: CMMI].

- Team und Mitarbeiter
  - Erfahrung und Know-how des Teams und insbesondere der Tester bezüglich »Testen«, »Testwerkzeugen«, »Testumgebung« und »Testobjekt«
  - Erfahrung und Know-how des Teams mit ähnlichen Projekten und Produkten
  - Teamzusammenhalt und Zusammenarbeit Tester – Entwickler – Management – Kunde
- Qualitätsziele
  - Angestrebte Testüberdeckung
  - Angestrebte Zuverlässigkeit des Produkts im Einsatz
  - Anforderungen an die Testdokumentation[19] und deren Detaillierungsgrad
  - Anforderungen an (gesetzliche/regulatorische) Konformität (z.B. in Bezug auf Systemsicherheit, Zugriffssicherheit, Zuverlässigkeit)
- Teststrategie
  - Testziele (abgeleitet aus den Qualitätszielen) und Mittel zur Zielerreichung, u.a. Anzahl und Umfang der Teststufen
  - Wahl der Testverfahren
  - Zeitliche Planung der Tests (Beginn und Ende der Testarbeiten, Anzahl der Entwicklungsiterationen)

Exkurs: Einfluss des Testmanagers

Nur wenige dieser Faktoren kann der Testmanager direkt beeinflussen. Aus seiner Sicht sieht die Situation meist folgendermaßen aus:

- Der Reifegrad des Softwareentwicklungsprozesses ist eine kurzfristig nicht zu beeinflussende, gegebene Größe, die hingenommen werden muss, wie sie ist. Er ist nur langfristig beeinflussbar durch ein Prozessverbesserungsprogramm.
- Die Testbarkeit der Software hängt stark von der Architektur des Softwaresystems ab. Eine Verbesserung der Testbarkeit erfordert meist eine aufwendige Änderung oder Verbesserung der Softwarearchitektur und ist daher selten kurzfristig zu erreichen. Mittel- und langfristig führt ein gut strukturierter Entwicklungsprozess (mit entsprechenden Reviews) zu besser strukturierter Software, die einfacher zu testen ist.
- Die Testinfrastruktur wird oft aus vorherigen oder ähnlichen Projekten wiederverwendet. Der Testmanager hat im Rahmen seines Testbudgets großen Einfluss, ob und wie die Testinfrastruktur ausgebaut werden soll, um die Testproduktivität zu er-

19. Medizintechnische Geräte erfordern u.U. die Zulassung durch eine Regulierungsbehörde wie z.B. FDA [URL: FDA], die bestimmte Anforderungen an die Testdokumentation stellt.

höhen. Wo sie neu aufzubauen ist, kann das allerdings erhebliche zusätzliche Zeit kosten.

- Die Teamstruktur und Mitarbeiterqualifikation ist kurzfristig bedingt beeinflussbar durch Auswahl des Testpersonals, mittelfristig durch Aus- und Weiterbildung.
- Sind die Qualitätsziele durch Kunde und Stakeholder vorgegeben, sind sie nur bedingt beeinflussbar durch Beratung der Stakeholder und Priorisierung. Werden sie selbst gesetzt, sind sie Teil der Teststrategie.
- In der Teststrategie (s. Abschnitt 6.2.1) können die Elemente »Testobjekte« und »Testziele« priorisiert werden. Die »Testmethoden« sind weitgehend wählbar und skalierbar.
- Die wichtigste Stellgröße, die der Testmanager im Rahmen seiner Testausführungsplanung (s. Abschnitt 6.3.1) auch kurzfristig beeinflussen und kontrollieren kann, ist der Umfang der Testdurchführung.

6.2.6 Schätzverfahren zum Testaufwand[20]

Der Testaufwand, der für ein Projekt zu veranschlagen ist, hängt von den im vorigen Abschnitt genannten Faktoren ab. Die meisten dieser Faktoren beeinflussen sich gegenseitig, und es ist nahezu ausgeschlossen, alle diese Faktoren vollständig zu analysieren. Um Testaufwand und damit Testkosten besser kalkulieren zu können, sind daher Schätzverfahren anzuwenden.

Grundsätzliche Schätzverfahren

Zwei grundsätzliche Herangehensweisen sind möglich:

- **Expertenbasierte Schätzung**
  Der Aufwand aller geplanten Testaufgaben wird Aufgabe für Aufgabe geschätzt. Dies kann durch die Person, die die einzelne Aufgabe übernommen hat, selbst oder durch Experten mit entsprechender Schätzerfahrung erfolgen.
- **Metrikbasierte Schätzung**
  Der Aufwand wird aus bekannten Aufwandsdaten vergangener oder ähnlicher Projekte oder aus typischen Kennzahlen (z.B. im Mittel durchgeführte Testfälle pro Stunde) abgeleitet.

Auch wenn der Testmanager keine einzige Testaufgabe vergisst, tendiert eine expertenbasierte Schätzung dazu, den Testaufwand zu unterschätzen. Denn jede zu schätzende Aufgabe wird »optimistisch« betrachtet und Dinge, die schiefgehen können, werden ausgeblendet und zu wenig oder gar nicht eingerechnet. Eine Schätzung, basierend auf Erfahrungswerten oder Kennzahlen aus ähnlich gelagerten Projekten, liefert in der Regel realistischere Prognosen.

20. Wird im Lehrplan »Testschätzverfahren« genannt.

Bei kleinen Projekten kann »in einem Zug« geschätzt werden. Für größere Projekte können separate Schätzungen für jede Teststufe und jede Entwicklungs- und/oder Testiteration notwendig sein.

Daumenregel

Wenn keinerlei Erfahrungswerte verfügbar sind, sollte als initialer Schätzwert für den Testaufwand (über alle Teststufen) von 25% – 50% des Entwicklungsgesamtaufwands ausgegangen werden.

Tipp: Testaufwandschätzung in agilen Projekten

- Der Umfang der Testarbeiten, die das Team in der nächsten Iteration leisten kann, kann anhand der aktuellen Teamproduktivität (auch »Team-Velocity« genannt) metrikbasiert geschätzt werden oder expertenbasiert mittels »Planning Poker« (s. [Linz 16]) erfolgen.

  Wichtig ist, dass die Testarbeiten zusammen mit allen anderen Arbeiten im Rahmen jeder Sprint-Planung mitgeplant werden. Auch Arbeiten zur Pflege oder Verbesserung der Testinfrastruktur dürfen dabei nicht vergessen werden.

6.2.7 Testkosten vs. Fehlerkosten

Kosten-Nutzen-Relation

Werden Prüfungen und Tests im Umfang reduziert oder ganz eingespart, erhöht sich als Folge die Zahl der unentdeckten Fehlerwirkungen. Diese verbleiben im Produkt und erhöhen die Produktrisiken bzw. führen ggf. zu folgenden Kosten:

Kosten durch Produktmängel

- **Direkte Fehlerkosten**
  Kosten, die dem Kunden durch Fehlerwirkungen beim Betrieb des Softwareprodukts entstehen (und für die der Hersteller evtl. haften muss). Zum Beispiel Kosten von Berechnungsfehlern (Datenverlust, Fehlbuchung, Schaden an Hardware oder Anlagenteilen, Personenschäden); Kosten wegen Ausfalls softwaregesteuerter Maschinen, Anlagen oder Geschäftsprozesse; Kosten durch Einspielen neuer Versionen ggf. verbunden mit Neueinweisung von Mitarbeitern usw. An diese Kosten denken die wenigsten, sie sind aber riesig, wenn bedacht wird, wie viel Zeit beim Einspielen einer neuen Version bei allen Kunden insgesamt anfällt.
- **Indirekte Fehlerkosten**
  Kosten bzw. Umsatzverlust für den Hersteller, weil der Kunde mit dem Produkt unzufrieden ist. Zum Beispiel können Vertragsstrafen fällig werden oder eine Minderung der Honorarhöhe wegen nicht erfüllten Vertrags. Hinzu kommen können ein erhöhter Aufwand für die Kundenhotline und den Support sowie ein großer Imageschaden bis hin zum Verlust der Marktzulassung (z.B. bei sicherheitskritischer Software) usw.

- **Fehlerkorrekturkosten**
  Kosten, die dem Hersteller im Zuge der Fehlerkorrektur entstehen. Beispielsweise Zeit für Fehleranalyse und Korrektur, Zeit für Regressionstest, erneute Auslieferung und Installation, Nachschulung des Kunden, Verzug bei Neuprodukten wegen Bindung der Entwicklerkapazität im Wartungsbereich, sinkende Konkurrenzfähigkeit.

Risiko durch Produktmängel

Welche dieser Kosten eintreten, mit welcher Wahrscheinlichkeit und in welcher Höhe, wie hoch also das Risiko ist, das aus Produktmängeln resultiert, muss durch eine Risikoanalyse ermittelt bzw. abgeschätzt werden. Abhängig ist dieses Risiko sicherlich von Art und Größe des Softwareprodukts, von Art und Branche des Kunden (Vertragsgestaltung, gesetzliche Rahmenbedingungen), von Art und Anzahl auftretender Ausfälle, von der Anzahl der betroffenen Produktinstallationen bzw. Endanwender. Große Unterschiede bestehen auch zwischen Individualsoftware und Standardsoftware.

Fehler möglichst früh zu finden, senkt Kosten.

Unabhängig davon, wie hoch das Risiko eines Fehlers genau ausfällt, gilt: Es ist wichtig, den Fehler möglichst früh nach seiner Entstehung zu finden. Denn Fehlerkosten steigen rapide über die Entwicklungsphasen an:

- Ein Fehler, der sehr früh entsteht (z.B. ein Fehler in der Anforderungsdefinition), kann, solange er unentdeckt bleibt, in den anschließenden Entwicklungsphasen viele Folgefehler produzieren (Multiplikation des Effekts des ursprünglichen Fehlers).
- Je später ein Fehler entdeckt wird, umso mehr Korrekturen sind notwendig. Unter Umständen müssen vorangegangene Phasen (Anforderungsdefinition, Design, Programmierung) zumindest teilweise wiederholt werden oder (bei agilem Vorgehen) vermeintlich erledigte Tasks sind neu anzugehen, was den Projektfortschritt verzögert und Ziele erst in späteren Iterationen erreichen lässt.
- Ist die Software schon beim Kunden installiert, kommt zusätzlich das Risiko direkter und indirekter Fehlerkosten hinzu. Im Falle sicherheitskritischer Software (Steuerung von Anlagen, Verkehrsmitteln, medizintechnischen Geräten u.a.) können die potenziellen Kosten und Fehlerfolgen katastrophal sein.

6.3 Testplanung, Teststeuerung und Testüberwachung

Die Teststrategie, dokumentiert im Testkonzept, ist das Ergebnis der strategischen Testmanagementarbeit und diese Teststrategie gilt es im Verlauf des Projekts umzusetzen. Es ist neben seiner strategischen Arbeit die Hauptaufgabe des Testmanagers, und liegt auch in seiner Verantwortung, diese Umsetzung zu leiten und zu gewährleisten. Die Leitungsaufgaben im Rahmen der Umsetzung können in Abgrenzung zur Strategiearbeit als operatives Testmanagement bezeichnet werden. Der Testmanagementprozess gliedert sich in vier Schritte[21] (s. Abb. 6–2):

- Festlegung bzw. Justierung der Teststrategie
- Planung der Testausführung
- Initiierung und Steuerung der Testausführung
- Auswertung und Bericht der Testergebnisse

Abb. 6–2
Testmanagement-Zyklus

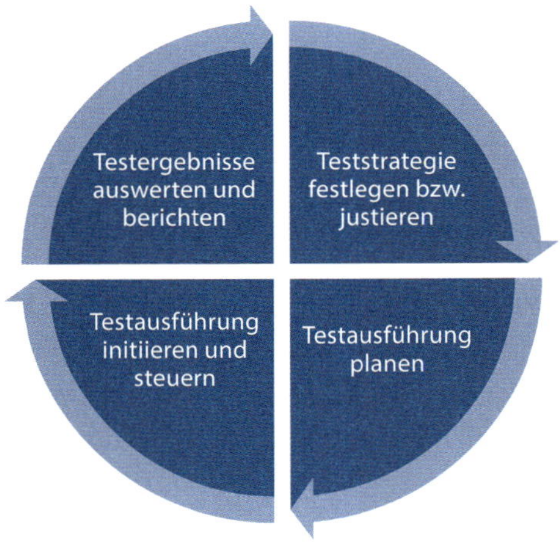

Dieser Testmanagementprozess steuert die Testarbeiten des Testprozesses (vgl. Abschnitt 2.3, Abb. 2–3 bis 2–5) und wird in einem Softwareprojekt viele Male wiederholt durchlaufen:

- Für neue, geänderte oder korrigierte Versionen der zu testenden Software,
- in jeder der vorgesehenen Teststufen (oft parallel zueinander)
- und bei agilen Projekten in jeder Iteration.

---

21. Diese vier Schritte entsprechen dem PDCA-Zyklus [URL: PDCA] für Prozessverbesserungsprozesse. Die Anwendung des Testmanagementprozesses verbessert bzw. justiert iterativ die Testvorgehensweise.

Der erste Schritt, die Festlegung der Strategie, ist in Abschnitt 6.2.1 im Detail beschrieben. Die weiteren drei Schritte bilden das operative Testmanagement. Dieses wird in den folgenden Abschnitten genauer erklärt.

6.3.1 Testausführungsplanung

Feinplanung je Testzyklus

Die Teststrategie gibt nur Rahmenbedingungen vor, z.B. welche Testmethoden bzw. Testverfahren einzusetzen sind. Sie legt nicht fest, welche Testfälle im Detail zu erstellen und durchzuführen sind. Das muss der Testmanager vor oder am Beginn einer Iteration bzw. eines Testzyklus in einer Feinplanung des Testzyklus festlegen. Diese Feinplanung bestimmt dann, welche Testfälle zu entwerfen, welche zu automatisieren und welche Testfälle, von welchen Testern, in welcher Reihenfolge auszuführen sind. Das Ergebnis dieser Feinplanung ist der »Testausführungsplan« oder »Testzyklusplan« für den anstehenden Testzyklus.

Die Feinplanung muss auf jeden Fall auf die jeweils aktuelle Situation des Projekts, die sich gegenüber der vorangegangenen Iteration verändert haben wird, zugeschnitten sein! Folgende Faktoren sind zu berücksichtigen:

- **Entwicklungsstand**
  Die tatsächlich verfügbare Software kann eine gegenüber den ursprünglichen Plänen möglicherweise eingeschränkte oder veränderte Funktionalität aufweisen. Dann sind Anpassungen von Testspezifikationen und vorhandenen Testfällen einzuplanen. Tests, die technisch aktuell nicht möglich oder nicht zielführend sind, aber nicht angepasst werden können oder sollen, sind zurückzustellen oder ganz aus der Planung zu streichen.
- **Testergebnisse**
  Die in vorangehenden Testzyklen aufgedeckten Probleme machen eventuell eine Änderung der Testpriorisierung notwendig. Korrigierte Fehlerzustände erfordern zusätzliche Fehlernachtests, die ebenfalls neu einzuplanen sind. Zusätzliche Tests können auch notwendig sein, weil Probleme zwar erkannt sind, aber durch existierende Tests noch nicht gut genug reproduziert werden können. Auch der umgekehrte Fall kommt vor: Für eine Komponente, die in der letzten Iteration alle Tests bestanden hat und nicht verändert wurde, wird die Menge der Regressionstests reduziert, um Testaufwand einzusparen.

- **Ressourcen**
  Die Planung des aktuellen Testzyklus muss mit dem aktuellen Projekt- oder Iterationsplan und vor allem mit den tatsächlich verfügbaren Ressourcen in Einklang stehen. Zu beachten sind z.B. Auswirkungen der aktuellen Personaleinsatz- und Urlaubsplanung, die momentane Verfügbarkeit der Testumgebung, die Lauffähigkeit der Testautomatisierung und spezieller Testwerkzeuge usw. Wenn Testpersonal fehlt, müssen z.B. Teile der manuellen Tests gestrichen werden oder ein gewünschter Ausbau der Testautomatisierung muss unterbleiben. Auch wenn Zeit oder Budget knapp sind, müssen die Testarbeiten und die durchzuführenden Testfälle eingeschränkt werden.

Stehen keine zusätzlichen Ressourcen zur Verfügung, muss der Testplan selbst angepasst werden. Mit niedriger Priorität eingestufte Testfälle werden gestrichen. Eine weitere Möglichkeit ist, Testfälle, die in verschiedenen Varianten geplant sind, nur in einer Variante durchzuführen (z.B. werden Tests nur unter einem Betriebssystem ausgeführt, statt wie geplant unter verschiedenen). Durch solche Anpassungen werden zwar einige interessante Tests nicht absolviert, aber die gesparten Ressourcen ermöglichen es, wenigstens die Testfälle hoher Priorität durchzuführen.

Ausführungsreihenfolge planen

Über den Testzyklusplan steuert der Testmanager nicht nur die Auswahl der Testfälle, sondern auch, wie er innerhalb des aktuellen Zyklus den Testaufwand zwischen Testentwurf, Testautomatisierung, der erstmaligen Durchführung neu spezifizierter Tests und der Durchführung von Regressionstests verteilt. Auch die Gewichtung dieser verschiedenen Aufgabentypen muss der Situation angemessen sein und obige Faktoren berücksichtigen. In frühen Phasen des Projekts kann der Entwurf und die Automatisierung von Tests einen größeren Aufwandsanteil ausmachen. In späteren Iterationen (wenn die Funktionalität sich nur noch punktuell ändert) sind eventuell nur noch wenige Tests neu zu entwerfen und zu automatisieren und das Gewicht kann sich dann auf die Testdurchführung verschieben.

Tipp: Definition of Ready für die Systemtestfall-Automatisierung

- Für neu spezifizierte Systemtestfälle sollte zuerst eine manuelle Durchführung eingeplant werden. Erst wenn Erfahrung vorliegt, wie Testobjekt und Testumgebung reagieren und ob die neuen Tests »tun, was sie sollen«, sollte deren Automatisierung angegangen werden. Im Idealfall liegt diese Automatisierung dann im folgenden Testzyklus stabil funktionsfähig vor.

Im Rahmen der Testausführungsplanung soll auch die Ausführungsreihenfolge der eingeplanten Tests festgelegt oder optimiert werden. Die Ausführungsreihenfolge kann sich gegenüber der »normalen« Reihenfolge oder einer früheren Reihenfolge ändern, weil Testobjekte oder frühere Tests fehlen oder sich anders verhalten oder weil eine andere Reihenfolge sich als effizienter erweist.

Testpriorisierung

Wenn es (aus den oben erläuterten Gründen) notwendig oder geboten ist, Testfälle aus dem »maximalen« Ausführungsplan zu streichen, dann ist die Auswahl der betreffenden Testfälle geeignet zu treffen. Ziel muss sein, dass trotz der eingeschränkten Anzahl an Testfällen dennoch möglichst viele Risiken oder potenziell kritische Fehlerwirkungen durch die verbleibenden Tests gefunden werden können. Das heißt, eine Konzentration auf die »wichtigen Testfälle« ist zu erreichen. Hierzu ist eine geeignete Priorisierung der Testfälle erforderlich.

Exkurs: Kriterien zur Priorisierung

Folgende Kriterien können die Priorisierung leiten, objektivieren und formalisieren:

- Die **Nutzungshäufigkeit einer Funktion** im Betrieb der Software: Werden bestimmte Funktionen der Software oft genutzt, so ist, falls dort ein Fehlerzustand enthalten ist, eine hohe Wahrscheinlichkeit gegeben, dass dieser Fehlerzustand im Betrieb ausgelöst wird und zu einer Fehlerwirkung oder einem Ausfall führt. Testfälle zur Prüfung dieser Funktionen sind daher mit einer höheren Priorität zu versehen als Tests von Funktionen mit einer geringeren Nutzungshäufigkeit.
- **Fehlerrisiko**
  Ein Fehlerrisiko kann z.B. darin bestehen, dass der Geschäftsablauf des Kunden, der die Software einsetzt, durch einen Ausfall behindert wird und dies zu finanziellen Einbußen beim Kunden führt. Tests, die risikoreiche Fehlerwirkungen aufdecken könnten, erhalten höhere Priorität als Tests, die risikoarme Ausfälle aufdecken sollen (s.a. Abschnitt 6.2.4).
- Die **Wahrnehmung einer Fehlerwirkung durch den Endanwender** ist ein weiteres Kriterium zur Priorisierung der Testfälle. Dies ist besonders bei interaktiven Systemen wichtig. Beispielsweise wird der Benutzer der Webseite eines Onlineshops durch offensichtliche Fehlerwirkungen des Systems in der Bedienoberfläche verunsichert und vertraut dann auch der Gültigkeit der restlichen Informationen nicht mehr.
- Testfälle können in Abhängigkeit der **Priorität der Anforderungen** ausgewählt werden. Die einzelnen Funktionen, die ein System liefert, haben für den Kunden unterschiedliche Bedeutung. Er kann auf bestimmte Teile der Funktionalität möglicherweise verzichten, wenn sie fehlerhaft sind, bei anderen Teilen ist dies nicht möglich.
- Neben den funktionalen Anforderungen sind auch **nicht funktionale Qualitätsmerkmale** zu berücksichtigen, die für den Kunden unterschiedliche Gewichtung haben können. Die korrekte Umsetzung nicht funktionaler Qualitätsmerkmale mit hoher Bedeutung muss intensiver geprüft werden.
- Die Priorisierung kann auch aus Sicht der Entwicklung oder **Systemarchitektur** vorgenommen werden. Komponenten, deren Versagen den Ausfall des Gesamtsystems nach sich zieht, sollten intensiver getestet werden.

- Die **Komplexität** der einzelnen Komponenten und Systemteile kann zur Priorisierung der Testfälle herangezogen werden. Komplizierte Programmstücke sollen intensiver getestet werden, da Entwickler hier vermutlich häufiger fehlerhaft programmiert haben. Allerdings kann es auch vorkommen, das vermeintlich einfache Programmteile eine ganze Reihe von Fehlerzuständen enthalten, da die Entwicklung dieser Programmteile nicht mit der erforderlichen Sorgfalt durchgeführt wurde. Liegen Erfahrungswerte aus früheren Projekten vor, kann besser entschieden werden, welche der beiden Möglichkeiten im konkreten Projektumfeld zutrifft.
- Fehlerwirkungen, die einen hohen **Korrekturaufwand** erfordern, Ressourcen binden und eine erhebliche zeitliche Verzögerung des Projekts verursachen (s.a. Abschnitt 6.4.3), also einen hohen Beitrag zum Projektrisiko liefern, müssen möglichst frühzeitig erkannt werden. Ein Beispiel sind Komponenten, die die Performanz des Systems stark beeinflussen und im schlechten Fall die Performanz einbrechen lassen. Eine Korrektur ist dann oft nur mit erheblichen Architekturänderungen möglich. Ein Performanztest solcher Komponenten kann daher nicht früh genug stattfinden.

Prioritätskriterien im Testkonzept festlegen

Welche Prioritätskriterien im Projekt genutzt werden, definiert der Testmanager im Testkonzept. Auf Ebene der Testobjekte und Qualitätskriterien werden die Prioritäten dort eventuell auch schon vergeben. Spätestens in der ersten Testzyklusplanung werden dann für alle Testfälle (einzeln oder gruppenweise) Prioritäten zugeordnet. In folgenden Iterationen werden diese Prioritäten dann genutzt, um schnell zu entscheiden und festzulegen, welche Tests (z.B. wegen Ressourcenmangel) entfallen können:

- Wenn ein Testfall mit einer höheren Priorität einen Testfall mit geringerer Priorität als Vorbedingung voraussetzt, muss der Testfall mit der geringeren Priorität zuerst ausgeführt werden. Ähnlich ist es, wenn Abhängigkeiten über Testfälle hinweg bestehen. Dann müssen diese, unabhängig von ihrer jeweiligen Priorität, in eine »funktionierende« Reihenfolge gebracht werden.
- Manchmal sind unterschiedliche Reihenfolgen von Tests möglich, die jeweils einen unterschiedlichen Grad an Effizienz haben. In diesen Fällen müssen Kompromisse zwischen der Effizienz der Testdurchführung und der Einhaltung einer Priorisierungsstrategie geschlossen werden.

Eine gegebene Priorisierung spiegelt immer nur die relative Priorität der Testfälle zueinander im aktuellen Projektkontext wider. Wie alle anderen Inhalte der Testzyklusplanung muss daher auch die Priorisierung der Testfälle immer wieder überprüft und ggf. justiert werden, damit sie in der aktuellen Projektsituation weiterhin im Sinne der Teststrategie zielführend bleibt. Bei der Vergabe oder Aktualisierung der Testfallprioritäten helfen auch folgende »Daumenregeln«:

Tipp: Daumenregeln zur Priorisierung

- Die Priorisierung von Testfällen soll so erfolgen, dass bei einer (vorzeitigen) Beendigung der Tests zu einem beliebigen Zeitpunkt das bis dahin bestmögliche Ergebnis für das Projekt erreicht wird.
- Wo viele Fehler sind, finden sich meist noch mehr (s.a. Abschnitt 2.1.6, 4. Grundsatz): Die Priorität der Testfälle für Komponenten und deren »Umgebung«, die sich als überdurchschnittlich fehlerhaft gezeigt haben, sollte auch einige Iterationen nach erfolgten Korrekturen hoch gesetzt bleiben.

Testeingangs- und Testendekriterien

Ein weiterer wichtiger Teil der Testplanung ist die Definition von Kriterien für Start und Ende von Testaktivitäten. Diese Kriterien werden im Testkonzept definiert und legen fest, wann bestimmte Testaktivitäten begonnen werden können und wann diese als abgeschlossen gelten und daher beendet werden können. Solche Eingangs- und Endekriterien können insgesamt für das Projekt, für jede Teststufe und jede Testart definiert sein und unterscheiden sich ggf. nach den Testzielen.

Im Testverlauf werden diese Kriterien dann regelmäßig gemessen und verfolgt und dienen dem Testmanagement bei der Testausführungsplanung und dem Projektmanagement als Entscheidungsgrundlage bei Freigabeentscheidungen.

Eingangskriterien

Eingangskriterien (in der agilen Entwicklung als »Definition of Ready« bezeichnet) definieren Vorbedingungen für die Durchführung einer bestimmten Testaktivität. Wenn Eingangskriterien nicht erfüllt sind, ist es wahrscheinlich, dass die Aktivität schwieriger, zeitaufwendiger, kostspieliger oder risikoreicher ist als vorgesehen und es daher unwirtschaftlich oder nicht sinnvoll ist, die Aktivität durchzuführen.

Typische Eingangskriterien oder Checkpunkte sind:

- **Anforderungen** bzw. das Sollverhalten, gegen die bzw. das getestet werden soll, sind verfügbar bzw. bekannt.
- Die **Testumgebung** ist verfügbar und einsatzbereit.
- Die **Testwerkzeuge** sind in der Testumgebung einsatzbereit.
- Die zu testenden **Testobjekte** sind in der Testumgebung verfügbar.
- Die notwendigen **Testdaten** sind verfügbar.

Diese Kriterien sind Vorbedingungen für den Start der jeweiligen Testaktivitäten. Eine rechtzeitige Prüfung dieser Punkte verhindert, dass das Testteam unnötig Zeit verschwendet mit vergeblichen Versuchen, noch nicht durchführbare Testarbeiten auszuführen.

Endekriterien

Endekriterien (in der agilen Entwicklung »Definition of Done« genannt) begegnen der Gefahr, dass die Testarbeiten zufällig oder leichtfertig abgebrochen oder beendet werden. Sie sollen verhindern, dass Testarbeiten zu früh beendet werden, etwa aus Zeitdruck oder wegen Ressourcenmangels. Sie verhindern aber auch, dass zu ausufernd getestet wird. Typische Endekriterien und zugehörige Metriken oder Indikatoren sind:

- Alle im **Testausführungsplan** geplanten Testfälle wurden durchgeführt.
- Die geforderte **Testabdeckung** wurde erreicht, gemessen z.B. über die Anzahl gelaufener Testfälle (Testüberdeckung), überdeckter Anforderungen, erreichte Codeüberdeckung u.a.
- Die angestrebte **Produktqualität** ist erreicht, gemessen z.B. mittels Anzahl und Schwere bekannter, aber noch nicht korrigierter Fehlerzustände innerhalb einer vereinbarten tolerierbaren Grenze, Zuverlässigkeit und anderer Qualitätsmerkmale des Testobjekts.
- **Verbleibendes Risiko**
  Als Endekriterium kann auch ein »Restrisiko« festgelegt werden, das toleriert wird. Die entsprechenden Metriken definieren dann Grenzen, die unterschritten werden müssen. Beispiele sind: Die Anzahl nicht durchgeführter Tests, die Anzahl der im Test nicht erreichten Codezeilen, die geschätzte Anzahl und Auswirkung noch nicht entdeckter Fehlerzustände etc. Werden die hierzu festgelegten Grenzwerte unterschritten, kann der Test beendet werden.

Jedes Projekt ist auch wirtschaftlichen Rahmenbedingungen unterworfen. Es kann notwendig sein, dass Testaktivitäten aufgrund eines ausgeschöpften Budgets, des Ablaufs der geplanten Zeitdauer oder aufgrund des Drucks, das Produkt auf den Markt zu bringen, beendet werden müssen, obwohl die Testendekriterien noch nicht erreicht wurden. Die Testendekriterien und »wie weit man von diesen noch entfernt ist« geben dann den Stakeholdern des Projekts eine Möglichkeit, das Risiko einer vorzeitigen Produktfreigabe besser und objektiver einzuschätzen.

Kann der Test beendet werden?

Die gemessenen Daten dienen auf der einen Seite zur Standortbestimmung und zur Beantwortung der Frage: »Wie weit ist der Test vorangekommen?« Auf der anderen Seite dienen sie als Endekriterien und zur Klärung der Frage: »Kann der Test beendet[22] und das Produkt ausgeliefert werden?« Welche Kriterien zur Bestimmung des Testendes sinnvoll und angemessen sind, hängt von den zu erfüllenden Qualitäts-

22. Oder die Testaktivitäten auf einer Teststufe abgeschlossen sind und die nächste Stufe in Angriff genommen werden kann?

anforderungen (Kritikalität der Software) ab, aber auch von den verfügbaren Testressourcen (Zeit, Personal, Werkzeuge). Die im Projekt geltenden Testendekriterien werden ebenfalls im Testkonzept festgelegt. Jedes Testendekriterium muss so gewählt sein, dass es sich aus den laufend erhobenen Metriken berechnen lässt.

Beispiel: Testendekriterien für den VSR-II-Systemtest

Die Testfälle im VSR-II-Projekt sind in folgende drei Prioritäten eingeteilt:

Priorität	Bedeutung
1	Testfall muss durchgeführt werden
2	Testfall sollte durchgeführt werden
3	Testfall kann durchgeführt werden

Aufbauend auf dieser Priorisierung wurden im Testkonzept die folgenden testfallbasierten Endekriterien für den VSR-II-Systemtest festgelegt:

- Alle Testfälle mit Priorität 1 sind fehlerfrei gelaufen
- und mindestens 60 % aller Testfälle der Priorität 2 sind fehlerfrei gelaufen.

Falls die gesetzten Testendekriterien erfüllt sind, entscheidet das Projektmanagement (beraten durch den Testmanager), ob das entsprechende Testobjekt freizugeben und auszuliefern ist. Im Komponenten- und Integrationstest bedeutet »Auslieferung« die Übergabe an die jeweils nachfolgende Teststufe.

6.3.2 Teststeuerung

Die Teststeuerung umfasst alle leitenden, initiierenden oder korrigierenden Maßnahmen, die unternommen werden, um die (im Testkonzept und im Testausführungsplan) vorgesehenen Testaktivitäten im jeweiligen Testzyklus zu realisieren. Die Steuerungsmaßnahmen können direkt den Test betreffen, aber auch jede andere Entwicklungsaktivität. Folgende Situationen lassen sich unterscheiden:

- Das Initiieren geplanter Maßnahmen: z.B. eingeplante Testaufgaben dem betreffenden Mitarbeiter übertragen und dann im Verlauf sicherstellen, dass die Arbeit startet und Ergebnisse geliefert werden.
- Das kurzfristige Reagieren auf Änderungen oder Schwierigkeiten: Beispielsweise kann es notwendig werden, zusätzliche Testressourcen (Personal, Arbeitsplätze, Werkzeuge) anzufordern und einzusetzen, um einen Rückstand der sichtbar wird, aufzuholen.

- Prüfen, ob eingeleitete Korrekturmaßnahmen greifen, ob z.B. nach einer Nachbesserung ein Eingangs- oder Endekriterium nun erfüllt ist, das vorher nicht erreicht wurde.

Auf Planabweichungen reagieren

Kurzfristiges Reagieren auf Änderungen oder Schwierigkeiten kann bedeuten, dass keine Zeit ist, mit der Korrekturmaßnahme bis zum nächsten Testzyklus und dem dort ohnehin fälligen Update des Testzyklusplans zu warten, sondern dass sofort reagiert und ggf. improvisiert werden muss.

Je nachdem wie gravierend die aufgetretenen Probleme sind, können unter Umständen auch zusätzliche Testzyklen notwendig werden. Dies kann bedeuten, dass absehbar ist, dass die Markteinführung bzw. die Auslieferung des Softwareprodukts verschoben werden muss.

Probleme und Änderungen klar kommunizieren

Probleme, die auch Auswirkungen außerhalb des Tests haben, oder teamintern nicht gelöst werden können, muss der Testmanager an die betroffenen Stakeholder kommunizieren (s. Abschnitt 6.3.4). Wenn Testfälle aufgrund von Schwierigkeiten im Nachgang der Testausführungsplanung gestrichen werden, dann sollte dies schriftlich dokumentiert und im nächsten Testbericht auch kommuniziert werden. Denn eine solche Änderung am ursprünglich vorgesehenen Testausführungsplan bedeutet in aller Regel eine (nochmalige) Erhöhung des Risikos. Es ist Aufgabe des Testmanagers, eine solche Risikoerhöhung den Projektverantwortlichen klar und offen darzulegen.

6.3.3 Testzyklusüberwachung

Der Zweck der Testzyklusüberwachung ist es, Informationen zu sammeln sowie Feedback und einen Überblick der Testaktivitäten zu liefern. Zu überwachende Informationen können manuell oder automatisch gesammelt werden. Sie sollten genutzt werden, um den Testfortschritt zu beurteilen und zu messen, ob die Testendekriterien oder die Testaufgaben, die mit einer Definition of Done in einem agilen Projekt einhergehen, erfüllt sind. Beispielsweise ob die Ziele für den Überdeckungsgrad von Produktrisiken, Anforderungen oder Abnahmekriterien erreicht sind.

Die Überwachung und Erfolgskontrolle der laufenden Testarbeiten geschieht im Idealfall anhand der Testmetriken, die im Testkonzept vereinbart wurden. Anhand dieser Metriken kann der Testmanager Aussagen ableiten über den Fortschritt der Arbeiten in Relation zum Testausführungsplan und Budget, aber auch zur Angemessenheit und Effektivität der aktuellen Testvorgehensweise. In Bezug auf die Testziele zu unterscheiden sind folgende Metriktypen:

Exkurs: Kategorien von beim Testen verwendeten Metriken

- **Fehlerbasierte Metriken**
  Anzahl gefundener Fehlerzustände bzw. erstellter Fehlermeldungen (pro Testobjekt) im jeweiligen Release, in Abhängigkeit der Fehlerklasse und des Fehlerstatus, ggf. bezogen auf Größe des Testobjekts (engl. Lines of Code), Testdauer o.Ä. (vgl. Abschnitt 6.4)
- **Testfallbasierte Metriken**
  Anzahl oder Prozentsatz der Testfälle in einem bestimmten Status, z.B. spezifiziert/geplant/blockiert/gelaufen, passed/failed
- **Testobjektbasierte Metriken**
  abgedeckte Anforderungen, Codeüberdeckung, Dialogüberdeckung, überdeckte Installationsvarianten, Plattformen usw.
- **Kostenbasierte Metriken**
  aufgelaufene Testkosten, Kosten des nächsten Testzyklus in Relation zum erwarteten Nutzen (vermiedene Fehlerkosten bzw. reduziertes Produkt-/Projektrisiko)
- **Allgemeiner Arbeitsfortschritt**
  z.B. Prozentsatz der erledigten Aufgaben in Relation zu allen geplanten

Tipp

- Der Testmanager soll darauf achten, dass nur solche Metriken erhoben werden, die regelmäßig, zuverlässig und einfach zu erheben und auszuwerten sind. Falls die eingesetzten Testwerkzeuge diese Daten automatisiert liefern, ist dies gegeben. Zeigt sich aber für eine Metrik, dass die Daten zu schwer zu erheben sind oder liefert sie keine verwertbaren Erkenntnisse, dann sollte diese Metrik durch Korrektur der Strategie verworfen oder durch eine besser geeignete ersetzt werden.

6.3.4 Testberichte

Der Zweck eines Testberichts ist es, der Projektleitung und ggf. anderen Stakeholdern Informationen über den Verlauf und aktuelle Ergebnisse der Testaktivitäten zusammenzufassend zu kommunizieren. Dies geschieht normalerweise routinemäßig nach Abschluss einer Iteration bzw. eines Testzyklus oder nach Abschluss einer bestimmten Testaktivität (z.B. Performanztest), soll aber auch spontan beim Auftreten von Problemen erfolgen.

Teststatusbericht und Testabschlussbericht

Oft werden Teststatusbericht (auch Testfortschrittsbericht genannt) und Testabschlussbericht unterschieden.[23] Der Fortschrittsbericht ist meist knapper und fokussiert auf den in der aktuellen bzw. gerade beendeten Iteration erreichten Stand und deren Testergebnisse. Der Testabschlussbericht hingegen dient als Grundlage für die Entscheidung über die Freigabe eines Release. Er berichtet summarisch über

23. Eine Gliederungsstruktur und Beispiele für beide Berichtarten gibt ISO 29119, Teil 3 [ISO 29119].

alle erledigten Testarbeiten aller zum Release führenden Iterationen und stellt das erzielte Gesamtergebnis aller gelaufenen Tests dar. Was dabei in welcher Iteration erledigt wurde, ist sekundär.

Produktfreigabe

Ein wichtiges Element des Testabschlussberichts ist die (subjektive) Bewertung des Testmanagers (im Sinne einer Expertenmeinung), ob das Testobjekt freigegeben werden kann. Die Freigabe ist allerdings nicht mit »Fehlerfreiheit« gleichzusetzen. Das Produkt wird einige unentdeckte Fehlerzustände enthalten und auch einige entdeckte, die als »nicht Freigabe verhindernd« eingestuft und deshalb nicht behoben wurden. Letztere sind in einer Fehlerdatenbank vermerkt und werden im Zuge der Softwarewartung (s. Abschnitt 3.6.1) eventuell später korrigiert.

Die Inhalte eines Testberichts variieren in Abhängigkeit vom Projekt, den organisatorischen Anforderungen und dem Softwareentwicklungslebenszyklus. Die folgenden Informationen sind jedoch oft oder meistens enthalten:

- **Liste der Testobjekt(e)**
  was getestet wurde
- **Datum (von ... bis ...)**
  wann die Tests durchgeführt wurden
- **Zusammenfassung**
  welche Art Tests auf welcher Teststufe durchgeführt wurden oder wo der Schwerpunkt lag
- **Statistiken zum Testfortschritt in Bezug auf die Endekriterien**
  z.B. geplante/gelaufene/blockierte Tests, Faktoren, die den Fortschritt behindern oder blockieren, andere erreichte Arbeitsergebnisse, z.B. Testautomatisierung
- **Statistiken zur Qualität des Testobjekts, insbesondere Fehlerstatus**
  neue/offene/korrigierte Fehler
- **Risiken**
  neue/veränderte/bekannte Risiken oder besondere Vorkommnisse
- **Abweichungen vom Plan**
  einschließlich Abweichungen im Zeitplan, in der Dauer oder dem veranschlagten Aufwand oder genehmigten Budget
- **Ausblick**
  Tests und Aktivitäten, die für die nächste Berichtsperiode geplant sind
- **Gesamtbewertung**
  (subjektive) Beurteilung des Testobjekts hinsichtlich des erreichten Vertrauens in das Testobjekt

Beispielsweise wird ein komplexes Projekt mit vielen Stakeholdern oder ein Projekt, das regulatorischen Anforderungen unterworfen ist, detailliertere und genauere Berichte erfordern als ein Update einer kleinen, unkritischen mobilen App. Als weiteres Beispiel ist die agile Entwicklung anzuführen, in der Testfortschrittsberichte in Taskboards, Fehlerzusammenfassungen und Burndown-Charts eingebunden sein können, die in einem täglichen Stand-up-Meeting besprochen werden können (s. [URL: ISTQB Foundation Level Agile Tester]).

Testberichte an die Zielgruppe anpassen

Testberichte sollen inhaltlich auch auf die Zielgruppe des Berichts angepasst sein. Die Art und die Menge an Informationen kann sich deutlich unterscheiden, je nachdem ob die Leser einen technischen Hintergrund haben oder einen betriebswirtschaftlichen. Oder ob vor dem Entwicklungsteam präsentiert wird oder vor dem Lenkungsausschuss des Projekts. Im ersteren Fall können detaillierte Informationen über Fehlerarten und Testinhalte wichtig sein. Im letzteren Fall wird der Bericht das Gewicht auf den Budgetverbrauch, den erzielten Testfortschritt und die erreichte Produktqualität aus Anwendersicht legen.

6.4 Fehlermanagement

Damit die durch das Testen aufgedeckten Mängel, Probleme und Fehlerzustände zuverlässig korrigiert werden können, bedarf es eines gut funktionierenden Verfahrens zur Erfassung, Übermittlung und Verwaltung entsprechender Fehlermeldungen. Die Gesamtheit der damit verbundenen Tätigkeiten wird als Fehlermanagementprozess oder kurz Fehlermanagement[24] bezeichnet.

Schema für Fehlermeldungen und deren Bearbeitung festlegen

Ein Fehlermanagementprozess besteht aus Vereinbarungen und Regeln, die festlegen, nach welchem Schema jede Fehlermeldung aufgebaut ist, und aus einem Workflow, der definiert, wer die Meldungen wann bearbeiten muss oder darf. Er »startet« mit der Erstellung einer Meldung und bestimmt dann deren Lebenszyklus bis zur Lösung des gemeldeten Problems.

Inhalt, Umfang und Strenge dieser Prozessfestlegungen kann je nach Unternehmen sehr unterschiedlich sein. Wichtig ist jedoch, dass innerhalb eines Projekts alle Beteiligten (Designer, Entwickler, Tester, Product Owner u.a.) dem einmal festgelegten Prozess diszipliniert folgen.

Eine Fehlermeldung soll grundsätzlich immer dann erstellt werden, sobald eine neue Fehlerwirkung bekannt wird (z.B. weil ein

24. Das Fehlermeldeverfahren wird oft auch Problemmeldeverfahren genannt. Denn gemeldet werden alle offenen Probleme; aber nicht jedes Problem muss ein Fehler (der Entwickler) sein. Problemmeldung klingt auch weniger nach einer »Schuldzuweisung«.

Anwender ein Problem an die Hotline gemeldet hat) oder ein neuer Fehlerzustand gefunden wird (z.B. wenn einem Programmierer während der Codierung Ungereimtheiten im zu implementierenden Requirement auffallen). In der Regel ist der Ausgangspunkt aber eine vorausgegangene, systematische Prüfung.

6.4.1 Testprotokoll auswerten

Ergebnis jeder systematisch durchgeführten Prüfung ist ein Test- bzw. Prüfprotokoll.[25] Dieses dokumentiert (je Testfall und/oder je Prüfschritt), welches Istverhalten in der Prüfung jeweils beobachtet wurde, welches Sollverhalten erwartet wurde und ob es zwischen beiden Abweichungen gibt.[26]

Testprotokoll analysieren

Bei der Auswertung des Protokolls[27] geht es darum, zu analysieren und zu entscheiden, ob und welche der im Protokoll festgehaltenen Abweichungen zwischen »Soll« und »Ist« tatsächlich als Fehlerzustände einzustufen sind. Dies ist eine Ja-Nein-Klassifikation, bei der folgende Fälle und potenzielle Fehlklassifikationen[28] zu beachten sind:

- **Richtig positiv**
  Das Testobjekt ist fehlerhaft, und der Testfall zeigt dies über eine protokollierte Abweichung zwischen Ist und Soll richtig an. Man sagt auch, das Testfallergebnis ist »failed«[29] oder »rot«.[30]
- **Falsch negativ**
  Das Testobjekt ist fehlerhaft, aber keiner der Testfälle zeigt dies an. Gründe können sein, dass die fehleraufdeckende Testdatenkombina-

25. Im Fall dynamischer Tests spricht man von Testprotokoll, bei statischen Tests (statische Codeanalyse, Review) oft von Prüfprotokoll. Befunde, die in statischen Tests, insbesondere in Reviews, gefunden werden, werden üblicherweise nur in den zugehörigen Protokollen dokumentiert (z.B. Review-Sitzungsprotokoll) und im Nachgang werden keine separaten Fehlermeldungen je Befund erzeugt.
26. Bei einem automatisiert durchgeführten Test erledigt diese Dokumentation inklusive Vergleich zwischen Soll- und Istverhalten das Testwerkzeug.
27. Die folgenden Analyseaufgaben stellen sich bei beiden Protokollarten: bei Testprotokollen und bei Prüfprotokollen.
28. Dieses Klassifikationsproblem mitsamt Sprachgebrauch ist aus dem Bereich medizinischer Tests bekannt: Der Test stellt einen Klassifikator dar, der den Patienten (bezüglich des getesteten Krankheitsbilds) in die Kategorie »krank« oder »gesund« einordnet. Man sagt auch, der Test fällt positiv (Einordnung »krank«) oder negativ (Einordnung »gesund«) aus. Analog fungiert ein Softwaretestfall als binärer Klassifikator, der sein Testobjekt (bezüglich eines bestimmten Features) in die Kategorie »fehlerhaft« oder »korrekt« einordnet (siehe [URL: binKlassifikator]).
29. Das Testobjekt hat den Testfall »nicht bestanden« (failed). Der Testfall selbst hat jedoch »positiv angeschlagen«, denn er hat (gemäß seinem Ziel) einen Fehlerzustand aufgedeckt.
30. Testtools färben im Testprotokoll solche Testfälle in der Regel »rot« ein.

tion im Testdesign vergessen oder im Testlauf nicht ausgeführt wurde oder dass ein entsprechender Testfall gänzlich fehlt oder dass der betreffende Fehlerzustand in der gewählten Teststufe oder mit der gewählten Testmethode nicht aufgedeckt werden kann.

- **Falsch positiv**
  Die Analyse zeigt, dass sich das Testobjekt korrekt verhält, aber der Testfall weist dennoch eine Abweichung zwischen Ist und Soll auf. Die Ursache kann ein falsch entworfener oder veralteter Testfall sein, eine fehlerhaft implementierte Testautomatisierung oder eine falsche Konfiguration des Testobjekts oder eine falsche Testausführung durch den Tester.
- **Richtig negativ**
  Das Testobjekt verhält sich (bezüglich des betreffenden Testfalls) korrekt, und der Testfall bestätigt dies durch Ist=Soll. Man sagt auch, das Testfallergebnis ist »passed« oder »grün«.

Abbildung 6–3 illustriert diese vier Fälle.

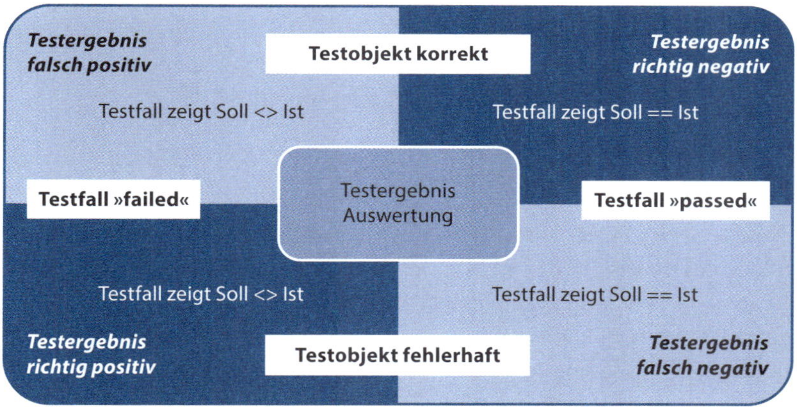

Abb. 6–3
Richtige und falsche Testergebnisse

Liegt das Problem im Testobjekt[31] (Fall »richtig positiv«), wird über die beobachtete Abweichung eine Fehlermeldung erstellt. Eventuell ist die Beobachtung schon früher erfasst worden und somit ein Duplikat. Dann muss geprüft werden, ob aus der neuen Beobachtung zusätzliche Informationen zu entnehmen sind, die die Problemkonstellation und -ursache ggf. weiter eingrenzen können. Die ursprüngliche Meldung wird entsprechend ergänzt. Eine zweite Meldung ist nicht anzufertigen, um die Mehrfachnennungen ein und derselben Fehlerwirkung zu verhindern.

31. Liegt das Problem aufseiten der Tester, kann die Erstellung einer Fehlermeldung auch sinnvoll sein, z.B. wenn das Problem weitere Analysen erfordert. Adressat dieser Meldung sind dann nicht die Entwickler, sondern die Tester.

Im Fall »falsch positiv« können die beobachteten Symptome eventuell Fehlerwirkungen in anderen Systemteilen oder in der Systemumgebung anzeigen. Zum Beispiel kann ein Testfall fehlschlagen, weil eine Netzwerkverbindung unterbrochen ist oder aus anderen Gründen ein Time-out eingetreten ist. Dieses Verhalten resultiert nicht aus einem Fehlerzustand im Testobjekt, aber die Fehlerwirkung tritt dennoch hier auf. In einer entsprechenden Fehlermeldung soll der Tester (soweit es ihm möglich ist) das Problem der tatsächlich ursächlichen Komponente zuordnen[32], um die Anzahl falsch positiver Meldungen für die getestete Komponente zu minimieren.

Im Zweifelsfall: Meldung anlegen

Im Rahmen der Protokollanalyse lässt sich aus Zeitgründen nicht immer für jeden Protokolleintrag abschließend entscheiden, welcher der obigen vier Fälle jeweils vorliegt. Insbesondere bei Verdacht auf ein »falsch negatives« oder »falsch positives« Ergebnis. Hier ist zur Klärung oft eine aufwendigere Analyse im Nachgang notwendig. Um auszuschließen, dass dies vergessen wird, ist es im Zweifelsfall besser, trotzdem eine entsprechende Fehlermeldung anzulegen. Das gilt auch für jedes andere signifikante, nicht erwartete oder überraschende Ereignis, das während des Testens aufgetreten ist. Es kann ein Symptom sein, das auf ein Fehlverhalten des Testobjekts hindeutet, auch wenn die Testfälle dies nicht explizit adressieren.

6.4.2 Fehlermeldung erstellen

Üblicherweise besitzt und führt ein Entwicklungsprojekt eine zentrale Fehlerdatenbank, in der alle Probleme, Mängel oder Fehlerwirkungen, die im Test oder im Betrieb des Produkts entdeckt wurden, erfasst und verwaltet werden. Wie oben bereits geschildert, können sich Fehlermeldungen (auch Fehlerberichte genannt) auf jede Art von Problemen in den getesteten System- oder Programmteilen beziehen, aber auch auf Fehler, Mängel oder Lücken in Anforderungen, technischen Spezifikationen, Benutzerhandbüchern oder anderen Dokumenten. Die Meldungen dienen allen am Projekt beteiligten Personen zur projektinternen Information und Kommunikation[33].

---

32. Für diese Komponente ist der Fall »richtig positiv« gegeben und diese Komponente ist unter Umständen zu überarbeiten. Allerdings kann die Lösung auch darin besteht, im Testobjekt eine bisher nicht vorgesehene Ausnahmebehandlung der Situation einzubauen.

33. Die folgenden Erläuterungen gehen davon aus, dass Fehlermeldungen und der Fehlermanagementprozess nur der entwicklungsinternen Kommunikation dienen. Im Gegensatz zum Ticketsystem des Anwendersupports. Entwicklungsrelevante Informationen aus dem Ticketsystem muss der Anwendersupport in die Fehlerdatenbank des Projekts geeignet verlinken.

Fehlerwirkung dokumentieren statt Ursachenanalyse betreiben

Bei der Erstellung einer neuen Meldung geht es nicht darum, die Ursache oder eine mögliche Lösung des betreffenden Problems herauszufinden und zu beschreiben. Dies ist Aufgabe nachfolgender Bearbeitungsschritte der zuständigen Entwickler (Debugging).

Die Meldung muss die beobachtete Fehlerwirkung und deren Kontext beschreiben. Auch resultierende Auswirkungen auf den Anwender oder auf andere Systemteile sollen dargestellt werden. Die Meldung muss möglichst präzise, aber prägnant abgefasst sein, sodass der für die Korrektur zuständige Entwickler mit minimalem Aufwand das Problem gedanklich nachvollziehen und auch reproduzieren[34] kann und dadurch in der Lage ist, die Problemursache möglichst schnell zu finden und zu lösen.

Einheitliches Meldungsschema

Damit diese Kommunikation möglichst reibungsarm funktioniert und die Meldungen auch statistisch sinnvoll ausgewertet werden können, muss jede Meldung nach einem projektweit vorgegebenen einheitlichen Schema aufgebaut sein.

Typischerweise beinhaltet eine Fehlermeldung neben der eigentlichen Problembeschreibung eine Reihe von Informationen zur Identifikation der getesteten Software, zur Testumgebung, den Namen des Testers, eine Klassifikation des Problems sowie andere Informationen mit Relevanz für das Reproduzieren und Lokalisieren des potenziellen Fehlerzustands.

Beispiel: Fehlermeldung-Schema des VSR-II-Projekts

Im VSR-II-Projekt wurde beschlossen, das Schema zur Erfassung von Fehlermeldungen aus VSR weitgehend zu übernehmen, da es sich bewährt hat. Die folgende Tabelle zeigt das genutzte Schema:

Tab. 6–1 *Schema einer Fehlermeldung*

Attribut	Bedeutung
Identifikation	
Kennung	Laufende, eindeutige Meldungsnummer
Titel	Titel und ggf. kurze Zusammenfassung des beschriebenen Fehlerzustands
Datum	Datum und ggf. Uhrzeit der initialen Erfassung
Autor	Die ausstellende Organisation und/oder Verfasser der Meldung

→

34. Die Reproduktion, Lokalisierung und Behebung eines Problems bedeuten für den zuständigen Entwickler in der Regel ungeplante, zusätzliche Arbeit. In dieser Situation neigen Entwickler oft dazu, eine unklare Fehlermeldung als unberechtigt abzulehnen oder zurückzustellen.

Attribut	Bedeutung
Referenzen	
Testobjekt	Bezeichnung des betroffenen Testobjekts/Testelements/ Konfigurationselements
Version	Identifikation der genauen Version des Testobjekts
Plattform	Identifikation der HW-/SW-Plattform bzw. der Testumgebung, in der das Problem auftritt
Testfall	Referenz auf Testfall, der das Problem aufgedeckt hat
Anforderung	Verweis auf die (Kunden-)Anforderung, die wegen der Fehlerwirkung nicht erfüllt oder verletzt ist
Querverweise	Querverweise auf andere zugehörige Meldungen
Klassifikation	
Status	Bearbeitungsfortschritt der Meldung[a]; möglichst mit Kommentar und Datum des betreffenden Statuswechsels
Fehlerklasse	Klassifizierung der Schwere des Problems bzw. Auswirkungsgrad in Bezug auf die Interessen der Stakeholder
Priorität	Klassifizierung der Dringlichkeit einer Korrektur[b]
Fehlerquelle	Soweit feststellbar, die Projektphase, in der die Fehlhandlung begangen wurde (Analyse, Design, Programmierung); nützlich zur Planung prozessverbessernder Maßnahmen
Entdeckung	Die Phase im Entwicklungslebenszyklus, in der die Fehlerwirkung erstmalig beobachtet wurde
Problembeschreibung	
Testschritte	Beschreibung der (Test-)Schritte (oder Referenz auf den betr. Testfall), die ausgeführt wurden und die Fehlerwirkung auslösen
Beschreibung Soll	Beschreibung des erwarteten Sollverhaltens
Beschreibung Ist	Reproduzierbare Beschreibung des tatsächlich beobachteten Verhaltens: Fehlerwirkung und Fehlerzustands (falls bekannt), einschließlich Protokollen, Datenbank-Dumps, Bildschirmfotos etc. (soweit vorhanden bzw. anfertigen, falls hilfreich und nützlich)
Historie	
Maßnahmen	Erfolgte Korrekturmaßnahmen u.a. Maßnahmen, z.B. Workarounds oder Maßnahmen, um das Problem einzugrenzen oder zu isolieren
Kommentare	Stellungnahmen Betroffener zum Meldungsinhalt, z.B. wie umfangreich andere Bereiche durch die Änderung betroffen sind, die sich aus dem Fehlerzustand ergibt
Sonstiges	Schlussfolgerungen, Empfehlungen
Freigaben	Erfolgte Freigaben, mit ggf. Hinweisen über Einschränkungen

a. s. Abschnitt 6.4.4
b. s. Abschnitt 6.4.3

Ein weiteres Beispiel[35] für ein Fehlermeldungsschema ist in ISO 29119, Teil 3 [ISO 29119] zu finden. Dort werden Fehlermeldungen als Abweichungsberichte bezeichnet.

Tailoring

Wie das konkrete Fehlermeldungsschema für ein bestimmtes Projekt aussieht, ist projektspezifisch zu entscheiden. Der Testmanager oder der Qualitätssicherungsverantwortliche des Projekts muss in Abstimmung mit den Betroffenen für »sein« Projekt ein geeignetes Schema festlegen. Dabei sind Faktoren zu berücksichtigen, wie: Softwareentwicklungslebenszyklus-Modell des Projekts, Anzahl und Größe der beteiligten Teams, Kontext und Kritikalität des zu testenden Systems, Art und Zahl der Teststufen, Bedarf und Zweck statistischer Auswertungen. In kleinen Projekten kann auf viele der oben angegebenen Attribute eventuell verzichtet werden. Auf Attribute, die nie ausgewertet werden, sollte auf jeden Fall verzichtet werden.

Tipp: Fehlermanagement-Tool einsetzen

- Beim Aufbau oder der Verbesserung des Testprozesses für ein Projekt ist eine der wichtigsten und ersten Maßnahmen, ein diszipliniertes Fehlermanagement einzuführen oder durchzusetzen. Die Auswahl, Einführung und geeignete Konfiguration eines Fehlermanagementwerkzeugs (s. Abschnitt 7.1.1), auf das die Projektbeteiligten entsprechend ihrer Funktion Zugriff erhalten, ist hierzu unerlässlich.

Fehlerbehebungspriorität festlegen

- Das Tool kann Inhalte von Meldungsattributen automatisch setzen (z.B. die automatische Zuweisung der Kennung, die Zuweisung des eingeloggten Bearbeiters als Autor der Meldung) oder auf Gültigkeit überprüfen. Die meisten Tools erlauben darüber hinaus die Konfiguration von Benutzerrollen (z.B. Tester, Testmanager) und des Fehlermanagement-Workflows. Anhand des konfigurierten Workflows kann das Tool dann die Einhaltung des Workflows sicherstellen.

Alle für Reproduktion und Korrektur relevanten Informationen erfassen

Wichtig dabei ist, dass genügend Informationen erfasst werden, die für das schnelle Reproduzieren von Fehlerwirkungen und das Lokalisieren eines potenziellen Fehlerzustands notwendig sind, sowie Statusinformationen zur Überwachung des Prozessfortschritts und für statistische Auswertungen (s. Abschnitt 6.4.5).

35. Weitere Hinweise für zusätzliche oder detailliertere Meldungsattribute liefern [IEEE 1044] und [DIN 66271].

6.4.3 Fehlerwirkungen klassifizieren

Fehlerklasse festlegen

Über die Einträge in der Fehlerdatenbank wird die Korrektur aller Fehlerzustände, die identifiziert wurden, gesteuert (vgl. Abschnitt 6.4.4). Wie dringlich die Korrektur eines bestimmten Fehlerzustands ist, hängt davon ab, wie schwer die Auswirkungen des Problems auf einen Produktanwender sind. Schließlich ist es ein gravierender Unterschied, ob ein Dutzend offene Fehlerwirkungen in der Datenbank stehen, die Systemabstürze darstellen, oder ob diese Meldungen lediglich Schönheitsfehler im Layout einiger Bedienmasken dokumentieren. Abstürze, die den Einsatz des Produkts stark beeinträchtigen oder gar verhindern, sind ohne Zweifel vorrangig zu beheben.

Exkurs: Fehlerklassen

Der »Grad der Beeinträchtigung des Produkteinsatzes« (nach [DIN 66271]) kann quantifiziert werden, indem der Fehlerzustand einer Fehlerklasse zugeordnet wird. Eine solche Klassifizierung kann z.B. wie in Tabelle 6–2 gezeigt aussehen.

Tab. 6–2
Fehlerschwere

Klasse	Bedeutung
1	Systemabsturz mit ggf. Datenverlust; das Testobjekt ist in dieser Form nicht einsetzbar.
2	Wesentliche Funktion oder Anforderung nicht beachtet oder falsch umgesetzt; das Testobjekt ist nur mit großen Einschränkungen einsetzbar.
3	Funktionale Abweichung bzw. Einschränkung (»normaler« Fehler); Anforderung fehlerhaft oder nur teilweise umgesetzt; System kann mit Einschränkungen genutzt werden.
4	Geringfügige Abweichung; System kann ohne Einschränkung genutzt werden.
5	Schönheitsfehler (z.B. Rechtschreibfehler oder Mangel im Maskenlayout); System kann ohne Einschränkung genutzt werden.

Priorität der Fehlerbehebung festlegen

Allein aus der Fehlerschwere muss jedoch nicht unmittelbar folgen, wie dringlich das jeweilige Problem zu beheben ist. Hier können zusätzliche Anforderungen des Produkt- oder Projektmanagements eingehen (z.B. der geschätzte Korrekturaufwand), aber auch Anforderungen aus Sicht der weiteren Testdurchführung (z.B. ob die Durchführung anderer Tests durch den Fehlerzustand blockiert ist) und Anforderungen der weiteren Release- oder Update-Planung.

Die Entscheidung, wie dringlich ein Fehlerzustand zu korrigieren ist, wird deshalb über ein zusätzlich Attribut, die »Fehlerpriorität« (oder genauer »Fehlerbehebungspriorität«), gesteuert.

Beispiel: Definition der Fehlerpriorität in VSR-II

Das VSR-II-Projekt hat auch die Definitionen zur Fehlerpriorität aus VSR übernommen, da es im engen Zusammenhang mit dem Schema der Fehlermeldung steht, vom verwendeten Werkzeug unterstützt wird und – nicht zuletzt – bei den Projektbeteiligten eingeführt ist und regelmäßig genutzt wird. Die folgende Tabelle zeigt das Schema:

Tab. 6–3 Fehlerpriorität

Priorität	Bedeutung
1 – Patch	Das Problem muss unmittelbar, ggf. provisorisch, behoben werden; ein Patch ist zu erstellen.
2 – nächste Version	Die Fehlerkorrektur erfolgt mit der nächsten regulären Produktversion oder der nächsten Testobjektlieferung.
3 – gelegentlich	Die Fehlerkorrektur erfolgt, sobald die betroffenen Systemteile ohnehin überarbeitet werden.
4 – offen	Die Korrekturplanung ist noch zu treffen.

6.4.4 Fehlerstatus verfolgen

Das Testmanagement muss nicht nur sicherstellen, dass Fehler ordentlich erfasst und verwaltet werden, es muss auch dafür sorgen und überprüfen, dass Korrekturen die gemeldeten Fehlerzustände ausreichend erfolgreich korrigiert haben.

Hierzu ist eine kontinuierliche Verfolgung des Fehleranalyse- und Korrekturprozesses über alle Bearbeitungsstadien notwendig, von der Entdeckung und Meldung bis hin zur Lösung des Problems. Die Lösung kann auch darin bestehen, den Sachverhalt als Produkteinschränkung (bis zu einem späteren Release oder auch dauerhaft) zu akzeptieren.

Diese Fortschrittsverfolgung geschieht anhand des Attributs »Fehlerstatus« und zugehörigen Regeln, die angeben, welche Zustandsübergänge möglich bzw. erlaubt sind. Ein beispielhaftes Schema hierfür zeigt Tabelle 6–4.

Tab. 6–4
Fehlerstatusschema

Status (gesetzt durch)	Bedeutung
Neu (Tester)	Neue Meldung wurde erfasst. Der Verfasser hat eine aus seiner Sicht sinnvolle Beschreibung und Klassifizierung eingetragen.
Offen (Testmanager)	Neue Meldungen werden regelmäßig vom Testmanager gesichtet. Verständlichkeit und vollständige Vergabe der identifizierenden Attribute werden geprüft. Klassifizierende Attribute werden ggf. angepasst, sodass eine projektweit einheitliche Bewertung gegeben ist. Dubletten oder offensichtlich sinnlose oder unberechtigte Meldungen werden »abgewiesen«. Die Meldung wird einem zuständigen Entwickler zugewiesen und auf »Offen« gesetzt.
Abgewiesen (Testmanager)	Meldung ist eindeutig falsch, eine Dublette einer anderen Meldung oder wird als unberechtigt abgewiesen (kein Fehlerzustand im Testobjekt, sondern ein Änderungswunsch, der nicht berücksichtigt wird).
Analyse (Entwickler)	Der zuständige Entwickler setzt die Meldung auf diesen Status, sobald er die Meldung bearbeitet. Das Ergebnis der Problemanalyse (Fehlerzustand und -ursache, Lösungsmöglichkeiten, geschätzter Korrekturaufwand u.Ä.) wird in Kommentaren dokumentiert.
Beobachtung (Entwickler)	Das geschilderte Problem kann weder nachvollzogen noch ausgeschlossen werden. Die Meldung bleibt unerledigt, bis weitere Informationen/Erkenntnisse vorliegen.
Korrektur (Projektmanager)	Aufgrund der Analyse entscheidet der Projektmanager, dass die Korrektur erfolgen soll, und setzt dazu den Status auf »Korrektur«. Der zuständige Entwickler führt die Korrekturen durch. Die Art der Korrektur wird in Kommentaren dokumentiert.
Test (Entwickler)	Der zuständige Entwickler setzt die Meldung auf diesen Status, sobald das Problem aus seiner Sicht behoben ist. Die Softwareversion, in der die Korrektur verfügbar ist, wird angegeben.
Erledigt (Tester)	Problemlösungen, also Meldungen im Status »Test«, werden vom zuständigen Tester im nächstmöglichen Testzyklus verifiziert. Dazu wird mindestens der fehleraufdeckende Test wiederholt. Ergibt dieser Fehlernachtest, dass die Fehlerbeseitigung erfolgreich ist, beendet der Tester die Meldungshistorie im Endzustand »Erledigt«.
Flop (Tester)	Ergibt der Fehlernachtest, dass die Fehlerbeseitigung erfolglos oder ungenügend war, wird »Flop« gesetzt. Eine erneute Analyse ist notwendig.

Abbildung 6–4 veranschaulicht die möglichen Statuswechsel und einen möglichen Workflow.

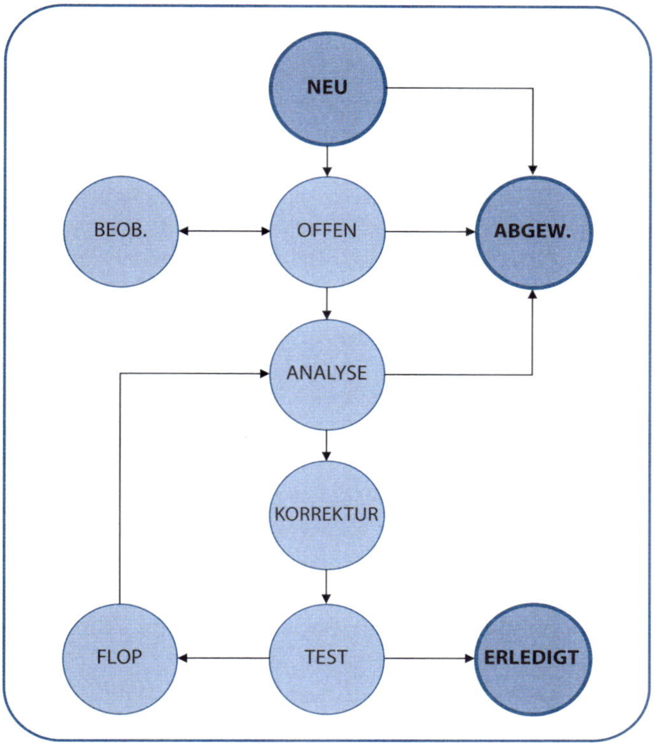

Abb. 6–4
Fehlerstatusmodell

- Ein wichtiger Punkt, der sichergestellt werden muss, aber oft übersehen wird, ist, dass eine Meldung nicht vom Entwickler, sondern ausschließlich vom Tester auf »Erledigt« gesetzt werden darf! Und zwar erst, nachdem eine Testwiederholung (Fehlernachtest) gezeigt hat, dass das in der Fehlermeldung beschriebene Problem nicht mehr auftritt. Falls nun nach der Korrektur als Seiteneffekt neue Fehlerwirkungen auftreten, werden diese in neuen Meldungen erfasst und getrennt von der ursprünglichen Meldung behandelt.

Tipp:
Auf »Erledigt« darf nur der Tester setzen

Entscheidungsprozesse und Gremien

Das oben beschriebene Schema kann in vielen Projekten eingesetzt werden. Die im Projekt vorhandenen oder notwendigen Entscheidungsprozesse müssen jedoch adäquat abgebildet werden. Hierzu sind geeignete individuelle Anpassungen des Modells vorzusehen. Während im oben erläuterten Grundmodell alle Entscheidungen in der Hand von Einzelpersonen liegen, werden in größeren Projekten Entscheidungen in der Regel von Gremien getroffen. Die Entscheidungsprozesse werden dadurch naturgemäß komplexer, da Vertreter vieler Interessengruppen gehört werden müssen.

Exkurs: »Change Control Board (CCB)«

Ein typisches und häufig anzutreffendes Gremium in diesem Kontext ist der sogenannte »Änderungskontrollausschuss« (engl. »Change Control Board« oder kurz CCB). Diese Instanz entscheidet über die Umsetzung von Fehlerkorrekturen und Produktänderungen und wird üblicherweise von Vertretern folgender Interessengruppen gebildet: Produktmanagement, Projektmanagement, Testmanagement und ggf. Kundenvertreter.

Benötigt wird das CCB-Gremium, weil die Einstufung einer »Fehlermeldung« als »berechtigt« oder »unberechtigt«, aber auch die Entscheidung, wie umfassend und weitreichend eine Fehlerkorrektur sein soll, meistens Ermessenssache ist und jede solche Entscheidung in Abhängigkeit zur »normalen« Produkt-Feature-Planung zu betrachten ist.

6.4.5 Auswertungen und Berichte

Test- und Projektmanagement können sich durch Auswertung der Fehlerdatenbank ein Bild über den aktuell erreichten Korrekturfortschritt und die daraus resultierende Produktqualität verschaffen[36].

Input für Test- und Projektmanagement

Das Testmanagement nutzt die in den Auswertungen gelieferten Informationen und fehlerbasierten Metriken, um seine Testplanung anzupassen (z. B. einplanen zusätzlicher Tests für besonders fehlerhafte Komponenten oder zusätzlicher Zeit für Fehlernachtests korrigierter Meldungen), aber auch als Basis für Aussagen und Empfehlungen zu möglichen Produktfreigaben.

Das Projektmanagement kann anhand der Informationen über den Korrekturfortschritt der Meldungen beurteilen, ob geplante Releasetermine eingehalten werden können oder verschoben werden müssen. Neben der reinen Standortbestimmung und Klärung der Fragen »Wie viele Fehlerwirkungen wurden gefunden?«, »Wie viele davon sind behoben?«, »Wie viele sind noch offen?« sind Trendanalysen wichtig, d. h., es sind Prognosen auf Basis einer Auswertung über den zeitlichen Verlauf der Meldungseingänge zu erstellen. Die wichtigste Frage in diesem Zusammenhang lautet: »Nehmen die Probleme weiter zu oder ist eine Abflachung der Trendkurve zu erkennen?«

Hinweise zur Verbesserung der Testabdeckung

Daten aus Fehlermeldungen können auch zur Verbesserung der Testabdeckung herangezogen werden. Zum Beispiel kann ein Vergleich der Daten für verschiedene Testobjekte zeigen, in welchen Testobjekten nur relativ wenige Fehlerwirkungen aufgedeckt wurden. Es könnte sich herausstellen, dass dort keineswegs sorgfältiger programmiert wurde, sondern dass dort Testfälle fehlen.

---

36. Die Berichte, die ein Fehlermanagementwerkzeug liefern kann, sind in der Regel konfigurierbar. Dies sollte genutzt werden, um die Berichte auf die im Projekt konkret benötigten Informationen zu fokussieren und uninteressanten Informationsballast auszufiltern.

Input für die Prozessverbesserung

Die Auswertungen können auch Hinweise und Ideen liefern, wo und welche Ansatzpunkte es für Maßnahmen zur Prozessverbesserung gibt. Wenn es sich beispielsweise zeigt, dass eine große Zahl der Meldungen ihre Ursache in missverstandenen Anforderungen hatte, dann können Maßnahmen zur Verbesserung des Vorgehens im Requirements Engineering lohnenswert und angezeigt sein.

Beispiel: Erweiterte Testendekriterien für den VSR-II-Systemtest

Die Testendekriterien für den VSR-II-Systemtest sollen nicht nur den Testfortschritt widerspiegeln, sondern auch die erreichte Produktqualität. Der Testmanager erweitert die Testendekriterien deshalb wie folgt um fehlerbasierte Metriken:

- Alle Fehler der Klasse 1 sind »Erledigt«.
- Alle Fehler der Priorität »Patch« sind »Erledigt«.
- Die Anzahl »Neu«-Meldungen pro Woche stagniert oder sinkt.

6.5 Konfigurationsmanagement

Ein Softwaresystem besteht aus einer Vielzahl von Einzelbausteinen, die zueinander passen müssen, damit das System als Ganzes funktioniert. Von jedem dieser Bausteine entstehen im Laufe der Entwicklung des Systems neue, korrigierte oder verbesserte Versionen oder Varianten. Da an diesem Prozess mehrere Entwickler und Tester parallel beteiligt sind, ist es alles andere als einfach, den Überblick zu behalten, welche Bausteine aktuell sind und in welchen Versionen zusammengehören.

Typische Symptome von unzureichendem KM

Wird in einem Projekt das Konfigurationsmanagement (KM) unzureichend erledigt, können folgende typische Symptome beobachtet werden:

- Entwickler überschreiben gegenseitig ihre am Quellcode oder anderen Dokumenten vorgenommenen Modifikationen, da der gleichzeitige Zugriff auf gemeinsame Quellcodedateien nicht verhindert wird.
- Die Integrationsarbeiten sind behindert, weil unklar ist, welche Versionen des Quellcodes einer bestimmten Komponente im Entwicklungsteam existieren und welche davon aktuell sind, weil unklar ist, welche Versionen verschiedener Komponenten zusammengehören und zu einem größeren Teilsystem integriert werden können, oder weil Compiler und andere Entwicklungswerkzeuge in unterschiedlichen Versionen eingesetzt werden.

- Fehleranalyse, Fehlerkorrektur und Regressionstest sind erschwert, weil unbekannt ist, wo und warum der Quellcode einer Komponente gegenüber der Vorversion geändert wurde oder aus welchen Quellcodedateien ein bestimmtes integriertes Teilsystem (Objektcode) hervorgegangen ist.
- Tests und Testauswertung sind behindert, weil unklar ist, welche Testfälle zu welchem Versionsstand eines Testobjekts gehören oder welche Testergebnisse ein Testlauf an einem Testobjekt einer bestimmten Version erbracht hat.

Testprozess benötigt KM

Unzureichendes Konfigurationsmanagement führt also zu einer Vielzahl möglicher Störungen, die den Entwicklungs-, aber auch den Testprozess behindern. Ist zum Beispiel in einer Teststufe unklar, ob die untersuchten Testobjekte alle in der aktuellsten Version vorliegen, dann verlieren die Tests schnell jegliche Aussagekraft. Ein guter Testprozess ist ohne verlässliches Konfigurationsmanagement nicht realisierbar. Folgende Anforderungen sind aus Sicht des Tests zu erfüllen:

Anforderungen an KM

- Im Konfigurationsmanagement sollen sowohl die Testobjekte (bzw. Testelemente) als auch die Testfälle und Testdaten als Konfigurationsobjekte verwaltet werden.
- Für jedes Konfigurationsobjekt soll eine Versionenverwaltung gegeben sein: Katalogisieren, Speichern und Wiederabrufen von unterschiedlichen Versionen eines Konfigurationsobjekts (z.B. Version 1.0 oder 1.1 abrufen). Hierzu gehört auch das Mitführen von Kommentaren, aus denen der jeweilige Änderungsgrund hervorgeht.
- Auf der Versionenverwaltung baut die Konfigurationsverwaltung auf: Bestimmung und Abruf aller Dateien in der jeweils passenden Version, die zusammen ein Teilsystem bilden (Konfiguration).
- Statusverfolgung von Fehlern und Änderungen: Aufzeichnung von Problemberichten und Änderungsanforderungen und die Möglichkeit, deren Umsetzung an den Konfigurationsobjekten nachzuvollziehen.

Um die Wirksamkeit des Konfigurationsmanagements zu prüfen, ist es sinnvoll, Konfigurationsaudits durchzuführen. In einem solchen Audit kann z.B. geprüft werden, ob alle Softwarebausteine vom Konfigurationsmanagement erfasst werden, ob die Konfigurationen korrekt identifiziert werden können usw.

Beispiel: KM im Projekt VSR-II

Die im VSR-II-Projekt entwickelte Software liegt in unterschiedlichen Sprachversionen (z.B. Deutsch, Englisch, Französisch) vor und muss auf verschiedenen Hardware- und Softwareplattformen ablauffähig sein. Einzelne Komponenten müssen zu bestimmten Versionen externer Software passen (die »Connected Car«-Software muss beispielsweise zur »Gegenstelle« im Fahrzeug passen, die sich je nach Fahrzeugmodell und -Produktionsjahr ändern kann). Des Weiteren müssen periodisch Datenbestände unterschiedlichster Quellen importiert werden (z.B. Produktkataloge, Preislisten, Vertragsdaten), deren Inhalte und Formate sich während der Einsatzzeit des Systems ändern. Das VSR-Konfigurationsmanagement muss sicherstellen, dass in der Entwicklung und beim Testen stets mit konsistenten, gültigen Produktkonfigurationen gearbeitet wird. Ähnliches gilt für den Produktivbetrieb beim Anwender.

Je nach Projekt sind andere Verfahren und Werkzeuge angemessen oder notwendig, um ein Konfigurationsmanagement zu realisieren, das oben genannte Anforderungen erfüllt. Deshalb ist in einem Konfigurationsmanagementplan das auf die Projektsituation zugeschnittene Vorgehen festzulegen. [IEEE 828] ist ein Standard für das Konfigurationsmanagement und zugehörige Pläne.

6.6 Relevante Normen und Standards

Exkurs: Normen und Standards

Auch in der Softwareentwicklung existiert mittlerweile eine Vielzahl von Normen und Standards, die Randbedingungen vorgeben und den »Stand der Technik« definieren. Wie die in diesem Buch zitierten Normen belegen, gilt dies in besonderem Maße für den Themenbereich Softwarequalitätsmanagement und Softwaretest.

Zu den Aufgaben eines Qualitäts- oder Testmanagers gehört es in diesem Zusammenhang, festzustellen, welche Normen, Standards oder gesetzliche Richtlinien für das zu testende Produkt (Produktnormen) oder auch für das Projekt (Prozessnormen) relevant sind, und deren Einhaltung sicherzustellen. Als mögliche Quellen kommen hierbei infrage:

- **Firmenstandards**
  Firmeninterne Richtlinien und Verfahrensanweisungen (des Herstellers und ggf. des Kunden), wie z.B. Qualitätsmanagementhandbuch, Rahmentestplan, Programmierrichtlinien.
- **Best Practices**
  Nicht standardisierte, aber fachlich bewährte Vorgehensweisen und Verfahren, die den Stand der Technik in einem Anwendungsgebiet darstellen.

- **Qualitätsmanagementstandards**
  Branchenübergreifende Standards, die Mindestanforderungen an Prozesse spezifizieren, ohne konkrete Anforderungen bezüglich der Umsetzung zu formulieren. Bekanntes Beispiel ist [ISO 9000], die z. B. fordert, dass im Produktionsprozess (also auch im Spezialfall Softwareentwicklungsprozess) geeignete (Zwischen-)Prüfungen vorzusehen sind, ohne anzugeben, wann und wie diese zu erledigen sind.
- **Branchenstandards**
  Branchenspezifische Standards (beispielsweise [DIN EN 60601] für Medizinprodukte, [RTC-DO 178B] für Software in Flugzeugen, [DIN EN 50128] für Bahn-Signalsysteme), die für eine bestimmte Produktkategorie oder ein Einsatzgebiet festlegen, in welchem Mindestumfang Tests durchzuführen oder nachzuweisen sind.
- **Softwareteststandards**
  Prozessstandards, die produktunabhängig festlegen, wie Softwaretests fachgerecht durchzuführen sind. Wichtigstes Beispiel ist die im Buch zitierte Norm [ISO 29119].

Eine Orientierung an solchen Standards (s. a. Liste »Normen und Standards« im Anhang C.3) macht auch dort Sinn, wo deren Einhaltung nicht verpflichtend vorgeschrieben ist. Spätestens bei Rechtsstreitigkeiten ist die Entwicklung nach dem »Stand der Technik« nachzuweisen, was die Einhaltung von Normen einschließt.

6.7 Zusammenfassung

- Entwicklungs- und Testaktivitäten sollen grundsätzlich personell und organisatorisch getrennt sein. Je klarer diese Trennung erfolgt, umso wirksamer kann getestet werden.
- In agilen Projekten wird diese Trennung zugunsten funktionsübergreifender, enger Zusammenarbeit im Team aufgegeben. Die Wirksamkeit des Testens muss hier durch disziplinierte Anwendung geeigneter Testverfahren und Testautomatisierung sichergestellt werden.
- Je nach Aufgabenstellung innerhalb des Testprozesses werden Mitarbeiter mit rollenspezifischen Testkenntnissen benötigt. Neben fachlichen Fähigkeiten ist auch soziale Kompetenz gefragt.
- Zu den Aufgaben des Testmanagers gehören die initiale Konzeption und strategische Planung der Tests sowie die anschließende operative Planung, Überwachung und Steuerung der einzelnen Testzyklen.
- Seine Teststrategie (Testziele, Testmaßnahmen, Werkzeuge usw.) beschreibt der Testmanager im Testkonzept. Die internationale Norm [ISO 29119] stellt eine Referenzgliederung bereit.
- Fehlerwirkungen und Mängel, die im Test übersehen werden, können hohe Fehlerkosten nach sich ziehen. Bei der Wahl der Teststrategie wird ein optimales Verhältnis zwischen Testkosten, verfügbaren Ressourcen und drohenden Fehlerkosten angestrebt.
- Um bei Ressourcenmangel schnell entscheiden zu können, welche Tests entfallen können, werden Tests priorisiert.
- »Risiko« ist dabei eines der besten Kriterien zur Priorisierung. Risikobasiertes Testen nutzt Informationen über identifizierte Risiken für die Planung und Steuerung aller Schritte im Testprozess. Alle wesentlichen Elemente der Teststrategie werden risikobasiert festgelegt.
- Messbare Testendekriterien legen objektiv fest, wann das Testen beendet werden kann. Ohne klare Testendekriterien besteht die Gefahr, dass die Testarbeiten zufällig abgebrochen werden.
- Fehlermanagement und Konfigurationsmanagement bilden die Basis für einen effizienten Testprozess.
- Fehlermeldungen müssen nach einem projektweit einheitlichen Schema erfasst und über alle Stadien des Fehleranalyse- und Korrekturprozesses verfolgt werden.
- Normen und Standards enthalten Vorgaben und Empfehlungen zur fachgerechten Durchführung von Softwaretests. Eine Orientierung an solchen Standards ist auch dort sinnvoll, wo deren Einhaltung nicht verpflichtend vorgeschrieben ist.

7 Testwerkzeuge

Dieses Kapitel gibt einen Überblick über die verschiedenen Typen von Testwerkzeugen, die bei der Erledigung von Testaktivitäten unterstützen können. Es wird erklärt, was die Werkzeuge grundsätzlich leisten und wie bei Auswahl und Einführung solcher Werkzeuge vorgegangen werden soll.

Testwerkzeuge[1] werden eingesetzt, um eine oder mehrere Aktivitäten im Testprozess (s. Abschnitt 2.3) zu unterstützen. Wobei mit dem Werkzeugeinsatz verschiedene Ziele und Zwecke verfolgt werden können:

Einsatzziele

- **Steigerung der Effizienz der Testarbeiten**
  Manuelle Testtätigkeiten, insbesondere solche, die sich oft wiederholen oder zeitaufwendig und/oder ressourcenintensiv sind, können automatisiert werden, um Effizienz zu gewinnen. Beispiele hierfür sind die automatisierte Durchführung statischer (Code-)Analysen oder die automatisierte Ausführung dynamischer Testfälle.
- **Verbesserung der Qualität der Tests**
  Eine werkzeuggestützte Verwaltung der Testfälle verbessert die Übersicht über die Testfälle oder macht die Vielzahl der Testfälle besser handhabbar. Beispielsweise können doppelte Testfälle oder »Lücken« bei der Auswahl der Testfälle oder der Testdaten erkannt werden, was zu konsistenteren Tests führt.
- **Verbesserung der Zuverlässigkeit der Tests**
  Durch die Automatisierung manueller Aufgaben wird die Zuverlässigkeit erhöht, z.B. beim (Soll-Ist-)Vergleich von großen Datenmengen oder dem wiederholten identischen Ausführen von Prüfabläufen.
- **Bewerkstelligen der Tests**
  Durch Werkzeuge können Tests durchgeführt werden, die manuell nicht zu realisieren sind. Hierzu zählen Performanz- und Lasttests oder Tests von Echtzeiteingaben bei Realzeitsystemen.

Tool-Suiten

Es gibt Werkzeuge, die lediglich eine einzelne Aufgabe unterstützen, Werkzeuge für mehrere Zwecke und auch Sammlungen (Tool-Suite) bestehend aus mehreren Werkzeugen, die integriert bzw. aufeinander

1. Manchmal auch als »CAST-Tools« (Computer Aided Software Testing) bezeichnet in Anlehnung an CASE-Tools (Computer Aided Software Engineering).

abgestimmt sind und zusammenarbeiten. Eine solche Suite kann beispielsweise den gesamten Testprozess von Testmanagement über Testentwurf bis zur Automatisierung der Testausführung, Protokollierung und Auswertung der Tests unterstützen. Solche Suiten werden von vielen Herstellern unter dem Begriff »Application Lifecycle Management«-(ALM-)Suite angeboten.

Testframework

»Testframework« ist ein weiterer Begriff im Zusammenhang mit Testwerkzeugen. Er wird in der Praxis mindestens in den folgenden drei Bedeutungen genutzt:

- Wiederverwendbare und erweiterbare Programmbibliotheken, die zur Erstellung von Testwerkzeugen oder Testrahmen dienen
- Art und Weise des Konzepts der Testautomatisierung (z.B. datengetrieben oder schlüsselwortgetrieben, s. Abschnitt 7.1.4)
- Der gesamte Prozess der Testdurchführung

7.1 Testwerkzeugtypen

Werkzeugtypen

Je nachdem welche Aktivitäten oder Phasen im Testprozess (vgl. Abschnitt 2.3) unterstützt werden, können verschiedene Werkzeugtypen (oder Werkzeugarten oder -klassen) unterschieden werden. Innerhalb eines Werkzeugtyps sind wiederum weitere spezialisierte Angebote[2] für spezielle Plattformen oder Anwendungsbereiche erhältlich (z.B. Performanztestwerkzeuge speziell für den Test von Webapplikationen).

Nur in seltenen Fällen wird die gesamte Palette an Testwerkzeugen in einem Projekt tatsächlich eingesetzt. Die grundsätzlich verfügbaren Werkzeugtypen sollen aber bekannt sein, um entscheiden zu können, ob und wann ein Werkzeug im Projekt nutzbringend eingesetzt werden kann.

Welche Funktionen die verschiedenen Werkzeugtypen prinzipiell bieten, erläutern die folgenden Abschnitte.

7.1.1 Werkzeuge für Management und Steuerung von Tests

Testmanagement

Testmanagementwerkzeuge bieten Mechanismen zur Erfassung, Katalogisierung und Verwaltung von Testfällen und zu deren Priorisierung. Sie erlauben, den Status der Testfälle zu überwachen, also festzuhalten und auszuwerten, ob, wann, wie oft und mit welchem Resultat (»passed«/»failed«) ein Testfall ausgeführt wurde. Sie helfen dem Testmana-

2. Eine nach Testwerkzeugtypen gegliederte Liste marktgängiger Werkzeuge mit Bezugsquellen bietet die Website [URL: Tool-Liste].

ger, die Tests zu planen und jederzeit den Überblick über Hunderte oder Tausende von Testfällen zu behalten. Einige Werkzeuge unterstützen auch den Aspekt des Projektmanagements innerhalb des Testens (Ressourcen- und Zeitplanung der Tests).

Moderne Testmanagementwerkzeuge unterstützen anforderungsbasiertes Testen. Dazu bieten sie die Möglichkeit, Anforderungen (Requirements) zu erfassen oder aus Requirements-Management-Tools zu importieren. Jede Anforderung kann dann mit denjenigen Testfällen verknüpft werden, mittels derer geprüft wird, ob die entsprechende Anforderung korrekt und vollständig realisiert ist. Das folgende Beispiel zeigt, wie dies aussehen kann.

Beispiel: Anforderungsbasiertes Testen der Komponente VSR-II-DreamCar

Zur Beschreibung der Funktionalität der Komponente VSR-II-*DreamCar* verwendet das *DreamCar*-Team Epics [URL: Epic]. Die Funktionalität »*Fahrzeugkonfiguration und Preisberechnung*« ist beispielsweise durch folgendes Epic erfasst:

- Epic: DreamCar – Fahrzeugkonfiguration und Preisberechnung
  Ein Anwender kann sein Wunschfahrzeug am Bildschirm konfigurieren (Modellauswahl, Farbe, Ausstattung usw.). Das System zeigt dazu sämtliche Modelle und Ausstattungsvarianten an und ermittelt zu jeder Auswahl sofort den jeweiligen Listenpreis. Diese Funktionalität wird vom VSR-II-Teilsystem *DreamCar* realisiert.

Jedes Epic wird durch User Stories weiter detailliert. Dem obigen Epic sind beispielsweise folgende User Stories zugeordnet:

- User Story: Fahrzeugmodell wählen
  - Das System zeigt alle lieferbaren Fahrzeug-Grundmodelle an.
  - Ein Anwender kann in der angezeigten Liste ein Grundmodell auswählen.
- User Story: Fahrzeugmodell konfigurieren
  - Das System zeigt alle für das gewählte Grundmodell verfügbaren Optionen (Ausstattungsvarianten, Ausstattungspakete, Zubehörteile) an.
  - Ein Anwender kann daraus die von ihm gewünschten Optionen auswählen (z.B. Lackierung *RotePerle*, Sportpaket *OutRun*, Hi-Fi-Anlage *OverDrive*, Autopilot *Don't-Care*). Optionen, die grundsätzlich erhältlich sind, aber in der gewählten Konfiguration nicht lieferbar sind, sind nicht selektierbar.
- User Story: Fahrzeugpreis berechnen
  - Für das gewählte Grundmodell mit der ausgewählten Konfiguration wird der Listenpreis berechnet und angezeigt.

Um prüfen zu können, ob eine User Story korrekt und vollständig implementiert ist, hat das Team für jede User Story Testfälle definiert und im Testmanagement-Tool mit der jeweiligen User Story verknüpft. Für die User Story »Fahrzeugmodell konfigurieren« sind dies folgende Testfälle:

- *Test Case*: Grundmodell mit einer Option
- *Test Case*: Grundmodell mit mehreren Optionen
- *Test Case*: Grundmodell mit nicht lieferbarer Option
- *Test Case*: Grundmodell mit Option aus Ausstattungspaket
- *Test Case*: Grundmodell ohne Optionen

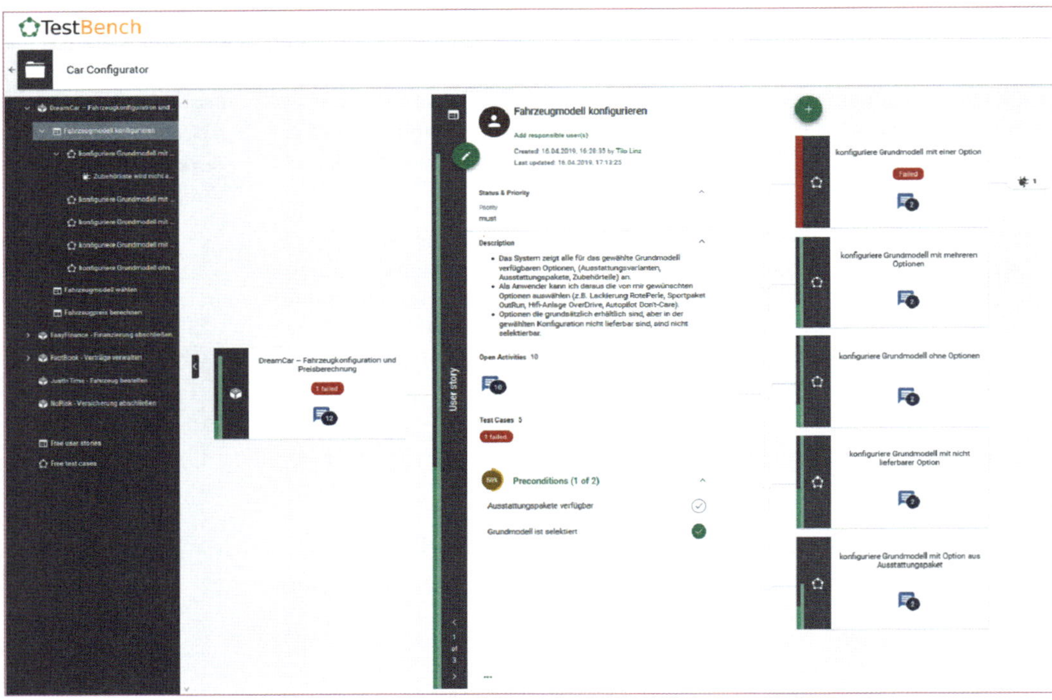

Abb. 7–1 *Anforderungsbasiertes Testen mit TestBench Cloud Services [URL: TestBench CS]*

Die im Tool hinterlegte Verknüpfung vom Epic über die User Stories zu den Testfällen ermöglicht dem Anwender das schnelle Navigieren entlang dieser Verknüpfungen. Auch Auswertungen bzw. Filterungen sind möglich: z.B. die Anzeige aller Anforderungen ohne zugeordneten Testfall oder die Anzeige derjenigen Testfälle, die wegen einer geänderten Anforderung zu überarbeiten sind. Da im Tool in gleicher Weise auch die Verknüpfung zwischen Testfällen und Fehlermeldungen erfolgt, kann das Team jederzeit feststellen, welche Anforderung noch nicht korrekt implementiert und was dort fehlerhaft ist.

Requirements Management

Werkzeuge für Requirements Management speichern und verwalten Informationen über Anforderungen. Sie erlauben es, Anforderungen zu priorisieren und deren Implementierungsstatus zu verfolgen.

Sie sind keine Testwerkzeuge im engeren Sinne, jedoch sehr hilfreich, um Tests anforderungsbezogen abzuleiten (vgl. Abschnitt 3.5.3) und zu planen, z.B. orientiert am Implementierungsstatus der Anforderung. Hierzu können Requirements-Management-Tools in der Regel Daten mit Testmanagementwerkzeugen austauschen. Und das Testmanagementwerkzeug kann dann eine Verknüpfung zwischen Anforderungen, Testfällen, Testergebnissen und Fehlerberichten herstellen.

Rückverfolgbarkeit (»Traceability«)

Dies ermöglicht für jeden Fehlerbericht bzw. (gelösten oder noch ungelösten) Fehlerzustand die schnelle und lückenlose Rückverfolgbarkeit (»Traceability«, s. Abschnitt 2.3.8), welche Anforderungen betroffen sind und welche Testfälle jeweils durchgeführt wurden. Der Status der Verifikation und Validierung jeder Anforderung wird zuverlässig nachvollziehbar: fehlerhaft umgesetzte Anforderungen, »übersehene« Anforderungen (also Anforderungen, zu denen es keine Testfälle gibt), aber auch Lücken in den Anforderungen können aufgedeckt werden.

Fehlermanagement

Nahezu unverzichtbar für den Testmanager ist ein Werkzeug zur Verwaltung von Fehlermeldungen. Wie in Abschnitt 6.4 beschrieben, dienen Fehlermanagementwerkzeuge zur Erfassung, Verwaltung, Verteilung und statistischen Auswertung von Fehlermeldungen. Komfortable Vertreter dieser Klasse bieten individuell parametrisierbare Fehlerstatusmodelle. Von der Fehlerentdeckung über die Korrektur bis zum Regressionstest kann damit der gesamte Arbeitsablauf vorgegeben werden, sodass jeder Projektmitarbeiter entsprechend seiner Rolle im Team durch diesen Ablauf geführt wird.

Konfigurationsmanagement

Werkzeuge für das Konfigurationsmanagement (s. Abschnitt 6.5) sind ebenfalls keine Testwerkzeuge im engeren Sinne. Sie ermöglichen, die unterschiedlichen Versionen und Konfigurationen der zu testenden Software zu verwalten, aber auch die unterschiedlichen Versionen der Testfälle, Testdaten und anderer Produkt- und Testdokumente. Damit wird (leichter) nachvollziehbar, welche Testergebnisse ein Testlauf an einem Testobjekt einer bestimmten Version erbracht hat.

Continuous Integration

In Projekten, bei denen agil bzw. iterativ-inkrementell entwickelt wird, werden die Integration und der anschließende Test neuer oder geänderter Codeteile in der Regel durch einen stark automatisierten Prozess unterstützt. Sobald ein Codebaustein in die Integrationsumgebung überspielt wird, werden dort vollautomatisiert alle weiteren nötigen Integrationsschritte und alle vorgesehenen (Integrations-)Testprozeduren ausgeführt (s.a. [Linz 16, Abschnitt 5.5]). Dieser Prozess wird als »kontinuierliche Integration« (Continuous Integration) bezeichnet.

Werkzeuge, die diesen Prozess steuern und ausführen werden demgemäß »Continuous Integration Tools« (CI-Tools) genannt.

Werkzeugintegration

Testmanagementwerkzeuge benötigen aus unterschiedlichen Gründen leistungsfähige Schnittstellen zu vielen anderen Werkzeugen:

- Allgemeine Exportschnittstelle (z.B. in Tabellenkalkulations-Formate), um Informationen in einem Format bereitzustellen, das den Bedürfnissen anderer Teams oder Einheiten im Unternehmen entspricht.
- Schnittstelle zu Requirements-Management-Tools, um Anforderungen zu importieren oder (bidirektional) zu verknüpfen. Dies ermöglicht eine anforderungsbasierte Testplanung und die Rückverfolgbarkeit der Beziehungen zwischen Anforderungen und Testfällen. Im Idealfall kann dadurch der Teststatus jeder Anforderung im Testmanagementwerkzeug und im Requirements-Management-Tool eingesehen und verfolgt werden (s. Abschnitt 2.3.8) und ist somit für die Anwender beider Werkzeuge sichtbar.
- Schnittstelle zu Testausführungswerkzeugen: Aus dem Testmanagement heraus werden Testausführungswerkzeuge (Testroboter) gestartet und mit Testskripten versorgt. Die Testresultate werden automatisch zurückübermittelt und archiviert.
- Schnittstelle zu Fehlermanagementwerkzeugen: Ist das Testmanagementwerkzeug mit dem Fehlermanagementwerkzeug gekoppelt, kann beispielsweise ein Plan für den Fehlernachtest erzeugt werden, d.h. eine Liste aller Tests, die notwendig sind, um zu verifizieren, welche Fehlerzustände in einer bestimmten Testobjektversion korrigiert wurden.
- Das Testmanagement-Tool kann mit dem Tool zur Steuerung des Continuous-Integration-(CI-)Prozesses gekoppelt sein, sodass die im Testmanagement-Tool geplanten Tests im CI-Prozess ausgeführt werden.
- Im Konfigurationsmanagement-Tool können (Programmcode-)Dateien mit Versionsinformationen markiert werden. Ein Testmanagement-Tool, das diese Versionsinformationen lesen kann, kann Testfälle oder Fehlerberichte mit den betreffenden (Programmcode-)Dateien und deren verschiedenen Versionen verknüpfen.

Generierung von Testabschlussberichten und Testdokumenten

Sowohl Testmanagement- als auch Fehlermanagementwerkzeuge stellen ausführliche Analyse- und Berichtsfunktionen zur Verfügung, bis hin zur Möglichkeit, aus den verwalteten Daten die komplette Testdokumentation zu generieren (Testplan, Testspezifikation, Testabschlussbericht). In der Regel sind Format und Inhalt der Berichte individuell parametrisierbar, sodass die generierten Testdokumente sich in das vorhandene Dokumentations- und Berichtswesen einfügen.

Die erfassten Daten können quantitativ vielfältig ausgewertet werden. Beispielsweise kann ermittelt werden, wie viele Tests gelaufen sind und welcher Anteil davon erfolgreich war oder wie häufig die Tests Fehlerzustände einer bestimmten Fehlerklasse (s. Abschnitt 6.4.3) aufgedeckt haben. Solche Informationen helfen, den Testfortschritt zu beurteilen und den Testprozess zu steuern (s. Abschnitt 6.3).

7.1.2 Werkzeuge zur Testspezifikation

Damit ein Testfall reproduzierbar durchgeführt werden kann, müssen die einzelnen Testschritte und die zugehörigen Testdaten sowie Vor- und Nachbedingungen des Testfalls festgelegt werden (s. Abschnitt 2.3). Viele Testmanagementwerkzeuge bieten hier Vorlagen oder geben Notationen vor, um eine strukturierte Erfassung von Testfällen zu unterstützen und deren Konsistenz zu überprüfen und sicherzustellen. Bekannte Notationsformen sind die sogenannte schlüsselwort- oder interaktionsbasierte Notation sowie die im »Behavior Driven Development« (BDD, s. [URL: BDD]) oder »Acceptance Test Driven Development« (ATDD, s. [URL: ATDD]) üblichen Testfallnotationen. Während beim schlüsselwortbasierten Test mit einer tabellenorientierten Darstellung der Testfälle gearbeitet wird, nutzen die BDD/ATDD-Ansätze eine an natürlicher Sprache angelehnte Fließtextnotation. Eine genauere Erläuterung dieser Notationen und ihrer Funktionsweise ist in [Linz 16, Abschnitt 6.4.3] zu finden.

Test(daten)generatoren

Unabhängig davon, ob und in welcher Notation ein Testfall notiert wird, muss der Tester auch Testdaten spezifizieren, die der Testfall bei seiner Ausführung verwenden soll. Bei der Ermittlung und Erzeugung von Testdaten können sogenannte Test(daten)generatoren unterstützen. Nach [Fewster 99] lassen sich verschiedene Ansätze unterscheiden, abhängig davon, aus welcher Testbasis die Testdaten abgeleitet werden:

- **Datenbankbasierte Testdatengeneratoren** verarbeiten Datenbankschemata und sind in der Lage, daraus Testdatenbestände zu generieren oder aus Datenbankinhalten Testdaten geeignet herauszufiltern. Analoges gilt für die Generierung von Testdaten aus Dateien unterschiedlichster Datenformate.
- **Codebasierte Testdatengeneratoren** generieren Testdaten, indem sie den Quellcode des Testobjekts analysieren. Nachteile und Grenzen dabei sind, dass keine Sollwerte generiert werden können, denn dazu wird ein Testorakel benötigt. Auch wird (wie bei allen White-

box-Verfahren) nur Quellcode berücksichtigt, der existiert. Fehlerzustände aufgrund vergessener Programmanweisungen bleiben unentdeckt. Grundsätzlich ist der Quellcode als Testbasis zur Erstellung von Testfällen zum Test des selben Codes eine sehr schwache Grundlage – da sozusagen »gegen sich selbst« getestet wird.

- **Schnittstellenbasierte Testdatengeneratoren** analysieren die Testobjektschnittstelle, erkennen die Definitionsbereiche der Schnittstellenparameter und leiten z.B. mittels Äquivalenzklassen- und Grenzwertanalyse (s. Abschnitte 5.1.1 und 5.1.2) daraus Testdaten ab. Werkzeuge existieren für verschiedenste Schnittstellenarten, von Programmierschnittstellen (Application Programming Interface, API) bis zur Analyse grafischer Benutzungsoberflächen. Das Werkzeug erkennt, welche Datenfelder in einer Maske vorhanden sind (z.B. numerisches Feld, Datumsfeld), und generiert Testdaten, die die jeweiligen Wertebereiche abdecken (z.B. per Grenzwertanalyse). Auch hier besteht das Problem, dass keine Sollwerte generiert werden können. Die Werkzeuge sind aber gut zur automatischen Erzeugung von Robustheitstests geeignet, da hier keine konkreten Sollwerte interessieren, sondern in der Regel nur die Tatsache, ob das Testobjekt mit einer Fehlermeldung reagiert.
- **Spezifikationsbasierte Testdatengeneratoren** leiten Testdaten und zugehörige Sollwerte aus einer Spezifikation ab. Voraussetzung ist, dass die Spezifikation in einer formalen Notation vorliegt. Beispielsweise kann die Aufrufreihenfolge von Methoden durch ein UML-Modell, genauer ein Sequenzdiagramm, spezifiziert sein. Ein solches Vorgehen wird auch als modellbasiertes Testen (MBT, s. [Winter 16]) bezeichnet. Das UML-Modell wird mit einem entsprechenden Tool erstellt und dann vom Testgenerator importiert. Der Testgenerator erzeugt Testskripte, die an ein passendes Werkzeug zur Testdurchführung übergeben werden.

Kreativität des Testers nicht ersetzbar

Von den Werkzeugen sind keine Wunder zu erwarten. Tests zu spezifizieren ist eine sehr anspruchsvolle Tätigkeit, die ein umfassendes Verständnis des Testobjekts voraussetzt, aber auch Kreativität und Intuition. Ein Testdatengenerator kann gewisse Regeln anwenden (z.B. Grenzwertanalyse), um Tests systematisch zu erzeugen, er kann allerdings nicht beurteilen, welche der erzeugten Testfälle gut oder schlecht, wichtig oder irrelevant sind. Diese kreativ-analytische Arbeit muss nach wie vor der Tester leisten. Auch müssen meist die zugehörigen Sollreaktionen des Testobjekts manuell ergänzt werden.

7.1.3 Werkzeuge für statischen Test

Statische Tests bzw. statische Analysen (wie z.B. Reviews) können grundsätzlich an Dokumenten beliebiger Struktur durchgeführt werden. Für eine werkzeuggestützte statische Analyse muss das Dokument einer möglichst formalen Struktur unterliegen. Bei Sourcecode ist dies die Syntax der Programmiersprache, bei formalen Spezifikationen bzw. Modellen die Syntax der Modellierungssprache (z.B. UML).

Es gibt auch Werkzeuge, die wenig formalisierte Dokumente oder Dokumente, die in natürlicher Sprache geschrieben sind, untersuchen (z.B. Prüfung auf Rechtschreibung, Grammatik und Lesbarkeit) und Fehler aufdecken können. Auch solche Werkzeuge gehören zur Klasse der Werkzeuge für die statische Analyse.

Gemeinsames Kennzeichen ist, dass zur statischen Analyse kein ablauffähiger Programmcode vorliegen muss. Werkzeuge zum statischen Test können deshalb helfen, Fehlerzustände und Unstimmigkeiten schon in frühen Phasen (vgl. linker Ast des allgemeinen V-Modells in Kap. 3, Abb. 3–2) oder frühen Iterationen des Entwicklungszyklus zu finden. Dadurch werden Kosten und Zeit gespart, da die Fehler direkt nach ihrer Entstehung entdeckt werden und somit keine zusätzlichen Folgefehler entstehen.

Werkzeuge zur Reviewunterstützung

Reviews sind strukturierte, manuelle Prüfungen nach dem 4-Augen-Prinzip (s. Abschnitt 4.3). Werkzeuge zur Reviewunterstützung helfen bei der Planung, Durchführung und Ergebnisauswertung von Reviews. Dazu verwalten sie Informationen über geplante und durchgeführte Reviewsitzungen, über Reviewteilnehmer, Reviewbefunde und -ergebnisse. Auch Prüfhilfsmittel wie Checklisten lassen sich verwalten oder online bereitstellen. Die gesammelten Daten der Reviews können ausgewertet und verglichen werden. Dies hilft einerseits, Reviewaufwände besser einzuschätzen und zu planen, andererseits hilft es auch, typische Schwächen im Entwicklungsprozess sichtbar zu machen und gezielt abzustellen.

Die Werkzeuge zur Unterstützung von Reviews sind besonders nützlich, wenn große, geografisch verteilte Projekte in mehreren Teams durchgeführt werden. Hier können u.a. »Online-Reviews« hilfreich oder auch die einzige sinnvolle Möglichkeit sein.

Statische Analyse

Statische Analysatoren liefern Maßzahlen zu verschiedenen Charakteristika des Programmcodes, wie z.B. die zyklomatische Komplexität[3] und andere Codemetriken. Solche Daten können genutzt werden, um komplexe und damit fehleranfällige bzw. risikoreiche Codeabschnitte zu identifizieren (die dann z.B. einem nachfolgenden Review

3. Siehe [URL: McCabe-Metrik].

unterzogen werden). Die Werkzeuge können auch die Einhaltung von Programmierrichtlinien prüfen (z.B. solche, die bestimmte Sicherheitsanforderungen oder Portabilität gewährleisten). Auch die Prüfung von HTML-Code auf gebrochene bzw. ungültige Links in Webseiten ist eine statische Analyse.

Tipp: Analyseschärfe schrittweise erhöhen

- Statische Analysatoren listen alle »verdächtigen« Stellen auf und die Ergebnislisten können dabei schnell sehr lang werden. Daher bieten die Werkzeuge meist die Möglichkeit, Umfang und Schärfe der Analyse einzustellen. Bei erstmaligem Einsatz sollten die Analysefilter schwach eingestellt werden. Später kann die Analyseschärfe erhöht werden. Eine projektspezifisch sinnvolle Einstellung ist für die Akzeptanz solcher Werkzeuge in jedem Fall entscheidend.

Exkurs: Analyse der Verwendung von Daten

Als ein Beispiel für die Möglichkeiten der statischen Analyse wird die Datenflussanalyse erörtert. Hierbei wird die Verwendung von Daten auf Pfaden durch den Programmcode untersucht. Nicht immer können Fehlerzustände nachgewiesen werden, oft wird in diesem Zusammenhang dann von Anomalien oder Datenflussanomalien gesprochen. Mit Anomalie wird eine Unstimmigkeit bezeichnet, die zu einer Fehlerwirkung führen kann, aber nicht zwingend muss. Anomalien sollen als mögliches Risiko angezeigt werden.

Datenflussanomalien sind beispielsweise die referenzierende Verwendung einer Variablen ohne vorherige Initialisierung oder die Nichtverwendung eines Wertes einer Variablen. Zur Analyse wird der Gebrauch jeder einzelnen Variablen untersucht. Folgende drei Verwendungen oder Zustände der Variablen werden unterschieden:

- **definiert (d):** Die Variable erhält einen Wert zugewiesen.
- **referenziert (r):** Der Wert der Variablen wird gelesen bzw. verwendet.
- **undefiniert (u):** Die Variable hat keinen definierten Wert.

Datenflussanomalien

Dabei lassen sich drei Arten von Datenflussanomalien unterscheiden:

- **ur-Anomalie**
  Ein undefinierter Wert (u) einer Variablen wird auf einem Programmpfad gelesen (r).
- **du-Anomalie**
  Die Variable erhält einen Wert (d), der allerdings ungültig (u) wird, ohne dass er zwischenzeitlich verwendet wurde.
- **dd-Anomalie**
  Die Variable erhält auf einem Programmpfad ein zweites Mal einen Wert (d), ohne dass der erste Wert (d) verwendet wurde.

Beispiel für Anomalien

Die unterschiedlichen Anomalien sollen an einem Beispiel (in C++) erläutert werden. Gegeben sei folgende Funktion, die die ganzzahligen Werte der Parameter Max und Min unter Zuhilfenahme der Variablen Hilf tauschen soll, falls der Wert der Variablen Min größer ist als der Wert der Variablen Max:

```
void tausch (int& Min, int& Max) {
    int Hilf;
    if (Min > Max){
    Max  = Hilf;
    Max  = Min;
    Hilf = Min;
    }
}
```

Nach der Analyse des Gebrauchs der einzelner Variablen lassen sich folgende Anomalien feststellen:

- **ur-Anomalie der Variablen Hilf**
  Der Gültigkeitsbereich der Variablen ist auf die Funktion beschränkt. Die erste Verwendung der Variablen ist auf der rechten Seite einer Zuweisung. Die Variable hat zu diesem Zeitpunkt noch einen undefinierten Wert, der an dieser Stelle referenziert wird. Eine Initialisierung bei der Deklaration der Variablen wurde nicht vorgenommen (diese Anomalie erkennen auch übliche Compiler, sofern eine entsprechend hohe Warnstufe aktiviert ist).
- **dd-Anomalie der Variablen Max**
  Die Variable wird hintereinander jeweils auf der linken Seite einer Zuweisung verwendet, bekommt somit zweimal einen Wert zugewiesen. Entweder kann die erste Zuweisung entfallen oder eine Verwendung des ersten Wertes (vor der erneuten Zuweisung) ist vergessen worden.
- **du-Anomalie der Variablen Hilf**
  In der letzten Anweisung der Funktion bekommt die Variable Hilf noch einen Wert zugewiesen, der nirgends verwendet werden kann, da die Variable nur innerhalb der Funktion gültig ist.

Datenflussanomalien sind meist nicht so offensichtlich.

Im Beispiel sind die Anomalien sehr offensichtlich. Zu bedenken ist aber, dass zwischen den jeweils betroffenen Anweisungen, die zu den Anomalien führen, beliebig viele andere Anweisungen mit anderen Variablen stehen können. Die Anomalien sind dann nicht mehr so deutlich erkennbar und können bei einer manuellen Prüfung, z.B. einem Review, leicht übersehen werden. Ein Werkzeug zur Datenflussanalyse kann die Anomalien aufdecken.

Nicht jede Anomalie führt direkt zu einem fehlerhaften Verhalten. Beispielsweise hat eine du-Anomalie nicht immer direkte Auswirkungen, das Programm kann korrekt laufen. Es stellt sich nur die Frage, warum die Zuweisung an dieser Stelle des Programms vor dem Ende des Gültigkeitsbereichs der Variablen vorhanden ist. Meist lohnt sich eine genauere Untersuchung der anomalen Programmstellen, um weitere Unstimmigkeiten ausfindig zu machen.

Model Checker

Nicht nur Quellcode lässt sich bezüglich bestimmter Eigenschaften analysieren, sondern auch eine Spezifikation, sofern sie in einer formalen Notation bzw. als formales Modell vorliegt. Entsprechende Analysewerkzeuge werden als »Model Checker« bezeichnet. Sie »lesen« die Struktur eines Modells und überprüfen dabei verschiedenste statische Eigenschaften solcher Modelle. Sie können beispielsweise fehlende Zustände, fehlende Zustandsübergänge und andere Inkonsistenzen im zu prüfenden Modell entdecken. Die in Abschnitt 7.1.2 besprochenen spezifikationsbasierten Testgeneratoren sind oftmals Erweiterungen derartiger statischer Model Checker. Bei der Generierung von Testfällen sind solche Werkzeuge besonders für Entwickler interessant.

7.1.4 Werkzeuge zur Automatisierung dynamischer Tests

Werkzeuge entlasten von »mechanischen« Testarbeiten.

Wird von Testwerkzeugen gesprochen, sind oft im engeren Sinne Werkzeuge zur automatisierten Durchführung dynamischer Tests gemeint. Sie entlasten von den für den Testablauf notwendigen mechanischen Arbeiten. Die Werkzeuge versorgen das Testobjekt mit Eingabedaten, zeichnen die Reaktion des Testobjekts auf und protokollieren den Testlauf. Meist müssen die Werkzeuge auf derselben Hardware wie das Testobjekt laufen. Dabei kann allerdings das Laufzeitverhalten (z.B. Speicherbedarf, Zeitverhalten) des Testobjekts und damit unter Umständen die Testergebnisse beeinflusst werden. Bei der Anwendung solcher Werkzeuge und der Auswertung der Tests ist dies zu beachten. Da solche Werkzeuge hierzu an die Testschnittstelle des jeweiligen Testobjekts angeschlossen werden müssen, unterscheiden sie sich sehr stark nach der Teststufe, für die sie eingesetzt werden.

Unit Test: Testtreiber und Testrahmen

Als Testtreiber oder Testrahmen werden Produkte oder auch individuell programmierte Werkzeuge bezeichnet, die Mechanismen bieten, um Testobjekte über deren Programmierschnittstelle anzusprechen. Benötigt werden Testtreiber hauptsächlich im Komponenten- und Integrationstest (s. Abschnitte 3.4.1 und 3.4.2) oder für spezielle Aufgaben im Systemtest (s. Abschnitt 3.4.3). Erhältlich sind auch generische Testtreiber oder Testrahmengeneratoren. Diese analysieren die Programmierschnittstelle des Testobjekts und erzeugen einen Testrahmen. Testrahmengeneratoren sind daher auf spezielle Programmiersprachen oder Entwicklungsumgebungen zugeschnitten. Der generierte Testrahmen enthält die benötigten Initialisierungen und Aufrufsequenzen, um das Testobjekt ansteuern zu können. Eventuell erzeugt er auch Stubs oder Platzhalter. Hinzu kommen Funktionen zur Abfrage bzw. Erfassung der Sollreaktionen sowie zur Protokollierung des Testablaufs.

Testrahmen(generatoren) verringern damit ganz erheblich den Aufwand zur Programmierung einer Testumgebung. Verschiedene generische Lösungen (Testframeworks) sind im Internet frei erhältlich [URL: xUnit]. Derartige Unit-Test-Frameworks sind auch Grundlage zur Umsetzung von testgetriebener Entwicklung (»Test-Driven Development« (TDD), s. Abschnitt 3.4.1). JUnit für Java-Programme ist ein Beispiel für ein solches Testframework, das in der Praxis weite Verbreitung gefunden hat.

Systemtest: Testroboter

Dient als Testschnittstelle direkt die Bedienoberfläche eines Softwaresystems, können sogenannte Testroboter eingesetzt werden. Diese Werkzeuge werden auch Capture-and-Replay-Tools bzw. Mitschnittwerkzeuge genannt, was ihre Funktionsweise fast schon erklärt. Das Capture-and-Replay-Tool zeichnet während einer Testsitzung alle manuell durchgeführten Bedienschritte (Tastatureingaben, Mausklicks) auf, die der Tester am Testobjekt ausführt. Diese Bedienschritte speichert das Werkzeug als Testskript.

Durch »Abspielen« des Testskripts kann der aufgezeichnete Test beliebig oft automatisch wiederholt werden. Dieses Prinzip klingt sehr einfach und attraktiv. In der Praxis sind aber einige Fallstricke zu beachten, die im Folgenden erläutert werden.

Funktionen von Capture-and-Replay-Tools

Aufzeichnung (Capture)

Im Aufzeichnungsmodus zeichnet das Capture-and-Replay-Tool Tastatureingaben und Mausklicks auf. Dabei wird nicht nur die x/y-Koordinaten der Mausklicks aufgezeichnet, sondern auch die an der grafischen Bedienoberfläche (GUI) ausgelösten Operationen (z. B. pressButton(»Start«)) sowie die zur Wiedererkennung des angeklickten Objekts benötigten Objekteigenschaften (Objektname, Objekttyp, Farbe, Beschriftung, x/y-Koordinate u. a.).

Soll-Ist-Vergleiche

Um feststellen zu können, ob sich das zu testende Programm korrekt verhält, kann der Tester (während der Testaufzeichnung oder bei der Skriptnachbearbeitung) Soll-Ist-Vergleiche in das Testskript aufnehmen. Auf diese Weise lassen sich funktionale Eigenschaften des Testobjekts (Wert eines Maskenfelds, Inhalt einer Messagebox etc.) verifizieren, aber auch layoutrelevante Eigenschaften von Bedienobjekten (z. B. Farbe, Position, Größe eines Buttons).

Wiedergabe (Replay)

Derart aufgezeichnete Testskripte sind wieder abspielbar und damit im Prinzip beliebig wiederholbar. Unterscheiden sich beim Erreichen eines Soll-Ist-Vergleichs beide Werte, »schlägt der Test fehl« und der Testroboter schreibt eine entsprechende Meldung ins Testprotokoll. Aufgrund dieser Fähigkeit, automatisch Soll- und Istwerte zu vergleichen, eignen sich Capture-and-Replay-Tools hervorragend zur Automatisierung von Regressionstests.

Problem: Änderung der GUI

Eine Schwierigkeit besteht allerdings: Ändert sich im Zuge einer Programmkorrektur oder Programmerweiterung die Bedienoberfläche des Testobjekts zwischen zwei Testläufen, so kann es passieren, dass das ursprünglich aufgezeichnete Skript nicht mehr zur neuen Bedienoberfläche »passt«. Das Skript bleibt dann unter Umständen stehen, der automatisierte Testlauf bricht ab. Moderne Capture-and-Replay-Tools bieten eine gewisse Robustheit gegenüber solchen Änderungen der GUI, da sie GUI-Objekte nicht an deren x/y-Koordinate erkennen, sondern dazu andere Objekteigenschaften ausnutzen. Die Fähigkeit der Werkzeuge, GUI-Objekte zuverlässig zu erkennen (auch über verschiedene Versionsstände der GUI), wird als »GUI Object Mapping« oder »Smart Imaging Technology« bezeichnet und seitens der Werkzeughersteller laufend verbessert. Deshalb werden z.B. Buttons beim Abspielen des Testskripts auch dann wiedergefunden, wenn sie im Vergleich zur Vorversion verschoben wurden.

Testprogrammierung

Die Testskripte werden üblicherweise in Skriptsprachen aufgezeichnet. Die Skriptsprachen sind an gängige Programmiersprachen angelehnt (Basic-, C- oder Java-ähnlich) und bieten die von den Programmiersprachen bekannten üblichen Sprachmittel (Fallunterscheidungen, Schleifen, Prozeduren usw.). Damit ist es möglich, auch komplexe Testabläufe zu implementieren oder aufgezeichnete Skripte nachzubearbeiten. Dies ist in der Praxis (auch bei ausgefeiltem »GUI Object Mapping«) fast immer notwendig, denn ein Capture-Lauf liefert nur selten auf Anhieb ein regressionstestfähiges Testskript. Folgendes Beispiel illustriert dies:

Beispiel: Automatisierter Test der VSR-II-ContractBase

Im Test des VSR-II-Teilsystems zur Vertragsverwaltung soll überprüft werden, ob Kaufverträge korrekt gespeichert und wiedergefunden werden. Zur Testautomatisierung zeichnet der Tester folgende Bediensequenz auf:

```
Maske "Vertragsdaten" aufrufen;
Daten für Kunde "Müller" erfassen;
Checkpunkt setzen;
Vertrag "Müller" in Vertragsdatenbank speichern;
Maske "Vertragsdaten" löschen;
Vertrag "Müller" aus Vertragsdatenbank lesen;
Maskeninhalt mit Checkpunkt vergleichen;
```

Wenn der Check klappt, stimmt der aus der Datenbank gelesene Vertrag mit dem gespeicherten überein, woraus geschlossen werden kann, dass das System Verträge korrekt speichert. Beim erneuten Abspielen des Skripts ist der Testautomatisierer überrascht, weil das Skript unerwartet stehen bleibt. Was ist passiert?

Problem: Regressionstestfähigkeit

Wird das Skript ein zweites Mal abgespielt, reagiert das Testobjekt beim Versuch, den Vertrag »Müller« zu speichern, anders als im ersten Lauf. Der Vertrag »Müller« ist in der Vertragsdatenbank jetzt schon vorhanden und das Testobjekt quittiert den Versuch, den Vertrag doppelt zu speichern, mit der Meldung:

```
"Vertrag vorhanden.
Soll Vertrag überschrieben werden J/N?"
```

Das Testobjekt erwartet nun eine Tastatureingabe. Da diese im aufgezeichneten Testskript fehlt, bleibt der automatisierte Test stehen.

Beide Testläufe unterscheiden sich in ihren Vorbedingungen. Weil das aufgezeichnete Skript die Vorbedingung (Vertrag »Müller« nicht in der Datenbank) voraussetzt, ist der per »Capture« automatisierte Testfall nicht regressionstestfähig. Abhilfe schafft hier die Programmierung einer Fallunterscheidung oder das Löschen des Vertrags aus der Datenbank als letzte »Aufräumaktion« des Testfalls.

Wie am Beispiel zu erkennen ist, muss eine Nachbearbeitung und damit Programmierung der Skripte erfolgen. Zur Erstellung solcher Testautomatisierungslösungen ist daher Programmier-Know-how erforderlich. Sollen umfangreiche, langlebige Automatisierungslösungen erstellt werden, muss eine angemessene Architektur, d.h. Modularisierung der Testskripte, gewählt werden.

Testautomatisierungs-Architekturen

Eine geeignete Strukturierung der Testskripte hilft, den zur Erstellung und Wartung automatisierter Tests nötigen Aufwand zu reduzieren. Außerdem unterstützt gute Strukturierung die Arbeitsteilung zwischen Testautomatisierern und (Fach-)Testern (s. Abschnitt 6.1.2).

Datengetriebene Testautomatisierung

Sehr häufig soll ein bestimmtes Testskript mit vielen verschiedenen Testdatensätzen wiederholt werden. Im vorstehenden Beispiel soll etwa nicht nur der Vertrag von Herr »Müller« geladen und bearbeitet werden, sondern nacheinander die Verträge vieler verschiedener Kunden.

Ein offensichtlicher Schritt zur Strukturierung und Aufwandsminimierung besteht darin, Testdaten und Testskript voneinander zu trennen. Üblicherweise werden hierzu die Testdatensätze in ein Tabellenkalkulationsblatt ausgelagert. Dies beinhaltet auch die Speicherung der Test-Sollergebnisse. Das Testskript liest eine Testdatenzeile ein, führt den Testablauf mit diesem Datensatz aus und wiederholt das Ganze mit der nächsten Testdatenzeile. Werden zusätzliche Testfälle benötigt, sind die Testdatentabellen zu ergänzen. Das Testskript bleibt unverändert. Auch Tester ohne Programmierkenntnisse können solche Tests erweitern und in gewissem Rahmen pflegen. Dieser Ansatz wird als datengetriebenes Testen (»Data-Driven Test«) bezeichnet.

Schlüsselwortgetriebene Testautomatisierung

Bei umfangreicheren Testautomatisierungen entsteht der weiter gehende Wunsch, bestimmte Testabläufe mehrfach zu verwenden. Soll beispielsweise die Vertragsverwaltung beim Neuwagenkauf, aber auch beim Gebrauchtwagenkauf getestet werden, dann ist es nützlich, wenn das Skript aus dem vorstehenden Beispiel unverändert in beiden Testszenarien verwendet werden kann. Die entsprechenden Testschritte werden deshalb zu einer Prozedur gekapselt (z.B. Vertrag_prüfen(Kunde)). Diese Prozedur kann dann über ihren Namen aufgerufen und in beliebigen anderen Testsequenzen unverändert wiederverwendet werden.

Es kann bei richtig gewählter Granularität und mit entsprechender Wahl der Prozedurnamen erreicht werden, dass jede dem Systemanwender zugängliche Bediensequenz durch eine solche Prozedur bzw. ein Schlüsselwort dargestellt wird. Die Prozedur muss allerdings durch einen erfahrenen Tester, Entwickler oder Spezialisten in Testautomatisierung programmiert werden.

Damit auch Tester oder Anwender ohne Programmier-Know-how diese Testprozeduren nutzen können, müssen die Prozeduren aus den Tabellenkalkulationsblättern heraus über ihren Namen aufrufbar sein. Der (Fach-)Tester arbeitet dann (analog zum datengetriebenen Test) nur mit Kommando- und Datentabellen. Die eigentliche Programmierung der Kommandos (in der Programmiersprache des eingesetzten Testroboters) übernehmen spezialisierte Testautomatisierer (Tester oder Entwickler mit erforderlicher Programmiererfahrung). Dieser Ansatz wird als kommando- oder schlüsselwortgetriebenes Testen (»Actionword-/Keyword-Driven Test«) bezeichnet.

Der kommandogetriebene Ansatz skaliert nur bedingt. Bei großen Keyword-Listen und komplexen Testabläufen werden die Tabellen unübersichtlich. Abhängigkeiten zwischen Kommandos oder Beziehungen zwischen Kommandos und ihren Parametern sind sehr schwer nachverfolgbar. Der Aufwand zur Pflege der Tabellen steigt überproportional an.

Exkurs: Interaktionsgetriebene Tests

Testwerkzeuge neuerer Generationen (z.B. [URL: TestBench]) bieten deshalb eine datenbankgestützte, objektorientierte Testbausteinverwaltung. Testbausteine (sog. Interaktionen) können per Drag & Drop aus der Datenbank geholt und zu neuen Testsequenzen zusammengestellt werden. Die nötigen Testdaten (auch komplexe Datenstrukturen) werden dabei »automatisch mitgenommen«. Wird ein Baustein geändert, sind sofort alle betroffenen Tests, in denen dieser Baustein verwendet wird, selektierbar. Dies minimiert den Wartungsaufwand deutlich.

Komparatoren

Eine weitere Klasse von Werkzeugen sind Komparatoren. Sie werden eingesetzt, um automatisch Unterschiede zwischen vorausgesagtem und aktuellem Ergebnis festzustellen. Komparatoren können üblicherweise mit marktgängigen Datei- und Datenbankformaten arbeiten und Abweichungen zwischen Dateien mit Soll- und Istdaten herausfiltern. Testroboter besitzen normalerweise eingebaute Komparatorfunktionen, die mit Konsoleninhalten, GUI-Objekten oder Kopien des Bildschirminhalts arbeiten. Meist bieten diese Werkzeuge Filter- oder Maskiermechanismen an, um für den Soll-Ist-Vergleich nicht relevante Daten oder Datenbereiche ausblenden oder überspringen zu können. Dies ist beispielsweise notwendig, wenn Datum- und Uhrzeit-Informationen in der Datei- oder Bildschirmausgabe des Testobjekts enthalten sind. Denn Datum und Uhrzeit wären von Testlauf zu Testlauf verschieden und der Komparator würde diese Änderung fälschlicherweise als Soll-Ist-Abweichung interpretieren.

Dynamische Analyse

Werkzeuge für die dynamische Analyse ermitteln während der Programmausführung im dynamischen Test zusätzliche Informationen über den internen Zustand der getesteten Software, z. B. die Belegung, Verwendung und Freigabe von Speicher (Memory Leaks, Zeigerzuordnungen, Zeigerarithmetik[4] usw.).

Überdeckungsanalyse

Überdeckungsanalysatoren – genauer Code-Überdeckungsanalysatoren (Code-Coverage-Analyse) – liefern Maßzahlen der strukturellen Testüberdeckung während der Testdurchführung (vgl. Abschnitt 5.2). Hierzu werden vor der Testdurchführung (von einer Instrumentierungskomponente des Analysewerkzeugs) Messanweisungen in das Testobjekt eingefügt (Instrumentierung). Wird im Testlauf eine solche Messanweisung ausgelöst, wird die entsprechende Programmstelle als »überdeckt« protokolliert. Nach der Testdurchführung wird die Protokolldatei analysiert und eine Überdeckungsstatistik erzeugt. Die meisten Werkzeuge liefern einfache Überdeckungsmetriken, wie Anweisungs- und Entscheidungsüberdeckung (vgl. Abschnitte 5.2.1 und 5.2.2). Bei der Interpretation der Messergebnisse ist zu beachten, dass unterschiedliche Überdeckungsmesswerkzeuge unterschiedliche Überdeckungsgrade liefern können oder dass die jeweilige Überdeckungsmetrik je Werkzeug unterschiedlich definiert sein kann.

Debugger

Debugger – im engeren Sinne kein Testwerkzeug – ermöglichen es, ein Programm oder Programmstück zeilenweise abzuarbeiten, die Abarbeitung an jeder Programmanweisung anzuhalten sowie Variablen zu

4. In vielen Programmiersprachen gibt es Variablenwerte vom Typ »Zeiger« (Pointer), die einen direkten Zugriff auf einzelne Speicherstellen ermöglichen. Die Verwendung von Zeigern ist sehr fehleranfällig und daher wichtiger Gegenstand der dynamischen Analyse.

setzen und auszulesen. Debugger sind in erster Linie Analysewerkzeuge des Entwicklers, um Ausfälle zu reproduzieren und Fehlerursachen zu analysieren. Beim Testen sind Debugger manchmal sinnvoll, um bestimmte Testsituationen zu erzwingen, die sonst nicht oder nur mit unverhältnismäßig hohem Aufwand herzustellen sind. Sie können auch als Testschnittstelle für Tests auf Komponentenebene dienen.

7.1.5 Werkzeuge für Last- und Performanztest

Last- und Performanztests sind notwendig, wenn ein Softwaresystem eine große Zahl an parallelen Anfragen oder Transaktionen (Last) ausführen muss, wobei gewisse maximale Antwortzeiten (Performanz) nicht überschritten werden dürfen. Derartige Anforderungen müssen Echtzeitsysteme und in der Regel Client/Server-Systeme sowie web- und Cloud-basierte Anwendungen erfüllen.

Antwortzeiten ermitteln

Durch Performanztests kann geprüft werden, wie die Antwortzeiten solcher Systeme mit steigender Last (z.B. bei steigender Anwenderzahl) anwachsen und ab welchem Punkt das System überlastet ist und beim Einsatz dann unakzeptable lange Wartezeiten auftreten. Werkzeuge für den Performanztest liefern dem Tester als Analysehilfsmittel üblicherweise umfangreiche Messprotokolle, Berichte und Diagramme, die die Antwortzeiten des Systems in Abhängigkeit zur eingespeisten Last aufzeigen und Hinweise auf Performanzengpässe geben. Stellt sich im Test heraus, dass eine Überlastung schon bei einer im Alltagsbetrieb auftretenden Last vorliegt, müssen Maßnahmen zum Systemtuning (Ausbau der Hardware, Optimierung performanzkritischer Softwarekomponenten etc.) erfolgen.

Werkzeuge für den Last- und Performanztest müssen zwei Aufgaben erfüllen: synthetische Last generieren (z.B. Datenbankabfragen, Benutzertransaktionen oder Netzwerkverkehr) und parallel die (abhängig von der eingespeisten Last) resultierende Performanz des Testobjekts messen, protokollieren und visualisieren. Die Performanz kann dabei in unterschiedlichen Dimensionen gemessen und bewertet werden – beispielsweise das Antwortzeitverhalten des untersuchten Systems, der Speicherplatzbedarf, die Netzwerkauslastung oder andere Messgrößen. Die jeweils benötigten »Messfühler« werden auch als Monitore bezeichnet.

Untersuchungseffekt durch intrusive Messung

Der Einsatz des Last- und Performanztestwerkzeugs bzw. des zugehörigen Monitors kann »intrusiv« sein, d.h., das Werkzeug kann das tatsächliche Ergebnis des Tests beeinflussen: Je nachdem wie die Messung durchgeführt wird oder wie der Monitor beschaffen ist, kann das (Zeit-)Verhalten des Testobjekts unterschiedlich ausfallen (Untersuchungseffekt[5]). Dies ist bei der Interpretation der Messergebnisse in Rechnung zu stellen. Zum Einsatz solcher Tools und zur Auswertung der Testergebnisse ist Erfahrung mit Last- und Performanztests unabdingbar.

7.1.6 Werkzeugunterstützung für spezielle Testbedürfnisse

IT-Sicherheitstests: Prüfung von Zugriffs- und Datensicherheit (IT-Security)

Werkzeuge zur Prüfung von Zugriffs- und Datensicherheit überprüfen ein System auf Sicherheitslücken[6], durch deren Ausnutzung sich nicht berechtigte Personen u.U. Zugang zum System verschaffen können. Auch Virenscanner oder Firewalls lassen sich in diese Werkzeugkategorie einordnen, da die von den Werkzeugen erzeugten Protokolle Hinweise auf Sicherheitsmängel liefern können. Der Test, ob eine Software solche Sicherheitslücken enthält oder ob festgestellte Lücken geschlossen wurden, wird als »IT-Sicherheitstest« (IT-Security Test) bezeichnet.

Bewertung der Datenqualität

In Projekten, in denen ein Altsystem auf ein neues IT-System umgestellt wird, müssen meist umfangreiche Datenkonvertierungen bzw. eine Migration der Datenbestände vom Altsystem ins neue System durchgeführt werden. Im Systemtest werden dort häufig Werkzeuge zur Überprüfung der Datenbestände eingesetzt. Vor und nach der Konversion oder Migration wird überprüft, ob die Datenbestände korrekt und vollständig sind oder bestimmten syntaktischen oder semantischen Regeln oder Bedingungen genügen.

Beispiel: Datenqualität im VSR-System

Beim VSR-II-System ist Datenqualität in verschiedenen Aspekten relevant:

- Das Teilsystem *DreamCar* zeigt mögliche Modelle und Ausstattungsvarianten an. Auch wenn die *DreamCar*-Software einwandfrei funktioniert, kann aus Anwendersicht ein Fehlverhalten entstehen, wenn in dessen Datenbestand Fahrzeugdaten fehlen oder falsch sind. Dann können z.B. bestimmte Fahrzeugvarianten nicht konfiguriert werden oder es lassen sich Fahrzeuge konfigurieren, obwohl sie gar nicht produziert werden können. Der Kunde freut sich auf sein neues Fahrzeug und erfährt später, dass es nicht lieferbar ist.

---

5. Auch Tools zur dynamischen Analyse können intrusive Effekte haben. So kann die erreichte Codeüberdeckung durch die Verwendung eines Überdeckungswerkzeugs verzerrt sein.
6. Das »Open Web Application Security Project« (OWASP, [URL: OWASP]) publiziert einen Katalog potenzieller Schwachstellen und Sicherheitslücken, die im IT-Security-Test von Webanwendungen zu überprüfen sind.

- Über *NoRisk* berechnet der Händler die zum Fahrzeug passende Versicherung. Wenn hier Daten veraltet sind, wie z.B. die Kasko-Einstufung des Fahrzeugs, dann werden u.U. falsche Prämien berechnet. Vielleicht wird die Prämie zu hoch ausgewiesen und der Kunde entscheidet sich, die Versicherung statt direkt vor Ort beim Händler lieber zu Hause via Internet bei einem anderen Anbieter abzuschließen.
- In *ContractBase* verwaltet der Händler die komplette Historie des Kunden: jede Werkstattrechnung und alle Kaufverträge. In der Anzeigemaske des Programms werden Geldbeträge in Euro ausgewiesen – egal wie alt z.B. die Rechnung ist, die angezeigt wird. Wurden damals (bei der Umstellung von D-Mark auf Euro) alle Datensätze korrekt konvertiert oder hat der Kunde damals wirklich so wenig für diese Reparatur gezahlt?
- Im Rahmen von Verkaufsaktionen versendet das Autohaus regelmäßig Sonderangebote oder Einladungen zu Verkaufspräsentationen an seine Stammkunden. Alle nötigen Adressdaten und weitere Merkmale, wie z.B. das Alter des Autos, das der Kunde besitzt, sind im System vorhanden. Aber nur wenn die Datensätze vollständig erfasst und konsistent sind, kommt die spezielle Werbebotschaft zielgenau beim richtigen Kunden an. Verhindert das VSR-II-System bei der Eingabe solche Fehler? Zum Beispiel eine Postleitzahl, die nicht zur genannten Straße passt? Stellt das System sicher, dass alle marketingrelevanten Felder ausgefüllt werden (z.B. das Baujahr des Gebrauchtwagens und nicht nur das Datum des Kaufvertrags)? Stellt das System sicher, dass Werbung nur an Kunden versendet wird, die dem zugestimmt haben?

Die Kundenstammdaten und die Kundenhistorie in *ContractBase* enthalten eine Vielzahl von personenbezogenen Daten. Auch über die *ConnectedCar*-Funktionen lassen sich personenbezogene Daten (aktueller Standort, Fahrstrecken, Fahrverhalten, Unfälle u.a.) der Fahrer bzw. Kunden auslesen und ermitteln. Dementsprechend unterliegt die Erfassung, Speicherung und Verarbeitung dieser Daten der europäischen Datenschutz-Grundverordnung (DSGVO, s. [URL: DSGVO]). Die Prüfung, ob VSR-II und dessen Teilsysteme die Anforderungen der DSGVO erfüllen, ist daher ein relevantes Testziel im Systemtest von VSR-II. Eine weitere Konsequenz aus der DSGVO ist, dass zum Test nicht einfach die Daten echter Kunden (z.B. aus dem Datenbestand von VSR) herangezogen werden dürfen. Für den Test müssen anonymisierte oder synthetische Datensätze verwendet werden, zu deren Erzeugung passende Werkzeuge zur Anonymisierung oder Generierung der Testdaten benötigt werden.

An diesen Beispielen ist zu sehen, dass Datenqualität zwar vorwiegend in die Verantwortung des Systembetreibers oder Anwenders fällt. Aber auch der Systemhersteller ist betroffen und kann »gute« Datenqualität »unterstützen«: durch fehlerfreie, nachvollziehbare Konvertierungsprogramme, durch sinnvolle Konsistenz- und Plausibilitätsprüfungen von Eingaben, durch DSGVO-konforme Speicherung und Verarbeitung und viele ähnliche Maßnahmen.

Weitere Werkzeuge

Zusätzlich zu Werkzeugen der oben beschriebenen Typen gibt es viele weitere spezielle Aufgabenstellungen, für die Werkzeuge erhältlich sind. Beispiele sind u.a.:

- Der Test der **Gebrauchstauglichkeit** (Usability) und der Barrierefreiheit eines Systems.
- Der Test der **Softwarelokalisierung** prüft, ob eine Applikation und insbesondere deren Bedienoberfläche vollständig und korrekt in eine andere Landessprache übertragen worden ist.
- Der Test auf **Portabilität** prüft, ob eine Applikation oder ein Softwarepaket auf den unterstützten Plattformen korrekt läuft.

7.2 Nutzen und Risiken der Testautomatisierung

Die Einführung eines neuen Testwerkzeugs ist mit Kosten für Auswahl, Anschaffung und Wartung der Werkzeuge verbunden. Kosten für Hardware und Mitarbeiterschulung können hinzukommen. Das Investitionsvolumen kann je nach Komplexität des Werkzeugs und Anzahl der auszustattenden Arbeitsplätze schnell in den sechsstelligen Bereich gehen. Wie bei jeder Investition interessiert natürlich auch hier der Zeitrahmen der Amortisierung des neuen Testwerkzeugs.

Kosten-Nutzen-Bilanz aufstellen

Bei Werkzeugen zur Automatisierung der Testdurchführung kann gut abgeschätzt werden, wie viel Aufwandsersparnis ein automatisierter Testlauf gegenüber der manuellen Durchführung bringt. Der neue Aufwand für die Programmierung der Tests muss natürlich abgezogen werden, sodass nach nur einem automatisierten Testlauf die Kosten-Nutzen-Bilanz meist negativ ausfällt. Erst mit weiteren automatisierten Regressionstestläufen (s. Abb. 7–2) summiert sich die pro Testlauf erzielte Ersparnis.

Abb. 7–2
Lebenszyklus eines Testfalls

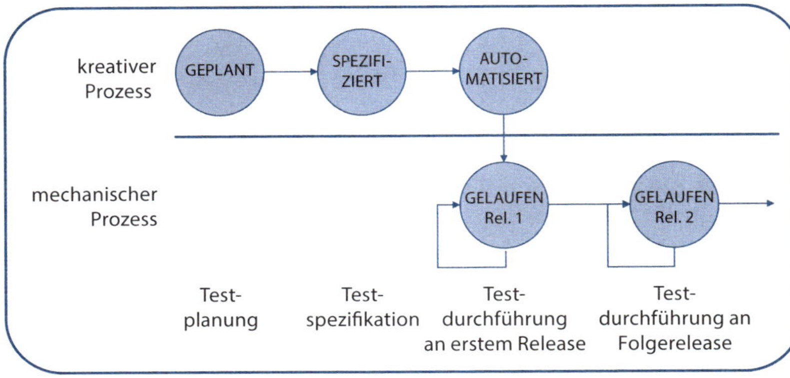

Die Bilanz fällt nach einer gewissen Anzahl von Regressionstests positiv aus. Eine genaue Abschätzung der Amortisierungszeit ist schwierig. Eine Kostendeckung wird nur erreicht, wenn die Tests regressionstestfähig entworfen und programmiert sind. Ist diese Regressionstestfähigkeit gegeben, kann bei Capture-and-Replay-Tools eine positive Bilanz durchaus schon ab dem dritten Testzyklus erreicht werden. Eine solche Rechnung macht sicherlich nur dann Sinn, wenn die Alternative einer manuellen Durchführung besteht. Es gibt jedoch viele Tests, die rein manuell gar nicht durchführbar sind (z.B. Performanztests).

Einfluss auf die Wirksamkeit der Tests bewerten

Nur über den Testaufwand zu argumentieren, greift allerdings zu kurz. Es muss auch betrachtet werden, inwieweit durch den Einsatz des neuen Werkzeugs die Wirksamkeit der Tests verbessert wird, beispielsweise indem mehr Fehlerwirkungen gefunden und mehr Fehlerzustände behoben werden. Dies kann Entwicklungs-, Support- und Wartungskosten des Projekts senken, was sich allerdings erst mittelfristig auswirkt. Das Sparpotenzial ist hier aber wesentlich höher und damit interessanter.

Potenzieller Nutzen einer Werkzeugeinführung

Zusammenfassend kann von folgendem potenziellen Nutzen ausgegangen werden:

- Die kreativen Testarbeiten können nicht ersetzt, aber durch Werkzeuge unterstützt werden. Dies führt zu besseren Testfällen und Testdaten, was die Wirksamkeit der Tests steigert.
- Die mechanische Testdurchführung kann automatisiert werden, was den Testaufwand reduziert oder bei gleichem Aufwand – in gleicher oder kürzerer Zeit – mehr Tests zulässt. Mehr Tests bedeuten aber nicht zwangsläufig bessere Tests.
- Die Werkzeuge erleichtern die Ermittlung, Auswertung und Informationen über Testfortschritt, erreichte Testüberdeckung und die aufgedeckten Fehlerwirkungen und deren Häufigkeitsverteilung

über die Testobjekte. Diese Informationen helfen, ein objektiveres Bild über die Qualität der getesteten Software zu erhalten.

Potenzielle Risiken einer Werkzeugeinführung

Mit der Werkzeugeinführung können auch Risiken verbunden sein, z.B.:

- Die Erwartungen an das Werkzeug können unrealistisch hoch sein.
- Zeit, Kosten und Aufwand der Einführung, aber auch der Nutzung selbst können unterschätzt werden.
- Das Werkzeug kann nicht eingesetzt werden oder den gewünschten Effekt nicht erzielen, weil kein ausreichend guter Testprozess etabliert ist oder dieser nicht praktiziert wird.
- Die Verbesserungen und Änderungen im Testprozess, die erforderlich sind, um das Werkzeugpotenzial auszuschöpfen, sind umfangreicher als gedacht.
- Der notwendige Aufwand zur Wartung und Versionskontrolle der Testfälle, Testdaten und anderer Testdokumente wird unterschätzt.
- Man nutzt das Werkzeug auch dort, wo ein manuelles Vorgehen einfacher und wirtschaftlicher wäre.
- Das neue Werkzeug arbeitet mit anderen vorhandenen Tools nicht gut genug zusammen.
- Der Werkzeuganbieter nimmt das Werkzeug vom Markt, wird aufgekauft oder stellt seine Geschäftstätigkeit ein, oder das Open-Source-Projekt, das das Tool entwickelt, wird eingestellt.
- Neue Versionen des Tools unterstützen alte Technologie, die der Anwender (im zu testenden System) noch einsetzt, nicht mehr.
- Der Support für das Werkzeug ist schlecht oder wird eingestellt.

7.3 Effektive Nutzung von Werkzeugen

7.3.1 Auswahl und Einführung von Testwerkzeugen

Von den oben vorgestellten Testwerkzeugtypen sind einige elementare Werkzeuge (z.B. Komparator, Überdeckungsanalysator) in verschiedenen Betriebssystemumgebungen (z.B. Linux) bereits standardmäßig vorhanden. Der Tester kann sich in diesem Fall mit vorhandenen »Bordmitteln« die benötigte Werkzeugunterstützung zusammenstellen. Die Fähigkeiten solcher betriebssystemeigener Werkzeuge sind meist limitiert, sodass es sinnvoll ist, am Markt erhältliche spezielle Testwerkzeuge anzuschaffen.

Wie oben beschrieben, werden hier für die unterschiedlichen Aktivitäten im Testprozess spezielle Werkzeuge angeboten, die dem Tester bei den spezifischen Arbeiten helfen bzw. die Arbeiten übernehmen – von Werkzeugen für Testplanung und Testspezifikation, die den Tester im kreativen Entwurfsprozess unterstützen, bis hin zu Testtreibern und Testrobotern, die mechanische Testdurchführungsarbeiten automatisieren können.

»Automating ... faster chaos«

Wenn über die Anschaffung von Testwerkzeugen nachgedacht wird, sind Werkzeuge zur Automatisierung der Testdurchführung jedoch nicht als erste oder einzige Möglichkeit in Betracht zu ziehen. Denn wo überall Werkzeugunterstützung Vorteile bringen kann, ist stark abhängig vom jeweiligen Projektumfeld und von der Reife des dort anzutreffenden Entwicklungs- und Testprozesses. In einem chaotischen Projektumfeld, in dem »Programmierung auf Zuruf« üblich ist, Dokumentation ein Fremdwort ist und Testen unstrukturiert oder gar nicht erledigt wird, macht es keinen Sinn, an eine Automatisierung der Testdurchführung zu denken. Niemals kann ein Werkzeug einen nicht vorhandenen Prozess ersetzen oder eine schlampige Vorgehensweise kompensieren. »It is far better to improve the effectiveness of testing first than to improve the efficiency of poor testing. Automating chaos just gives faster chaos« [Fewster 99, S. 11].

Voraussetzung für Testautomatisierung: ein systematischer Testprozess

In solchen Situationen muss zuerst der manuelle Testbetrieb geordnet werden. Das heißt, zunächst muss ein systematischer Testprozess definiert, eingeführt und gelebt werden. Dann kann überlegt werden, bei welchen Prozessschritten die Produktivität oder Arbeitsqualität durch den Einsatz von Werkzeugen erhöht werden kann und soll.

Tipp: Einführungsreihenfolge beachten

■ Bei der Einführung von Werkzeugen aus den verschiedenen vorgestellten Kategorien ist es empfehlenswert, sich an folgende Liste von Aktivitäten in der angegebenen Reihenfolge zu orientieren:

- Fehlermanagement
- Konfigurationsmanagement
- Testplanung
- Testdurchführung
- Testspezifikation

Lernkurve beachten

Zu beachten sind auch die Zeiträume, die nötig sind, um den Umgang mit einem neuen Werkzeug zu etablieren. Aufgrund der Lernkurve kann statt einer erhofften Produktivitätssteigerung in einer Übergangsphase sogar eine Produktivitätseinbuße zu verzeichnen sein. Daher ist es gefährlich, in »heißen« Projektphasen ein neues Werkzeug einzuführen, in der Hoffnung, Personalengpässe kurzfristig durch »Automatisierung« zu lösen.

7.3.2 Werkzeugauswahl

Wenn geklärt ist, welche Testaufgabe durch ein Werkzeug unterstützt werden soll, beginnt die eigentliche Auswahl (Evaluation) des Werkzeugs. Da die Investitionen, wie oben erläutert, sehr hoch sein können, muss hier sorgfältig und geplant vorgegangen werden. Der Auswahlprozess weist fünf Schritte auf:

1. Anforderungsspezifikation für den Werkzeugeinsatz
2. Marktrecherche und Aufstellen einer Übersichtsliste der Kandidaten
3. Werkzeugdemos und Werkzeugerprobung (Trial)
4. Vorauswahl (Shortlist) anhand der Anforderungsliste erstellen
5. Machbarkeitsstudie (Proof of Concept) durchführen

Im ersten Schritt, der Anforderungsspezifikation, können folgende Kriterien eine Rolle spielen:

Auswahlkriterien

- Güte des Zusammenspiels mit den potenziellen Testobjekten
- Know-how der Tester über Werkzeug oder/und vom Werkzeug unterstützte Methode
- Möglichkeit zur Integration in die vorhandene Entwicklungsumgebung
- Möglichkeit zur Integration mit anderen eingesetzten (Test-)Werkzeugen
- Plattform, auf der das Werkzeug eingesetzt werden soll
- Service, Verlässlichkeit und Marktstellung des Herstellers
- Vor- und Nachteile verschiedener Lizenzmodelle (z.B. kommerzielle Software vs. Open Source, Kauf vs. Miete)
- Preis und laufende Wartungskosten

Diese und mögliche weitere individuelle Kriterien werden in einer Liste zusammengestellt und dann gemäß ihrer relativen Bedeutung gewichtet. Absolut unverzichtbare Eigenschaften werden als K.-o.-Kriterien gekennzeichnet[7].

7. Ein Muster eines solchen Kriterienkatalogs ist unter [URL: imbus-downloads] verfügbar.

Marktrecherche und Vorauswahl

Parallel dazu wird der Markt gesichtet, eine Liste der in der jeweiligen Werkzeugkategorie überhaupt verfügbaren Produkte erstellt und Produktbeschreibungen im Internet recherchiert. Die aufgrund ihrer Beschreibung besten Kandidaten werden dann für einen Probebetrieb installiert oder vom jeweiligen Hersteller vorgeführt. Durch diese Experimente und Demonstrationen wird meist ein recht zuverlässiger Eindruck über das Produkt und die dahinterstehende Firma und deren Servicephilosophie gewonnen. Die bestgeeigneten Werkzeuge werden dann in die Vorauswahl aufgenommen. Hier gilt es, vor allem folgende Punkte zu verifizieren:

- Harmoniert das Werkzeug mit den Testobjekten und der Entwicklungsumgebung?
- Werden die sonstigen Leistungsmerkmale, wegen derer das jeweilige Werkzeug die Vorauswahl erreicht hat, in der Praxis eingehalten bzw. überhaupt erreicht? Die Werbung verspricht meist viel.
- Kann der Herstellersupport qualifizierte Auskunft und Hilfe auch bei Nichtstandardfragen liefern?

7.3.3 Pilotprojekt zur Werkzeugeinführung

Ist die Wahl getroffen, gilt es, das Werkzeug im eigenen Unternehmen einzuführen. Üblicherweise wird hierzu zunächst ein Pilotprojekt durchgeführt, um nachzuweisen, dass der erwartete Nutzen in einem realen Projektumfeld auch tatsächlich erreicht wird. Das Pilotprojekt soll nicht von denselben Personen durchgeführt werden, die schon bei der Evaluation mitgearbeitet haben. Die Evaluationsergebnisse werden sonst unter Umständen zu unkritisch übernommen.

Pilotbetrieb

Der Pilotbetrieb soll zusätzliches Wissen über technische Details des Werkzeugs liefern, aber auch Erfahrungen mit dessen praktischem Einsatz und über das Einsatzumfeld. So soll deutlich werden, wo und in welchem Umfang Schulungsbedarf besteht und wo ggf. Änderungen am Testprozess notwendig sind. Auch sollen Richtlinien zum Breiteneinsatz erarbeitet werden (z.B. Namenskonventionen für Dateien und Testfälle, Regeln zur Strukturierung von Tests). Falls Testtreiber oder Testroboter eingeführt werden, kann im Pilotprojekt auch untersucht werden, ob es sich lohnt, Testbibliotheken aufzubauen, damit bestimmte Tests oder Testbausteine projektübergreifend wiederverwendet werden können.

Bei Testwerkzeugen, die Metriken erfassen und anzeigen, sind Überlegungen anzustellen, welche Metriken im Projektkontext sinnvoll sind und gewünscht werden und in welchem Umfang das Werkzeug die Sammlung dieser Daten unterstützt. Eventuell muss das Werkzeug geeignet konfiguriert werden, damit die gewünschten Metriken korrekt erfasst, aufgezeichnet und aufbereitet werden.

7.3.4 Faktoren für die erfolgreiche Einführung und Nutzung

Bestätigt das Pilotprojekt, dass das Tool genutzt werden soll, muss das Werkzeug »in der Breite« in den Projekten bzw. im Unternehmen eingeführt werden (Rollout). Die Breiteneinführung erfordert starke und anhaltende Zustimmung von den neuen Anwendern, da die Benutzung jedes neuen Werkzeugs immer einen anfänglichen Mehraufwand bedeutet. Wichtige Erfolgsfaktoren bei der Breiteneinführung sind:

- Breiteneinführung schrittweise vornehmen
- Die Werkzeugunterstützung in den Prozessen verankern
- Begleitende Benutzertrainings- und Coachingmaßnahmen vorsehen
- Richtlinien und Empfehlungen zur Werkzeuganwendung bereitstellen
- Einsatzerfahrungen sammeln und allen Anwendern zur Verfügung stellen (Tipps & Tricks, FAQ etc.)
- Support durch interne Anwendergruppe, interne Toolexperten u.Ä. anbieten
- Akzeptanz und Nutzen des Werkzeugs verfolgen und auswerten

Testen ist ohne Werkzeugunterstützung nicht effizient durchführbar.

In diesem Kapitel wurde auf viele Schwierigkeiten und den zusätzlichen Aufwand bei der Auswahl und dem Einsatz von Werkzeugen zur Unterstützung der unterschiedlichen Tätigkeiten im Testprozess hingewiesen. Es soll aber nicht der Eindruck entstehen, dass sich ein Werkzeugeinsatz nicht lohnt. Ganz im Gegenteil, Testen ist ohne die Unterstützung entsprechender Werkzeuge bei größeren Projekten nicht durchführbar. Eine sorgfältige Werkzeugeinführung ist jedoch notwendig. Andernfalls wird das teure Werkzeug schnell zur »Schrankware« (liegt im Schrank und wird nicht verwendet).

7.4 Zusammenfassung

- Für jede Phase im Testprozess sind Werkzeuge verfügbar, die dem Tester helfen, seine Testarbeiten effizienter, zuverlässiger oder qualitativ besser zu erledigen, oder ihn überhaupt erst in die Lage versetzen, bestimmte Aufgaben (wie z.B. Last- und Performanztests) sachgerecht zu leisten.
- Werkzeugtypen, die insbesondere in den Teststufen Komponenten- und Integrationstest zum Einsatz kommen, sind insbesondere für Entwickler geeignet: Testrahmen bzw. Frameworks für den Komponententest und für testgetriebene Entwicklung, Werkzeuge zur kontinuierlichen Integration (Continuous Integration), Werkzeuge für statische Analyse und dynamische Analyse (z.B. Codeüberdeckung).
- Die Nutzung eines Testwerkzeugs bringt nur Vorteile, wenn der Testprozess als solcher beherrscht wird und definiert abläuft.
- Die Einführung eines Testwerkzeugs kann mit hohen Investitionen verbunden sein, weshalb die Werkzeugauswahl sorgfältig und nachvollziehbar erfolgen muss.
- Dem potenziellen Nutzen von Werkzeugen stehen Risiken gegenüber, an denen der Werkzeugeinsatz scheitern kann.
- Die Einführung des ausgewählten Werkzeugs muss begleitet werden. Information und Schulung der späteren Anwender helfen, deren Akzeptanz und damit den regelmäßigen Einsatz des Werkzeugs sicherzustellen.
- Eine systematische Werkzeugeinführung gliedert sich in folgende Schritte: Werkzeugauswahl, Pilotprojekt, Breiteneinführung, dauerhafter Anwendersupport.

Anhang

A Wichtige Hinweise zum Lehrstoff und zur Prüfung zum Certified Tester

Der vorliegenden sechsten Auflage dieses Lehrbuchs liegt der Lehrstoff zum »Certified Tester Foundation Level« gemäß ISTQB®-Lehrplan zugrunde. Eingearbeitet sind alle Änderungen und Ergänzungen der aktuellen deutschsprachigen Lehrplan-Version 2018. Dieser Lehrplan wird gemeinsam herausgegeben vom German Testing Board [URL: GTB], dem Austrian Testing Board [URL: ATB] und dem Swiss Testing Board [URL: CHTB]. ISTQB®-konforme (ISTQB *compliant*) nationale Lehrpläne enthalten den ISTQB®-Lehrstoff und ggf. zusätzlich für den lokalen Markt spezifische Ergänzungen (in Deutschland z.B. der Bezug zu DIN-Normen).

Die nationalen Lehrpläne werden durch das jeweilige nationale Board gepflegt. Die nationalen Boards stimmen sich im International Software Testing Qualifications Board [URL: ISTQB] ab. Das ISTQB® überwacht und bescheinigt die Konformität der nationalen Lehrpläne und Prüfungen mit dem ISTQB®-Regelwerk.

Grundlage für Prüfungen ist der zum Prüfungszeitpunkt aktuelle Lehrplan in der jeweiligen Prüfungssprache. Die Prüfungen werden vom jeweiligen nationalen Board oder durch von diesem beauftragte Zertifizierungsstellen angeboten und durchgeführt. Weitere Informationen zu den Lehrplänen und Prüfungen sind unter [URL: ISTQB] für den internationalen Bereich und unter [URL: GTB] für den deutschen Bereich einsehbar.

Der in diesem Buch enthaltene Stoff wird aus didaktischen Gründen ggf. in anderer Reihenfolge als im Lehrplan behandelt. Aus dem Umfang einzelner Kapitel kann nicht auf die Prüfungsrelevanz der dargestellten Inhalte geschlossen werden. Im Buch sind einzelne Themen vertieft dargestellt und zusätzlich praxisrelevante Testverfahren aufgenommen worden. Solche Passagen, die über den Lehrplan hinausgehen, sind als Exkurs gekennzeichnet. **Prüfungsgrundlage sind auf jeden Fall die offiziellen Lehrpläne.**

Lesern, die das Buch zur Vorbereitung auf die Prüfung nutzen, wird empfohlen, auch die aktuellen Lehrpläne und das aktuelle ISTQB®-Glossar zu studieren, da diese die ausschließliche Grundlage für die Prüfung sind.

Tipp: Musterprüfungen

- Das German Testing Board stellt Musterprüfungen und die entsprechenden korrekten Antworten mit Begründungen zur Verfügung ([URL: GTB] → Trainingsschema → Musterprüfungen), die sehr gut zur Prüfungsvorbereitung genutzt werden können.

B Glossar

Dieses Glossar[1] enthält Fachbegriffe aus dem Bereich des Softwaretests sowie ergänzende Begriffe aus dem Bereich der Softwaretechnik, die einen Bezug zum Testen haben. Im Glossar sind die Definitionen der Schlüsselbegriffe aus dem »Certifed Tester Foundation Level«-Lehrplan 2018 grün gedruckt.

Abnahmetest Formales Testen hinsichtlich der Benutzeranforderungen und -bedürfnisse bzw. der Geschäftsprozesse. Ein Abnahmetest wird durchgeführt, um einem Auftraggeber oder einer bevollmächtigten Instanz auf der Basis der Abnahmekriterien die Entscheidung zu ermöglichen, ob ein System anzunehmen ist oder nicht (s.a. betrieblicher Abnahmetest, Benutzerabnahmetest).

Abstrakter Testfall Ein Testfall ohne konkrete Werte für Eingabedaten und erwartete Ergebnisse. Es werden meist Wertebereiche (Äquivalenzklassen) für die Eingaben (und Ausgaben) angegeben (s.a. konkreter Testfall).

Ad-hoc-Review Ein Reviewverfahren, das informell ohne ein strukturiertes Vorgehen durch unabhängige Gutachter durchgeführt wird.

Agile Softwareentwicklung Eine auf iterativer und inkrementeller Entwicklung basierende Gruppe von Softwareentwicklungsmethoden, wobei sich Anforderungen und Lösungen durch die Zusammenarbeit von selbstorganisierten funktionsübergreifenden Teams entwickeln.[2]

Akzeptanztest

1. Abnahmetest aus Sicht des Benutzers (s.a. Abnahmetest, Benutzerabnahmetest).
2. Teilmenge aller vorhandenen Testfälle, die das Testobjekt als Eintrittskriterium in eine bestimmte Teststufe bestehen muss.

Alpha-Test Testen in einer Simulations- oder Nutzungsumgebung beim Hersteller, das durch Rollen (Personen) außerhalb der Herstellerorganisation durchgeführt wird.

Analysator (Überdeckungsanalysator) Ein Werkzeug, das objektiv misst, zu welchem Grad die Strukturelemente durch eine Testsuite ausgeführt werden (s.a. statischer Analysator).

---

1. Grundlage für das Glossar ist das umfangreichere ISTQB®-Glossar (s.u. [URL: ISTQB]) sowie dessen deutsche Übersetzung (s. [URL: GTB Glossar], dort ist auch die jeweils aktuelle, prüfungsrelevante Version abrufbar).
2. Eine ausführlichere Beschreibung ist zu finden unter *https://de.wikipedia.org/wiki/Agile_Softwareentwicklung*.

Analytische Qualitätssicherung Diagnostische Maßnahmen (z.B. Testen) zur Bestimmung der Qualität eines Produkts.

Änderung Um- oder Neuformulierung eines freigegebenen Entwicklungs(zwischen-)produkts (Dokument, Quellcode).

Änderungsanforderung Schriftlich dokumentierter Wunsch bzw. Vorschlag, eine bestimmte Änderung an einem Entwicklungs(zwischen)produkt vornehmen zu dürfen.

Änderungsauftrag Auftrag bzw. Genehmigung, eine bestimmte Änderung an einem Entwicklungs(zwischen)produkt vorzunehmen.

Anforderung (*requirement*)

1. Eine Vorschrift, die zu erfüllende Kriterien enthält [ISO/IEC 24765].
2. Eigenschaft oder Fähigkeit, die von einem Anwender oder Stakeholder zur Lösung eines Problems oder zur Erreichung eines Ziels benötigt wird.
3. Eigenschaft oder Fähigkeit, die eine Software erfüllen oder besitzen muss, um einen Vertrag, eine Norm oder ein anderes, formal bestimmtes Dokument zu erfüllen.
4. Aussage über eine zu erfüllende qualitative und/oder quantitative Eigenschaft eines Produkts.

Anforderungsbasierter/anforderungsbezogener Test Ein Ansatz zum Testen, der auf den Anforderungen basiert. Aus ihnen werden die Testziele und Testbedingungen abgeleitet. Dazu gehören Tests, die einzelne Funktionen tätigen, oder solche, die nicht funktionale Eigenschaften wie Zuverlässigkeit oder Gebrauchstauglichkeit untersuchen.

Anforderungsdefinition (Anforderungsspezifikation)

1. Schriftliche Dokumentation der Anforderungen an ein Entwicklungs-(zwischen)produkt. Typischerweise enthält die Dokumentation funktionale Anforderungen, Performanzanforderungen, Schnittstellenbeschreibungen, Designanforderungen und Entwicklungsstandards.
2. Entwicklungsphase (des allgemeinen V-Modells), in der die Anforderungen an das zu erstellende Softwaresystem gesammelt, spezifiziert und verabschiedet werden.

Anomalie Unstimmigkeit, die durch Abweichung von (berechtigten) Erwartungen an das Softwareprodukt ausgelöst ist. Die Erwartungen können auf einer Anforderungsspezifikation, Entwurfsspezifikation, Benutzerdokumentation, Standards, bestimmten Vorstellungen oder sonstigen Erfahrungen basieren. Anomalien können auch, aber nicht nur, durch Reviews, Testen, Analysen, Kompilierung oder die Benutzung des Softwareprodukts oder seiner Dokumentation aufgedeckt werden.

Anweisung (Quellcodeanweisung, Statement) Syntaktisch definierte Einheit einer Programmiersprache (z.B. Zuweisung an eine Variable), die typischerweise die kleinste, unteilbare ausführbare Einheit darstellt.

Anweisungstest Ein Whitebox-Testverfahren, bei dem die Testfälle im Hinblick auf die Ausführung von Anweisungen entworfen werden.

Anweisungsüberdeckung Der (prozentuale) Anteil der Anweisungen (eines Testobjekts), die durch eine Testsuite ausgeführt wurden, bezogen auf alle Anweisungen.

Anwendungsfall (*use case*) Ein Anwendungsfall beschreibt eine (durch genau einen Akteur angestoßene) Reihe von erkennbaren Aktionen, die ein System ausführt und die zu einem erkennbaren Ergebnis mit Wert für den Handelnden (Akteur) führt.

Anwendungsfallbasierter Test Ein Blackbox-Testverfahren, bei dem die Testfälle im Hinblick auf die Ausführung verschiedener Verhalten eines Anwendungsfalls entworfen werden.

Äquivalenzklasse Eine Teilmenge des Wertebereichs eines mit dem Testobjekt verbundenen Datenelements, in dem aufgrund der Spezifikation erwartet wird, dass das Testobjekt alle Werte gleichartig behandelt.

Äquivalenzklassenbildung Ein Blackbox-Testverfahren, bei dem die Testfälle im Hinblick auf die Ausführung von Äquivalenzklassen entworfen werden, wobei von jeder Äquivalenzklasse (mindestens) ein Repräsentant genutzt wird.

Atomare (Teil-)Bedingung Eine Bedingung im Programmtext (z.B. eine Teilbedingung in einer IF-Abfrage), die keine booleschen Operatoren wie AND, OR oder NOT, sondern höchstens Relationssymbole wie »>« oder »≤« enthält.

Audit Die unabhängige Prüfung eines Arbeitsergebnisses, Prozesses oder einer Menge von Prozessen, die durch eine dritte Partei durchgeführt wird, um die Konformität zu Spezifikationen, Standards, vertraglichen Vereinbarungen oder anderen Kriterien zu bewerten.

Ausfall s. Fehlerwirkung

Ausgangsbedingung s. Endekriterien

Ausgangskriterien s. Endekriterien

Ausnahmebehandlung (*exception handling*) Vorgesehenes Verhalten einer Komponente oder eines Systems als Antwort auf fehlerhafte Eingaben durch einen Anwender oder eine andere Komponente, ein anderes System oder einen anderen internen Ausfall.

Auswirkungsanalyse Die Ermittlung bzw. Identifikation aller Arbeitsergebnisse, die durch eine geplante Änderung beeinflusst werden, inklusive einer Abschätzung der erforderlichen Ressourcen, um die Änderung bewerkstelligen bzw. umsetzen zu können.

Äußerer Fehler s. Fehlerwirkung

Bedingungstest Whitebox-Testverfahren, das die Überdeckung der (Teil-)Bedingungen einer Entscheidung mit *wahr* und *falsch* fordert.

Benutzerabnahmetest Abnahmetest, der durch vorgesehene Benutzer in einer echten oder simulierten betrieblichen Umgebung durchgeführt wird mit dem Fokus auf ihren Bedarf, ihre Anforderungen und Geschäftsprozesse (s.a. Akzeptanztest, Abnahmetest).

Beta-Test

1. Testen in einer (hersteller-)externen Simulations- oder Nutzungsumgebung, das durch Rollen (Personen) außerhalb der Herstellerorganisation durchgeführt wird.
2. Test oder testweiser Betrieb eines Softwareprodukts durch repräsentative Kunden/Anwender in der Einsatzumgebung des Kunden/Anwenders. Mittels eines Beta-Tests wird eine Art externer Benutzerabnahmetest durchgeführt, um vor der endgültigen Freigabe eine Rückmeldung vom Markt einzuholen und das Interesse der potenziellen Kunden für das Softwareprodukt zu erzeugen; häufig durchgeführt, wenn die Zahl der möglichen Anwendungsumgebungen sehr groß ist.

Betrieblicher Abnahmetest Ein Betriebstest innerhalb des Abnahmetests, üblicherweise in einer (simulierten) Produktionsumgebung durch den Betreiber und/oder Administrator durchgeführt, mit Schwerpunkt bei den operationalen Aspekten, z.B. Wiederherstellbarkeit, Ressourcenverwendung, Installierbarkeit und technische Kompatibilität.

Blackbox-Testverfahren (-Testentwurfsverfahren, -Testmethode) Ein Verfahren zur Herleitung und/oder Auswahl von Testfällen, das auf einer Analyse der funktionalen oder nicht funktionalen Spezifikation einer Komponente oder eines Systems basiert ohne Berücksichtigung ihrer internen Struktur.

Blockierter Test(fall) Zur Durchführung eingeplanter Test(fall), der nicht ausgeführt werden kann, weil seine Voraussetzungen zur Ausführung nicht hergestellt werden können.

Build

1. Die Entwicklungsstufe einer Software vor Freigabe einer neuen Version.
2. Der Prozess zur Erzeugung einer bestimmten Version einer Software (s. [Linz 16]).

Checklistenbasiertes Review Ein Reviewverfahren, das entlang einer Liste an Fragen oder geforderten Eigenschaften geführt wird.

Checklistenbasiertes Testen Ein erfahrungsbasiertes Testverfahren, bei dem der Tester entweder eine Liste von Kontrollpunkten nutzt, die beachtet, überprüft oder in Erinnerung gerufen werden müssen, oder eine Menge von Regeln oder Kriterien nutzt, gegen die ein Produkt verifiziert werden muss.

Codebasierter Test/codebasierte Testverfahren s. Whitebox-Testverfahren

Covering Array Entsprechen orthogonalen Arrays mit dem Unterschied, dass jede Kombination mindestens einmal vorkommt und keine Gleichverteilung der Kombinationen gewährleistet ist (s.a. orthogonale Arrays).

Datenfluss Eine abstrakte Darstellung der Abfolge von Zustandsänderungen eines Datenobjekts mit folgenden Zuständen des Objekts: Definition/Neuanlage, Verwendung oder Löschung.

Datenflussanalyse Statisches Analyseverfahren, das auf der Definition und Verwendung von Variablen basiert und fehlerhafte Zugriffssequenzen auf die Variablen des Testobjekts nachweist.

Datenflussanomalie Unbeabsichtigte oder nicht erwartete Folge von Operationen im Zusammenhang mit einer Variablen.

Datenflussbasierter/datenflussorientierter Test Whitebox-Testverfahren, bei dem die Testfälle mittels Datenflussanalyse hergeleitet werden und die Vollständigkeit der Prüfung (Überdeckungsgrad) anhand der erzielten Datenflussüberdeckung bewertet wird.

Datenflussüberdeckung Der prozentuale Anteil der Definitions-/Verwendungspaare, die durch eine Menge von Testfällen ausgeführt werden.

Datengetriebenes Testen Ein skriptbasiertes Verfahren, bei dem die Testeingaben und vorausgesagten Ergebnisse in einer (Kalkulations-)Tabelle gespeichert werden, sodass ein Steuerungsskript alle Tests in der Tabelle ausführen kann. Datengetriebenes Testen wird oft unterstützend beim Einsatz von Testausführungswerkzeugen wie Mitschnittwerkzeugen verwendet (s.a. schlüsselwortgetriebener Test).

Datenqualität Grad der Vollständigkeit, Aktualität, Konsistenz und (syntaktischer und semantischer) Korrektheit von Daten(beständen) eines IT-Systems.

Debugger Ein Entwicklerwerkzeug, das benutzt wird, um Fehlerwirkungen zu reproduzieren und Fehlerzustände von Programmen sowie ihre korrespondierenden Defekte zu untersuchen. Mittels eines Debuggers kann der Entwickler ein Programm Schritt für Schritt ausführen, ein Programm an einer beliebigen Stelle anhalten und den Wert von Variablen setzen bzw. sich den aktuellen Wert anzeigen lassen.

Debugging Tätigkeit des Lokalisierens/Identifizierens, Analysierens und Entfernens der Ursachen (Fehlerzustände) von Fehlerwirkungen in der Software.

Defekt (***fault***) s. Fehlerzustand

Dummy Ein spezielles Programmteil, dessen Funktionalität normalerweise darauf beschränkt ist, das echte Programmteil während des Tests zu ersetzen (s.a. Platzhalter).

Dynamische Analyse Prozess der Bewertung des Verhaltens (z.B. Speichereffizienz, CPU[3]-Nutzung) eines Systems oder einer Komponente während der Nutzung.

Dynamischer Test Prüfung des Testobjekts durch Ausführung auf einem Rechner.

3. CPU (Central Processing Unit) – Zentrale Recheneinheit (Hardware) in einem Rechner.

Effizienz Eine Menge von Merkmalen (z.B. Verarbeitungsgeschwindigkeit, Antwortzeit), die sich auf das Verhältnis zwischen dem Leistungsniveau der Software und dem Umfang der eingesetzten Betriebsmittel (Speicher u.a.) unter festgelegten Bedingungen (in der Regel in Abhängigkeit steigender Last) beziehen.

Effizienztest Ein Test, mit dem die Effizienz eines Softwareprodukts ermittelt wird. Oberbegriff zu Performanztest u.ä. Tests.

Eingangskriterien Die Menge an Bedingungen für den offiziellen Start einer bestimmten Aufgabe.

Endekriterien (Ausgangskriterien/-bedingung/Testendekriterien)

1. Die Menge an Bedingungen für den offiziellen Abschluss einer bestimmten Aufgabe.
2. Die Menge der abgestimmten generischen und spezifischen Bedingungen, die von allen Beteiligten für den Abschluss eines Prozesses akzeptiert wurden. Durch Festlegung von Endekriterien für eine Aufgabe wird vermieden, dass eine Aufgabe als abgeschlossen betrachtet wird, obwohl Teile der Aufgabe noch nicht fertig sind.

   Hinweis: Zu den Endekriterien gehört z.B. das Erreichen eines gewünschten Überdeckungsgrades bei den Whitebox-Testverfahren.

Entscheidungstabelle Eine Tabelle von Regeln, die jeweils aus einer Kombination von Bedingungen (z.B. Eingaben und/oder Auslösern) und den dazugehörigen Aktionen (z.B. Ausgaben und/oder Wirkungen) bestehen. Entscheidungstabellen können zum Entwurf von Testfällen verwendet werden.

Entscheidungstabellentest Ein Blackbox-Testverfahren, bei dem Testfälle im Hinblick auf die Ausführung von Kombinationen der Bedingungen einer Entscheidungstabelle entworfen werden.

Entscheidungstest Whitebox-Testverfahren, das mindestens die einmalige »Verwendung« aller Ausgänge von Entscheidungen des Testobjekts fordert. (Eine IF-Abfrage hat zwei Ausgänge, *wahr* und *falsch*, bei einer CASE-Anweisung ist jede aufgeführte Auswahl ein Ausgang.)

Entscheidungsüberdeckung Der Überdeckungsgrad von Entscheidungsausgängen.

Entwicklertest Test, der in der (ausschließlichen) Verantwortung des Entwicklers bzw. der Entwicklungsgruppe des Testobjekts durchgeführt wird (oft mit Komponententest gleichgesetzt).

Entwicklungsprozess s. Softwareentwicklungslebenszyklus

Erfahrungsbasiertes Testen Eine Vorgehensweise, mit der Testfälle auf Basis der Erfahrungen, auf dem Wissen und der Intuition der Tester abgeleitet und/oder ausgewählt werden.

Exploratives Testen Ein Testansatz, bei dem die Tester, basierend auf ihrem Wissen, der Erkundung des Testelements und dem Ergebnis früherer Tests, dynamische Tests entwerfen und durchführen.

Extreme Programming Gehört zur Familie der agilen Softwareentwicklungsmethoden. Die Kernpraktiken sind das paarweise Programmieren, umfangreiche Codereviews, automatisierte Unit Tests für den gesamten Code sowie Einfachheit und Klarheit des Codes (s.a. agile Softwareentwicklung).

Feature Ein Leistungsmerkmal oder Attribut einer Komponente oder eines Systems, spezifiziert oder abgeleitet aus der Anforderungsspezifikation (z.B. Zuverlässigkeit, Gebrauchstauglichkeit oder Entwurfsrestriktionen, [IEEE 1008]).

Fehler

1. Oberbegriff für Fehlhandlung, Fehlerzustand, Fehlerwirkung.
2. Nichterfüllung einer festgelegten Anforderung.

Fehler aufdeckender Testfall Testfall, der bei Ausführung ein Istverhalten des Testobjekts erzeugt, das von dem erwarteten bzw. geforderten Sollverhalten abweicht.

Fehlerart Ein Element in der Fehlertaxonomie. Fehlertaxonomien können nach verschiedenen Aspekten bestimmt werden, unter anderem nach: Phase oder Entwicklungsaktivität, in der der Fehlerzustand entstanden ist, z.B. ein Spezifikationsfehler oder ein Codierfehler, Charakterisierung des Fehlers, z.B. ein »Um-eins-daneben«-Fehler, Unkorrektheit, z.B. ein falscher Relationsoperator, ein Syntaxfehler in der Programmiersprache oder eine ungültige Annahme, Performanzprobleme, z.B. übermäßige Ausführungszeit oder unzureichende Verfügbarkeit (s.a. Fehlertaxonomie).

Fehlerdatenbank

1. Liste aller bekannten Fehler eines Systems, einer Komponente oder zugehöriger Dokumente und ihres Behebungsstatus.
2. Enthält aktuelle, vollständige Informationen über alle bekannten Fehlerwirkungen.

Fehlerfindungsrate (***Defect Detection Percentage, DDP***) Anzahl der Fehlerzustände, die innerhalb eines Testzeitraums oder in einer Teststufe gefunden werden, dividiert durch die Gesamtzahl der Fehlerzustände, die bis zu einem (zukünftigen) definierten Bezugszeitpunkt (z.B. bis 6 Monate nach Inbetriebnahme) gefunden werden.

Fehlerkategorie s. Fehlerart

Fehlerklasse/Fehlerklassifikation Einteilung der aufgedeckten Fehlerwirkungen nach Schwere der Fehlerwirkung aus Sicht des Anwenders (z.B. Grad der Behinderung des Produkteinsatzes).

Fehlermanagement/Abweichungsmanagement Prozess der Erkennung und Aufzeichnung von Fehlerzuständen, ihre Klassifizierung und Analyse, das Ergreifen von Maßnahmen zu ihrer Behebung und ihre Schließung, sobald sie behoben wurden.

Fehlermaskierung Ein vorhandener Fehlerzustand wird durch einen oder mehrere andere Fehlerzustände in anderen Teilen des Testobjekts kompensiert, sodass dieser Fehlerzustand keine Fehlerwirkung hervorruft.

Fehlernachtest Dynamisches Testen nach einer Fehlerkorrektur zum Zweck der Bestätigung, dass Fehlerwirkungen nicht mehr auftreten, nachdem die dafür ursächlichen Fehlerzustände korrigiert wurden.

Fehlerpriorität (Priorität) Die Stufe der Wichtigkeit, die einem Objekt (z.B. Fehlerzustand) zugeordnet worden ist. Festlegung der Dringlichkeit von Korrekturmaßnahmen unter Berücksichtigung der Fehlerklasse, des erforderlichen Korrekturaufwands und der Auswirkungen auf den gesamten Entwicklungs- und Testprozess.

Fehlertaxonomie Eine systematische Liste von Fehlerarten mit ihrer hierarchischen Gliederung in Fehlerkategorien. Sie dient der Klassifikation von Fehlerzuständen (s.a. Fehlerart).

Fehlertoleranz s. Robustheit

Fehlerwirkung (*failure*)

1. Ein Ereignis, in dem eine Komponente oder ein System eine geforderte Funktion nicht im spezifizierten Rahmen ausführt.
2. Wirkung eines Fehlerzustands, die bei der Ausführung des Testobjekts nach »außen« in Erscheinung tritt.

Fehlerzustand (*fault, defect*) Eine Unzulänglichkeit oder ein Mangel in einem Arbeitsergebnis, sodass es seine Anforderungen oder Spezifikationen nicht erfüllt, z.B. eine inkorrekte Anweisung oder Datendefinition. Ein Fehlerzustand, der zur Laufzeit angetroffen wird, kann eine Fehlerwirkung einer Komponente oder eines Systems verursachen.

Fehlfunktion s. Fehlerwirkung

Fehlhandlung (*error*) Die menschliche Handlung, die zu einem falschen Ergebnis führt.

Feldtest s. Beta-Test

Firmware Als Firmware bezeichnet man sowohl die Betriebssoftware diverser Geräte oder Komponenten (z. B. Mobiltelefon, Spielkonsole, Fernbedienung, Festplatte, Drucker) als auch die grundlegende Software eines Computers (z.B. das in einem Flash-Speicher verankerte BIOS bei Personalcomputern), die notwendig ist, um den Betriebssystemkern des eigentlichen Betriebssystems laden und betreiben zu können.[4]

Formales Review Eine Art von Review, die einem definierten Prozess folgt und ein formal dokumentiertes Ergebnis liefert.

---

4. Aus *https://de.wikipedia.org/wiki/Firmware.*

Funktionale Anforderung Eine Anforderung, die spezifiziert, welche Funktion eine Komponente oder ein System leisten können muss (s.a. Funktionalität).

Funktionaler Test Test, der durchgeführt wird, um die Erfüllung der funktionalen Anforderungen durch eine Komponente oder ein System zu bewerten.

Funktionalität Spezifiziert das Verhalten, das das System erbringen muss; beschreibt, »was« das System leisten soll. Die Umsetzung ist Voraussetzung dafür, dass das System überhaupt einsetzbar ist (s.a. funktionelle Eignung).

Funktionelle Eignung Der Grad, zu dem eine Komponente oder ein System Funktionen zur Verfügung stellt, die unter festgelegten Bedingungen explizit genannte und implizite Bedürfnisse erfüllen.

Funktionstest s. funktionaler Test

Geschäftsprozessbasierter Test Ein Ansatz zum Testen, bei dem der Testentwurf auf Beschreibungen und/oder auf der Kenntnis von Geschäftsprozessen basiert.

Grenzwertanalyse Ein Blackbox-Testverfahren, bei dem die Testfälle unter Nutzung von Grenzwerten (die auf bzw. knapp inner- und außerhalb der Randbereiche der Äquivalenzklassen liegen) entworfen werden.

Grundursache[5] **(Hauptursache, Ursache)** Die Ursache eines Fehlerzustands. Wenn man sie behebt, dann wird das Vorkommen der Fehlerart reduziert oder eliminiert.

GUI (***graphical user interface***) Grafische Bedienoberfläche.

Individualsoftware Software, die für einen einzelnen oder eine kleine Gruppe von Kunden oder Benutzern entwickelt wird. Das Gegenstück ist Standardsoftware (s. Kommerzielle Standardsoftware).

Informelles Review Eine Art von Review, die keinem formalen (dokumentierten) Ablauf folgt.

Innerer Fehler s. Fehlerzustand

Inspektion Eine formale Reviewart, deren Ziel die Identifizierung von Befunden in einem Arbeitsprodukt ist und die Messungen zur Verbesserung des Reviewprozesses und des Softwareentwicklungsprozesses liefert. Es ist die Reviewart, bei der das Vorgehen sehr formal vorgegeben ist und die stets einem dokumentierten Vorgehen folgt.

Instrumentierung (Werkzeuggestütztes) Einfügen von Protokoll- oder Zählanweisungen in den Quell- und/oder Objektcode eines Testobjekts, um während der Ausführung Informationen über das Programmverhalten zu sammeln. Damit lässt sich beispielsweise die Codeüberdeckung messen.

5. Im engl. Lehrplan steht »root causes«, eine präzisere Übersetzung ist »grundlegende Ursachen« oder »auslösende Ursachen«.

Integration Der Prozess der Verknüpfung von Komponenten (oder bereits integrierten Komponentengruppen) zu größeren Gruppen.

Integrationstest Testen mit dem Ziel, Fehlerzustände in den Schnittstellen und im Zusammenspiel zwischen integrierten Komponenten aufzudecken.

Intuitive Testfallermittlung (Fehlererwartungsmethode, *error guessing*) Ein Testverfahren, bei dem Testfälle auf Basis des Wissens der Tester über frühere Fehler oder aufgrund von allgemeinem Wissen über Fehlerwirkungen abgeleitet werden.

Istverhalten/Istergebnis Im Test beobachtetes/erzeugtes Verhalten einer Komponente oder eines Systems unter festgelegten Bedingungen.

Klassentest Test einer oder mehrerer Klassen eines objektorientierten Softwaresystems (s.a. Komponententest).

Kombinatorisches Testen Ein Verfahren zur Festlegung einer geeigneten Menge von Kombinationen aus Parameterwerten oder Parameterbereichen, um einen vorher festgelegten Überdeckungsgrad zu erreichen, wenn man ein Objekt mit mehreren Parametern testet und wenn die Werte dieser Parameter zu mehr Kombinationen führen als mit vertretbarem Aufwand in der zur Verfügung stehenden Zeit getestet werden kann (s.a. n-weises Testen, paarweises Testen, orthogonale Arrays).

Kommerzielle Standardsoftware Ein Softwareprodukt, das für den allgemeinen Markt entwickelt wurde, d.h. für eine große Anzahl von Kunden, und das in identischer Form an viele Kunden ausgeliefert wird.

Komparator/Testkomperator Werkzeug zum automatischen Vergleich der tatsächlichen (Ist-) mit den vorausgesagten (Soll-) Ergebnissen.

Komponente[6] (Softwarebaustein)

1. Kleinste Einheit eines Systems, die für sich alleine getestet werden kann und für die eine separate Spezifikation verfügbar ist. Abhängig davon, welche Programmiersprache eingesetzt wird, werden diese kleinsten Einheiten unterschiedlich bezeichnet, z.B. als Modul, Unit oder Klasse.
2. Softwareeinheit, die die Implementierungsstandards eines Komponentenmodells (EJB, CORBA, .NET) erfüllt.

Komponentenintegrationstest s. Integrationstest

Komponententest Testen einer einzelnen Hardware- oder Softwarekomponente (s.a. Komponente).

6. Komponente, Unit, Modul sind Begriffe, für die es keine einheitlichen Definitionen gibt. Die hier gegebene bezieht sich auf die Testaspekte.

Konfiguration

1. Die Anordnung eines Computersystems bzw. einer Komponente oder eines Systems, wie sie oder es durch Anzahl, Beschaffenheit und Verbindungen ihrer oder seiner Bestandteile definiert ist.
2. Zustand der Umgebung eines Testobjekts, der als Vorbedingung für die Durchführung von Testfällen erreicht sein muss.

Konfigurationsmanagement Technische und administrative Maßnahmen zur Identifizierung und Dokumentation der fachlichen und physischen Merkmale eines Konfigurationsobjekts, zur Überwachung und Protokollierung von Änderungen solcher Merkmale, zum Verfolgen des Änderungsprozesses, Umsetzungsstatus und zur Verifizierung der Übereinstimmung mit spezifizierten Anforderungen [IEEE 610].

Konfigurationsobjekt Eine Zusammenstellung von Arbeitsergebnissen, die für das Konfigurationsmanagement vorgesehen ist und als eine Einheit im Konfigurationsmanagementprozess behandelt wird [ISO/IEC 24765].

Konkreter Testfall (physischer Testfall) Ein Testfall mit konkreten Werten für Eingaben und erwartete bzw. vorausgesagte Ergebnisse (s.a. abstrakter Testfall).

Konstruktive Qualitätssicherung Einsatz von Methoden, Werkzeugen, Richtlinien usw., die dazu beitragen, dass der Erstellungsprozess und/oder das zu erstellende Produkt a priori bestimmte Eigenschaften besitzt und dass Fehlhandlungen vermieden oder verringert werden.

Kontrollfluss Die Abfolge, in der Anweisungen während der Ausführung eines Testelements ausgeführt werden [ISO 29119].

Kontrollflussanomalie Statisch feststellbare Unstimmigkeit beim Ablauf des Testobjekts (z.B. nicht erreichbare Anweisungen).

Kontrollflussbasierter Test/Kontrollflusstest

1. Ein Whitebox-Testverfahren, bei dem Testfälle auf Basis von Kontrollflüssen entworfen werden (z.B. Pfadtest, Bedingungstest, Entscheidungstest, Anweisungstest).
2. Dynamischer Test, bei dem die Testfälle unter Berücksichtigung des Kontrollflusses des Testobjekts hergeleitet werden und die Vollständigkeit der Prüfung (Überdeckungsgrad) anhand des Kontrollflussgraphen bewertet wird.

Kontrollflussgraph Eine abstrakte Repräsentation von allen möglichen Kontrollflüssen in einer Komponente oder einem System. Ein Kontrollflussgraph ist ein gerichteter Graph G = (N, E, nstart, nfinal). N ist die endliche Menge der Knoten. E ist die Menge der gerichteten Kanten. »nstart« ist der Startknoten. »nfinal« ist der Endknoten. Kontrollflussgraphen dienen zur Darstellung der Kontrollstruktur von Komponenten.

Lasttest Eine Art des Performanztests, die das Verhalten eines Systems oder einer Komponente unter wechselnder Last bewertet, üblicherweise zwischen zu erwartender niedriger, typischer und Spitzenlast ([ISO 29119], s.a. Performanztest, Stresstest).

Managementreview

1. Eine systematische Bewertung des Softwarebeschaffungs-, Lieferungs-, Entwicklungs-, Wartungsprozesses und des Betreibens von Software. Sie wird durchgeführt im Auftrag des Managements, das den Fortschritt überwacht, den Status des Vorhabens und den Zeitplan bestimmt und Anforderungen und Budget bestätigt. Es kann auch die Effektivität und Zweckmäßigkeit des Managementansatzes bewerten [IEEE 610, IEEE 1028].
2. Review, bei dem Projektpläne und Entwicklungsprozesse als solches analysiert werden.

Mangel Ein Mangel liegt vor, wenn eine gestellte Anforderung oder berechtigte Erwartung nicht angemessen erfüllt wird.

Massentest s. Volumentest

Mehrfachbedingungstest Ein Whitebox-Testverfahren, das die Überdeckung der atomaren Teilbedingungen einer Entscheidung mit *wahr* und *falsch* in allen Kombinationen fordert.

Meilenstein Markiert einen Zeitpunkt im Projekt(prozess), zu dem ein bestimmtes (größeres) Arbeitsergebnis oder definiertes Zwischenergebnis fertiggestellt sein soll.

Messung Der Prozess, eine Zahl oder Kategorie einer Einheit zuzuweisen, um ein Attribut dieser Einheit zu beschreiben [ISO 14598].

Metrik

1. Größe zur Messung einer bestimmten Eigenschaft eines Programms oder einer Komponente. Die Ermittlung von Metriken ist Aufgabe der statischen Analyse.
2. Die Mess-Skala und das genutzte Verfahren einer Messung [ISO 14598].

Mitschnittwerkzeug (*Capture-and-Replay-Tool*) Ein Werkzeug zur Unterstützung der Testausführung. Eingaben der Benutzer werden während der manuellen Testdurchführung zum Erzeugen von ausführ- und wiederholbaren Testskripten aufgezeichnet und verwendet. Solche Testwerkzeuge werden häufig zur Unterstützung automatisierter Regressionstests genutzt.

Mock/Mock-Objekt Ein »intelligenter« Stub, der die Aufrufe und Daten, die er vom Testobjekt erhält, auswertet, auf Zulässigkeit und Korrektheit prüft und abhängig von dieser Auswertung eine Reaktion bzw. ein Berechnungsergebnis an das Testobjekt zurückgibt. Aus Sicht des Testfalls fungiert ein Mock wie ein zusätzlicher Verifikationsschritt für »Indirect Output« des Testobjekts (s.a. Platzhalter).

Moderator Eine neutrale Person, die eine Reviewsitzung leitet.

Modifizierter Bedingungs-/Entscheidungstest[7] Ein Whitebox-Testverfahren, bei dem Testfälle so entworfen werden, dass diejenigen Bedingungsergebnisse zur Ausführung kommen, die unabhängig voneinander einen Entscheidungsausgang beeinflussen.

Modultest s. Komponententest

Monitor Ein Softwarewerkzeug oder eine Hardwareeinheit, die gleichzeitig mit dem System bzw. der Komponente agiert und dessen bzw. deren Betrieb überwacht, aufzeichnet, analysiert oder verifiziert.

Nachbedingung Der erwartete Zustand eines Testelements und seiner Umgebung nach der Ausführung eines Testfalls.

Negativtest Ein Test, der zeigen soll, dass eine Komponente oder ein System nicht funktioniert. Der Begriff bezeichnet eher die Einstellung des Testers als einen bestimmten Testansatz oder ein bestimmtes Testverfahren, wie etwa das Testen mit ungültigen Eingabewerten oder Ausnahmen.

Nicht funktionale Anforderung Eine Anforderung, die beschreibt, wie eine Komponente oder ein System ihre/seine beabsichtigte Leistung erbringen soll [ISO/IEC 24765].

Nicht funktionaler Test Test, der durchgeführt wird, um die Erfüllung der nicht funktionalen Anforderungen durch eine Komponente oder ein System zu bewerten.

n-weises Testen Ein Blackbox-Testverfahren, bei dem die Testfälle so entworfen werden, dass alle möglichen diskreten Kombinationen aller n-Tupel von Eingabeparametern ausgeführt werden (s.a. orthogonale Arrays, paarweises Testen).

Orthogonale Arrays Ein zweidimensionales Array mit speziellen mathematischen Eigenschaften, bei dem jede Kombination von zwei Spalten alle Kombinationen der Werte enthält und eine Gleichverteilung der Kombinationen gegeben ist (s.a. Covering Arrays).

Paarweises Testen Ein Blackbox-Testverfahren, bei dem die Testfälle so entworfen werden, dass alle möglichen diskreten Kombinationen aller Paare von Eingabeparametern ausgeführt werden (s.a. kombinatorisches Testen, n-weises Testen, orthogonale Arrays).

Patch

1. Eine Modifikation, die direkt den Objektcode modifiziert, ohne den Sourcecode zu ändern und zu rekompilieren oder zu reassemblieren.
2. Eine (nachträgliche) Modifikation des Quellcodes in letzter Minute.
3. Jede beliebige Modifikation eines Quell- oder Objektcodes.
4. Die Ausführung einer Modifikation wie in 1–3 beschrieben.
5. Ungeplante Softwarelieferung mit korrigierten Dateien zur ggf. provisorischen Behebung einzelner Fehlerzustände.

---

7. Auch als minimaler Mehrfachbedingungstest bezeichnet.

Performanz Der Grad, zu dem eine Komponente oder ein System Zeit, Ressourcen und Kapazität verbraucht, während sie/es ihre/seine vorgesehenen Funktionen ausführt [ISO 25010].

Performanztest Testen zur Bestimmung der Performanz eines Softwareprodukts (s.a. Effizienztest).

Performanztestwerkzeug Ein Testwerkzeug, das Last für ein bestimmtes Testelement erzeugt und dessen Performanz während der Testdurchführung misst und aufzeichnet.

Perspektivisches Lesen/Review Ein Reviewverfahren, bei dem die Reviewer (Gutachter) das Arbeitsergebnis aus (vorgegebenen) unterschiedlichen Perspektiven beurteilen.

Pfad Eine Folge von Ereignissen wie z.B. ausführbaren Anweisungen einer Komponente oder eines Systems von einem Eintrittspunkt bis zu einem Austrittspunkt.

Pfadtest Ein Whitebox-Testverfahren, bei dem die Testfälle im Hinblick auf die Ausführung von Pfaden entworfen werden.

Pfadüberdeckung Die Überdeckung von Pfaden. 100 % Pfadüberdeckung ist in der Praxis durch die hohe Anzahl an Pfaden in der Regel nicht erreichbar.

Platzhalter (*stub*) Eine rudimentäre oder spezielle Implementierung einer Softwarekomponente, die verwendet wird, um eine noch nicht implementierte Komponente zu ersetzen bzw. zu simulieren [IEEE 610].

Point of Control (PoC) Schnittstelle, über die das Testobjekt mit Testdaten versorgt wird.

Point of Observation (PoO) Schnittstelle, an der die Reaktionen und Ausgaben des Testobjekts beobachtet und aufgezeichnet werden.

Produktivumgebung Beim Benutzer oder Betreiber eingesetzte Hard- und Softwareprodukte, auf denen das System betrieben wird. Die Software kann Betriebssysteme, Datenbankmanagementsysteme und andere Applikationen enthalten.

Produktrisiko Ein Risiko, das die Qualität eines Produkts beeinträchtigt.

Projektrisiko Ein Risiko, das den Projekterfolg beeinträchtigt.

Prozessmodell

1. Ein Rahmenwerk zur Klassifizierung von Prozessen des gleichen Typs in einem übergeordneten Modell z.B. ein Testprozessverbesserungsmodell.
2. s. Softwareentwicklungsmodell

Prüfobjekt Dokument, das auf Fehler und Unstimmigkeiten untersucht oder vermessen wird.

Prüfung

1. Oberbegriff für alle analytischen Qualitätssicherungsmaßnahmen unabhängig von Methode und Prüfobjekt.
2. Tätigkeit wie Messen, Untersuchen, Ausmessen von einem oder mehreren Merkmalen einer Einheit (Prüfobjekt) sowie Vergleichen mit festgelegten Forderungen, um festzustellen, ob Konformität für jedes Merkmal erzielt ist.

Qualität

1. Der Grad, in dem ein System, eine Komponente oder ein Prozess die Kundenerwartungen und -bedürfnisse erfüllt.
2. Gesamtheit der Merkmale und Merkmalswerte eines Produkts oder einer Dienstleistung, die sich auf deren Eignung beziehen, festgelegte oder vorausgesetzte Erfordernisse zu erfüllen.
3. Der Grad, in dem ein Satz inhärenter Merkmale Anforderungen erfüllt.

Qualitätsmanagement Aufeinander abgestimmte Tätigkeiten zum Leiten und Lenken einer Organisation bezüglich Qualität. Leiten und Lenken bezüglich Qualität umfassen üblicherweise das Festlegen der Qualitätspolitik und der Qualitätsziele, die Qualitätsplanung, die Qualitätssicherung und die Qualitätsverbesserung [ISO 9000].

Qualitätsmerkmal

1. Eine Kategorie von Produkteigenschaften, die sich auf Qualität beziehen.
2. Satz von Eigenschaften eines Softwareprodukts, anhand dessen seine Qualität beschrieben und beurteilt wird. Ein Qualitätsmerkmal kann über mehrere Stufen in Teilmerkmale verfeinert werden.
3. Fähigkeit oder Merkmal, die die Qualität einer Einheit beeinflussen.

Qualitätssicherung Teil des Qualitätsmanagements, das darauf gerichtet ist, Vertrauen in die Erfüllung der Qualitätsanforderungen zu erzeugen.

Randbedingung Teil der Vor- und Nachbedingung, der gegenüber der Durchführung des Testfalls invariant ist, also durch einen Testlauf nicht verändert wird.

Regressionstest Testen einer bereits getesteten Komponente oder eines Systems nach einer Modifikation, um sicherzustellen, dass in nicht geänderten Bereichen durch die vorgenommenen Änderungen keine Fehlerzustände eingebaut oder bisher maskierte Fehlerzustände freigelegt wurden.

Regulatorischer Abnahmetest Abnahmetest mit dem Ziel, zu verifizieren, ob ein System zu relevanten Gesetzen, Richtlinien und Vorschriften konform ist.

Release Eine bestimmte Version eines Konfigurationsobjekts, das für einen spezifischen Zweck bereitgestellt wurde (beispielsweise ein Testrelease oder ein Produktionsrelease).

Retrospektive Die (Sprint-)Retrospektive ist eine Gelegenheit für das Scrum-Team, sich selbst zu untersuchen und einen Plan für Verbesserungen aufzustellen, die im folgenden Sprint umgesetzt werden sollen (s. [Linz 16]).

Review Eine Art des statischen Tests, in dem ein Arbeitsprodukt oder ein Prozess von einer oder mehreren Personen beurteilt wird, um Befunde zu erheben und Verbesserungspotenziale zu identifizieren. Review ist auch ein Oberbegriff für Managementreview, informelles Review, technisches Review, Inspektion und Walkthrough.

Reviewfähig (prüfbar) Arbeiten an einem Dokument haben einen gewissen Abschluss gefunden und eine ausreichende Vollständigkeit erreicht, sodass dieses Dokument einem Review unterzogen werden kann.

Reviewer/Gutachter Ein Teilnehmer eines Reviews, der Befunde zu einem Arbeitsprodukt erhebt [ISO/IEC 20246].

Risiko Ein Faktor, der zu negativen Konsequenzen in der Zukunft führen könnte, gewöhnlich ausgedrückt durch das Schadensausmaß und die Eintrittswahrscheinlichkeit.

Risikobasierter Test Ein Testvorgehen, bei dem sich das Management, die Auswahl, die Priorisierung und die Anwendung von Testaktivitäten und Ressourcen an entsprechenden Risikotypen und Risikostufen orientieren.

Risikostufe Diskretes Maß der Wichtigkeit eines Risikos, bestimmt durch seine Bestandteile Auswirkung und Eintrittswahrscheinlichkeit. Die Risikostufe kann genutzt werden, um die geplante Testintensität entsprechend zu bestimmen. Die Skala kann entweder qualitativ (z.B. hoch, mittel, niedrig) oder quantitativ sein.

Risikotyp Eine Menge von Risiken, die einen oder mehrere gemeinsame Aspekte aufweisen.

Robustheit Der Grad, in dem eine Komponente oder ein System bei ungültigen Eingaben und/oder extremen Umgebungsbedingungen korrekt funktioniert.

Robustheitstest

1. Test zum Ermitteln der Robustheit eines Softwareprodukts.
2. s. Negativtest

Rolle Beschreibung bestimmter Fähigkeiten, Qualifikationen und Tätigkeitsprofile in der Softwareentwicklung, die von am Projekt beteiligten Personen (Rollenträger) auszufüllen sind.

Rollenbasiertes Review Ein Reviewverfahren, bei dem die Gutachter ein Arbeitsergebnis aus der Perspektive unterschiedlicher Stakeholder-Rollen bewerten.

Rückverfolgbarkeit ***(traceability)*** Der Grad, zu dem eine Beziehung zwischen zwei oder mehr Arbeitsergebnissen hergestellt werden kann.

Schlüsselwortgetriebener Test Ein skriptbasiertes Verfahren, das nicht nur Testdaten und vorausgesagte Ergebnisse aus Dateien einliest, sondern auch spezielle Schlüsselworte zur Steuerung des Testobjekts. Diese Schlüsselworte können von speziellen Skripts interpretiert werden und den Test während der Laufzeit steuern.

Scrum Ein (Projektmanagement-)Framework, das die Entwicklung komplexer Produkte, insbesondere Software, unterstützt. Scrum besteht aus Scrum-Teams und den dazugehörigen Rollen, Ereignissen, Artefakten und Regeln (s. [Linz 16]).

Sequenzielles Entwicklungsmodell Ein Entwicklungsmodell, bei dem ein komplettes System in einer Abfolge von mehreren diskreten, aufeinander folgenden Phasen ohne Überlappung entwickelt wird.

Sicherheit (Security, Datensicherheit) Grad, in dem ein Produkt oder System Informationen und Daten schützt, sodass Personen oder andere Produkte oder Systeme den Grad des Datenzugriffs haben, der ihrer Art und dem Umfang der Autorisierung entspricht [ISO 25010].

Sicherheitsrelevantes/-kritisches System Ein System, bei dem eine Fehlerwirkung oder Fehlfunktion zum Tod oder zu ernsthaften Verletzungen von Personen führen kann. Möglich sind auch Verlust oder schwerer Schaden von Gerätschaften oder Umweltschäden.

Sicherheitstest Test zur Prüfung von Zugriffs- und Datensicherheit eines Systems bzw. Test auf Sicherheitslücken.

Simulator Gerät, Computerprogramm oder Testsystem, das sich wie ein festgelegtes System verhält, wenn man es mit einem definierten Satz kontrollierter Eingaben versorgt [IEEE 610, RTC-DO 178B].

Smoke-Test Eine Teilmenge aller definierten/geplanten Testfälle, die die Hauptfunktionalität einer Komponente oder eines Systems überdecken. Der Test soll feststellen, ob die wichtigsten Funktionen eines Programms arbeiten, ohne jedoch einzelne Details zu berücksichtigen. Ein täglicher Build und ein Smoke-Test gehören in der Industrie zur Best Practice.

Softwareentwicklungslebenszyklus/Softwareentwicklungsmodell/Softwareentwicklungsprozess

1. Die Aktivitäten, die in jeder Stufe der Softwareentwicklung durchgeführt werden, sowie ihre logischen und zeitlichen Verknüpfungen miteinander.
2. Beschreibt einen festgelegten organisatorischen Rahmen der Softwareentwicklung. Festgelegt wird, welche Aktivitäten in welcher Reihenfolge von welchen Rollen zu erledigen sind und welche Ergebnisse dabei entstehen und wie diese in der Qualitätssicherung überprüft werden.

Softwareobjekt Identifizierbares Teilergebnis des Softwareentwicklungsprozesses (Quellcodedatei, Dokument u.a.).

Softwarequalität Gesamtheit der Funktionalitäten und Merkmale eines Softwareprodukts, die sich auf dessen Eignung beziehen, festgelegte oder vorausgesetzte Erfordernisse zu erfüllen.

Sollverhalten/Sollergebnis/erwartetes Ergebnis Das vorausgesagte, beobachtbare Verhalten einer Komponente oder eines Systems, ausgeführt unter festgelegten Bedingungen, basierend auf ihrer/seiner Spezifikation oder einer anderen Quelle ([ISO 29119], s.a. Testorakel).

Spezifikation Ein Dokument, das die Anforderungen, den Aufbau, das Verhalten oder andere Charakteristika des Systems bzw. der Komponente beschreibt, idealerweise genau, vollständig, konkret und nachprüfbar. Häufig enthält die Spezifikation auch Vorgaben zur Prüfung der Anforderungen.

Sprint Ein Zeitfester von einem Monat oder kürzer, während dessen ein »done« (fertiges), nutzbares und potenziell auslieferbares Produktinkrement hergestellt wird. Sprints haben während eines Entwicklungsvorhabens eine gleichmäßig feste Dauer. Jeder neue Sprint beginnt direkt nach der Beendigung des vorhergehenden Sprints (s. [Linz 16]).

Stakeholder Person oder Gruppe, die ein berechtigtes Interesse am Verlauf oder Ergebnis eines (Software-)Projekts oder des zu entwickelnden (Software-) Systems hat.[8]

Standardsoftware s. kommerzielle Standardsoftware

Statische Analyse Der Prozess der Bewertung eines Testobjekts (Komponente oder System), basierend auf seiner Form, seiner Struktur, seines Inhalts oder seiner Dokumentation, ohne es auszuführen.

Statischer Analysator Ein Werkzeug, das eine statische Analyse durchführt.

Statischer Test Testen eines Arbeitsergebnisses, ohne dieses auszuführen.

Stellvertreter s. Platzhalter

Stresstest Spezifische Form des Performanztests, die durchgeführt wird, um ein System oder eine Komponente an oder über den Grenzen, die in den Anforderungen spezifiziert wurden, zu bewerten ([IEEE 610], s.a. Performanztest, Lasttest).

Struktureller Test s. Whitebox-Test

Stub s. Platzhalter

Syntaxtest Verfahren zur Ermittlung der Testfälle, das bei Vorliegen einer formalen Spezifikation der Syntax für die Eingaben angewendet werden kann.

Systemintegrationstest Testen der Verbindung und Interaktion von Systemen.

Systemtest Testen eines integrierten Systems, um sicherzustellen, dass es spezifizierte Anforderungen erfüllt.

---

8. Nach *https://de.wikipedia.org/wiki/Stakeholder#Stakeholder_in_der_Systementwicklung*.

Szenariobasiertes Review Ein Reviewverfahren, das auf die Prüfung der Fähigkeit des Arbeitsergebnisses ausgerichtet ist, spezifische Szenarien umzusetzen.

Technisches Review (fachliches Review) Eine formale Reviewart, bei der ein Team von technisch bzw. (im Anwendungsfeld des Testobjekts) fachlich qualifizierten Personen die Eignung eines Arbeitsergebnisses für seine beabsichtigte Verwendung prüft und Abweichungen von Spezifikationen oder Standards identifiziert.

Testablauf Eine Folge von Testfällen in der Reihenfolge ihrer Durchführung, mit allen erforderlichen Aktionen zur Herstellung der Vorbedingungen und zum Aufräumen nach der Durchführung (s.a. Testskript, Testprozedur).

Testabschluss Die Aktivität, die Testmittel für eine spätere Anwendung verfügbar macht, Testumgebungen in einem verwendbaren Zustand hinterlässt und die Testergebnisse den relevanten Stakeholdern kommuniziert.

Testabschlussbericht Ein Testbericht, der eine Bewertung der entsprechenden Testelemente gegen Endekriterien liefert.

Testanalyse Die Aktivität, die Testbedingungen durch eine Analyse der Testbasis identifiziert.

Testart Eine Gruppe von Testaktivitäten, die auf bestimmten Testzielen basieren und den Zweck haben, eine Komponente oder ein System auf spezifische Merkmale zu prüfen.

Testaufwand Zu veranschlagender bzw. ermittelter Bedarf an Ressourcen für den Testprozess.

Test-Aufwandsschätzung[9] Ermittelte Näherung eines Ergebnisses zu einem Aspekt des Testens (z.B. Aufwand, Endzeitpunkt, erforderliche Kosten, Anzahl der Testfälle), das auch dann brauchbar ist, wenn die Eingabedaten unvollständig, unsicher oder gestört sind.

Testausführung s. Testdurchführung

Testausführungsplan Ein Zeitplan für die Ausführung von Testsuiten innerhalb eines Testzyklus.

Testausführungswerkzeug Ein Testwerkzeug, das Tests gegen ein vorgesehenes Testelement ausführt und die tatsächlichen Ergebnisse und Nachbedingungen gegen die erwarteten Werte vergleicht.

Testauswertung Anhand der Testprotokolle wird ermittelt, ob Fehlerwirkungen vorliegen; ggf. wird eine Einteilung in Fehlerklassen vorgenommen.

Testautomatisierung Einsatz von Softwarewerkzeugen zur Durchführung oder Unterstützung von Testaktivitäten, z.B. Testmanagement, Testentwurf, Testausführung und Soll-/Ist-Vergleich.

---

9. »Aufwands« von den Autoren ergänzt.

Testbare Anforderung Eine Anforderung, die so formuliert ist, dass Testbedingungen (und in weiterer Folge Testfälle) festgelegt werden können, und dass sich bei der Durchführung der Testfälle feststellen lässt, ob die Anforderung erfüllt ist.

Testbarkeit Der Grad der Effektivität und Effizienz, zu dem Tests für eine Komponente oder ein System entworfen und durchgeführt werden können [ISO 25010].

Testbasis Alle Informationen, die als Basis für die Testanalyse und den Testentwurf verwendet werden können.

Testbedingung Ein Aspekt der Testbasis, der für die Erreichung bestimmter Testziele relevant ist.

Testdaten Die Daten, die erzeugt oder ausgewählt werden, um für die Durchführung eines oder mehrerer Testfälle Vorbedingungen zu erfüllen und Eingaben für die Durchführung bereitzustellen.

Testdurchführung Der Prozess der Ausführung eines Tests für eine Komponente oder ein System, der Istergebnisse erzeugt.

Testelement Das einzelne Element, das getestet wird. Gewöhnlich existieren ein Testobjekt und viele Testelemente (s. a. Testobjekt).

Testen Der Prozess, der aus allen Aktivitäten des Lebenszyklus besteht (sowohl statisch als auch dynamisch), die sich mit der Planung, Vorbereitung und Bewertung eines Softwareprodukts und dazugehöriger Arbeitsergebnisse befassen. Ziel des Prozesses ist, sicherzustellen, dass diese allen festgelegten Anforderungen genügen, dass sie ihren Zweck erfüllen und etwaige Fehlerwirkungen und Fehlerzustände finden.

Testendekriterien s. Endekriterien

Testentwurf Die Aktivität, die Testfälle aus Testbedingungen ableitet und spezifiziert.

Testentwurfsverfahren s. Testverfahren

Tester

1. Eine sachkundige Fachperson, die am Testen einer Komponente oder eines Systems beteiligt ist.
2. Oberbegriff für alle personalbezogenen Rollen oder Funktionen im Testprozess (Testmanager u. a.).

Testergebnis/Ergebnis Das Ergebnis der Ausführung eines Tests. Dazu gehören die Bildschirmausgaben, Datenänderungen, Berichte und versendete Mitteilungen.

Testfall Eine Menge von Vorbedingungen, Eingaben, Aktionen (falls anwendbar), vorausgesagten Ergebnissen und Nachbedingungen, die auf Basis von Testbedingungen entwickelt wurden.

Testfallexplosion Der unverhältnismäßige Anstieg der Zahl an Testfällen mit ansteigender Größe der Testbasis bei Anwendung eines bestimmten Testverfahrens. Testfallexplosion tritt ggf. auch auf, wenn das Testverfahren zum ersten Mal systematisch angewendet wird.

Testfallspezifikation Die Dokumentation von einem oder mehreren Testfällen [ISO 29119].

***Test-first programming/test-driven development/*testgetriebene Entwicklung/*Test-First-*Ansatz** Grundlegende Entwicklungspraktik aus dem Extreme Programming: Testfälle werden entworfen und automatisiert, bevor der für die betreffende Funktionalität zu implementierende Programmcode geschrieben wird. Die Testfälle dienen als Spezifikation des zu erstellenden Programmcodes.

Testfortschrittsbericht Ein Testbericht, der in regelmäßigen Zeitabständen erstellt wird und über den Fortschritt der Testaktivitäten gegenüber einer definierten Vergleichsbasis berichtet sowie über Risiken und über Alternativen, die eine Entscheidung erfordern.

Testinfrastruktur Die organisatorischen Elemente, die für die Durchführung des Tests benötigt werden, bestehend aus Testumgebung, Testwerkzeugen, Büroräumen, Verfahren usw.

Testkonzept Die Dokumentation der Testziele sowie der Maßnahmen und der Zeitplanung, um diese zu erreichen, zum Zweck der Koordination von Testaktivitäten.

Testlauf Die Ausführung eines oder mehrerer Testfälle mit einer bestimmten Version des Testobjekts.

Testmanagement Konzeption, Planung, Schätzung, Überwachung, Berichterstattung, Steuerung und Abschluss von Testaktivitäten [ISO 29119].

Testmanagementwerkzeug Ein Werkzeug, das das Management eines Testprozesses unterstützt und verschiedene Leistungsmerkmale umfasst: Management der Testmittel, zeitliche Planung der Reihenfolge der durchzuführenden Tests, Protokollierung der Ergebnisse, Fortschrittsüberwachung, Fehler- und Abweichungsmanagement und Testabschlussberichterstattung.

Testmanager Die Person, die für das Management der Testaktivitäten und Testressourcen sowie für die Bewertung des Testobjekts verantwortlich ist. Zu den Aufgaben gehören Anleitung, Steuerung, Verwaltung, Planung und Regelung der Aktivitäten zur Bewertung des Testobjekts.

Testmethode s. Testverfahren

Testmetrik Messbare Eigenschaft eines Testfalls, Testlaufs oder Testzyklus mit Angabe der zugehörigen Messvorschrift.

Testmittel Alle Artefakte, die während des Testprozesses erstellt werden und die erforderlich sind, um die Tests zu planen, zu entwerfen oder auszuführen. Dazu gehören: Dokumente, Skripte, Eingabedaten, erwartete Ergebnisse, Prozeduren zum Aufsetzen und Aufräumen von Testdaten, Dateien, Datenbanken, Umgebungen und weitere zusätzliche Software- und Dienstprogramme, die für das Testen verwendet werden.

Testobjekt Die Komponente oder das (Teil-)System, das getestet wird.

Testorakel Eine Informationsquelle zur Ermittlung vorausgesagter Ergebnisse, um sie mit den tatsächlichen Ergebnissen einer Komponente oder eines Systems unter Test zu vergleichen.

Testphase Eine abgegrenzte Menge von Testaktivitäten, die einer Projektphase zugeordnet sind, z.B. Ausführungsaktivitäten einer Teststufe.

Testplan Eine Liste von Aktivitäten, Aufgaben oder Ereignissen des Testprozesses mit Angabe ihrer geplanten Anfangs- und Endtermine sowie ihrer gegenseitigen Abhängigkeiten.

Testplanung Eine Aktivität im Testprozess zur Erstellung und Fortschreibung des Testkonzepts.

Testprotokoll Eine chronologische Aufzeichnung von Einzelheiten der Testausführung [IEEE 829].

Testprotokollierung Die Aktivität, die ein Testprotokoll erstellt.

Testprozedur Ein in Form eines Testskripts codierter/implementierter Testablauf (s.a. Testablauf, Testskript).

Testprozess Die Menge zusammenhängender Aktivitäten, bestehend aus Testplanung, Testüberwachung und Teststeuerung, Testanalyse, Testentwurf, Testrealisierung, Testdurchführung und Testabschluss.

Testrahmen Eine Testumgebung, die aus den für die Testausführung benötigten Testtreibern und Platzhaltern besteht (s.a. Testtreiber, Platzhalter).

Testrealisierung Die Tätigkeit, die auf Basis der Testanalyse und des Testentwurfs die Testmittel vorbereitet, die für die Testdurchführung benötigt werden.

Testrichtlinie Ein Dokument, das auf hohem Abstraktionsniveau die Prinzipien, den Ansatz und die wichtigsten Ziele einer Organisation in Bezug auf das Testen zusammenfasst.

Testroboter Werkzeug zur Durchführung von Tests, das offengelegte bzw. zugängliche äußere Schnittstellen des Testobjekts, beispielsweise die GUI, mit Eingabewerten ansteuert und deren Reaktionen dort abliest.

Testschnittstelle s. Point of Control (PoC), Point of Observation (PoO)

Testsequenz Aneinanderreihung mehrerer Testfälle, wobei Nachbedingungen des einen Testfalls als Vorbedingungen des folgenden Testfalls genutzt werden (s.a. Testsuite).

Testskript Eine Abfolge von Anweisungen, die die Schritte zur Durchführung eines Tests festlegen (s.a. Testablauf).

Testspezifikation Die komplette Dokumentation des Testentwurfs, der Testfälle und Testabläufe für ein bestimmtes Testelement [ISO 29119].

Teststeuerung Eine Testmanagementaktivität zur Entwicklung und Anwendung von Korrekturmaßnahmen, um eine Abweichung vom geplanten Vorgehen zu beherrschen.

Teststrategie

1. Eine Dokumentation, die die generischen Anforderungen an das Testen in einem oder mehreren Projekten innerhalb einer Organisation beschreibt, einschließlich Details darüber, wie das Testen durchgeführt werden soll, und die an der Testrichtlinie ausgerichtet ist.
2. Kombination der Vorgehensweisen und Testmethoden, die ausgewählt bzw. festgelegt werden, um das Testobjekt zu testen und die (geforderten) Testziele zu erreichen.

Teststufe

1. Eine spezifische Instanziierung eines Testprozesses.
2. Eine Teststufe ist eine Gruppe von Testaktivitäten, die gemeinsam ausgeführt und verwaltet werden. Zuständigkeiten in einem Projekt können sich auf Teststufen beziehen. Beispiele von Teststufen sind der Komponententest, der Integrationstest, der System- und Abnahmetest (nach dem allg. V-Modell).

Testsuite Eine Menge von Testfällen, gruppiert nach einem gemeinsamen Zweck oder einem Testziel.

Testszenario Die Spezifikation eines oder mehrerer Testabläufe.

Testtreiber Ein Testwerkzeug, das eine zu testende Komponente/ein System aufruft und/oder steuert.

Testüberdeckung s. Überdeckungsgrad

Testüberwachung Eine Testmanagementaktivität, die die Prüfung des Status der Testaktivitäten, das Identifizieren von Abweichungen vom geplanten oder erwarteten Status und das Berichten über den Status an die Stakeholder beinhaltet.

Testumgebung Eine Umgebung, die benötigt wird, um Tests auszuführen. Sie umfasst Hardware, Instrumentierung, Simulatoren, Softwarewerkzeuge und andere unterstützende Hilfsmittel.

Testverfahren Eine Vorgehensweise, nach der Testfälle abgeleitet oder ausgewählt werden.

Testvorgehensweise Die Umsetzung einer Teststrategie in einem spezifischen Projekt. Typischerweise enthält sie die getroffenen Entscheidungen zur Erreichung der (Test-)Projektziele, die Ergebnisse der Risikoanalyse, die Testverfahren, die Endekriterien und die geplanten durchzuführenden Tests (Testarten).

Testziel Ein Grund oder Zweck für den Entwurf und die Ausführung von Tests.

Testzyklus Durchführung des Testprozesses für ein einzelnes bestimmtes Release des Testobjekts.

Tote Programmanweisung/unerreichbare Programmanweisung (***dead code***) Code, der nicht erreicht werden kann und deshalb nicht ausgeführt werden kann.

Tuning Änderung von Programmen oder Programmparametern und/oder Ausbau der Hardware zur Optimierung des Zeitverhaltens eines Hardware-/Softwaresystems.

Überdeckungselement Eine Eigenschaft oder eine Kombination von Eigenschaften, die aus einer oder mehreren Testbedingungen abgeleitet wird, indem ein Testverfahren genutzt wird, das die Messung der Vollständigkeit der Testausführung ermöglicht [ISO 29119].

Überdeckungsgrad Der Grad, ausgedrückt in Prozent, zu dem bestimmte Überdeckungselemente behandelt oder durch eine Testsuite ausgeführt wurden.

Unit Test s. Komponententest

Unnützer Testfall/unnötige Tests Testfall, der zu einem bereits vorhandenen Testfall redundant ist und somit zu keinen neuen Erkenntnissen führt.

Ursache-Wirkungs-Graph-Analyse Funktionsorientiertes Blackbox-Testverfahren, das die Spezifikation in eine grafische Form, den Ursache-Wirkungs-Graphen, umsetzt. Der Graph enthält Eingaben und/oder Auslöser (Ursachen) und die zugeordneten Ausgaben (Wirkungen). Die grafische Darstellung wird für den Entwurf von Testfällen (mithilfe von Entscheidungstabellen) verwendet.

Validierung/Validation Bestätigung durch Bereitstellung eines objektiven Nachweises, dass die Anforderungen für einen spezifischen beabsichtigten Gebrauch oder eine spezifische beabsichtigte Anwendung erfüllt worden sind.

Verifizierung/Verifikation Bestätigung durch Bereitstellung eines objektiven Nachweises, dass festgelegte Anforderungen erfüllt worden sind.

Versagen Verhalten eines Testobjekts, das nicht den aufgrund des Verwendungszwecks spezifizierten Funktionen entspricht.

Version Entwicklungsstand eines Softwareobjekts zu einem bestimmten Zeitpunkt. In der Regel durch eine Nummer angegeben (s.a. Konfiguration).

Vertraglicher Abnahmetest Abnahmetest mit dem Ziel, zu verifizieren, ob ein System die vertraglichen Anforderungen erfüllt.

V-Modell (allgemeines) Ein sequenzielles Entwicklungsmodell, das eine Eins-zu-eins-Beziehung zwischen den Phasen der Softwareentwicklung von der Anforderungsspezifikation bis zur Lieferung und den korrespondierenden Teststufen vom Abnahmetest bis zum Komponententest beschreibt.

Vollständiger/erschöpfender Test (Theoretischer) Testansatz, bei dem die Testsuite alle Kombinationen von Eingabewerten und Vorbedingungen umfasst.

Volumentest Test, bei dem große Datenmengen manipuliert werden oder das System durch große Datenvolumen beansprucht wird (s.a. Stresstest, Lasttest).

Vorbedingung Der erforderliche Zustand des Testelements/Testobjekts und seiner Umgebung vor der Ausführung eines Testfalls.

Vorgehensmodell s. Softwareentwicklungsmodell

Walkthrough Eine Reviewart, bei der ein Autor die Reviewteilnehmer durch ein Arbeitsergebnis leitet und die Teilnehmer Fragen stellen und potenzielle Befunde kommentieren.

Wartung Der Prozess der Anpassung einer Komponente oder eines Systems nach der Auslieferung, um Fehlerzustände zu beheben, um Qualitätsmerkmale zu verbessern oder um sie/es an eine veränderte Umgebung anzupassen [ISO/IEC 14764].

Wartungstest Testen der Änderungen an einem im Einsatz befindlichen System oder der Auswirkungen einer geänderten Umgebung auf ein laufendes System.

Whitebox-Test Ein Test, der auf der Analyse der internen Struktur einer Komponente oder eines Systems basiert.

Whitebox-Testverfahren (-Testentwurfsverfahren, -Testmethode) Ein Verfahren zur Herleitung und Auswahl von Testfällen, basierend auf der internen Struktur einer Komponente oder eines Systems.

Zufallstest Ein Blackbox-Testverfahren, bei dem Testfälle, eventuell unter Verwendung eines pseudozufälligen Generierungsalgorithmus, ausgewählt werden, um einem Nutzungsprofil in der Produktivumgebung zu entsprechen.

Zugriffssicherheitstest Die Durchführung von Tests, um die Sicherheit (im Sinne von Zugriffsschutz) eines Softwareprodukts zu bestimmen.

Zustandsautomat Ein abstraktes Berechnungsmodell, bestehend aus einer endlichen Anzahl von Zuständen und Zustandsübergängen, ggf. mit begleitenden Aktionen [IEEE 610].

Zustandsbasierter Test Ein Blackbox-Testverfahren, bei dem Testfälle aus Zustandsdiagrammen (oder den daraus erstellten Zustandstabellen) abgeleitet werden, um zu bewerten, ob das Testelement gültige Zustandsübergänge erfolgreich ausführt und ungültige Übergänge verhindert.

Zustandsdiagramm/Zustandsmodell Ein Diagramm, das die Zustände beschreibt, die ein System oder eine Komponente annehmen kann, und die Ereignisse bzw. Umstände zeigt, die einen Zustandswechsel verursachen und/oder ergeben.

Zuverlässigkeit Der Grad, zu dem eine Komponente oder ein System ihre/seine spezifizierten Funktionen unter den festgelegten Bedingungen während einer bestimmten Zeitspanne ausführt [ISO 25010].

Zweig

1. Eine Übertragung der Kontrolle von einer Stelle an eine andere Stelle des Codes.

   Beispiele sind:

   - wenn in einer Komponente eine bedingte Änderung des Kontrollflusses von einer Anweisung zu einer anderen Anweisung (z.B. bei einer IF-Anweisung) gegeben ist;
   - wenn in einer Komponente eine unbedingte Änderung des Kontrollflusses von einer Anweisung zu einer anderen (z.B. bei einer GOTO-Anweisung) gegeben ist, mit Ausnahme der nächsten Anweisung;
   - wenn eine Änderung des Kontrollflusses dadurch gegeben ist, dass die Komponente mehr als einen Eingang (*entry point*) hat; ein Eingang ist entweder die erste Anweisung der Komponente oder jede Anweisung, die direkt von außerhalb der Komponente angesprochen werden kann.
2. Ein Zweig entspricht einer gerichteten Kante des Kontrollflussgraphen.

Zweigtest Ein Whitebox-Testverfahren, bei dem die Testfälle so entworfen werden, dass die Zweige (des Kontrollflussgraphen) durchlaufen werden (s.a. Entscheidungstest).

Zweigüberdeckung Die Überdeckung von Zweigen.

Zyklomatische Zahl/zyklomatische Komplexität Die maximale Anzahl der linear unabhängigen Pfade in einem Programm. Die zyklomatische Komplexität kann wie folgt berechnet werden: $L - N + 2P$, wobei L: Anzahl der Kanten eines Kontrollflussgraphen, N: Anzahl der Knoten eines Kontrollflussgraphen, P: Anzahl der Verbundkomponenten eines Kontrollflussgraphen (z.B. ein aufgerufener Kontrollflussgraph oder eine Unterroutine) angibt (s. [URL: McCabe-Metrik]).

C Quellenverzeichnis

C.1 Literatur

[Bath 15] Bath, G., McKay, J.: Praxiswissen Softwaretest – Test Analyst und Technical Test Analyst. Aus- und Weiterbildung zum Certified Tester – Advanced Level nach ISTQB-Standard. dpunkt.verlag, 3. Auflage, Heidelberg, 2015.

[Beck 04] Beck, K.: Extreme Programming Explained: Embrace Change. Addison-Wesley Professional, 2. Auflage, 2004.

[Beedle 02] Beedle, M.; Schwaber, K.: Agile Software Development with Scrum. Prentice Hall, 2002.

[Beizer 90] Beizer, B.: Software Testing Techniques. Van Nostrand Reinhold, 1990.

[Boehm 79] Boehm, B. W.: Guidelines for Verifying and Validating Software Requirements and Design Specification. In: Proceedings of Euro IFIP 1979, S. 711–719.

[Boehm 86] Boehm, B. W.: A Spiral Model of Software Development and Enhancement. ACM SIGSOFT, August 1986, S. 14–24.

[Bourne 97] Bourne, K. C.: Testing Client/Server Systems. McGraw-Hill, 1997.

[DeMarco 93] DeMarco, T.: Why Does Software Cost So Much? IEEE Software, March 1993, S. 89–90.

[Fewster 99] Fewster, M.; Graham, D.: Software Automation. Effective use of test execution tools. Addison-Wesley, 1999.

[Franz 18] Franz, K.; Tremmel, T.; Kruse, E.: Basiswissen Testdatenmanagement. Aus- und Weiterbildung zum Test Data Specialist – Certified Tester Foundation Level nach GTB. dpunkt.verlag, Heidelberg, 2018.

[Gilb 05] Gilb, T.: Competitive Engineering: A Handbook for Systems Engineering, Requirements Engineering, and Software Engineering Using Planguage. Butterworth-Heinemann, 2005.

[Koschek 14] Koschek, H.: Geschichten vom Scrum. Von Sprints, Retrospektiven und agilen Werten. dpunkt.verlag, Heidelberg, 2. Auflage, 2014.

[Kruchten 99] Kruchten, P.: Der Rational Unified Process – Eine Einführung. Addison-Wesley Longman, 1999.

[Liggesmeyer 02] Liggesmeyer, P.: Software-Qualität. Testen, Analysieren und Verifizieren von Software. Spektrum Akademischer Verlag, Heidelberg, 2002 (2. Auflage 2009).

[Link 05] Link, J.: Softwaretests mit JUnit. Techniken der testgetriebenen Entwicklung. dpunkt.verlag, Heidelberg, 2. Auflage, 2005.

[Linz 16] Linz, T.: Testen in Scrum-Projekten – Leitfaden für Softwarequalität in der agilen Welt. dpunkt.verlag, Heidelberg, 2. Auflage, 2016.

[Martin 91] Martin, J.: Rapid Application Development. Macmillan, 1991.

[Martin 09] Martin, R. C.: Clean Code: Refactoring, Patterns, Testen und Techniken für sauberen Code. mitp-Verlag, 2009 (siehe auch *http://clean-code-developer.de* – Eine Initiative für mehr Professionalität in der Softwareentwicklung).

[Meyer 13] Meyer, B.: Touch of Class. Springer-Verlag, Heidelberg, Berlin, 2013.

[Myers 82] Myers, G. J.: Methodisches Testen von Programmen. Oldenbourg, München, Wien, 1982 (7. Auflage 2001, Übersetzung von »The Art of Software Testing«, John Wiley, 1979).

[Pol 00] Pol, M.; Koomen, T.; Spillner, A.: Management und Optimierung des Testprozesses. dpunkt.verlag, Heidelberg, 2000 (2. Auflage 2002, als E-Book erhältlich unter http://www.dpunkt.de/buecher/3081.html).

[Rösler 13] Rösler, P.; Schlich, M.; Kneuper, R.: Reviews in der System- und Softwareentwicklung. dpunkt.verlag, 2013.

[Royce 70] Royce, W. W.: Managing the development of large software systems. In: IEEE WESCON, Aug. 1970, S. 1–9 (Nachdruck in Proceedings of the 9th International Conference on Software Engineering, 1987, Monterey, CA., S. 328–338).

[Sauer 00] Sauer, C.: The Effectiveness of Software Development Technical Reviews: A Behaviorally Motivated Program of Research, IEEE Transactions on Software Engineering, Volume 26, Issue 1, S. 1–14, 2000.

[Shull 00] Shull, F.; Rus, I.; Basili, V.: How Perspective-Based Reading can Improve Requirement Inspections. IEEE Computer, Volume 33, Issue 7, S. 73–79, 2000.

[Sneed 02] Sneed, H. M.; Winter, M.: Testen objektorientierter Software. Das Praxisbuch für den Test objektorientierter Client/Server-Systeme. Hanser, München, Wien, 2002.

[Spillner 14] Spillner, A.; Roßner, T.; Winter, M.; Linz, T.: Praxiswissen Softwaretest – Testmanagement, Aus- und Weiterbildung zum Certified Tester – Advanced Level nach ISTQB-Standard, dpunkt.verlag, 4. Auflage, 2014.

[Spillner 16] Spillner, A.; Breymann, U.: Lean Testing für C++-Programmierer – angemessen statt aufwendig testen. dpunkt.verlag, Heidelberg, 2016.

[Vigenschow 10] Vigenschow U.: Testen von Software und Embedded Systems: Professionelles Vorgehen mit modellbasierten und objektorientierten Ansätzen. dpunkt.verlag, Heidelberg, 2. Auflage, 2010.

[Wallmüller 01] Wallmüller, E.: Software-Qualitätssicherung in der Praxis. Hanser, München, Wien, 2. Auflage, 2001.

[Winter 16] Winter, M.; Roßner, Th.; Brandes, Ch.; Götz, H.: Basiswissen modellbasierter Test. Aus- und Weiterbildung zum ISTQB® Foundation Level – Certified Model-Based Tester, dpunkt.verlag, Heidelberg, 2. Auflage, 2016.

C.2 Weitere empfohlene Literatur

Albrecht-Zölch, J.: Testdaten und Testdatenmanagement. Vorgehen, Methoden und Praxis. dpunkt.verlag, 2018.

Black, R.: Managing the Testing Process: Practical Tools and Techniques for Managing Hardware and Software Testing. John Wiley & Sons, 3. Auflage, 2009.

Black, R.; Coleman, G.; Cornanguer, B.; Walsh, M.; Sabak, J.; Kakkonen, K.; Forgacs, I.: Agile Testing Foundations: An ISTQB Foundation Level Agile Tester guide. BCS Learning & Development Ltd, 2017.

Blokland, K.; Mengerink , J.; Pol, M.; Rubruck, D.: Cloud-Services testen. Von der Risikobetrachtung zu wirksamen Testmaßnahmen. dpunkt.verlag, 2016.

Bucsics, Th.; Baumgartner, M.; Seidl, R.; Gwihs, St.: Basiswissen Testautomatisierung; Konzepte, Methoden und Techniken. dpunkt.verlag. 2. Auflage, 2015.

Buwalda, H.; Janssen, D.; Pinkster, I.: Integrated Test Design and Automation: Using the TestFrame method. Addison Wesley, 2001.

Copeland, L.: A Practitioner's Guide to Software Test Design. Artech House, 2013.

Craig, R.; Jaskiel, S. P.: Systematic Software Testing. Artech House, 2002.

Crispin, L.; Gregory, J.: Agile Testing. A practical Guide for Testers and Agile Teams. Addison-Wesley Professional, 2008.

Daigl, M.; Glunz, R.: ISO 29119 – Die Softwaretest-Normen verstehen und anwenden. dpunkt.verlag, 2016.

Geis, Th.; Tesch, G.: Basiswissen Usability und User Experience. Systematisch und strukturiert vom Nutzungskontext zum gebrauchstauglichen Produkt. Aus- und Weiterbildung zum UXQB® Certified Professional for Usability and User Experience (CPUX) – Foundation Level (CPUX-F). dpunkt.verlag, 2019.

Gilb, T.; Graham, D.: Software Inspection. Addison Wesley, 1993.

Graham, D.; Fewster, M.: Experiences of Test Automation: Case Studies of Software Test Automation. Addison-Wesley Professional, 2012.

Gregory, J.; Crispin, L.: More Agile Testing: Learning Journeys for the Whole Team. Addison-Wesley Professional, 2015.

Hellerer, H.: Soft Skills für Softwaretester und Testmanager. Kommunikation im Team, Teamführung, Stress- und Konfliktmanagement. dpunkt.verlag, 2012.

Hendrickson, E.: Explore It! Wie Softwareentwickler und Tester mit explorativem Testen Risiken reduzieren und Fehler aufdecken. dpunkt.verlag, 2014.

Jorgensen, P. C.: Software Testing, A Craftsman's Approach. Taylor & Francis Ltd., 4. Auflage, 2013.

Kaner, C.; Bach, J.; Pettichord, B.: Lessons Learned in Software Testing. A Context-Driven Approach. John Wiley & Sons, 2002.

Kaner, C.; Padmanabhan, S.; Hoffman, D.: The Domain Testing Workbook. Context-Driven Press, 2013.

Knott, D.: Mobile App Testing. Praxisleitfaden für Softwaretester und Entwickler mobiler Anwendungen. dpunkt.verlag, 2016.

Kramer, A.; Legeard, B.: Model-Based Testing Essentials: Guide to the ISTQB Certified Model-Based Tester: Foundation Level. John Wiley & Sons, 2016.

Simon, F.; Grossmann, J.; Graf, Ch. A.; Mottok, J.; Schneider, M. A.: Basiswissen Sicherheitstests. Aus- und Weiterbildung zum ISTQB® Advanced Level Specialist – Certified Security Tester. dpunkt.verlag, 2019.

Spillner, A.; Winter, M.; Pietschker, A. (Hrsg.): Test, Analyse und Verifikation von Software – gestern, heute, morgen. dpunkt.verlag, 2017.

Sneed, H. M.; Baumgartner, M.; Seidl, R.: Der Systemtest: Von den Anforderungen zum Qualitätsnachweis. Carl Hanser Verlag, 3. Auflage, 2011.

van Veenendaal, E.: The Testing Practitioner. UTN Publishers, 2002.

Weinberg, G. M.: Perfect Software: and other illusions about testing. Dorset House, 2008.

Wiegers, K.: Peer Reviews in Software. A Practical Guide. Addison-Wesley Professional, 2002.

Winter, M.; Ekssir-Monfared, M.; Sneed, H. M.; Seidl, R.; Borner, L.: Der Integrationstest – Von Entwurf und Architektur zur Komponenten- und Systemintegration. Carl Hanser Verlag, 2012.

C.3 Normen und Standards

[DIN 66271] DIN 66271:1995, Informationstechnik – Software-Fehler und ihre Beurteilung durch Lieferanten und Kunden.

[DIN EN 50128] DIN EN 50128:2001, Bahnanwendungen – Telekommunikationstechnik, Signaltechnik und Datenverarbeitungssysteme – Software für Eisenbahnsteuerungs- und Überwachungssysteme; deutsche Fassung EN 50128:2011.

[DIN EN 60601] DIN EN 60601-1:2013-12, Medizinische elektrische Geräte – Teil 1: Allgemeine Festlegungen für die Sicherheit einschließlich der wesentlichen Leistungsmerkmale.

[IEEE 610] IEEE 610.12-1990 – IEEE Standard Glossary of Software Engineering Terminology. Ersetzt durch: [ISO/IEC 24765] ISO/IEC/IEEE 24765:2017 – Systems and software engineering – Vocabulary.

[IEEE 828] IEEE 828-2012 – IEEE Standard for Configuration Management in Systems and Software Engineering.

[IEEE 829] IEEE Std 829-1998, IEEE Standard for Software Test Documentation (Rev. of IEEE Std 829-1983).

[IEEE 1012] IEEE 1012-2016 – IEEE Standard for System, Software, and Hardware Verification and Validation.

[IEEE 1044] IEEE 1044-2009 – IEEE Standard Classification for Software Anomalies.

[IEEE 1008] IEEE Std 1008-1987, IEEE Standard for Software Unit Testing.

[IEEE 1028] IEEE Std 1028-2008, IEEE Standard for Software Reviews and Audits.

[ISO 9000] ISO 9000:2015 Quality management systems, Normenreihe.

[ISO 9001] ISO 9001:2015 Quality management systems – Requirements.

[ISO 14598] ISO/IEC 14598: 1999, Information technology – Software product evaluation. Ersetzt durch: ISO/IEC 25041:2012 – Systems and software engineering – Systems and software Quality Requirements and Evaluation (SQuaRE) – Evaluation guide for developers, acquirers and independent evaluators.

[ISO 20246] ISO/IEC 20246:2017 Software and systems engineering – Work product reviews.

[ISO 25010] ISO/IEC 25010, (2011) Systems and software engineering – Systems and software Quality Requirements and Evaluation (SQuaRE) System and software quality models.

[ISO 25012] ISO/IEC 25012, (2008) Software engineering – Software product Quality Requirements and Evaluation (SQuaRE) – Data quality model.

[ISO 29119] Software and systems engineering – Software testing
besteht aus folgenden Teilen:

- ISO/IEC/IEEE 29119-1 (2013) Software and systems engineering – Software testing – Part 1: Concepts and definitions
- ISO/IEC/IEEE 29119-2 (2013) Software and systems engineering – Software testing – Part 2: Test processes
- ISO/IEC/IEEE 29119-3 (2013) Software and systems engineering – Software testing – Part 3: Test documentation
- ISO/IEC/IEEE 29119-4 (2015) Software and systems engineering – Software testing – Part 4: Test techniques
- ISO/IEC/IEEE 29119-5 (2016) Software and systems engineering – Software testing – Part 5: Keyword-Driven Testing

[ISO 31000] ISO 31000:2018 – Risk management – Guidelines.

[ISO 90003] ISO/IEC/IEEE 90003:2018, Software engineering – Guidelines for the application of ISO 9001:2015 to computer software.

[ISO/IEC 12207] ISO/IEC/IEEE 12207:2017 – Systems and software engineering – Software life cycle processes.

[ISO/IEC 14764] ISO/IEC 14764:2006 – Software Engineering – Software Life Cycle Processes – Maintenance.

[ISO/IEC 15504] ISO/IEC 15504-6:2013 Information technology – Process assessment – Part 6: An exemplar system life cycle process assessment model.

[ISO/IEC 20246] ISO/IEC 20246:2017 Software and systems engineering – Work product reviews.

[ISO/IEC 24765] ISO/IEC/IEEE 24765:2017 – Systems and software engineering – Vocabulary.

[RTC-DO 178B] RTC-DO Std 178B, Radio Technical Commission for Aeronautics, Software Considerations in Airborne Systems and Equipment Certification, RTCA, Inc., 1992. RTC-DO Std 178C Software Considerations in Airborne Systems and Equipment Certification (neue Version »C« des Standards ist im Januar 2012 erschienen).

C.4 WWW-Seiten[1]

[URL: ACTS] *http://csrc.nist.gov/groups/SNS/acts/download_tools.html*
Automated Combinatorial Testing for Software.[2]

[URL: ATB] *http://www.austriantestingboard.at*
Austrian Testing Board.

[URL: ATDD] *https://en.wikipedia.org/wiki/Acceptance_test-driven_development*
Acceptance test–driven development.

[URL: BDD] *http://de.wikipedia.org/wiki/Behavior_Driven_Development*
Behavior Driven Development.

[URL: binKlassifikator]
https://de.wikipedia.org/wiki/Beurteilung_eines_binären_Klassifikators
Beurteilung eines binären Klassifikators.

[URL: Checkliste]
https://www.openpm.info/display/openPM/Checkliste+Anforderungsmanagement
Checkliste Anforderungsmanagement – Anforderungsdokument.

[URL: CHTB] *https://swisstestingboard.org*
Swiss Testing Board.

[URL: CMMI] *https://cmmiinstitute.com/*
CMMI Institute (Capability Maturity Model Integration (CMMI)).

[URL: dpunkt] → siehe [URL: Software Knowledge]

[URL: DSGVO] *https://eur-lex.europa.eu/eli/reg/2016/679*
VERORDNUNG (EU) 2016/679 DES EUROPÄISCHEN PARLAMENTS UND DES RATES vom 27. April 2016 zum Schutz natürlicher Personen bei der Verarbeitung personenbezogener Daten, zum freien Datenverkehr und zur Aufhebung der Richtlinie 95/46/EG (Datenschutz-Grundverordnung).

[URL: Epic *https://de.wikipedia.org/wiki/Epic_(Anforderungsmanagement)*
Epic (Anforderungsmanagement).

[URL: ERD]
https://de.wikipedia.org/wiki/Entity-Relationship-Modell#ER-Diagramme
Entity-Relationship-Modell.

[URL: FDA] *http://www.fda.com*
US Food and Drug Administration (FDA).

---

1. Die Gültigkeit der angegebenen URLs wurde mit Drucklegung überprüft. Eine Garantie für deren Gültigkeit über dieses Datum (Mai 2019) hinaus kann nicht übernommen werden.
2. Es ist kein direkter Download-Link, auf der Seite ist beschrieben, wie das Werkzeug erhalten werden kann.

[URL: Fehlerkosten]
https://de.wikipedia.org/wiki/Liste_von_Programmfehlerbeispielen#cite_note-6
Liste von Programmfehlerbeispielen
und auch
https://www.nature.com/news/software-error-doomed-japanese-hitomi-spacecraft-1.19835
Software error doomed Japanese Hitomi spacecraft.

[URL: FMEA] *http://de.wikipedia.org/wiki/FMEA*
Failure Mode and Effects Analysis (Fehlermöglichkeits- und Einflussanalyse).

[URL: GI TAV] *https://fg-tav.gi.de*
Fachgruppe »Test, Analyse und Verifikation von Software« der »Gesellschaft für Informatik«.

[URL: Graham] *http://www.dorothygraham.co.uk*
Homepage von Dorothy Graham, A.B., M.Sc.

[URL: GTB] *http://www.german-testing-board.info*
German Testing Board.

[URL: GTB Glossar]
https://www.german-testing-board.info/lehrplaene/istqbr-certified-tester-schema/glossar
Glossar zum Certified Tester.

[URL: GTB Hochschulen]
https://www.german-testing-board.info/hochschulen/certified-tester-an-hochschulen/kurz-vorgestellt
German Testing Board, Certified Tester an Hochschulen.

[URL: GTB Lehrpläne]
https://www.german-testing-board.info/lehrplaene/istqbr-certified-tester-schema/lehrplaene
German Testing Board, Lehrpläne.

[URL: imbus-downloads] *https://www.imbus.de/downloads*
Nützliche Artikel, Unterlagen und Templates der imbus AG zum Herunterladen.

[URL: ISTQB] *http://www.istqb.org*
International Software Testing Qualifications Board.

[URL: ISTQB Foundation Level Agile Tester]
https://www.german-testing-board.info/lehrplaene/istqbr-certified-tester-schema/expert-level/agile-tester/
Agile Tester, Agile Module – Foundation Level.

[URL: Kanban] *https://de.wikipedia.org/wiki/Kanban_(Softwareentwicklung)*
Kanban in der Softwareentwicklung.

[URL: Lean Testing] *http://leantesting.de*
Internetseite zum Buch »Lean Testing für C++-Programmierer – angemessen statt aufwendig testen«.

[URL: Lean Testing Openbook] *http://leantesting.de/Openbook_Testen.pdf*
Openbook zum Buch »Lean Testing für C++-Programmierer – angemessen statt aufwendig testen«.

[URL: Mars Climate Orbiter]
https://de.wikipedia.org/wiki/Liste_von_Programmfehlerbeispielen#Luft-_und_Raumfahrt
Liste von Programmfehlerbeispielen – Luft- und Raumfahrt
und auch
https://mars.jpl.nasa.gov/msp98/news/mco990930.html
Mars climate orbiter team finds likely cause of loss.

[URL: McCabe-Metrik] *https://de.wikipedia.org/wiki/McCabe-Metrik*
McCabe-Metrik.

[URL: OWASP] *https://www.owasp.org*
The OWASP™ Foundation – the free and open software security community.

[URL: Parnas] *http://en.wikipedia.org/wiki/David_Parnas*
Informationen zu Dr. David Lorge Parnas, P. Eng., Ph. D., Dr. h. c., FRSC, FACM, Dr. h. c.

[URL: PDCA] *https://de.wikipedia.org/wiki/Demingkreis*
Demingkreis oder auch Deming-Rad.

[URL: Pol] *http://www.polteq.com/en/about-polteq/martin-pol*
Informationen zu Martin Pol.

[URL: Prototyping] *https://de.wikipedia.org/wiki/Prototyping_(Softwareentwicklung)*
Prototyping bzw. Prototypenbau, Methode der Softwareentwicklung.

[URL: Reviewtechnik] *http://www.reviewtechnik.de/checklisten.html*
Checklisten für Softwarereviews.

[URL: Scrum Guide] *http://www.scrumguides.org*
The Scrum Guide, Developed and sustained by Ken Schwaber and Jeff Sutherland,
https://www.scrumguides.org/docs/scrumguide/v1/Scrum-Guide-DE.pdf
(deutschsprachige Fassung: Scrum Guide – Der gültige Leitfaden für Scrum: Die Spielregeln).

[URL: Softwaretest Knowledge] *http://www.softwaretest-knowledge.de*
WWW-Seite zum Buch.

[URL: Strategie] *https://de.wikipedia.org/wiki/Strategie*
Allg. Erklärung zur Wortherkunft Strategie.

[URL: **TestBench**] *http://www.testbench.info*
TestBench Enterprise der Firma imbus AG.

[URL: **TestBench CS**] *http://www.testbench.com*
TestBench Cloud Services der Firma imbus AG.

[URL: **Tool-Liste**] *https://www.testtoolreview.de*
Informationsportal über das internationale Marktangebot im Bereich Softwaretestwerkzeuge zusammengestellt von der imbus AG.

[URL: **UML**] *https://www.uml.org/*
Unified Modeling Language, Version: 2.5.1, A specification defining a graphical language for visualizing, specifying, constructing, and documenting the artifacts of distributed object systems, December 2017.

[URL: **V-Modell XT**] *https://www.cio.bund.de/Web/DE/Architekturen-und-Standards/V-Modell-XT-Bund/vmodellxt_bund_node.html*
Das V-Modell XT des Bundes.

[URL: **Vorgehensmodell**] *https://de.wikipedia.org/wiki/Vorgehensmodell*
Vorgehensmodell.

[URL: **xUnit**] *https://en.wikipedia.org/wiki/List_of_unit_testing_frameworks* List of unit testing frameworks.

Index

N

O

P

Q

R

U